日本と古代東北アジアの文化

地域社会における受容と変容

川崎 保◉著
Tamotsu Kawasaki

雄山閣

扉カット／
長野県坂城町土井ノ入窯跡出土獣面文瓦模式図

◎日本と古代東北アジアの文化—地域社会における受容と変容—◎目次

序

はじめに

大陸から日本列島が分離して以来、列島に居住する人間集団は、列島を一つのまとまりとする文化を形成するに至った。無論、日本列島に居住する人間集団は、人類が列島で発生したわけではないから、すべて大陸から来た人類あるいはその子孫である。そして、日本列島独自の文化が形成されていく中でも、大陸を含む列島の外からの影響や交流がなくなることはなかった。

中でも、古典的中国古代文明の影響ではない、東北アジア起源の様々な文化要素が、日本にみられることは古くから知られてきた。従来はこうした東北アジア起源の文化要素は、日本の古代国家建設時に先進技術や文化を伝えた渡来人（帰化人）の影響としてとらえようとしてきたが、それでは理解できないものが、日本の地域文化にそれも通時代的な資料として、色濃く残っている。その歴史的な意義を解き明かそうとしたのが本書である。

各論の個別の分析に入る前に、1 文化の多様性（文化とは多様な要素からなること）、2 外来的文化要素（文化の多様な要素の中から外来的な要素を抽出することの意義）、3「中華思想的」発想からの脱却（固定された文化の発信地があるような視点の克服）、4 地域としての東北アジア（日本文化研究の対比対象として東北アジアを選ぶ理由）の四点を簡単にまとめる。

1　文化の多様性

文化とは、人間の行動様式であり、政治、経済、社会、宗教にはじまり嗜好などもその中に位置づけられる。文化研究の一つの手法である考古学の研究において、直接的な対象は遺跡（遺構や遺物）であるが、特定の文化要素（考古学で言えば、土器や墳墓の型式など）だけで、実態を解明できるものではなく、様々な文化要素が交錯した集合体として文化を研究する必要がある（川崎　二〇〇九）。

筆者は、考古学において様々な文化要素を総合して文化を考えるべきだとしたが、これは歴史学でも同じことが言える。人類の歴史を集団や社会の歴史として見たときに、様々な手法で多角的に分析すべきとする学問として「文化史学」がある。ここでいう文化史は、政治史や経済史といった学問の細別された分野の一名称ではない。その対象は、あるいは個人や個別の資料に求められるように見えても、究極的な対象は、集団としての人間の行動様式である「文化」であるという考え方に基づく（石田　一九五五）。

後述するように、本書を執筆するのにあたって日本文化の中に、東北アジア起源の文化を対比分析する事例としてロシアの東洋学者ヴォロビヨフによる「女真文化」研究を参考にしたが、氏の女真文化研究が同様な方法論に基づいていることを知った。さらに、氏も文化を多面的なものとしてとらえ、細分化された多くの文化要素を、歴史学（文献史学）、考古学、民族誌といった手法を用いてそれぞれ分析し、総合的に研究している（ヴォロビヨフ　一九八三）。

日本列島の歴史や文化も、女真文化に劣らず極めて複雑な文化要素と変容がみられる。考古学者の森浩一はそれを「交錯の日本史」と表現した（森　一九九〇a）が、筆者も文化は多様要素からなるものと考える。よって、様々な文化要素を多面的にかつ総合的に分析することを本研究の基本的な姿勢とした。

2　外来的文化要素

文化研究においては、資料的な蓄積がない段階では、文化の総体を把握するために、文化要素の類例の蓄積（資料集成）をはかることにも重点が置かれる。資料集成を行っていく段階で、誰もが気が付くことだが、圧倒的な多数の中に、一定の外来的な要素、その地域の文化や歴史的な脈絡では理解がしがたいものに突き当たる。地域文化が、隣接する地域と無縁ということはないため、必ず見出されるのであるが、逆に外来的文化要素は、当該地域の人間集団の行動様式（文化）に基づくものなのか、あるいはそうではないのかを判別すれば、資料の性格の位置づけや、逆に資料を含む文化の特色も明らかになってくる。つまり、外来系の要素の抽出作業というのは、逆にその地域の在来的な要素を際立たせる。

その外来的な要素に着目し、日本の文化とくに地域文化で研究的な実践を行うと、時代も地域もそれこそ様々であるが、在地系と外来系の文化要素が交錯していない地域文化自体が存在していないことにも自然と気が付く。

文化は、様々な要素の集合体であり、それも日本列島の文化という通時代的な地域文化の複合体を研究していく際に、一定の着眼点に基づいて学問的なメスを入れていくことが不可欠である。考古学では、発掘調査する際に、「試掘トレンチ」（全体を把握するために、遺跡に入れる発掘調査用の溝）を入れて、遺跡全体の状況を把握しようとする。無論、発掘調査は一種の遺跡の破壊を伴うため、後世の研究者が検証できるために、遺跡の破壊を最小限にとどめるための処置でもあるが、ただただ類例を集積するために、遺跡を悉皆調査してみても、なにも見出すことはできないのである。

通時代的に日本とくにその地域社会にみられる東北アジア文化要素を探ることによって、日本文化自体の姿を浮き彫りにしようとすること、まさに、日本文化の試掘トレンチ的研究を本書は目指している。

3 「中華思想」的発想からの脱却

自分の住んでいるところが、世界の中心であると思うのは、いわゆる「文明」が発達した（都市国家が成立した）地域には、よくみられる考え方のようである。中国のいわゆる『中華思想』（人類を中央にいて文明化された「中華」とその周辺にいる野蛮人の「夷狄」に分け、決して、対等な異文化という存在を認めない）も同様である（平勢 一九九八）。『中華思想』の発想からみれば、日本は、中心からはずれた地域である。かつての日本人はそう自覚していた人も多かったし、さらに、現代社会において、中国（文明）が世界の中心とみなさなくなっても、日本人自身が自分を世界の文明（欧米）の辺境であるとみなしたがる傾向があるという（内田 二〇〇九）。

こうした、文明の中心あるいは辺境であるといった考え方自体にも、歴史的変遷や時代背景がある。しかし、これはあくまで人類の生息している空間をどのようにとらえるかという世界観、つまり人間の意識の問題である。

地球の南北極を結ぶ子午線の経度は、ロンドンのグリニッジ天文台を基準としているが、当時海運の中心であったイギリスが海図に用いたことを、便宜的に他国も用いた結果、イギリス（グリニッジ）が、世界的な基準となったのであって、地球物理的な必然性によるものではない。さらにいえば、日付変更線（およそグリニッジ子午線の反対側にある）や非キリスト教徒の世界（ヨーロッパ）をスペインとポルトガルで分割することを定めた子午線などによる世界観は、あくまで当事者の政治や経済の都合によるものであり、南北極のような地球物理的な定義に基づくものではない。

以上は極端な例かもしれない。今日のたいていの国家には政治や行政の中核としての首都がある。こうした政治や行政同様に、文化にも恒久的な中心があり、周辺地域はたえずその動向に左右されるというモデルがある。柳田国男の『蝸牛考』（一九三〇）のような方言周圏論的な世界観（「方言」などの文化要素が同心円状の分布を示す場合、文化的な中心から見て、外側により古い形が、内側にはより新しい形が残っており、さらに内側のものへ順次変化するという考え方）がそうである。

現在の日本考古学では、さすがに素朴な周圏論的な発想、歴史的な事象はすべて古代都城があった近畿地方に由来するというような、いわゆる「ヤマト中心主義」は以前ほど、声高に唱えられることは減ったが、それでもなくなったわけではない（森 一九九四）。

確かにヤマト地域や近畿地方ではないかもしれないが、どこかに文化の中心があって、そこから絶えず文化が発信されているのではないかという世界観は存在する。

中央集権的な律令国家成立以後の歴史も同様である。網野善彦は、権力者やその根拠地中心の歴史ではなく、多様な要素からなる日本列島の社会の歴史像を打ち出した（網野 一九九一）。森浩一は、文化の中心がどこかにあって単純に波及するのではない、「交錯」して紡ぎあげられていく日本列島の文化像を描く。対馬の歴史学者永留久恵の「対馬を中心に東アジアにぐるっと円を書いてみる。」という言葉に象徴されるように、仮に中心から波及するようなモデルを作っても、文化の中心地とされるものは、その事象を説明する研究者の立ち位置にしかすぎない（森ほか 一九八七）。

こうした考え方は、何も日本列島の中にとどまらない。よりグローバルな世界を見渡した時にも同じことが言える。東アジア的な世界を見渡す時、新石器時代には、黄河中流域には彩陶に代表される仰韶文化が発達し、それが古代国家へとつながっていく。東アジアの文化、文明の中心地は黄河中流域だけではない。

安志敏は黄河流域に匹敵するような文化がすでに、長江下流域にあり、これが日本列島を含む東アジアに影響を与えたとする（安 一九九三）。童恩生は、中国中原を囲むチベット、モンゴルを経て中国東北部に達する地域（中国辺地半月形文化伝播帯）が、旧石器時代から歴史時代に至るまで、たえず文明の余慶を享受しているという受動的な立場ではなく、似たような自然環境を積極的に活用して独自の文化を発展させた地域であるとした（童 一九九四）。中国文明を彩る大事な要素である玉製品の起源が、遼河流域であるというのは、鄧聰らが明らかにした（楊・劉・鄧 二〇〇七）。玦状耳飾をはじめとする縄文時代の玉製品の起源も、中国大陸でも黄河中流域や長江下流域ではなく、中国東北部にあるという考え方に到達した（川崎 二〇一八）。

既述したような植民地支配のための世界観であれば、これが当事者の都合による恣意的なものであるということは容易に理解できる。しかし、文明と野蛮、農耕文明と遊牧民といった枠組みも、あくまで研究者が歴史や文化を考える際のモデルにしかすぎない。

例えば農耕文明と遊牧民の文化については、かつて、ウィットフォーゲルが東アジアの歴史的社会を分析する中で、農耕文化に基づく社会と遊牧文化に基づく社会が併存する中国社会の実態を描きだしている（ウィットフォーゲル・馮 一九四九）。氏らが指摘したことは今からみれば非常に単純であるが、それでも、中国社会というものが、農村社会を基盤とする地主、官僚、皇帝だけで出来上がっているものではないということは明らかにした。つまり、マルクスが漠然と考えたようなアジア的専制社会ではない。

しかし、東北アジア、後述するヴォロビヨフが指摘するような塞外にいた女真のような素朴な民族は、遊牧民だけでなく、農耕民（米中心ではなく、雑穀中心の）、森の狩猟、採集、河川での漁撈、素朴ではあるが手工業などを担った様々な集団がハイブリッドになって、ある場合は併存し、ある場合は融合して社会を形成していた。

農耕民と遊牧民の社会が併存するケースについても、二律背反する二極対立ととらえるべきではない。中国社会だけでなく、東アジア全体を俯瞰したバーフィールドの研究によれば、漢と匈奴、唐と突厥に象徴されるように、農耕文明に基づく古代帝国とステップに存在する遊牧民の帝国は、お互いを必要とし、まさに表裏一体のものであるという（バーフィールド 一九九二）。

中国中原王朝にとっては、遊牧民が統一されないで、交易あるいは場合によっては略奪を不断に行われるよりは、多少、中国側にとって経済的に不利であったとしても、ステップに存在する強大な帝国に管理されている方がましであるし、遊牧帝国にとっても、中国側に強大な中央集権政府が存在していればこそ、利益の大きい交易や場合によっては効率の良い略奪や搾取が可能なのである。こうしたシステムなくしては自らの強大な権力を維持することもできない。ただ、こうした理由故に、中国中原王朝とモンゴル高原を基盤とするステップ王朝は、どちらかというとモノカルチャー的であることは否めない。

逆に、中国中原王朝やステップの遊牧帝国を中心（二極）とすれば、農耕文明とステップにある遊牧民の二大帝国の接点（接線）である「辺境」は、自然と複雑な様相を示すことになる。これは、単に地政学的な環境であることを示しているだけで、決して文化的に遅れているという意味ではない。文明や文化の「中心」あるいは「辺境」とは、あるテーマにおける立ち位置あるいは視点を示しているにすぎない。

4　地域としての東北アジア

日本の地域社会には、列島規模あるいはそれを越えるような遠隔地域との交流を行っていた痕跡がみられる。都城やその周辺では、国家間貿易や交流の結果としての中国中原王朝の政治経済や文化に由来するようなものがみられることは否定できないが、一方で、地域社会には、東北アジア文化、とくに現在の中国東北部の文化要素がみられるのである。

本書でいう東北アジアは中国東北地方とその周辺で、モンゴル高原と中国中原の接点的な地域であり、西に平原、東と南は海に面し、北はタイガに接する。内部にも山地と森林、巨大河川が入り組んだ地域である。後述するように古代より、独自の農業、森林における狩猟採集、河川を中心とした漁撈、海の貿易、冶金や窯業などの素朴な工業といったものが存在していたハイブリッドな文化が存在していた（ヴォロビヨフ 一九八三、ヤンフネン 一九九六）。日本列島も東北アジア同様に中国本土からみれば、辺境地帯にあり、前近代の地域社会の様相については、かつては「農村社会」などとも漠然と言われることはあったが、その実態は、狩猟民、漁撈民（海民）はたまた職人などの様々な集団からなるハイブリッドな社会であったことがわかってきている（網野 一九九一）。

無論、これのみを持って、日本列島と東北アジアの社会や文化が似ているなどというつもりは毛頭ない。しかし、古代東北アジアの文化要素が、日本列島にみられる時にこれをどのように考えるかという場合、中国本土以外の文化の補助線、日本列島と東北アジアの文化を比較することは極めて有意義と考える。本書はこうした研究事例の積み重ねであるが、ほぼ通時代的に配列した。それぞれが独立した考察であって、予定調和的なものではない。

5 本書の概要

(1) 国家形成期（古墳時代）

日本の古代国家形成期である古墳時代の研究を羅列した。

古墳時代以前の日本列島の文化にはあまりみられなかったと考える文化要素は、いずれも考古資料の造形を起点としている。ハクチョウ（第一節）、辮髪や送血涙といった髪型や習俗（第二節）、タカや水鳥に象徴される狩猟文化（第二～四節）、墳墓と小型の鳥（第五節）、相撲と力士（第六節）で、これらは、東北アジアに由来する要素であるという結論に到達した。

弥生時代の小地域、現在の広域の市や律令期の郡レベルの国家（クニ）を構成単位としていた日本列島の社会が、徐々に統合されていった古墳時代において、様々な文化交流の多くは、必ずしもすべてが古代日本国家の形成という目的のためだけにもたらされたのではないことが明らかになった。

（2）古代律令国家期（奈良・平安時代）

古代律令国家の時期、主に奈良時代から平安時代にかけての事例を取り上げる。第一〜三節が奈良時代から平安時代初期の律令国家全盛期、第四〜七節が平安時代中期から後期にかけての律令国家動揺期におおむね相当する。

まず、前半の奈良時代から平安時代の初期は、中国中原を本拠地とする古代王朝の影響がとくに大きく、この地から発信された文化要素の多くは、主に朝鮮半島や東シナ海を経由して日本列島にもたらされた。しかし、朝鮮半島は単なる文化を通過させる回廊ではなく、その独自の文化形成の影響や、さらには日本の国家形成期の独自な役割は、いわゆる「帰化人」（現在は、帰化人という言葉は歴史用語として適切ではないとして「渡来人」とされるが）とされる人々の実態をみれば容易に理解できる。

ただ、筆者は、最初から古代の国家形成という政治あるいは行政上の指標だけで、文化を推し量るのは、疑問である。

詳細は、個別の考察を参照していただくとして、いずれも、古代日本国家形成の中心地である都城やその周辺に限定されたものではない。都城から離れた地域社会こそ、国家の政治的な意図だけではない、文化的な交流の実態に近づくためには最適であると考える。こうした命題を見てみる上で、中央高地とくに信濃は、都城が置かれた地域ではなく、東北アジアからの影響を日本の国家形成期にだけ認めようとする立場からみれば、それほど枢要な地域ではない。馬匹生産は交通や軍事のために導入されたというような解釈が可能かもしれないが、それ以外の要素については、政治の問題ではなく、純「文化」の問題としてまず考えることができるフィールドでもある。

筆者は、従来の渡来人（帰化人）的な発想、古代日本国家形成のみに着目し、大陸の先進文化が朝鮮半島経由で日本にもたらされたとして完結するモデルに甘んじることには反対である。しかし、その先駆的な研究努力よって、信濃を中心とした中央高地は、直接海に面した港があったり、朝鮮半島に隣接したりする地域ではないが、古くから多くの渡来系の遺跡や遺物が存在してきたことが明らかにされてきたことを、積極的に評価したい。

まず、律令国家全盛期である奈良時代から平安時代前期にかけてであるが、百済系ともいわれる石塔の背景（第一節）、古代瓦の系譜や供給関係から見た「善光寺」（第二節）、信濃国分寺に瓦を供給したと推定される窯跡から出土した獣面文瓦（第三節）を考究することによって、多くの渡来系考古資料には、示唆的な内容を含む文献史料が存在し、これらを合わせて考察することによって、より複雑な歴史的背景を明らかにできる。古代「善光寺」や信濃国分寺の造営が、古代における国家的な動向と全く無縁ということはないが、一方で地域独自の外来系氏族も果たした役割は大きい。

次に、律令国家成立以後も、オンドル状遺構（第五節）、鉄鐸（第六節）といった遺構や遺物の分析から、信濃の地域文化の一大要素としてとらえられるものの遡源が、東北アジアにあり、朝鮮半島北部や渤海からもたらされた可能性が高い。

こうした背景には、「禾」（アワ）と書かれた墨書土器の分析（第四節）で明らかになったように、そもそもの背景に中国東北部のような東北アジア文化と共通していた要素（ここでは農業）が、信濃にあった。つまり、政治的な理由だけでなく、信濃では馬匹や畑作物といった、東北アジアと共通性がある生業なり環境が存在していたことは指摘しておきたい。

また、従来は、単純に信濃の古代から中世にかけての地域文化の一つとしてとらえられてきた善光寺や諏訪信仰の中にも、東北アジアの文化影響が及んでいる可能性を指摘した（第七節）。単なる文物の渡来や生業の類似といったことだけでなく、これらの背景にある精神世界での交流の可能性もあることを指摘した。

（3）連綿と続く交流（鎌倉時代以降）

第一章と第二章を通じて、のちの国家の領域を超えるような範囲での文化の影響は、単に古代国家形成といった政治的な命題に支配されるだけではない。文化独自の動きとでも言うべき文化の担い手である人間がそれぞれの理由からもたらし、受容や変容させることが少なくないことが見て取れるだろう。

つまり、国家間の政治的な要求としては、基本的に中国の冊封体制に組み込まれることはなかった中世の日本も、経済的な理由から、盛んに海外貿易を行っていた。このことは、東北アジア世界との関係にも応用できる。

中国以外とでは、朝鮮半島（高麗や朝鮮）との関係が多くの記録に残されているが、東北アジアについては、渤海以後、契丹や女真については、記録が極めて限定的である。しかし、資料がないわけではない。契丹と日本の交流についても論じているものがある。ただし、契丹の根拠地は、モンゴル高原寄りであって、渤海を滅ぼした後、日本海を積極的に利用したかどうかは、よくわかっていない。

一方、女真との交流は、アムール川流域と北海道といった地域では、考古学的な研究を中心に盛んに交流が研究されるようになってきている。しかし、北海道以南の日本列島との交流は未開拓な分野であり、まだその背景は十分に研究されているとは言えないが、交流が続いていたことをうかがわせる資料があるので、本書にも取り上げた。

まず、言語学の分野（女真文字解読）では有名であった『吾妻鏡』異国船漂着記事を単なる偶然の漂着なのか、なんらかの意図的なものであったのかを考古学的な手法も用いて分析した（第一節）。その結果、女真以前の渤海と日本との交流をベースに、女真側と日本側にそれぞれ政治や経済的なニーズが存在していたことがうかがえることを明らかにした（第二節）。また、未だ十分に解読されていない女真文字の中に、古代渤海文字を探る糸口がないかというアレキサンダー・ヴォヴィンの研究をもとに、通時代的に資料を比較研究することによって、地域文化の特質を明らかにできる可能性を紹介した（第三節）。同時代資料ではなく、時代が下った時期の史・資料も古代研究に活用できる例である。

さらに、おおむね縄文時代から中世にかけてであるが、千曲川（信濃川）のルートが水運という手段によって、海外とつながっていたことをうかがわせる資料を提示し、貿易港もない中央高地が、東北アジアとも接続していたと想定できる背景を明らかにした（第四節）。

（4）結　日本と古代東北アジア文化

日本文化の中に東北アジアの文化がいろいろと認められるのだろうかという問題意識自体は、一人筆者だけのものではない。筆者の考え方を提示する前に、日本の国家形成期（古墳時代から奈良時代）の研究に関して、取り上げられることがある。ここでは、戦後の歴史研究に大きな影響を与えた二つの視点を取り上げる。

一つが、江上波夫の「騎馬民族征服王朝説」である。古代日本の支配層自体が、東北アジアに出自をもつ集団であったとする（江上ほか 一九四九）。江上波夫の説はすでに考古学的な証拠によって、そのままでは到底成立しないことがわかっているし、「騎馬民族」という用語の定義自体や実態の分析についても多くの課題を内包しているが、日本国家の形成期である古墳時代から奈良時代にかけての列島外からの文化的な影響を考える上で無視できない一つの学問的な枠組みである。

もう、一つが「帰化人」あるいは「渡来人」研究である。「帰化人」という用語自体は戦前からあり、現在は、古代日本国家建設に資する列島外の人間というより、古代国家形成と直接かかわりがない事案で、渡来や交流が続いていたこともうかがえるので、列島に渡来した朝鮮半島出身及びその系譜を引く人々という意味合いである「渡来人」と言う用語に変わってきている（井上 一九八六、上田 二〇一三）。しかし、今なお古墳時代から奈良時代にかけての、旧来から言われているような日本の国家建設に資するような先進技術を有した人々が、古代日本社会に貢献したという視点で語られる。

前者は、文化の担い手というよりは、政治的な支配者として、結果的に彼らの文化が持ち込まれたという点で、大陸側の視点で（に仮託して）見たものである。後者は、中国本土の文化を直接的に導入するのが難しかった時代に、国家形成に役立ったと考えられる先進文化の担い手として、あくまで日本（倭国）側の視点で、朝鮮半島の果たした役割を重視する。

強調する内容や視点も違うが、両者は、縄文や弥生文化の単なる延長が、日本文化ではなく、大陸文化が日本文化の形成に果たした役割を重視することでは一致する。

すでに、述べたように古代東北アジアの文化は、通時代的に地域文化にも認められる。つまり、東北アジアからの影響は途切れることがなく、必ずしも古代国家形成にかかるものばかりではなかった。まずは、冒頭に述べたように、政治史的な結論を目指すのではなく、そうした予定調和的な結論を一旦白紙に戻して、純粋に文化要素の受容や変容を個別に検討してみる。とくに、信濃をはじめ地域社会にも東北アジア文化がみられることや古代国家形成期以後にも東北アジア文化が地域社会に蘇るかのような発展を示すことを、日本文化の中で、どのように位置づけられるかを考えてみたい。

第一章　国家形成期——古墳時代——

一　ハクチョウ形埴輪

1　はじめに―古代「鳥」文化の考古学的分析―

『古事記』『日本書紀』（以下『記』『紀』と略す）をはじめ、『風土記』（とくに『出雲国風土記』『播磨国風土記』）、『万葉集』『延喜式』などの古代文献に鳥に関する記述が多い（川島 一九九三）。また考古資料、古墳時代の埴輪などに鳥の造形が多いことは注目されてきた（加藤 一九七六、賀来 一九九九・二〇〇二・二〇〇四）。弥生時代や古墳時代の事例（大阪市博 一九八七）をみると古代日本列島は、まさに鳥の王国という感じがする。古代人が鳥に強い関心を抱き、その生活や祭祀に必要だったことは、容易に類推できる。

しかし、一方で縄文時代には、逆に鳥の造形は極めて少ない。縄文時代に鳥がいなかったのか。そうではない。鳥は生息していたのに、それを造形しようとする文化がなかったようだ（岡村ほか 一九九三）。つまり鳥の造形があるということは、そこにその鳥がいたということ以上に文化的な背景がある。

時代時期によって人びとの関心を寄せる鳥の種類に多少変動がある。弥生時代はツル、サギ、シギなどと考えられる脚の長い水辺の鳥（渉禽）が多く（根木 一九九一、賀来 一九九七）、埴輪となると弥生の銅鐸に描かれたツルやサギなどの水辺の鳥は少なくなる。(1) 埴輪には加藤秀幸（一九七六）が指摘したようにタカやウと考えられる埴輪がある。このほかニワトリ（家禽）やハクチョウなどの水鳥（遊禽）とされる埴輪が目立つ（若狭・内田編 一九九九）。ニワトリは弥生時代にその造形が出現するが、タカ、ウ、ハクチョウなどの水鳥は古墳時代前期末（四世紀末）からそれ以後に出現するとされる（賀来 一九九九）ので、弥生の銅鐸の鳥と古墳時代の埴輪の鳥には断絶がある。ニワトリが媒介しているとはいえるが、弥生時代の銅鐸の鳥文化が古墳時代の埴輪の鳥文化にそのままの形で受け継がれていないように思われる。

ただ、仮に弥生時代からの鳥文化が継続して古墳時代の埴輪などの鳥文化に受け継がれるとしても、造形される鳥の種類が変わることに注目したい。すでに、ウとタカについては、先学の優れた研究成果があるが、ここではハクチョウをはじめとする水鳥形埴輪がタカやいわゆる鷹匠埴輪と密接な関係と持っていて古墳時代前期末から盛行する埴輪の鳥文化の中で大きな役割を果たしていたことと古代王権の様相を知る重要な手がかりであることを示したい。

考古学的な検討は不十分であるが、ハクチョウをはじめとする鳥（をめぐる）文化が日本古代史を分析する上で、非常に重要な鍵の一つではないかと筆者は考えている。不十分な点は大方の叱正を待つとして、大胆に問題を提起してみたい。

2 ハクチョウ形埴輪

突如出現するハクチョウの造形

埴輪だけではなく、実は古代文献（『記』『紀』、『風土記』など）に出てくる鳥の種類などにも変動がある。これは年代的な問題と地域的な特性の両方が関わっていて興味深い。とくに記紀では、応神天皇、仁徳天皇から雄略天皇にかけて、鳥の名前がついた天皇、豪族の名前やそれに関する故事が続出する。この事実に気が付いた辰巳和弘は、弥生時代以来の鳥文化の影響をみるとともに、「鳥の王朝」とでも呼ぶべき当時の文化的様相を指摘する（辰巳 一九九九）。辰巳の指摘は非常に興味深い。(2) こうした造形される鳥の種類の変化は当時の日本列島に生息していた鳥の種類が変化したのではなく、鳥を造形する古代人の心象が変化したことによるのだろう。

縄文時代や弥生時代には明らかなハクチョウの造形は見当たらないが、古墳時代に埴輪として出現する。ただ、縄文時代や弥生時代にハクチョウがいなかったわけではない。ハクチョウも渡り鳥で日本列島に渡来していた。今もハクチョウの飛来地で有名な鳥取県にある青谷上寺地遺跡からはコハクチョウの骨が出土しているほか（鳥取県教育文化財団 二〇〇二）、縄文時代にも青森県最花貝塚からオオハクチョウの骨が出土している（酒詰 一九六一）。酒詰仲男によれば、ハクチョウは美味とのことであり、国松俊英（二〇〇一）も幕末に官軍がハクチョウを撃って食べていたという記録を指摘する。縄文人や弥生人が食料としてハクチョウをはじめとしたガンカモの仲間を食べていたことは想像に難くない。かれらが目にすることもあったはずだ。しかし、なぜ古墳時代まで造形されることがなかったのか、いやどうして埴輪に造形されるようになったのか。

水鳥形埴輪

普通、埴輪の名称としては、鷹、鵜埴輪などと動物名といえども漢字で表記することが一般的なようである。しかし、以下の理由から筆者は動物名をカタカナ表記することがふさわしいと考える(3)。なぜなら『記』『紀』の漢字表記がいろいろな原則がありそうだからである。記紀では鳥の名前は厳密に書き分ける場合がある。ウは『記』では鵜、『紀』では鸕鷀（ロジ）、ササギは『記』では雀、『紀』では鷦鷯などのようになっていてこれらは混用されない(4)。『記紀』には白鳥という漢字が出てくる（「景行天皇条」）が、今私たちがいうハクチョウ（swan）であるかは、実は検討無しには特定できない。ハクチョウと思われる鳥を『記紀』ともに鵠と記述しているのである。鵠という表記がある一方で、白鳥という表記がある。

水鳥形埴輪を、八賀晋（一九九五）のデータをもとに集成した（表1）。埴輪は造形によっては、詳しい種類を限定

表1　主な水鳥形埴輪及び関連資料

所在地		古墳・遺跡名	備考
岩手県	奥州市	角塚古墳	水鳥
福島県	本宮市	天王壇古墳	鳥2
千葉県	山武郡横芝光町	小川台5号墳	水鳥
	山武郡芝山町	殿塚古墳	鳥
	山武市	朝日ノ岡古墳（蕪木1号墳）	水鳥
	成田市	大和田坂ノ上1号墳	鳥
		龍角寺101号墳	鳥（ツル）
		南鳥羽正福寺1号墳	水鳥（ガンカモ）5（若狭・内田1999）
	市原市	山倉1号墳	水鳥
群馬県	太田市	二ツ山1号墳	鳥
		太田天神山古墳	水鳥
	伊勢崎市	磯十二所古墳	鳥
	高崎市	保渡田八幡塚古墳	水鳥
埼玉県	加須市	小沼耕地1号墳	水鳥
	行田市	二子山古墳	水鳥
		埼玉6号墳	水鳥（若狭・内田1999）
		瓦塚古墳	水鳥（若狭・内田1999）
	東松山市	岩鼻古墳	水鳥を冠した人物埴輪
栃木県	足利市	機神山山頂古墳	鳥
茨城県	水戸市	コロニー86号墳（狐塚古墳）	ツル？、杉崎86号墳
長野県	長野市	長礼山2号墳	水鳥3（長野市教委1981）
	千曲市	土口将軍塚古墳	水鳥（採集資料）（長野県史1988）
	松本市	平田里1号墳	水鳥2（松本市教委1994）
三重県	鈴鹿市	丸山1号墳	水鳥
	伊賀市	石山古墳	水鳥
愛知県	春日井市	味美二子塚古墳／下原古窯跡群	水鳥（春日井市教委2004・2006）
	額田郡幸田町	幸田青塚古墳	水鳥2
滋賀県	高島市	妙見山C-1号墳	水鳥
大阪府	高槻市	墓谷4号墳（弁天山D4号墳）	鳥、水鳥
		墓谷2号墳（弁天山D2号墳）	鳥
		郡家今城塚古墳	ハクチョウ、水鳥（高槻市2004）
	茨木市	太田茶臼山古墳（現継体陵）	水鳥
	四條畷市	忍ヶ丘駅前遺跡	水鳥（櫻井ほか2010）
	寝屋川市	三昧頭遺跡	水鳥（寝屋川市史編纂委1998）
		太秦高塚古墳	水鳥（寝屋川市教委2002）
	大阪市	一ヶ塚古墳（長原85号墳）	水鳥
	藤井寺市	津堂城山古墳	水鳥（ハクチョウ）3
		野中宮山古墳（足塚古墳）	水鳥
		狼塚古墳（土師の里遺跡）	水鳥（藤井寺市教委2007）
	羽曳野市	誉田御廟山古墳（現応神陵）	水鳥
	堺市	野々井南12号墳（大芝古墳）	鳥
		茶山1号墳（現仁徳陵陪塚）	水鳥3
	泉南郡岬町	淡輪ニサンザイ古墳	鳥
奈良県	奈良市	ウワナベ古墳	水鳥
		市庭古墳（現平城陵）	水鳥
		平塚1号墳	水鳥
		平塚2号墳	水鳥
	天理市	小墓古墳	水鳥
		星塚古墳	鳥
		荒蒔古墳	水鳥（天理市1992）

奈良県	御所市	掖上鑵子塚古墳	水鳥
		ヒガンド古墳（巨勢山古墳群）	鳥
	生駒郡斑鳩町	瓦塚1号墳	鳥
	北葛城郡広陵町	巣山古墳	水鳥（ハクチョウ）3（広陵町教委2005）
和歌山県	和歌山市	大日山35号墳	水鳥（藤井2005・和歌山市教委2013）
京都府	与謝郡与謝野町	後野円山古墳	水鳥3
		鳴谷東3号墳	水鳥
	京田辺市	郷土塚2号墳	水鳥
	長岡京市	恵解山古墳	水鳥（長岡京市教委2012）
兵庫県	尼崎市	園田大塚山古墳（天狗塚古墳）	鳥
	朝来市	池田古墳	水鳥23（兵庫県教委2015）
岡山県	岡山市	金蔵山古墳	水鳥（土製品か）5（西谷・鎌木1959）
広島県	福山市	松本古墳	水鳥（土製品）採集資料（葛原・古瀬2000）
鳥取県	米子市	岩屋古墳（淀江向山1号墳）	水鳥
		井手挟3号墳	水鳥（米子市埋文2016）
	西伯郡大山町	ハンボ塚古墳	水鳥
島根県	松江市	井ノ奥古墳	鳥
福岡県	福岡市	丸隈山古墳	水鳥
		有田遺跡	水鳥（土製品）（福岡市教委1995a）
		比恵遺跡	水鳥（土製品）（福岡市教委1995b）
佐賀県	神埼郡上峰町	目達原大塚古墳	水鳥
	鳥栖市	岡寺古墳	水鳥
熊本県	玉名郡和水町	塚坊主古墳	鳥
鹿児島県	曽於郡大崎町	横瀬古墳（大塚山古墳）	水鳥

※筆者の考えではツルは水鳥には入れないが、参考までにこの表に含めた。
※引用文献がない資料は（八賀1995）による。

するのが難しい（埴輪のウとタカの区別が難しいように）。おもにガンカモ科の鳥を表しているものを含むと思われるものをここでは「水鳥」と一括しておく。ハクチョウもガンカモ科に含まれるが、水鳥にはハクチョウ以外にガンやカモも多く含まれているものと思われる。これらの類例を埴輪の造形といった問題だけでなく、筆者の鳥類に関する知識では、まだ確実にガン、カモを模した埴輪の例をはっきり峻別できていない（図4の郡家今城塚古墳水鳥形埴輪のように区別できそうな例はあるが）。水鳥埴輪＝ハクチョウ埴輪ではないことはいうまでもない。[5]水鳥＞ガンカモ科＞ハクチョウという関係にある。

ハクチョウ形埴輪

しかし、ディテールがよく造形されていて、ハクチョウと限定できそうな優品が近畿地方に三例知られている。（巣山古墳、津堂城山古墳、群家今城塚古墳）以下この三例を中心に、ハクチョウ形埴輪を分析してみたい。

ア　巣山古墳（図1）（井上二〇〇四a・二〇〇四b）

イ　津堂城山古墳（図2）（天野ほか一九九五、新開

図２　津堂城山古墳ハクチョウ形埴輪

図１　巣山古墳ハクチョウ形埴輪

二〇〇二）

ウ　郡家今城塚古墳（図３・４）（高槻市立しろあと歴史館 二〇〇四）

以上の埴輪からだけでも以下の点が指摘できる。ハクチョウの生態については、とくに梶田学氏の教示を得た。

ハクチョウの生態を熟知する埴輪工人

実際の生きているハクチョウをよく観察していると思われる。例えば、巣山古墳も津堂城山古墳のハクチョウ形埴輪ともに、尾をあげた状態を造形しているが、ハクチョウハは生きていなければ尾をあげているわけではない。

さらに津堂城山古墳の埴輪に特徴的であるが、嘴を半開きにしている。これも生きているハクチョウを描写している（求愛行動などの時にみられる生態である）。

こうした点は、死んだハクチョウからでは決してわからない情報である。こうした情報を伝聞だけで得たとは思えない。埴輪工人がハクチョウの飛来地へ見に行っているか、埴輪工人がすぐ近くでハクチョウの生態を観察していると思われる。生きたまま捕獲して運搬することはそれなりの技術がいるが、一旦捕獲すればハクチョウを含めたガンカモ科の鳥類は人間に慣れ易いので、埴輪工人は、近畿地方一円で観察する機会があったものと筆者は推測する。

図４　郡家今城塚古墳
左：ガンカモ科、右：ハクチョウ科

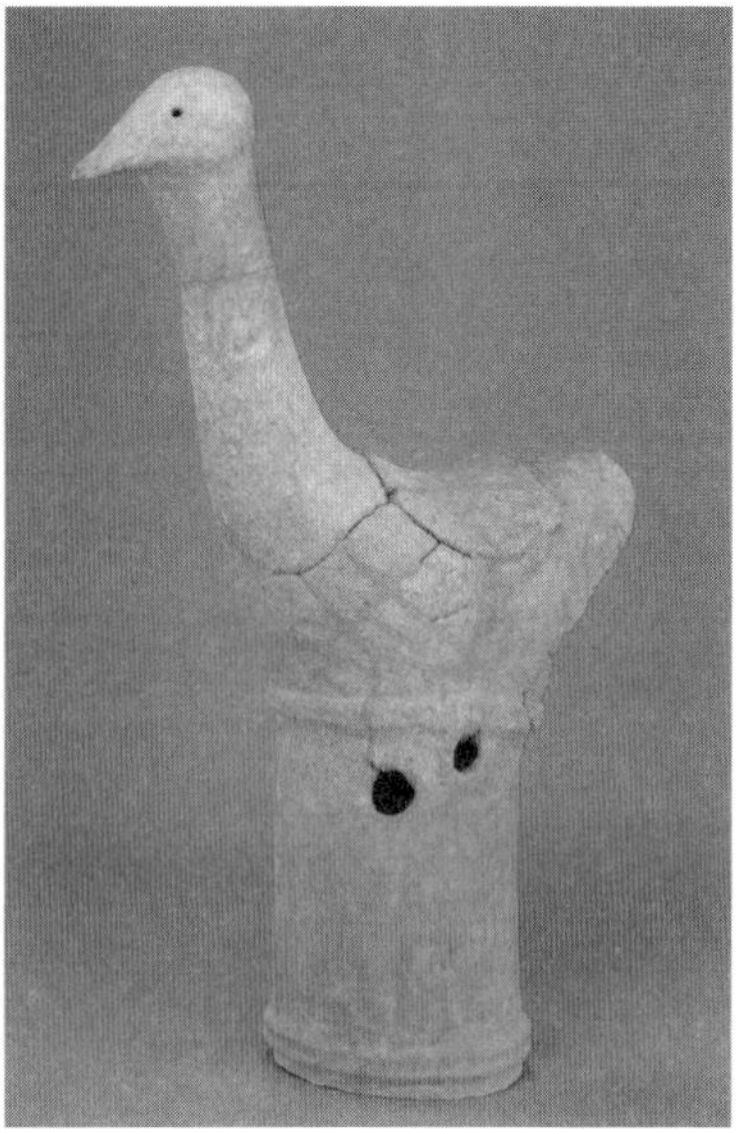

図３　郡家今城塚古墳ハクチョウ形埴輪　頭部は復元

大二小一の謎

さて、生きているハクチョウを観察して造形した問題とは別に、巣山古墳と津堂城山古墳の埴輪が大小二種類作られている点が共通している。その点も、空想上の動物の造形ではないので、なんらかの理由があると思われる。四つの可能性を考えてみた。

A　オオハクチョウとコハクチョウ
B　同じハクチョウだが、縮小サイズが違うだけ。
C　ハクチョウとそのほかのガンカモ
D　ハクチョウの親子、家族

Aについては、オオハクチョウとコハクチョウの大きさの差はせいぜい一割強程度である（全長一四〇センチと一二〇センチ、高野一九九六）。倍近くも違うということはない。Aの可能性はほとんどないだろう。Bも巣山古墳、津堂城山古墳ともに同じ場所（島状遺構）から出土していてスケールを変えて同じハクチョウを造形しているようではない。

Cも小さいとはいってもやはりハクチョウの形に近い。違うガンカモだとしたらいったいなにか。ほかのガンカモ科の埴輪の存在をはっきりとは抽出できないので、なんともいえないが、なぜ大二小一というセットになっているのかが説明ができない。とくにまだ詳細な報告がなされていないが、郡家今城塚古墳では、同じ区域にハクチョウとそれ以外の水鳥と思われる埴輪が配置されているとされる（図4）（高槻市二〇〇四）。よって、津堂城山と巣山古墳の例はCではないだろう。

ハクチョウは本来越冬地である日本列島では繁殖しない。シベリアなどの繁殖地で卵を孵化させる。日本に渡ってくるときは、子供のハクチョウも親と同じ大きさで渡って来る。つまり大きさでは親鳥とほとんど区別できない（ただし色が違う。親は白だが、子は灰色）。日本列島ではあくまで自然の状況においてであるが、ハクチョウの親子がこうした大小の状態で観察できることはない。

とするとすべての仮定が否定されて、謎は謎のままとなってしまうが、私はDの可能性があると思う。

水鳥に限らず鳥類は実際にツガイになっていることが多いので、夫婦を連想させる（例、鴛鴦の契り、オシドリ夫婦）。後述するように『紀』雄略天皇十年九月条のように鵞鳥も二匹、鴻も十隻（ペア）とツガイが基本で把握されている。『延喜式』でも隻で数えられている。ハクチョウも観察しているとペアや家族のようなまとまりが比較的簡単にわかる。やはり夫婦と子供の家族を表している可能性があろう。ではその理由だが、自然の状態で親と子のハクチョウがこれだけの体格差があることは日本列島では本来ありえない。つまり、繁殖をも目的とした「飼育」ではないか。

ただ、実際に繁殖させるのは、日本列島では極めて難しいようなので、むしろこのハクチョウ埴輪の家族はそれこそ理念上のものかもしれない。ただ、ハクチョウの例ではないが、雁・箇利（ガンだとすればハクチョウと同じガンカモ科）が茨田堤で卵を産んだことが、瑞祥として報告されている（『紀』仁徳天皇五十年三月条）。『播磨国風土記』賀毛郡では「品太天皇之世、於鴨村、隻鴨作栖生卵、故曰賀毛郡」とある。こちらはカモ（鴨）の繁殖例であろう。いずれも水鳥が卵を産む（繁殖する）ことが非常に困難であることを知っていたからこそ、瑞祥とされたのであり、同じ種類のガンカモで可能だったので、「ガンカモの王」ハクチョウにも同じようなことを願った可能性はあるだろう

（渡瀬　二〇〇四）。

文献からみるハクチョウの飼育の可能性

飼育していた可能性があることは、ハクチョウ形埴輪の特徴（生態をよく捉えている）やハクチョウの性質（人になれ易い）だけでなく、『記』『紀』『延喜式』などの文献史料からもハクチョウ（鵠）を飼育したことがうかがえる。

『記』垂仁天皇条　「今聞高往鵠之音」山辺之大鶴（オオタカ）が木国、針間国、稲羽国、旦波国、多遅麻国、近淡海国、三野国、尾張国、科野国を経て高志国で「鵠」を捕らえる。

『紀』垂仁天皇二十三年十月条　鳴鵠、鳥取造の祖湯河板挙、が但馬で鵠を得る。これによりて鳥取部、鳥養部、誉津部を定める。

『記』と『紀』で登場人物や地名が異なるが内容は対応している。各地の地名はハクチョウ飛来地を記述しているのだろうか。『記紀』ともにハクチョウの鳴き声に注目していることから、『記紀』の言う「鵠」がハクチョウの可能性が極めて高い。『記』の方は鳥取をオオタカという猛禽類の名前を持つものとしているのが注目される。

『紀』景行天皇四十年是歳条　日本武尊が死後「白鳥」となる。「白鳥陵」をめぐる故事。

『紀』仲哀天皇元年十一月条　「白鳥陵、是以冀獲白鳥、養之於陵域之池、因以覩其鳥、欲慰顧情。則令諸国、俾貢白鳥。」

『紀』仲哀天皇元年閏十一月条　「越国貢白鳥。」

以上、景行天皇から仲哀天皇の記事は一連のもので関連しており、白鳥が越国から献上されているという点からみてもハクチョウの可能性が高い（アルビノ・先天的に色素が少ない鳥であったり、サギなどであればとくに越国から献上したとは考えにくい）。さらに仲哀天皇元年十一月条には、「陵域の池」でハクチョウを飼うように命じていることが明示されている。この陵域の池が古墳の濠に当たれば、まさに巣山古墳などの例のような状況が目に浮かぶ。勿論、埴輪でなく実際にあった可能性もある。しかし、後述するが、古墳の濠ではない可能性があると筆者は考える。

『紀』孝徳天皇白雉元年二月条「以応有徳、其類多矣。所謂鳳凰、騏驎、白雉、白烏、」

これは、ハクチョウかどうか特定できないと考える。この記事以外にも瑞祥にアルビノ例えば白烏なども瑞祥としてあげており、アルビノの鳥の意味かもしれない。

これらの記事を見てわかるのは、目的はともあれハクチョウなどの水鳥を捕まえ、飼うことがあり、そうした職掌の集団（鳥取部、鳥飼部）がいたことは明らかである。

ハクチョウの飼育の意味

では、なんのために飼育する必要があったのか。

① 愛玩用

前述の『紀』仲哀天皇元年十一月条のような例がある。しかし、現代の動物園的な発想ではなく、ハクチョウに祖先の霊を偲んだりすることがあったのかもしれない。『記』『紀』の垂仁天皇条のハクチョウ捕獲記事についても、愛玩用に捕らえさせたと解釈できるかもしれない。

② 貢納・下賜用

『延喜式』巻第八神祇八「出雲国造神賀詞」(6)が参考になろう。平安時代の例であるが、出雲国造が白鵠を朝廷に献じている。一方でさまざまな神社などに鵠が賜られているので、これが数匹ではなく、かなりの数であったことが想像できる。出雲を含む島根県や隣接する鳥取県は現在でも全国有数のハクチョウの飛来地であり、全体をほぼ残している五風土記（肥前、豊前、出雲、播磨、常陸）のうち、圧倒的に鳥に関する記事が多いのが、『出雲国風土記』であり、その中に鵠も散見される。

③ 王権の狩

タカ（鷹匠）はウ（鵜匠）と並んで考古学的に古くから対比研究されてきた。いずれも狩りと深い関係がある。タカは『紀』仁徳天皇四十三年九月条に異しい鳥が捕らえられ、それを渡来系氏族である酒君に見せたところ、百済では「倶知」と呼び、狩猟に使えることを酒君は説明し、後に飼いならして、百舌野でキジを鷹狩りした記事がある。

動物としてのタカなどの猛禽は古墳時代以前からいたのが、人間が飼いならして「鷹狩」に利用するにはかなりの技術が必要で、『紀』仁徳天皇紀は「鷹狩」の技術が朝鮮半島から伝わったと解釈すべきだろう（宮内庁式部職一九三一）。

鷹狩の対象は小鳥やキジなどであるが、とくに注目すべきは、儀礼的に水鳥を対象とすることがある。日本で鷹狩の伝統が現代まで継承されてきたが、これは、近世やそれ以前からの武家文化の中で継承されてきたものが、江戸幕府崩壊後に、将軍家や大名家の鷹匠を絶やさないために宮内庁で鷹匠が雇用されたという経緯がある（波多野一九九七、花見二〇〇二）。天皇家の独自文化ではなく、日本の前近代の権力者の権力者の文化だった。

これらの鷹狩のうち、とくに賓客を招いて儀礼的に鷹狩を行う場合には、鴨場という水鳥を寄せておける池で行う。詳しくは（坊城一九六〇、波多野一九九七、花見二〇〇二）などを参照されたいが、簡単にいうと池に集まっているガンカモ科の水鳥を両脇が土手状になっている水路に誘導し、両脇から差出網で人間（賓客）に捉えさせるというものである。このとき、人間がとらえそこねたガンカモをタカがしとめるという手はずになっている。

江戸時代や明治以降この鴨場で行われる鷹狩の対象として、ハクチョウが含まれていたかは確認できていないが、ハクチョウもガンカモ科に含まれていて、ガンカモがいるような池にはハクチョウも飛来することもある。こうした池として有名なものに石川県加賀市の片野鴨池などがある（加賀市片野鴨池坂網猟保存会二〇〇一、加賀市史編纂

室 一九七五）。また、宮内庁が管理している鴨場としては、埼玉の越谷鴨場と市川の新浜鴨場がある（清棲 一九八八）。将軍家の鴨場として簡単に見学できるのが浜離宮公園である。とくに示唆的なのは、浜離宮の鴨場の島にも、巣山古墳出島同様の規模であり、鴨などの水鳥のために石が葺かれている。よって、「陵域の池」（『紀』仲哀天皇元年十一月条）や「鴻十隻を軽村に連れて行った」（『紀』雄略天皇十年九月条）先は、必ずしも巨大古墳の濠（多目的な施設であった可能性はあるが、本来的にはお墓である）ではなく、古墳時代の「鴨場」的池などの施設であった可能性も考えられよう。

さらに、注目すべきは近世から近代に至る鴨場の管理自体が鷹匠の仕事でもある点だ。鷹匠はタカの飼育や鷹狩技術の鍛錬だけでなく、対象獣の中でも人間が飼いならしやすいガンカモ科などの水鳥も管理していることになる。

鳥飼部の鳥

こうした視点で『記紀』の鳥飼部関連記事を今一度見てみる。

この鳥飼部の対象鳥類にハクチョウがいたようであるが、他にどのような鳥がいたのか。

『紀』雄略天皇十年九月条に身狭村主青が呉より二匹の「鵞」（ガチョウか。ガンの家禽化されたものがガチョウ）を得て、天皇に献じるために筑紫に至ったが、水間君の「犬」にかみ殺された。この時罰せられることを恐れた水間君が「鴻十隻」を「養鳥人」に献じて許されたという記事がある。鴻はコウノトリであるとかハクチョウであるとかの説があるが、同じく雄略天皇十年十月条に「以水間君所献養鳥人等、安置於軽村」とあるので、軽村は（ヤマトタケル伝承の白鳥陵がある）古市なので、鴻はあるいはハクチョウであったかもしれない。鵞も二匹、鴻も十隻といずれもペアで記述されているのが興味深い。

『紀』雄略天皇十一年十月条には「鳥官乃禽」が菟田人の狗にかみ殺され、雄略天皇が怒って黥面して「鳥養部」

にしたという記事がある。鳥と区別して禽と特筆した場合、禽はまさに水鳥の意味である。鳥官は水鳥を飼っていた。ハクチョウ（白鳥・鵠）説話に比べて、細かい種を同定できるような説話には欠けているが、ハクチョウだけでなく、水鳥も鳥飼部は対象としていたようである。こうした説話に関連して雉、鶺鴒やとくに鵜が出てこないことが注目される。鳥飼部も鵜飼も黥面していたと考えられ（『記』神武天皇など）（辰巳 一九九九）るが、鵜飼と鳥飼部を混同している気配はない。

一方、鳥取部の伝承としてハクチョウを捕まえにいった人物の名前に猛禽類の名（オオタカ）があることは示唆的で、鳥取部が鷹匠そのものであったかは私には判断が付かないが、古墳時代においても、鷹匠とハクチョウなどの水鳥が非常に深い関係にあったことはうかがえる。

3　小　結

愛玩、贈答そして狩猟の三つの側面は、決して相反する説ではなく、これらの一面がそれぞれあったものと思われる。それにしても、鷹狩はユーラシア大陸の遊牧騎馬民族に広がる風習である。東は日本、朝鮮から西はヨーロッパに至る。とくにその鷹狩の一部にハクチョウなどの水鳥がとりいれられたとすれば、これは東アジアとくに北方の非漢民族の王朝に共通する特徴である（遼〔契丹〕、金〔女真〕、清〔満洲〕など）。とくに女真族は海東青というハヤブサの一種を民族の鳥として崇め、これがハクチョウを仕留めるという儀礼を非常に重要視し、その意匠は美術工芸品となってもいる（王 二〇〇一）。前述した『紀』仁徳天皇条の記事によるまでもなく、朝鮮には鷹狩の古い伝統がある（宮内庁式部職 一九三一）、また名鷹「海東青」は高麗との国境に生息していることが知られ（『金史』本紀第三太宗三年条「捕海狗、海東青、鴉、鶻於高麗之境」）、当然のことながら、朝鮮半島北部や中国東北部はガンカモの生息地である。現在の中朝国境が「鴨緑江」、カモの卵の発酵食品皮蛋の主要産地は松花江である。統一新羅の外国賓客接待の場所が『雁鴨池』ということなどから見ても、タカとガンカモ類は朝鮮半島でもセットでみられる地域である。まさに中国東北部から朝鮮半島は、タカなどの猛禽とハクチョウ、ガンカモなどの遊禽の水鳥の文化が育まれてきた地域と言っても良いだろう。

いみじくもタカとウの埴輪の歴史的意義について研究された加藤秀幸（一九七六）が指摘するようにタカの埴輪は日本列島古墳時代の王権の起源と性格を明らかにする上で極めて重要である。さらに、とくにハクチョウとタカは、深い関係にある可能性が高い。水鳥などのハクチョウが古墳時代などの古代日本列島で鷹狩の対象鳥であったかはまでは確言できないが、今後タカおよびハクチョウ形埴輪の出土状況を検討していけば、両者の関係の有無は明らかになろう。すでに述べたようにウ・鵜飼とタカ・鷹匠、ハクチョウなど水鳥が区別され、後者がセット関係であったとすれば、古墳時代の王権の性格を知る上で、後者は東北アジア起源の文化である可能性が高いだろう。

さて大雑把にいえば、近畿地方では、ハクチョウ形埴輪は巨大古墳が建設されていた時代の所産である。この巨大古墳が築造されていた時期には、鳥に関する名称が近畿地方の首長や豪族の名前に散見され、関連する説話にも事欠かない（『記紀』の記事が本当に巨大古墳の時代の文化をどのように伝えているかは検討の余地が大いにあるが）。

ただ、弥生時代や古墳時代前期にも鳥の描写はある。縄文時代が皆無に等しいのと比べると好対照である。しかし、その描写される鳥の種類が古墳時代中期以降大きく変わるように思える。それは、まさに王権の性格が変容するような文化的な変動があったかのようである。古墳時代前期にも銅鏡の意匠に鳥が描かれており、銅鐸の鳥文化と埴輪の鳥文化をつなぐ資料としてその種類や意味について今後注目すべき必要がある（森 一九六二・一九七一）。弥生時代の銅鐸の鳥文化と古墳時代の埴輪の鳥文化の差、古墳時代前期の鏡の鳥文化がどちらに含まれるのだろうか。

注

（1）渉禽を遊禽と区別する場合、水辺の鳥と呼ぶようである（日本野鳥の会編 一九九七）。勿論ツルらしい埴輪もあるが、これらの鳥が埴輪には少ないという傾向はかわらないだろう（和歌山県立紀伊風土記の丘 二〇〇五）。

（2）例えば仁徳天皇（オオササギ）、武列天皇（ワカササギ→ササギは一般にミソサザイとされる）、隼別皇子（ハヤブサ）、雌鳥皇女（メトリ→鳥の種類不明）、平群木莵宿禰（ズク→ミミズク）、平群真鳥大臣（マトリ→ワシか）など、前後の時代にも鳥の故事も人名としたものも出てくるが、天皇、皇族や豪族の名前に出てくるのは特筆してよいだろう。

（3）当然のことながら、現代の私たちの目でみて、とりあえずタカ、ウ、ハクチョウなどといっているのであって、当然古代人がどう判断していたかは別問題である。

（4）『記』は漠然とした種類を、『紀』は漢文的に見て厳密な種類を表記しているようである。とくに『記』の記述は興味深い。鵜はペリカン類を意味し（カワウ・ウミウともペリカンの仲間なので間違いではない）、雀も、もしミソサザイやスズメなども包括してこの漢字表記を当てたとすれば、『記』の作者は鳥の種類を漢字に当てる時に、本来の漢語の細かい区分を敢えて避けた可能性がある（厳密に日本の鳥と中国の鳥がどのように対応するか自信がなかったのかもしれない）。逆に『紀』の作者は、漢語の細かい鳥名に自信があったか、動物名を雌雄表記するという漢語的な表現にこだわったのかもしれない。漢語の雌雄表記は『紀』に多い。『紀』鶺鴒、『記』阿米都都、麻那婆志良など。

（5）ちなみに、弥生時代の銅鐸などにみられるシギ、サギ、ツルなどを模したと思われる脚の長い渉禽類をガンカモ科の遊禽獣類ととくに区別する時は、「水辺のトリ」とする。

（6）「白鵠乃　生御調能　玩物登。」生きたハクチョウを調としている。

二　埴輪にみる辮髪・送血涙・タカ

1　はじめに

和歌山県和歌山市井辺《いんべ》八幡山古墳は、一九六九年二月から四月に調査され、一九七二年に同志社大学文学部考古学調査報告第五冊として『井辺八幡山古墳』が刊行されている（森ほか 一九七二）（以下同書を『報告書』と略する）。すでに『報告書』の総括で森浩一は同古墳に北方系文化の影響がみられる遺物が出土していると指摘する。

筆者は、近年強い関心をもって探究をすすめている靺鞨・女真文化という補助線を引くと井辺八幡山古墳の北方系文物の理解がより具体的になることを示し、井辺八幡山古墳の北方系文物が、漠然としたアジア北方という意味ではなく、靺鞨や女真の故地である中国東北部の文化ととくに強い結びつきがあり、その淵源の可能性があることを示したい。

2　井辺八幡山古墳出土の形象埴輪にみられる靺鞨・女真文化との共通性

『報告書』が刊行された一九七〇年代はもとより、現在も北方系民族の姿形を描写した考古資料は漢族のそれに比べて極めて限られている。近年後述するように出土資料から北方系民族の姿形を推測できるような資料が増えては来たが、やはり少ないことは否めない。これらの解釈に文献史料の記述は欠かせない。よって本稿では、考古資料とともに文献史料の記述も大いに参考にし、井辺八幡山古墳の形象埴輪について分析をする。

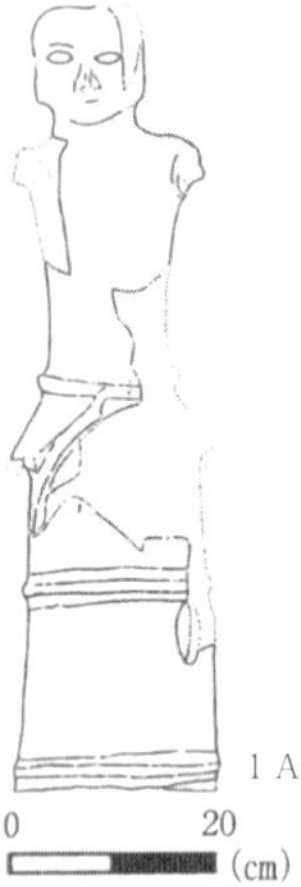

1 A

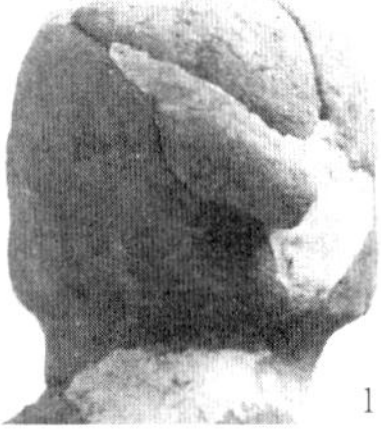

1 B

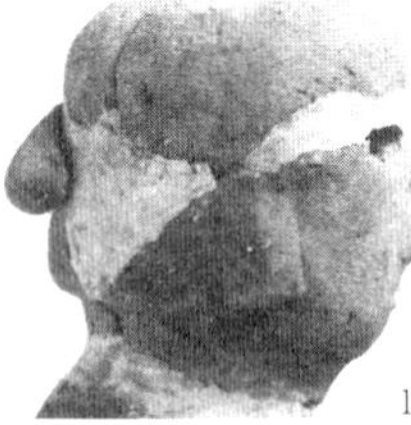

1 C

2 A

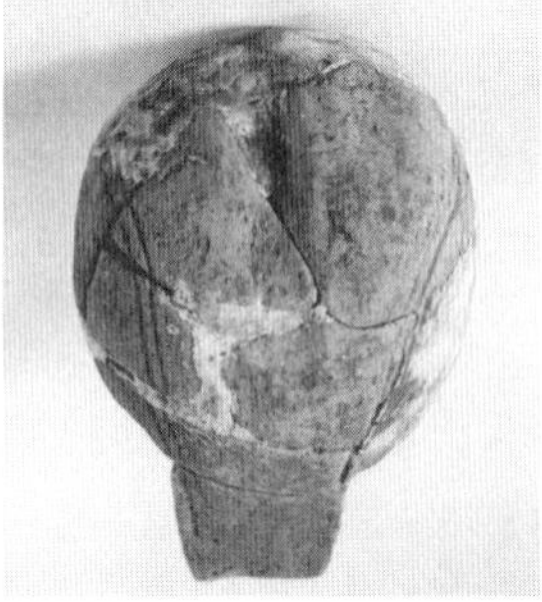

2 B

図５　井辺八幡山古墳出土埴輪（1）

1 東人物 14 号埴輪：A 実測図　S=1/14、B・C 頭部写真

2 西人物埴輪：A 頭頂溝、B 板状結髪

（1）辮髪

井辺八幡山古墳の人物埴輪の髪形（辮髪を含む）は、その性格を考える上で極めて重要なので、少し長くなるが『報告書』の記述を引用あるいは略述させていただく。

　井辺八幡山古墳の男子埴輪像、西人物五号、西人物顔（ハ）、東人物一〇号、東人物一四号の四例に、頭頂部に縦方向で浅いU字形の溝が認められる（図５）。奈良県石見遺跡や徳島県前山東方丘陵の人物埴輪に類例があるとのことであり、「頭頂の髪を剃りとっている表現と理解した」とし、「頭頂溝」と呼称する。また「井辺八幡山古墳の人物埴輪の髪形の特色は、たんに頭頂部の髪を剃っているだけではなく、大部分の髪を後頭部に垂下しているところにある。これを『後頭部板状結髪』と仮称したけれども、この髪形はさらに左右の耳付近に小さな垂下した髪を伴うようである。したがって、頭頂部とその周辺の髪を剃り、大部分の髪をうしろへ集めて大きな板状の結髪にして垂下させ、さらにかろうじて両耳がかくれるほどの小さな結髪（多分棒状で、細い紐でゆわえているようである）を下げていたようであり、都合三本の結髪を垂下させていたと推定される。

井辺八幡山古墳の男子人物埴輪の髪形が前髪や頭頂の髪を剃っていて、後側を板状に結って垂下（いわゆる辮髪）する人物の髪形を模しているものとしているが、辮髪については後述するが、まず頭頂部を剃っている表現なのであろうか。

井辺八幡山古墳の人物埴輪の髪形には辮髪部分も含めて、梳った痕跡、つまり髪の毛の表現がない。頭頂溝は本当に頭頂部を剃った痕跡なのであろうか。後で詳述するが辮髪というと清朝の支配民族であった満洲族（現満族）の「薙髪」（後髪以外を剃り、後髪は蓄えて、髪を編み垂れ下げる辮髪）があまりにも有名で後髪以外を剃ること（剃髪・禿髪）と髪を編んで垂れ下げる（辮髪）が必ず共伴しているものと考えがちであるが、必ずしも共伴する風俗・髪形ではない。

そうした見方で井辺八幡山古墳以外の人物埴輪の髪形の表現を観察してみると、たとえば継体天皇の真陵であるとも考えられる大阪府高槻市の郡家今城塚古墳の人物埴輪の頭部（図６）には、頭の中央から両側に髪を分けて梳る様子が表現されている。

つまり、井辺八幡山古墳の男子人物埴輪の頭頂溝も頭髪を中分けした様子（「桃割れ」のような髪形）を表現しているとも考えられる。

ここで、中国の辮髪について概観すると、すでに桑原隲蔵（一九一三）や白

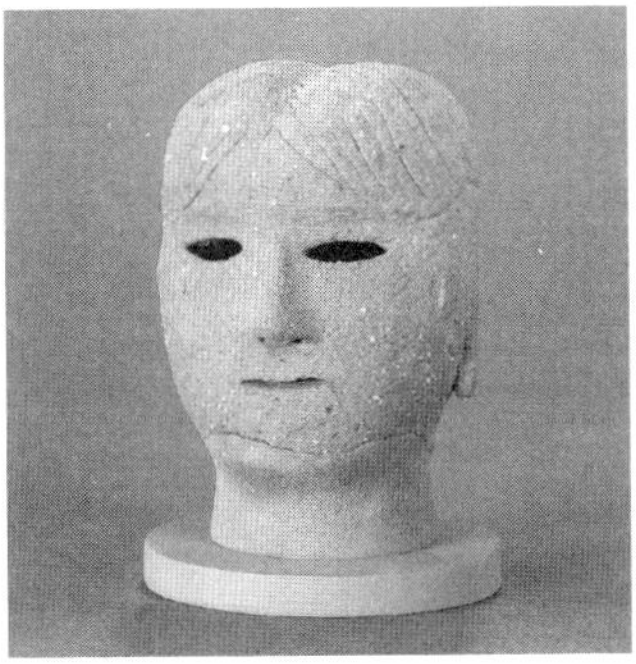

図６　郡家今城塚古墳出土人物埴輪頭部

鳥庫吉（一九三八）の研究などがあり、考古資料との対比が不十分なきらいがあるが、桑原や白鳥のように文献資料によって辮髪風習を概観する必要がある。

白鳥は北アジアの諸民族の辮髪風習を概観しているので、白鳥の記述を中心に中国の辮髪の記述について、以下簡単に白鳥論文の要旨を紹介したい。

先秦の文献には、戎狄の風習に「被髪」という言葉はみられるが、辮髪や編髪という文字がみられない。

辮髪という言葉の初出ではないが、『漢書』列伝巻六十四下終軍「殆將有解編髪、削左衽、襲冠帯、要衣裳、而蒙化者焉。」という一節が出てきており、終軍が北胡（匈奴）あるいは南越が編髪と左衽を（いずれも漢人にはない風習で、漢化を慕って）やめるだろうと推測しているという。さらに同じく『漢書』列伝巻四十三陸賈に「時中国初定、尉佗平南越、因王之。高祖使（陸）賈賜佗印為南越王。賈至、尉佗魋結箕踞見賈。」とあり、「魋結箕踞」は、注解によると「魋結とは椎髻のことで、椎髻とは、頭上に束ねた頭髪の形が椎即ち槌の形に類似する所から其の名を得たのである。」である。その他民族例などから南越の民は辮髪ではなく、終軍が指摘する編髪は匈奴のことの可能性が高い。さらに『史記』巻百十列伝第五十匈奴に、漢の文帝が匈奴の冒頓単于に贈った品物の中に比余というものがあり、その注に、比余とは、辮髪の飾りで、金で作られていた（辮髪之飾也、以金為之。）とあり、匈奴が辮髪であったことを裏付ける。

このほか、『三国志・魏書』巻三十鮮卑に「（鮮卑）常以季春大会、作楽水上、嫁女娶婦、髠頭飲宴。」とあり、同じく『三国志・魏書』巻三十に烏丸は「父子男女相対蹲踞、悉禿頭以為軽便、婦人至嫁時、乃養髪分為髻、著句決、飾以金碧、猶中国有冠歩揺也。」とあり、白鳥は東胡が髠髪（僧侶のように頭を剃っていた）とする。また『魏志』巻三十東夷・韓に州胡（済州島か）が「又有州胡在馬韓之西海中大島上、其人差短小、言語不與韓同、皆髠頭如鮮卑、但衣韋、好養牛及豬。」という記述を注目する。州胡は韋（毛皮）を着て、牛や豬（イノシシ）を好んで飼育していたことから州胡も東胡の流れを汲むものではないかと推測する。

　鮮卑は『晋書』巻百八載記第八慕容廆に「率索頭為右翼」とあり、この索頭については、『資治通鑑』巻九五晋紀成帝咸康二年条に「索頭郁鞠帥衆三万、降於趙。」とありこの注に「索頭鮮卑種、以別於黒匿、郁鞠以其辮髪、故謂之索頭。」とあり、鮮卑は辮髪で、「索頭」と呼ばれるものがあったことがわかる。

　このほか、白鳥は粛慎、靺鞨、女真、鉄勒、突厥、芮芮（柔然）、室韋、蒙古、高麗（高麗は本来の風習ではなく、蒙古の威を恐れてのことであるが）が辮髪風習を有していたとする。[1] さらに白鳥は「南北朝の頃から支那の文献に被髪とある言の中には、辮髪を包含する場合のあることが知られ、又前漢の時代から椎髻という言で辮髪をも云ひ表はす場合のあることも判った。かやうに辮髪といふ頭髪の制が或るときには椎髻とも云はれ、或るときには被髪とも呼ばれたとすれば、辮髪、被髪、椎髻の三称は、全く同一の頭飾を指すように聞えて、甚だ奇怪のことになる。」と言う。

　これはいったいどういうことなのか。たしかに被髪の原義は「髪を束ねないこと」であり、椎髻は「槌状に髻を結うこと」を意味しているとなる。つまり、同じ辮髪といってもさまざまな形態があるのだろうか。さらに剃髪（禿髪）と辮髪はいかなる関係にあるのか。

　こうした謎を解く鍵が近年の中国の考古資料にある。遼寧省朝陽市黄河路唐墓の辮髪をした男女を模した二体の石俑の例とその研究である（図7）（遼寧省文物考古研究所ほか 二〇〇一、姜 二〇〇五）。渤海建国にかかわった粟末靺鞨の姿を示した石俑として注目されている（魏ほか 二〇〇六）。

　朝陽市黄河路唐墓は、一九九三年に遼寧省文物考古研究所と朝陽市博物館によって調査された磚築円形単室墓で、墓碑などの紀年資料はなく、初期の段階で数度の盗掘を受けていたが、多くの陶俑や石俑といった副葬品など七八点

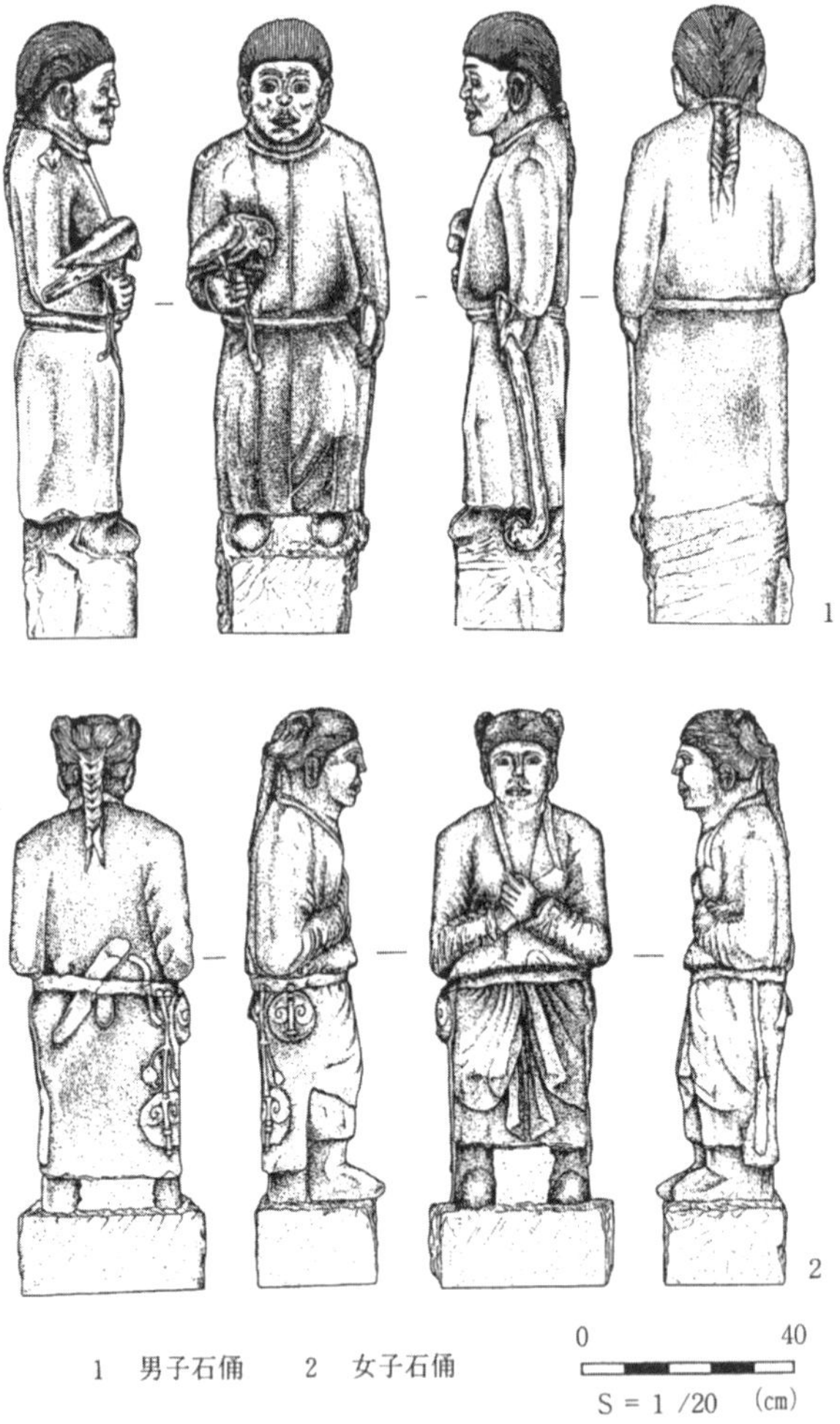

1　男子石俑　　2　女子石俑

図７　遼寧省朝陽市黄河路唐墓出土石俑

が出土している。墓の規模や象牙笏板が出土していることから被葬者は官級五品以上の唐代の官員で、さらに墓葬の形態・構造と副葬品（おもに陶俑の形態）からも唐墓と考えられている。さらに、朝陽（唐代は営州）が安史の乱以降は契丹に支配されたことを考えると安史の乱以後にこうした中原の唐墓に対比できるような陶俑が多量に出土することは考えにくく、墓の年代の下限は、安史の乱以前、唐武則天期（八世紀前葉）と推定されている。

調査報告者は、副葬品の陶俑は、唐代中原のものと酷似し、墓葬の構造・形態も中原の唐墓と対比できるものであるが、一方で、辮髪した男女を模した石俑や高鼻深目の泥俑人頭、絡腮胡（もじゃもじゃ髭）の胡人騎駱駝陶俑の存在は漢民族以外の少数民族や中央アジアや西アジアの商人が営州に居住していたことを示しているとする。

この辮髪男女石俑について、調査報告者は、青灰色砂岩の彫像で、以下のように説明する（遼寧省文物考古研究所ほか二〇〇一）。

　男俑（M1：1）　頭髪は前髪、両方の鬢を後方に梳り、頭の後ろで髪を編み、辮髪の先端を帯でくくっている。濃眉大眼、前方を見て、大耳で垂れ下がり、頬骨がでっぱる。円領右衽長袍を着て、帯を締める。右腕を肘で曲げ、鸚鵡を載せ、その足には縄をつなぎ、手の指に縄を絡ませる。左手は先端が丸くなった棍（棒）を持ち、尖頭靴を履き、方形の台座上に立つ、全体高一一二センチ。

　女俑（M1：2）　頭髪は前髪より梳り、頭頂の両側にそれぞれ髻を結ぶ。各髻より頭髪を一束ずつ取り出して頭の後ろで編み、背中に垂らす。左は翻領（開襟）、右は斜衽の束袖長袍を着て、帯を締める。長袍の前身ごろは引っ張り上げ、帯に挟んでいる。帯は装飾をぶら下げる。右は香嚢（香袋）であるが、その他はわからない。両腕を肘で曲げ、左手で右手の親指を握り、胸元に手を出す。尖頭靴をはき、長方形の台座の上に立つ。全体高一〇二センチ。

さらに姜念思（二〇〇五）は、この辮髪男女石俑について、以下のように説明する。

　辮髪石俑は、唐装であるが、髪型と容貌からみると漢族とは考えにくく、中国東北地区の少数民族に属するとすべきであろう。朝陽地区は古来、多くの民族が雑居した地であり、唐代の営州境域で活発であった少数民族は、主に契丹、高麗、室韋、奚、靺鞨などがあった。

姜は契丹、高麗、室韋は辮髪民族ではなく、奚の髪形は文献記述にみられない。黒水靺鞨は、『新唐書』巻二百十九二一九列伝百四十四北狄の記載「黒水靺鞨……俗編髪、綴野豕牙、插雉尾為冠飾、自別于（於）諸部。」より編髪（辮髪）だとわかる。この記事からだけでは、黒水靺鞨の辮髪がどのような様式であったか、わからない。黒水靺鞨は女真に、女真は満洲（族）が発展したことから、女真や満洲の辮髪と黒水靺鞨の辮髪は似ていた可能性が高い。女真の辮髪は、『大金国志』巻三十九中の記載「金辮髪垂肩、留顱後髪繋以色絲。」とあり、『北風揚沙録』は「（女真）人皆辮髪、與契丹異、留顱後髪以色絲繋之、富人用珠玉為飾。」と称し、『三朝北盟会編』巻三には「（女真）男子辮髪垂後、耳垂金環、留顱後髪以色絲繋之、富者以珠玉為飾。」とある。こうした記載によれば女真の辮髪は、「留顱後髪」の可能性が高い[2]。満洲族の男子の髪型と対照すると、明らかにこれは「髡」と「辮髪」の髪型である。つまり額の前髪を剃り落とし、留顱後髪（頭の後髪を残し）、編辮垂後（編んで後ろに垂らす）、色つきのひもで結ぶ。宋金時代こうした髪型に対して、一つの明確な名称もまた無く、「編髪」あるいは「辮髪」と称し、ある時は「髡髪」あるいは「削髪」「剃髪」というように混乱していたらしい。清朝になって満洲（族）は、こうした髪型を「薙髪」を称しはじめた。これにより、黒水靺鞨は女真や満洲族とおなじような前髡後辮の髪型であり、朝陽黄河路唐墓より出土した石俑の髪型とは同じではないと推測する。

　粟末靺鞨の辮髪の様式は明確な文献記載にはない。吉林で発見された渤海貞孝公主墓壁画の絵に粟末靺鞨と風俗的に近いと考えられる渤海人の姿が描かれているが、頭に兜鍪（かぶと）、帕首や幞頭（ターバンのような被り物）をかぶっていて、髪形がわからない（延辺博物館 一九八二）。また、渤海国は粟末靺鞨が主体となって建立したものだが、渤海人の構成は複雑で、高句麗の遺民があり、その他の部の靺鞨人もあるので、貞孝公主墓壁画の中の人物が、すべて粟末靺鞨人の姿であるまでは言えない。

　靺鞨各部は同一族名で、かつ「俗皆編髪」（『旧唐書』巻百九十九下 列伝第百四十九下 北狄 靺鞨）であるが、辮髪の様式は必ずしも同じではない。靺鞨は、まだ文化と習俗がまったく同じ「民族共同体」を形成してはいなかった。同様の状況は鮮卑にみられる。孫進己・于志耿は鮮卑を拓跋、慕容、宇文などの部に分かれ、その各自の淵源は同じではなく、髪型も各々異なる。拓跋鮮卑は「索髪」とし、慕容鮮卑は「披髪」（さんばら髪）、宇文鮮卑は「人皆剪髪而留其頂上、以為首飾、長過数寸則截短之。」とする（孫・于 一九八二）(3)。前掲の『新唐書』北狄伝は黒水靺鞨を「自別于諸部」であると指摘する。つまり、粟末靺鞨と黒水靺鞨の辮髪の様式が同じでない可能性が高い。程遡洛（一九四七）は、辮髪を二類に分け、「一類属於単純的辮髪、即従前額蓄髪直至脳後編髪而下、另一類即剃去前脳頭髪而後編髪。（一類は単純な辮髪に属す。前髪の蓄髪は、頭の後ろに至り、編んで垂下し、もう一類は頭の前髪を剃り、頭の後ろで編む。）」とする。黒水靺鞨、女真、満洲（現満族）は後者の類の辮髪である。粟末靺鞨は辮髪だが、黒水靺鞨と区別があるということは、前者の類である。つまり、単純な辮髪で、朝陽黄河路唐墓出土の石俑のような髪型である。よって、髪型からみるとこの二石俑の所属民族は、靺鞨であるとすれば、粟末靺鞨と推測される。

このほか姜は男俑の持っている鉄撾（調査報告者は棍棒とする）、鷹（調査報告者は鶻鵡とする。鷹については別途後述する）、女俑の叉手礼も靺鞨の根拠とする。

白鳥は辮髪が後世さまざまな表記なされるようになったと推論したが、契丹の壁画資料をみると、剃髪（髡髪）で、髪を垂下させてはいるが、髪を編んではいないのである。辮髪ではない（遼慶陵、庫倫、河北宣化張家口壁画、『卓歇図巻』）（沈・王 一九九五）。

一方女真の辮髪について表現した絵画資料は、管見では『胡笳十八拍図巻』や『文姫帰漢図』などと限られている（沈・王 一九九五）(4)。しかし、文献史料としては既述したもの以外に、女真が漢人にとくに剃髪を強制したことも見える(5)。女真は金建国以降も剃髪の辮髪であったことがうかがえる（三上 一九七三、ヴォロビヨフ 一九八三）。

程遡洛（一九四七）の分類に従えば、朝陽黄河路唐墓の石俑と井辺八幡山人物埴輪の辮髪は同類に属する。しかし、朝陽の辮髪石俑の年代は八世紀の粟末靺鞨とされ、井辺八幡山古墳の埴輪は六世紀代に比定されるので、約二〇〇年のタイムラグがあり、彼我に直接的な関係を認めるのは難しいかもしれない。

隋代まで靺鞨の名称は遡り、さらにそれ以前は勿吉と呼ばれていたから、こうした頭を剃らない辮髪の系統は遡る可能性が高いが、既に縷説しているように唐代以前の靺鞨などの辮髪がどのような形態であったかについて、具体的な記述はあまりない。

ただ、靺鞨以外の例えば、鮮卑は前述の孫・于両氏の研究によれば、拓跋鮮卑は「索髪」、慕容鮮卑は「披髪」、宇文鮮卑は「剃髪の辮髪」となるので、宇文鮮卑は黒水靺鞨・女真・満洲と同じタイプであるのに対し、拓跋鮮卑が粟末靺鞨と同じく前髪を剃らない辮髪のタイプであった可能性が高いだろう。

辮髪に関する考古資料は、管見では、殷虚（墟）婦好墓に後頭部に辮髪を垂らし、正座した軟玉製の人形が出土している（『殷虚婦好墓』）。四川省成都方池街出土資料の詳細な年代や出土地は不明であるが、シカゴ美術館の所蔵資料に、婦好墓のものと同じく辮髪を垂らして正座した石製の人形があり（林　一九九五）、殷代にすでに辮髪をした漢族以外の民族がいたことが推測されるようである。したがって辮髪の起源自体は、おそらく漢族以外の風習であろうが、非常に古いことになる。こうした古い辮髪の資料が、前髪や頭頂を剃らないものであることは、注目すべきであろう。古代中国人にとって、辮髪といえばむしろ前髪や頭頂を剃らないものがよく知られていたのかもしれない。

さて、拓跋鮮卑が井辺八幡山古墳の埴輪と同じ前髪や頭頂を剃らない辮髪タイプであったとすれば、森が『報告書』で指摘するように、鮮卑の流れを汲むという州胡（済州島か）を媒介として、井辺八幡山古墳の辮髪の源流がより具体性を帯びてくるものと思われる。

（2）送血涙（黥面）

井辺八幡山古墳からは顔に入墨が施されたとされる人物埴輪が出土している。『報告書』によれば、力士（東人物一〇号）には入墨がみられるが、武装人物には入墨がみられないことと顔に入墨をしていても身体への入墨のあとが明確ではないことを特徴とするという（図８）。

また顔面入墨は二種類にわかれ「鼻上翼形入墨」と「顔面環状入墨」がある。とくに前者は黒ずんだ赤彩がみられるという（東人物一〇号）。

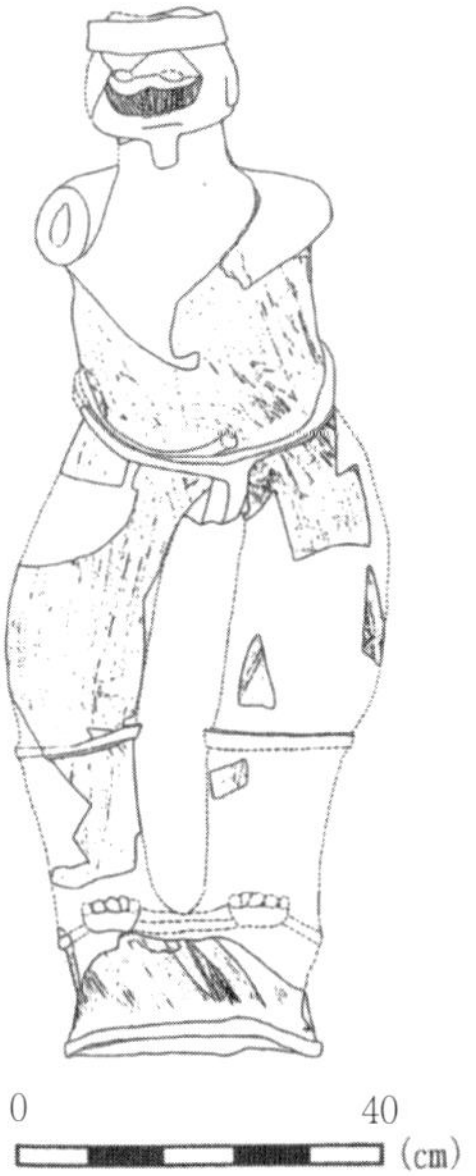

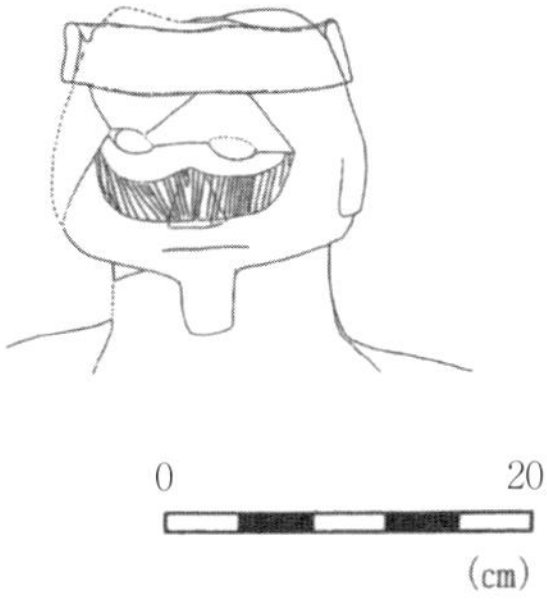

図８　井辺八幡山古墳出土埴輪（2）
東人物10号埴輪：
A 全体　S=1/16、
B 頭部　S=1/8

鼻上翼形入墨については、和歌山県大谷山古墳などの類例をあげるとともに、森は、「鼻上翼形入墨」と「顔面環状入墨」の両方が施された例として奈良県石見遺跡の人物埴輪の例をあげる。さらに関東地方には顔面を刻んだ類例は少ないとしながらも市毛勲が指摘する顔面彩色（赤彩）の類例にも着目する。市毛は黥面ではなく葬祭に顔を赤く染める風習であると推測する（市毛 一九六四・一九六八）。森は市毛の指摘に着目し、「関東の顔面彩色は入墨と無関係に発生したものではなく、その意義が失われようとする過程で、必要な時に赤色顔料をあらわした状態を伝えていると解される。」とした。井辺八幡山古墳東人物一〇号の入墨は「葬儀、あるいは葬儀にともなう相撲の場にのぞんで、彩色でひきたたせていたのかもしれない。」とする。一方で、とくに顔面への入墨風習を文献によって、隼人、猪甘（ブタを飼う集団）、阿曇、久米部といった職能などの集団の風習として捉えられる可能性を指摘している。

辰巳和弘は顔面とくに目を強調する入墨を縄文時代以来の風習と考え、それが縄文時代の重要な生業であった狩猟や動物飼育にかかわる集団の風習として古墳時代に残っていた可能性を指摘している（辰巳 一九九二）。なお辰巳は「鼻上翼形入墨」と「顔面環状入墨」を、近畿地方に多い顔面装飾として、これらを総称して近畿型顔面装飾とする。

こうした古墳時代の特定の集団とくに狩猟や動物飼育にかかわる集団が顔面に入墨をしていた可能性が極めて高いと筆者も考えるが、関東地方の顔面彩色につながる可能性のある井辺八幡山古墳の顔面入墨状線刻（辰巳のいう近畿型顔面装飾）は、必ずしも肝心の目だけを強調しているようには見えない。

たしかに、安曇の入墨は「安曇目」（『日本書紀』履中天皇元年四月条）として、久米の入墨は久米直の祖大久米は「黥《まさ》ける利目《とめ》」と表現されていて（『古事記』神武天皇）、いずれも目を強調した入墨であったのだろう。縄文や弥生時代の土偶などには目を強調した線刻は存在するので、安曇や久米の目の入墨は、縄文や弥生時代以来の伝統のもとにあるのかもしれないが、井辺八幡山古墳の辮髪をした埴輪にみられる入墨はこうした縄文・弥生時代以来の伝統とは一線を画するものと筆者は考える。

辮髪をした姿が埴輪にみられるということは、素直に考えれば辮髪をしていた人々の習俗と考えるのが自然であるが、辮髪をすることの多い東北アジアの諸民族にこうした入墨風習はあるのだろうか。

筆者は入墨ではないが、葬送儀礼などの際に顔を傷つけ血を流す風習（送血涙、剺面）が匈奴、突厥や女真にあることに注目する（江上 一九五一、大林 一九七〇、ヴォロビヨフ 一九八三、谷 一九八四、増井 一九九一、宋 二〇〇六）(6)。

送血涙は、いずれも葬送にともなうものが多いが、戦争前（阿骨打が遼に反乱を起し、挙兵した際。『金史』『三朝北盟会編』）や戦争後（『大金国志』巻二十七兀朮）に行われる儀礼であることがわかる（増井 一九九一）。顔（額）を小刀などで傷つけ、血と涙をともに流すという風習である。

人物埴輪の性格自体については諸説あるが、古墳の上に立てられているのであるからこれが葬送やその儀礼に関係するものであることは間違いないだろう。

井辺八幡山古墳の入墨埴輪は、いずれも辮髪をしていることを考えると安曇や久米との関係や猪甘部といった職能集団との関係より、北方系民族の葬送儀礼に関する風習、送血涙を示していると考えたい。仮に送血涙であるとすると、入墨の赤彩は血の表現とも考えられないか。ただ、送血涙はいずれも額を刀で傷つけるとあるが、井辺八幡山古墳の入墨とされた線刻は額というよりは、鼻の上あるいは顎など顔の周辺にも施されている。女真の送血涙の部位は額と特定されているが、匈奴や突厥の送血涙の部位はとくに明示されていない。時代的な問題なのか、辮髪同様民族や部族の差異であるかは、今後送血涙を描写した考古資料や壁画などの絵画資料の発見による解明に期待したい。なお、「射柳」（雨乞などのために柳を弓で射る風習）、「焼飯」（天に食べ物を焼いてささげる風習）、「殺牛馬」「打土牛」といった契丹と女真が共有する祭祀や儀礼は少なくない（ヴォロビヨフ　一九八三、宋　二〇〇六）。しかし、管見では、女真には送血涙の多くの類例が知られているのに契丹にはみられないことは、辮髪の有無同様に、注目すべきであろう。

（3）タカ

『報告書』によれば、鷹形埴輪（図9）は、東造り出し部から出土し、人物埴輪の腕にこの埴輪と接合するものはなく、本来人物の腕にとまっていたかどうかはわからないという。一方、付近で出土した小壺が付き、玉で飾られた環状の破片、形象（埴輪）ヨ号があるいはこの鷹形埴輪と関係があるとも推測されている。環状の形象埴輪片ヨ号は、一見人物埴輪の腕のようにも見えるが、腕ではないという。

加藤秀幸は鷹狩以外の目的のタカという可能性を指摘するが、その根拠は明らかではない上に、ハクチョウを含む

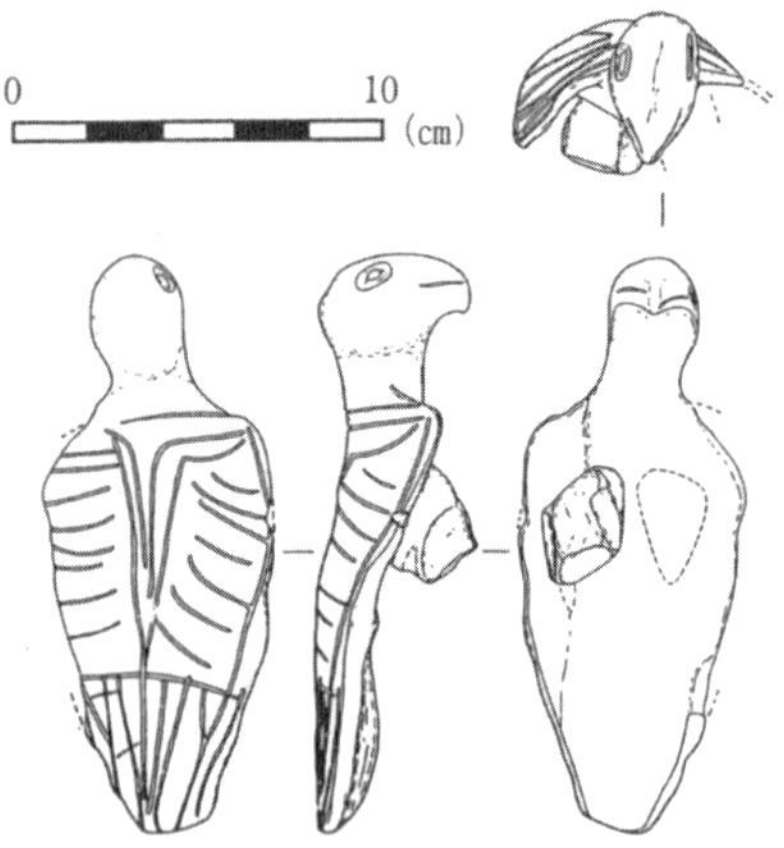

図９　井辺八幡山古墳出土埴輪（3）
鷹形埴輪　S=1/4

ガンカモ科と思われる水鳥形埴輪と鷹形埴輪やタカをすえた人物埴輪が同じ古墳の同じブロックで共伴する例がいくつか知られている（本書第一章一節）。

井辺八幡山古墳の鷹形埴輪自体は、人物埴輪の腕についたものかは特定できないが、この鷹形埴輪の意味を考える上で、多くの鷹形埴輪が人物の腕についているあるいは付いていたと推定されることから腕にタカが付いている人物埴輪（いわゆる「鷹匠埴輪」）と関連して考える必要はあろう。

ここで鷹形埴輪といわゆる「鷹匠埴輪」の研究について概観したい。タカや鷹狩についての学術的な関心は非常に古いだけでなく、蓄積も多い。例えば『群書類従』に「鷹書」「鷹経」などの鷹狩や飼育に関する文献を収集した項目があり、『古事類苑』にも鳥類のなかでは、鷹に関する記事はとくに多い。徳川将軍家を含む近世大名家に伝えられていた鷹狩と鷹匠の文化が、近代には宮内省（現宮内庁）に引き継がれたこともあり、鷹狩に関する文化史的研究の成果として『放鷹』（宮内庁式部職　一九三一）といった大著もある。

さて、考古学的には、一九三一年に群馬県新田郡強戸村成塚出土の人物の腕についた鷹形埴輪の例が紹介されているが、タカあるいは鷹匠の埴輪として総合的に論じたのは加藤の研究（一九七六）がはじめてのようである。加藤はタカあるいは鷹匠埴輪とされる類例を集成した上で、ウあるいは鵜匠埴輪とセットになっている可能性を指摘した。加藤は井辺八幡山古墳例を、根拠はよくわからないが鷹狩用のタカではないとする。

その後、若松良一（一九八八）、塚田良道（一九九二）、千賀久（一九九四）、亀井正道（一九九五）らが、タカを腕にのせている人物埴輪の服装や形態から、鷹匠といった職能集団ではなく、むしろ古墳時代の盛装した支配層を描写していると指摘している（賀来 二〇〇四）。こうした指摘はもっともで、筆者も鷹匠埴輪といわれている人物埴輪の多くは鷹匠ではなく、タカをもつ古墳時代支配層の姿であるものと考える。後述するように鷹狩は東北アジアの諸民族にとって、小規模に行われる例もあるのだが、王権の狩猟として位置づけられることが多い。

賀来孝代は、鷹形埴輪といわれていたものの中に鵜が存在することを指摘し、鳥としての形態あるいは鷹狩と鵜飼に用いられる道具の違いから二者を区別する（賀来 二〇〇四）。また現実にはタカとウがかなり異なる鳥であるのに、混同される原因として埴輪工人の「鳥の埴輪を作る際の約束から説明できる」とし、主に埴輪製作段階の理由であるとしている。埴輪のタカとウが混同されやすいにしても、それは狩猟の際にセットになっていたわけではなく、主に造形の際の都合によるものと考えているようであり、このことは後述するが筆者も賛成である。

賀来の集成（二〇〇四）ではウかどうか判別が難しいものを含めて鷹形埴輪と考えられるものが全国で一七例あり、賀来の集成以後発見された和歌山県大日山三五号墳例を含めると一八例になる。ウと考えられるものが、タカと紛らわしいものを含めて一六例であることを考えると水鳥（ガンカモ科が大半）に次いで多く造形されている鳥であると言えよう（水鳥形埴輪はそれこそ一つの種類だけではないので、鳥の中でもっとも造形されているものといっても良いかもしれない）。

加藤（一九七六）はウとタカがセットになる可能性を指摘する。たしかに群馬県保渡田八幡塚古墳の例のようにウを含む水鳥列に隣接してタカを持つ可能性がある人物埴輪が存在する（若狭・内田 一九九九、若狭ほか 二〇〇〇）ので、ウとタカがセットである可能性をまったく排除するわけにはいかないかもしれないが、賀来も指摘するように、鷹狩と鵜飼は本来的にはかなり違う狩猟形態であり（賀来 二〇〇四）、文献史料からも鷹狩と鵜飼がセットとなるような記述や伝承を見出すことは難しい。

むしろ文献上の記載あるいは出土状況からは、鷹狩の対象は水鳥であり、タカをつかさどる職能集団は水鳥（ウを除き、ハクチョウも含む）も管理していた可能性が高いと考える（本書第一章一節）。

さて、タカの造形を東アジア的視野で見てみると、考古資料としては林巳奈夫によると漢代の画像石（嘉祥県蔡氏園）や魏晋代の彩画塼（甘粛省嘉峪関）にタカを腕にすえた人物が狩猟に参加している様子が描写されている（林一九九二）。加藤秀幸も指摘するように唐代にタカをすえた人物陶俑が知られている（加藤一九七六）。

文献では、『放鷹』（宮内庁式部職編一九三一）によれば、中国では先秦時代にも鷹狩の存在をうかがわせる記事や伝承があり、漢代には鷹による狩猟が非常に盛んになったことがうかがえるという[7]。朝鮮の三国時代から統一新羅の鷹狩に関する記事は多く、『三国史記』などに鷹に関する記事がみられる[8]。渤海や高麗にも鷹に関する記事はある（『放鷹』、朱・魏一九九六[9]）。

日本では『日本書紀』に依網屯倉阿弭古が見慣れない鳥を捕らえ、仁徳天皇に献じたところ、百済系氏族の酒君がこれをタカであることを示し、酒君が飼いならしてのちに百舌野で天皇が鷹狩を行ったことや鷹甘部が設けられたことがみられる[10]。

以上の文献や考古資料を概観した中では、中国が古く、朝鮮半島経由で日本に鷹狩風習がもたらされたという図式を描きたくなる（タカなどの猛禽類の多くは、渡り鳥であり、縄文時代の貝塚からも出土するので、タカが古墳時代以前から存在していたことは間違いない）。筆者も大きな流れとして、朝鮮半島から日本へ鷹狩風習が伝来したという可能性が高いと考えるが、朝鮮半島へはどこから由来したのであろうか。

『三国史記』高句麗本紀第三大祖大王六十九年冬十月条に粛慎の使節が白鷹などを献じたという記事に注目したい。文献および考古資料でも中国中原の鷹狩に関するものが古くからあることは事実であるが、朝鮮半島の記事に、中原から鷹狩が伝来したことを示す記事や伝承がまったくない。むしろこの粛慎あるいは高句麗に古い鷹狩に関する記事が多くみられるようである。

時代は下るが前述の渤海は唐へ鷹を朝貢していたが、これが海東青と呼ばれる名鷹であった。海東青は現在の朝鮮と中国の国境地帯の日本海側に生息（繁殖？）していたとされ（『遼史』『金史』など、ヴォロビヨフ 一九八三）、これが唐や遼に献上されていたことを考えるとむしろ東アジアとくに朝鮮半島や日本の鷹狩風習の起源は中国中原を淵源とするというよりは、中国東北部あるいは朝鮮半島北部で起こったものではないだろうか。

ここで海東青について概観してみる。

海東青という名称の初出は、彭善国によると『全唐詩』所収の竇鞏の詩「新羅進白鷹」で「御馬新騎禁苑秋、白鷹来自海東青。漢皇無事須游猟、雪乱争飛錦膊韝。」であるという。彭は、『全唐文』所収の蘇頲『双白鷹伝』に「開元乙卯歳、東夷君長自粛慎扶余而貢白鷹一双。其一重三斤有四両、其一重三斤有二両、皆皓如練色、斑若彩章、積雪全映、飛花砕点。」で粛慎や扶余が献上した白鷹もおそらく海東青であるとし、古くは『国語・魯語』にみられる孔子が「隼之来也遠矣、此粛慎氏之矢也。」といった隼も海東青の可能性があるとする（彭 二〇〇二）。後述するが海東青という名称は、今のところ唐代であるが、海東青が貢献されていたのはさらに遡る可能性がある。

唐以後も海東青に関する記述はいくつかあるという（彭 二〇〇二）。

『文忠集』（北宋欧陽修）巻十二『奉使道中五言長韵』詩「駿足来山北、猛禽出海東。」

『使遼録』「北人（＝遼人）打圍、一歳各有所処。二月二日放鶻、号海東青、打雁。」

『鶏肋編』（南宋荘季裕）下「鷙鳥自海東、唯青鵁最佳、故号海東青。」

さらに遼（契丹）の鷹鶻とくに海東青に対する愛好は有名で『遼史』にも多くの記事がみられる。以下『遼史』では、鷹に関する記事はあまりにも多いので、直接海東青に言及するものだけに限定する（鷹鶻とだけ出てくるものの多くも海東青と思われるがここでは省略する）(11)。

遼（契丹）では王権の狩猟として海東青が欠かせなくなっていた。実は海東青を使って天鵝（ハクチョウ）を捕獲するのだが、その海東青は天鵝から真珠（北珠）を採り（ハクチョウが真珠を腹に貯めていると信じられていた）、真珠を輸出することで暴利をむさぼっていたのだが、肝心の海東青は、遼の本拠地周辺では取れなくて、主に女真から貢納させる必要があったらしい。『契丹国志』『宋史』によれば、女真に海東青の貢納を強制し、その苛酷さを嫌って女真が阿骨打に糾合して反乱をおこしたとする[12]。

また渤海や女真は契丹・遼に海東青を貢献していたが、とくに女真から遼へ海東青を献上するルートを「鷹路」と呼称していた。鷹路は遼金代の中国東北の内陸部の遼から女真の本拠地であった五国城やさらに日本海側につながる重要なルートであったが（園田 一九五四）、これは渤海の新羅道や日本道（小嶋 二〇〇五ａ）とつながるものであった可能性がある（川崎ほか 二〇〇六）。

なお、この鷹路は女真のさまざまな部族の反乱によって途絶えることがしばしばあったらしく、金の帝室に発展した完顔氏が当初は遼に協力して鷹路を確保するとともに、鷹路を背景に勢力を伸ばしていった様子がうかがえて興味深い[13]。

なお、女真あるいは金においても海東青の生態や特徴に関する具体的な記事が多く、海東青を考える上で重要である。海東青はより具体的には高麗との境界地域（日本海側）で捕らえることができることが『金史』や『三朝北盟会編』の記事にうかがえる[14]。

海東青は遼以降、金、元や清でも王権における狩猟に用いられ[15]、海東青が捕らえた天鵝から採られた真珠はとくに珍重されたことが知られている（王 二〇〇一）。またタカを扱う部署として遼や金でも「鷹坊」という部局が設置されたほかに、とくに女真ではタカを扱う人という名称の貴人が存在している（『金史』巻百三十五「阿离合懣、臂鷹鶻者。」阿离合懣は金初の功臣）。実際にタカを管理する人間が必ずしも高位高官であったわけではないが、タカを扱う人間が、文化的に極めて尊重されていたことがわかる。民間でも鷹狩は行われていたのだろうが、すでに縷説してきたように王権の狩猟の大事な部分を鷹狩が担っていた。

以上のことから、タカを腕にすえる埴輪がおよそ職能集団の一員というよりは、支配者層と思われる盛装をしている点の参考にもなろう。問題はこうした遼金のような社会・文化的な役割を果たしていた海東青がどこまで遡るかということである。

文献的には遼金以前に海東青あるいはこれに対応しそうな鷹についての記述は少ないが、注目すべきは王禹浪の女真という名称が粛慎と同じ語源であり、海東青を意味するという研究である（王　一九九二）。王は考古資料に基づき女真が海東青を民族の象徴的存在として崇めていたことと漢字表音の言語学的分析に基づき、粛慎と女真が同じ語源であるとする。筆者には言語学的分析の是非を判断する能力はないが、すでに述べたように粛慎と鷹に関する逸話は『国語』や『三国史記』などに散見されることから、極めて興味深い説であると考える。

現段階ではあくまで可能性であるが、遼以前にもかなり遡って海東青のような王権の狩猟に使われるタカが存在し、社会的に非常に大きな意味を持っていたことが予想される。

これを裏付けるように、粟末靺鞨であると推定される辮髪をした男子石俑が海東青と思われるタカを手にすえていること（図7）は、有力な傍証である。

鷹狩習俗自体は『日本書紀』が示すようにあるいは百済など朝鮮半島から来た可能性は排除しないが、井辺八幡山古墳の場合、辮髪および剺面（送血涙）風習を持つ人々が鷹狩習俗にかかわっていたとすれば、朝鮮半島でもその北部に起源がある可能性が高いと筆者は考える。

3 小結

本稿では、辮髪、送血涙（剺面）、タカの三つの要素について考えてみたが、すでに門田誠一が追究している角杯（一九九四）や力士（相撲）、尖頭靴、鉢巻なども中国東北部の少数民族の文化や文献の中に類似・関連する資料を見出せそうである。これらについては、稿を改めて論じてみたい。

『井辺八幡山古墳報告書』において、人物埴輪を中心として北方系の文化の色彩が濃厚であることや古墳時代それも後半期に北方系文化が日本列島に広くみられるようになることにはおそらく異論はないだろうと指摘されている。しかし、それが単なる人間の移住・移動を伴わない文化・風習の伝播の結果なのか、あるいは人間の移住・移動による文化・風習の変化の現れなのか。後者の場合、『騎馬民族征服王朝説』のような支配層の侵入という政治的事件の結果であるのか。筆者には、まだどれが正しいかはわからない。しかし、文化的諸要素が単独ではなく、複数のセットとして伝播してきているものについては、人間の移住・移動の可能性を排除すべきではない。

仮に支配層ではなく、特定の職能集団であったかもしれないが、人間集団が渡来してきたとすれば、彼らの故地は漠然とした東北アジアというのではなく、頭を剃らない辮髪、剺面（送血涙）、鷹狩といった習俗が盛んであった地域ではないか。

日本列島の例に戻れば、長野県佐久市北西の久保一七号墳（六世紀）では、鷹形埴輪が馬形埴輪や顔面赤彩人物埴輪や人物埴輪のみずら（辮髪）ともに出土している例がある。井辺八幡山古墳にみられたような文化が近畿地方以外にも広がっていた可能性がある（佐久市教委 一九八四）。

まだ筆者自身、文献史料はもとより、肝心の考古資料の考察がまだ十分ではない。それに加え、今回扱った考古資料と文献史料の多くは、日本の古墳時代より年代が下るものが多いので、あるいはこれらを古墳時代のそれも埴輪の研究に用いることは見当はずれであるかもしれない。しかし、日本列島の古墳時代の並行期の大陸（魏晋南北朝期）や朝鮮半島の資料が断片的であるという資料上の制約がある。つまり、どうしても北方系文化、文物や風習が古墳時代に多量に日本列島に伝播した背景を考える上で、同時期の資料だけではなく、近現代の民族・民俗資料とこうした時期の資料をつなぐ時期の考古資料、文献史料にも注目すべきであると筆者は考える。

追記

筆者の原論文発表後、本稿にかかわる井辺八幡山古墳の鷹形埴輪についてふれた論考が発表されている。

佐藤純一・清水邦彦・関　真一・辻川哲朗・松田　度　二〇〇七「井辺八幡山古墳の再検討：造り出し埴輪群の配置復原を中心に」『同志社大学歴史資料館館報』一〇

基峰　修　二〇一五「鷹甘の文化史的考察：考古資料の分析を中心として」『人間社会環境研究』三〇、金沢大学大学院人間社会環境研究科

注

（1）（白鳥　一九三八）の主な典拠は以下のとおり。

粛慎『晋書』巻九十七列伝第六十七　四夷 東夷 粛慎氏「俗皆編髪」

黒水靺鞨『新唐書』巻二百十九列伝第百四十四　北狄 黒水靺鞨「俗編髪、綴野豕牙、插雉尾為冠飾、自別於諸部。」

女真『金志』男女冠服「辮髪垂肩、與契丹異。」（『大金国志』巻三十九にも同内容あり）

鉄勒『旧唐書』巻十九下　列伝第百四十九下　北狄　鉄勒「（鉄勒諸姓）委身内属、請同編列、並為州郡、収其瀚海、尽入提封、解其辮髪、並垂冠帯。」（唐に帰属する以前は辮髪であった）

突厥『隋書』巻八十四列伝第四十九　北狄　突厥「帝（煬帝）大悦、賦詩曰（中略）呼韓（突厥啓民可汗）頓顙至、屠耆

接踵来、索辮擎羶肉、（下略）」、『慈恩寺伝』巻一「逢突厥可汗、（中略）皆錦袍辮髪、」

芮芮（柔然）『南斉書』巻五十九列伝第四十　芮芮虜「芮芮虜、塞外雑胡也。編髪左衽。」、『梁書』巻五十四　列伝第四十八　諸夷 西北諸戎 芮芮国「（芮芮）辮髪。」

室韋『魏書』巻百　列伝第八十八　失韋「丈夫索髪。」、『魏書』巻百　列伝第八十八　烏洛侯「其俗縄髪、」

蒙古『蒙韃備録』「上至成吉思、下及国人、皆剃婆焦、如中国小児、留三搭頭、在顖門者、稍長則剪之、在両下者、總小角、垂於肩上。」、『心史』「韃主剃三搭辮髪、（中略）云三搭者、環剃去頂一彎頭髪、留当前髪、剪短散垂却析両旁髪、懸加左右肩衣襖上、曰不狼児、言左右垂髻礙於回視不能狼顧、或合辮為一直拖垂衣背。」

高麗『高麗史』巻二十八「（忠烈）王責汾禧等不開剃、対曰、臣等非悪開剃、唯俟衆例耳、蒙古之俗剃頂至額方其形、留髪其中、謂之怯仇児、王入朝時已開剃、而国人未也、故責之。」、『高麗史』巻七十二　輿服志「（忠烈王）四年二月境内、皆服上国衣冠、開剃、蒙古俗剃頂至額方其形、留髪其中、謂之開剃、（下略）」

（2）関連する文献として姜は以下の記事も紹介する。『建炎以来繫年要録』巻二十八「建炎三年九月乙亥、金元帥府禁民漢服、又下令髡髪、不如式者殺之。」、『大金吊伐録』「既帰本朝、宜同風俗、亦仰削去頭髪、短巾左衽、敢有違犯、即是猶懐旧国、当正典型。」、『三朝北盟会編』巻三十六「其所得漢人并剃髪。」

（3）拓跋鮮卑の髪形について、白鳥庫吉（一九三八）は『宋書』巻九五　索虜伝「索頭虜姓託跋氏、其先漢将李陵後也、陵降匈奴、有数百千種、各立名号、索頭亦其一也。」を紹介する。
ほかにも拓跋鮮卑は『北史』本紀巻五　魏本紀第五　孝武帝「始宣武、孝明間謠曰『狐非狐、貉非貉、焦梨狗子齧斷索。』識者以為索謂本索髪、焦梨狗子指宇文泰，俗謂之黑獺也。」とあり、この注に「識者以為索謂本索髪　通志「謂」下有「魏」字。按當時宋、齊稱北魏為「索頭虜」、即因其辮髪之故。此疑脱「魏」字。」とあり、北魏（拓跋鮮卑）が索髪とされていたことがわかる。慕容鮮卑については、『晋書』巻百九　載記第九　慕容皝、同じく巻百十　載記第十　慕容俊、同じく巻百二十四　載記第二十四　慕容熙などに「被髪」とある。

（4）『蒙古襲来絵詞』の辮髪の様子も興味深いが、これをいかなる民族の辮髪であると特定できない。

（5）『三朝北盟会編』巻百二十三（建炎三年）「金人欲剃南民頂髪。」、同書巻百三十五「金人令（李）儔入城、諭誨使降、儔已剪髪左衽矣。」「知州為金人所執。剃頭。」、『大金国志』巻五　太宗紀　天会七年条「是年六月、行下禁民漢服、及削髪不如式者死。」

（6）送血涙、剺面の主な例は以下のとおり、

『後漢書』巻十九　列伝第九　耿秉「匈奴聞秉卒。挙国号哭。或至（梨）面流血。」（梨面＝剺面）

『周書』巻五十　列伝第四十二　異域下突厥「（突厥）死者、停屍于帳、子孫及諸親属男女、各殺羊馬、陳于帳前、祭之。繞帳走馬七匝、一詣帳門、以刀剺面、且哭、血涙倶流。」

『旧唐書』巻百九十五　列伝第百四十五　回紇「回紇毗迦闕可汗死、（中略）寧国公主依回紇法、剺面大哭。」

『通典』巻百九十七　辺防十三　北狄四　突厥上「有死者、停屍於帳。子孫及諸親属男女、各殺羊馬陳於帳前、以刀剺面且哭、血涙倶流。」

『虜廷事実』血涙「嘗見女真貴人初亡之時、其親戚、部曲、奴婢設牲牢酒饌。以為祭奠名曰焼飯。乃跪膝而哭。又以小刀軽厲額上、血涙淋漓。不止更相拝慰須臾。則男女雑坐飲酒舞弄。極其歎笑、此何礼也。」

『三朝北盟会編』巻三「其死亡、則以刃剺額、血涙交下、謂之送血涙。」

『三朝北盟会編』巻三「阿骨打聚諸酋。以刀剺面仰天哭、曰『始與汝輩起兵、共苦契丹残擾、而欲自立国爾。今吾為若卑哀請降、庶幾免禍、乃欲尽剪除、非人人効死戦、莫能当也、不若殺我一族、汝等迎降、可以轉禍為福。』諸酋皆羅拝帳前曰『事已至此、唯命是従、以死拒之。』」

『遼史』巻二十八　本紀二十八　天祚皇帝二　乾統五年九月己巳条「女直主聚衆、剺面仰天慟哭曰『始與汝等起兵、蓋苦契丹残忍、欲自立国。今主上親征、奈何。非人死戦、莫能当也。不若殺我一族、汝等迎降、轉禍為福。』諸軍皆曰『事已至此、惟命此従。』」

『金史』巻七十　列伝八　撒改「天輔五年、（撒改）薨。太祖往弔、乗白馬、剺額哭之慟。乃葬、復親臨之、賵以所御馬。」

『大金国志』巻三十九　初興風土「其親友死、則以刀剺額。血涙交下。謂之送血涙。」

『大金国志』巻二十七　兀朮「兀朮不得度（長江）。刑白馬。殺婦人。自刃其額。以祭典。」

『蒙韃備録』立国「所謂白韃靼者、容貌稍細、為人恭謹而孝。遇父母之喪、則剺其面而哭。嘗與之聯轡。毎見貌不醜悪而腮面有刀痕者問曰『白韃靼否。』曰『然。』」

（7）『放鷹』が引用する中国文献は以下のとおり。
『孔子志怪』「楚文王少時雅好田猟、天下快狗名鷹畢聚焉、（下略）」

『春秋左氏伝』「爽鳩氏司寇也。」杜預注「爽鳩鷹也。鷙故為司寇、主盗賊。」

『西京雑記』巻四「茂陵少年李亨、好馳駿狗、逐狡獣、或以鷹鷂逐雉兎。」

『東観漢記』「鄧太后、臨朝上林鷹犬悉斥放之。」

『後漢書』巻三十四　列伝二十三　梁冀「又好臂鷹走狗、」

（8）朝鮮半島に関する記事の原文は以下のとおり
『東史綱目』高句麗瑠璃王条「瑠璃王二十二年十一月、高句麗君、田于質山、大輔陜父出奔、王田于質山、五日不返、大輔陜父諌曰、王新移都邑民不安堵、宜刑政是恤、而馳騁田猟久而不返、（下略）」この田猟を鷹狩のこととする。

『三国史記』高句麗本紀第三　大祖大王条「六十九年冬十月粛慎使来、献紫狐裘及白鷹白馬、王宴労以遣之、」

『三国史記』新羅本紀第三　奈勿尼師条「十八年春二月、百済王送良馬二匹、秋九月又送白鷹、」

『三国史記』百済本紀第三　阿辛王条「及壮志気豪邁好鷹馬、」

『三国史記』百済本紀第三　毘有王条「八年春二月、遣使新羅送良馬二匹、秋九月又送白鷹」

『東史綱目』百済東城王二十三年条「王耽楽遊宴、喜田猟、」

『三国史記』百済本紀第五　法王条「元年冬十二月、下令禁殺生、収民家所養鷹鷂放之、」

『三国遺事』興法第三　霊鷲寺由来記「寺中古記云、新羅真骨第二十三主神文王代永淳二年癸未、【本文云元年誤】宰相忠元公萇山国【即東萊県亦名萊山国】温井沐浴、還城次、到屈井駅桐旨野駐歇、忽見一人放鷹而逐雉、（下略）」

『東史綱目』新羅真平王二年条「后稷、智證王之曾孫也、性本忠直、時王頗好田猟、后稷諌曰、古之王者、一日万幾、左右正士、容受直感、不敢逸豫、然後国家可保、今殿下日與狂夫獵士、事鷹犬逐雉兎、不能自止、内則蕩心、外則亡国、」
『三国史記』新羅本紀「文武王十七年三月、歓射於講武殿南門、（中略）所夫里州献白鷹、」
『三国史記』新羅本紀「聖徳王八年春三月、菁州献白鷹、」
（9）渤海　いずれも『冊府元亀』外臣部
巻九百七十五　褒異三（開元十年）「十一月辛未、渤海遣使其大臣味渤計来朝并献鷹、授大将軍、賜錦袍金魚袋、放還蕃。」
巻九百七十一　朝貢四（開元十七年）「二月渤海靺鞨遣使献鷹。」
巻九百七十五　褒異三（開元二十五年）「四月丁未、渤海遣其臣公伯計来献鷹鶻、授将軍放還蕃。」
巻九百七十一　朝貢四（開元二十七年）「二月、渤海王遣使献鷹。」
巻九百七十一　朝貢四（開元二十九年）「四月、渤海靺鞨遣使進鷹及鶻。」
巻九百七十一　朝貢四（天宝八載）「三月、渤海遣使献鷹。」
巻九百七十一　朝貢四（天宝九載）「三月、渤海遣使献鷹。」
高麗
『冊府元亀』（後唐明宗天成四年）「八月、高麗国王王建、遣広平侍郎張芳等来朝、貢鷹韜韝鈴等、」
『遼史』巻十三　本紀第十三　聖宗四「（統和十三年）五月壬子、高麗進鷹。」
『遼史』巻百十五　列伝第四十五　高麗「（統和）十三年、（王）治遣李周楨来貢、又進鷹。」
（10）『日本書紀』仁徳天皇四十三年九月庚子朔条
（11）『遼史』巻三十二　志二　営衛志中　春捺鉢（春夏秋冬と行われる狩猟のための行営。捺鉢は契丹語）「曰鴨子河濼。皇帝正月上旬起牙帳、約六十日方至。天鵝未至、卓帳冰、鑿冰取魚。冰泮、乃縦鷹鶻捕鵝雁。晨出暮帰、従事弋猟。鴨子河濼東西二十里、南北三十里、在長春州東北三十五里、四面皆沙堝、多楡柳杏林。皇帝毎至、侍御皆服墨緑色衣、各備連鎚一柄、鷹食一器、刺鵝錐一枚、於濼周圍相去各五七歩排立。皇帝冠巾、衣時服、繋玉束帯、於上風望之。有鵝之處挙旗、探騎馳報、遠泊鳴鼓。鵝驚騰起、左右圍騎皆挙幟麾之。五坊擎進海東青鶻、拝授皇帝放之。鶻擒鵝墜、勢力不加、排立近者、挙錐刺鵝、取脳以飼鶻。救鶻人例賞銀絹。皇帝得頭鵝、薦廟、群臣各献、挙楽。更相酬酢、致賀語、皆挿鵝毛于首以為楽。賜従人酒、遍散其毛。弋猟網鈎、春尽乃還。」

『大金国志』巻十一熙宗「契丹主有国以来、承平日久、無以為事。毎歳春、捕鵝於春水、鈎魚於混同江。」

『三才図会』鳥獣巻二「天鵝即頭鵝、初至、有一鉅者為之首、重二三十斤。捕得此鵝、則其余盤旋一處不能去、海東青禽而尽獲之。」

『遼史』巻四十　志十　地理志四　南京道　南京析津府（中略）「漷陰県。本漢泉山之霍村鎮。遼毎季春、弋猟於延芳淀、居民成邑、就城故漷陰鎮、後改為県。在京東南九十里。延芳淀方数百里、春時鵝鶩所聚、夏秋多菱芡。国主春猟、衛士皆衣墨緑、各持連鎚、鷹食、刺鵝錐、列水次、相去五七歩。上風擊鼓、驚鵝稍離水面。国主親放海東青鶻擒之。鵝墜、恐鶻力不勝、在列者以佩錐刺鵝、急取其脳飼鶻。得頭鵝者、例賞銀絹。国主、皇族、群臣各有分地。戸五千。」

『遼史』巻九十六　列伝二十六　蕭韓家奴「大康初、徙王呉、賜白海東青鶻。」

『遼史』巻百十列伝四十姦臣上張孝傑「（大康元年）是年夏、乙辛譖皇太子、孝傑同力相済。（中略）乙辛薦孝傑忠於社稷、帝謂孝傑可比狄仁傑、賜名仁傑、乃許放海東青鶻。」

（12）『契丹国志』巻九道宗「其後承平日久、需求無厭、酷喜海東青、遣使徴求、絡繹於道。加以使人縦暴、多方貪婪、女真浸忿之。」

『契丹国志』巻十「女真東北與五国為隣、五国之東接大海、出名鷹、自海東来者、謂之海東青、（中略）遼人酷愛之、歳々求之女真、女真至五国、戦闘而後得、女真不勝其擾。及天祚嗣位、責貢尤苛。又天使所至、百般需索于部落、稍不奉命、召其長加杖、甚者誅之、諸部怨叛、潜結阿骨打、至是挙兵謀叛。」

『東都事略』（王偁）巻百二十四　契丹附録「女真有俊禽、曰海東青、次曰玉爪駿。俊異絶倫、一飛千里。（耶律）延禧喜此二禽善捕天鵝、命女真国人過海、詣深山窮谷捜取以献。国人厭苦、遂叛。」（王二〇〇一）

『松漠紀聞』「大遼盛時、銀牌天使至女真、毎歳必欲薦枕者。其国旧輪中、下戸作止宿處、以未出適女待之。後求海東青使者絡繹、恃大国使命惟択美婦人、不問其有夫及閥閲高者。女真浸忿、遂叛。」
『宋史』巻二百八十五　列伝第四十四　梁適「北珠出女真、（梁）子美市于契丹、契丹嗜其利、虐女真捕海東青以求珠。両国之禍蓋基于此。」

（13）『金史』巻一世紀「（遼咸雍八年）五国没撚部謝野勃堇畔遼、鷹路不通。景祖伐之、謝野来禦。」
『金史』巻一世紀「（遼大安十年）会陶温水、徒籠古水紇石烈部阿閤版及石魯阻五国鷹路、執殺遼捕鷹使者。遼詔穆宗討之、（下略）」
『金史』巻一世紀「（遼寿昌寿隆四年）穆宗與僚佐謀曰「若償阿疎、則諸部不復可号令任使也。」乃令主隈、禿答両水之民陽為阻絶鷹路、復使鼈故徳部節度使言于遼曰「欲開鷹路、非生女直節度使不可。」遼不知其為穆宗謀也、信之、命穆宗討阻絶鷹路者、而阿疎城事遂止。穆宗声言平鷹路、畋於土温水而帰。」
『金史』巻一世紀「（遼寿昌寿隆五年）遼使使持賜物来賞平鷹路之有功者。」
『金史』巻二太祖「（太祖二年）六月、太祖至江西、遼使使来致襲節度之命。初、遼毎歳遣使市名鷹『海東青』于海上、道出境内、使者貪縦、徴索無藝、公私厭苦之。」

（14）『金史』巻三　太宗「（天会二年五月）乙巳、曷懶路軍帥完顔忽剌古等言「往者歳捕海狗、海東青、鴉、鶻於高麗之境、近以二舟往、彼及以戦艦十四要而撃之、尽殺二舟之人、奪其兵仗。」上曰「以小故起戦争、甚非所宜。今後非奉命、毋輒往。」
『三朝北盟会編』「又有俊鶻、号海東青、出五国、五国之東接大海、自海東而来者、謂之海東青、小而俊健、爪白者尤以為異、必求之女真、毎歳遣外鷹坊子弟、趣女真登甲馬千余人、入五国界、即海東巣穴取之、與五国戦闘而後得、其後女真不勝其擾。」

（15）『金志』田猟「金国酷喜田猟。（中略）毎猟則以随駕軍密布四圍、名曰圍場。待狐兎猪獐麋鹿、散走于圍中。国主必先射之。或以鷹隼撃之。（下略）」

三　鷹形須恵器

1　はじめに

東北アジアと日本列島の関係を示す考古資料自体は、決して珍しいものではない。ただ、直接東北アジアで作られたものが、日本列島にもたらされたり、模倣されたりという場合であれば、考古資料の型式学や自然科学的な手法による材料の分析から調べることが中心となり、その研究方法自体はある程度定まっているように思われる。

一方、彼の地の文化が列島に伝えられ、さらにそれに触発されて列島内で作られたものの（と筆者が推定する）資料となると話は、若干複雑になる。素材そのものは列島内のものであり、形態自体そのものも彼の地にあるとも限らない。これから紹介する石川県七尾市池崎窯跡で出土した古代の鷹形須恵器も、当地で作られたもので、東北アジアからもたらされたものではない。しかし、東北アジアとの文化交流を考える上で、手がかりになる資料と思われるので、以下その意義について簡単に紹介したい。

2　鷹形須恵器

現在、石川県七尾市の能登国分寺展示館に展示されており、「鳥形土器」（土肥ほか 一九八五）、「鳥型土器」（七尾市教委 一九八九）、「鳥型須恵器」（木立 二〇〇二）と呼ばれているが、窯から出土した還元炎焼成の青黒色を呈する須恵器である（図10・11）。鳥といっても古代須恵器でみられる水禽を模したものではなく、脚部の爪先のようすなど

図10　復元された鷹形須恵器

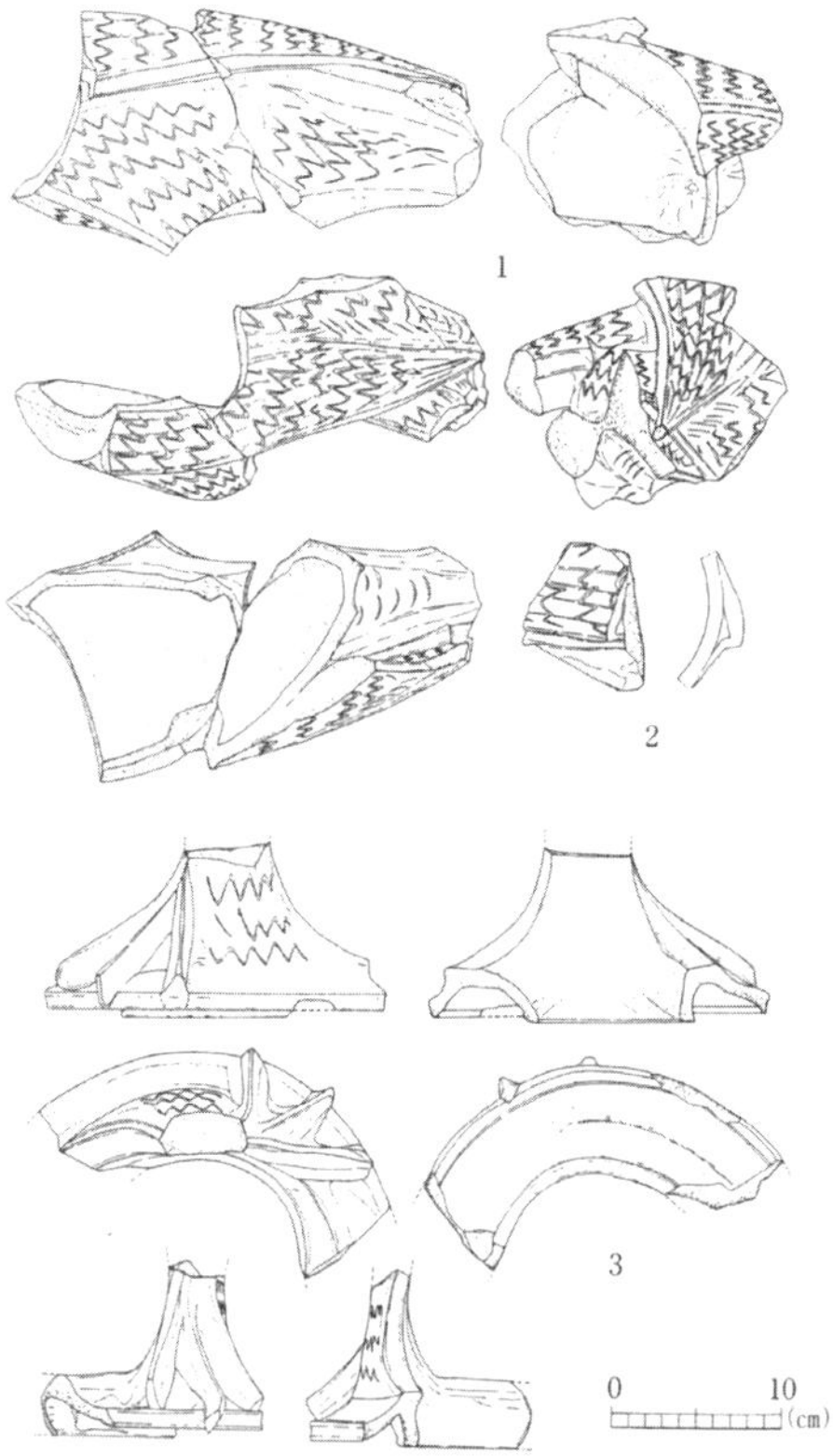

図11　池崎窯跡出土の鷹形須恵器

からタカ（鷹）またはワシ（鷲）といった猛禽を模したものではないかと指摘されている（土肥ほか 一九八五）。

頭、胸、尾、脚の上部を欠損していて、全体の五分の一程度しか残っていないが、鳥類研究者の梶田学によれば、全体にめぐらされジグザグの沈線文は、風切り羽の翼端までみられる波状の斑紋、鷹斑《たかふ》の表現であり、脚部の同様のジグザグの沈線文は、脛と跗蹠《ふしょ》を覆う羽毛の束、脛羽《すねばね》の表現と考えられ、鋭く曲がった爪先といった特徴を合わせて考えるとタカ（ハヤブサを含む）だと考えられるという。よって、鳥形須恵器として広く水禽なども連想させるような名称より、中型の猛禽という意味でタカを模したものと考え、「鷹形須恵器」と呼ぶこととしたい。

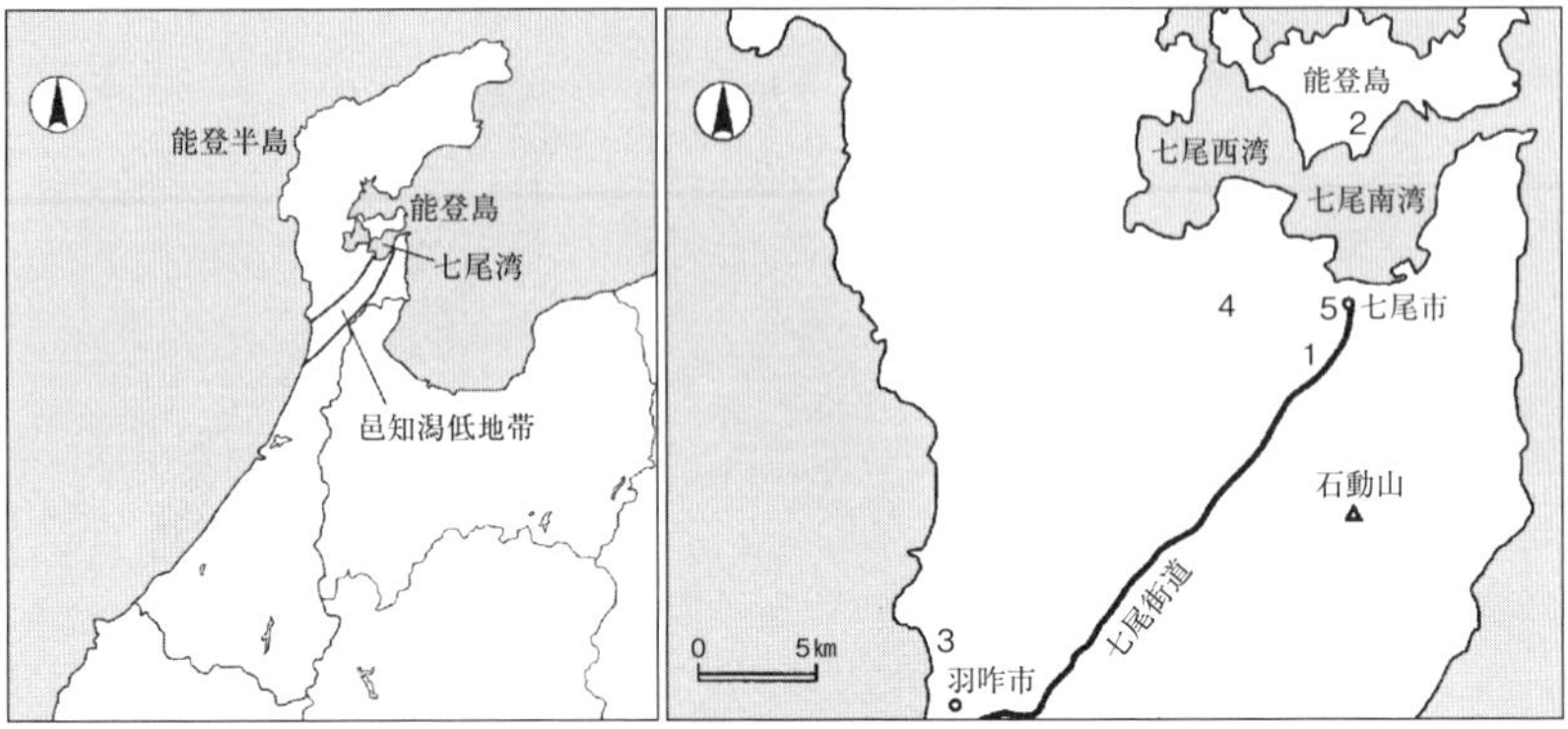

図12　能登半島と遺跡位置
1 能登国分寺跡、2 須曽蝦夷穴古墳、3 寺家遺跡、4 池崎窯跡、5 小嶋西遺跡

3　池崎窯跡

能登半島の東側、富山湾に面した内浦は、大きく抉れるようにカーブしていている。これから本論で紹介する鷹形須恵器が出土した池崎窯跡は、その能登半島の湾曲した部分の七尾湾の奥まった位置に存在する。七尾湾には板石を積み上げてドーム状に墓室をつくる須曽蝦夷穴古墳で有名な能登島があり、古くから東北アジアとの関連が注目されてきた地域としても有名である（図12）。

池崎窯跡は、一九六九年に七尾市史編纂に係わる試掘調査が行われ、大量の遺物が出土している。その後一九八四年の調査で、灰原層の端部と思われる部分が発掘調査され、この鷹形須恵器が出土している（土肥ほか一九八五、木立二〇〇二）。

池崎窯跡は、発掘地点周辺のボーリング調査で、周辺に他の窯跡が見つかっておらず、単独の須恵器窯と想定されており、鳥形土器も池崎窯跡で焼かれたものである。須恵器窯跡というと大量に食器などを焼いた窯跡群が郡単位に存在しているが、一方で、特定の官衙的施設に納めるために単独で作られた須恵器窯があることも知られている（柴垣一九九三）。

池崎窯跡で出土した鷹形須恵器と共通した特徴である羽をあらわした沈線模様が施された須恵器片（図13）が能登国分寺跡で出土しており、鳥形

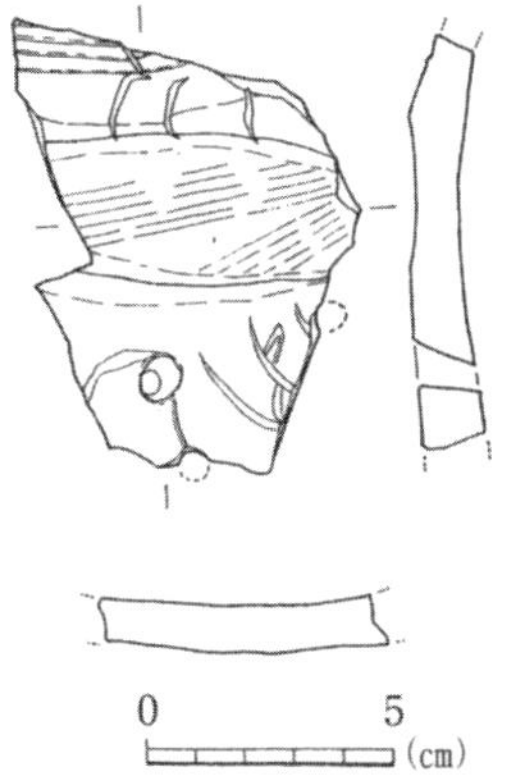

図13　能登国分寺跡出土須恵器片

土器（鷹形須恵器）の一部と考えられている（七尾市教委　一九八九）。池崎窯跡の須恵器は、未発見の寺院への供給用であった可能性も指摘されているが（木立　二〇〇二）、池崎窯跡は能登国分寺の西北約五キロと至近距離にあり、「鳥形土器」だけでなく両者から瓦塔が出土していること、窯跡の操業年代と国分寺の存続時期が重なること、さらに、瓦塔や鳥形硯といった特殊な須恵器は、寺院や官衙などのために特注で焼いたと思われる実例が、池崎窯跡以外にも長野県塩尻市菖蒲沢窯跡の例（塩尻市教委　一九九一、鳥羽　一九九三）などでうかがえることから、池崎窯跡も郡レベルでの大量消費須恵器生産用の窯ではなく、特定の官衙的施設に納めるための特殊な須恵器を焼くための窯であったのだろう。

4　能登国分寺

国分寺は七四一（天平十三）年に聖武天皇のいわゆる「国分寺建立の詔」が出され、これ以後全国に造営されることとなったが、実際には造営が進まない地域が多かった。能登国は七一八（養老二）年に羽咋、能登、鳳至、珠洲の四郡として成立するが、七四一（天平十三）年に越中国に併合され、のち七五七（天平宝字元）年に再分立している。そのためもあったのだろうか国分寺造営が進んでおらず、八四三（承和十）年、新任の国司春枝王によって定額寺であった大興寺を国分寺にすることによってようやく能登国に国分寺が成立した。

『続日本後紀』巻十三
承和十年（八四三）正月辛丑条

従五位下春枝王為能登守。
同年十二月乙夘条
以能登国郡内定額大興寺。始為国分寺。

能登国分寺も面する七尾南湾は、「加嶋津」（鹿嶋津・香嶋津）に比定されている。この七尾湾岸では、小島西遺跡から大量の斎串、馬形、人形といった木製祭祀具が出土しており、加嶋津あるいは国府に伴うまつりの場と推定される（今井 二〇〇六）。加嶋津は『延喜式』巻二十六主税の「諸国運漕雑物功賃条」の北陸道・能登国海路の中に記載されていることなどから、能登国の中心的な津（港）であったことが知られ、能登国分寺は、単に能登国の中心地というだけでなく、より遠隔地との文化交流も想定できる地理的環境に存在している。

瓦塔などの特注の焼物を供給する窯を国府や国分寺が備えていたことは、能登国だけの事象ではないが、鷹形須恵器については、管見では類例をみない。少なくとも極めて珍しいことは疑いない。つまりタカを模した須恵器が作られた理由は、能登国分寺固有の性格とかかわるものであった。

5　渤海の「鷹」

能登国分寺固有の性格にかかわるものとすれば、能登国の対外的な窓口としての役割、より具体的に言えば渤海との関連があると筆者は考える。その理由は、日本史書には、渤海がもたらした産物としては、「鷹」のことは出てこないが（朱・魏 一九九六、一三九－一四一頁、ヴェアシュア 二〇〇五、魏・朱・郝 二〇〇六、三九七－三九九頁）、『冊府元亀』には唐開元十年（七二二）から天宝九年（七五〇）の間に渤海が唐に鷹を献じた記事が見える。渤海は名鷹の産地であり、唐に対して、しばしば鷹を献じていたとされる（朱・魏 一九九六、鈴木 二〇〇五、魏・朱・郝二〇〇六、本書第一章二節)。

『冊府元亀』外臣部

巻九百七十五　褒異三　開元十年(七二二)十一月辛未
渤海遣使其大臣味渤計来朝并献鷹。

巻九百七十一　朝貢四　開元十七年(七二九)二月
渤海靺鞨遣使献鷹。

巻九百七十五　褒異三　開元二十五年(七三七)四月丁未
渤海遣其臣公伯計来献鷹鶻。

巻九百七十一　朝貢四　開元二十七年(七三九)二月
渤海王遣使進鷹。

巻九百七十一　朝貢四　開元二十九年(七四一)四月
渤海靺鞨遣使進鷹及鶻。

巻九百七十一　朝貢四　天宝八年(七四九)三月
渤海遣使献鷹。

巻九百七十一　朝貢四　天宝九年(七五〇)三月
渤海遣使献鷹。

『冊府元亀』には単に鷹あるいは鶻(コツ・ハヤブサの意)とのみ記されているが、渤海があった現在の中国東北部からロシア沿海州地方は、名鷹海東青《かいとうせい》の産地として有名であったので（王 二〇〇一、彭 二〇〇二、本書第一章二節）、渤海が唐に献上した鷹鶻は主に海東青のことだと考えられている（尹 二〇〇九）。海東青を『放鷹』（宮内庁式部職 一九三一、三一六―三二九頁）は「シロハヤブサ *Hierofalco rusticolus candicans*（*Gmelin*）」とし、王頲（二〇〇一）も、白隼（*jerfalcon*）【筆者注、シロハヤブサの意】とする。彭善国（二〇〇二）が示す遼金元の絵画資料をみると、ハヤブサだけでなく小型のタカ（ハヤブサとタカの違いについては前述）が含まれており、資料によっては動物学的な特定の種類の猛禽に対する呼称ではない場合もあるようだ。

渤海使も往来した渤海の宮都から日本へ向かうルートは「日本道」と呼ばれるが（小嶋 二〇〇五a）、渤海の宮都周辺や日本道が通過する日本海沿岸は、海東青の産地としても知られていた（『契丹国志』『三朝北盟会編』『金史』）。

『契丹国志』巻十

　女真東北與五国為隣、五国之東接大海、出名鷹、自海東来者、謂之海東青。

『三朝北盟会編』巻三

又有俊鶻号海東青者、能擊天鵝。人既以俊鶻、而得天鵝、則於其嗉得珠焉。海東青者出五国。五国之東接大海、自海東而来者謂之海東青。小而俊健爪白者尤以為異、必求之女真。毎歳遣外鷹坊子弟趣女真、発甲馬千餘人入五国界、即海東巣穴取之。

『金史』巻三　太宗　天会二年（一一二四）五月乙巳

　往者歳捕海狗・海東青・鴉・鶻於高麗之境。

タカが、渤海の領域に相当する地域の重要な産物であったことは、時代が降る史料であるが、女真の本拠地（五国部）と遼の宮都（上京臨潢府）をつなぐルートが「鷹路」と呼ばれていたことからもうかがえる（『金史』）。

『金史』巻一　世紀
景祖・遼咸雍八年（一〇七二）
五国没撚部謝野勃堇畔遼、鷹路不通。景祖伐之、
穆宗三年・遼寿昌二年（一〇九六）
会陶温水・徒籠古水紇石烈部阿閤版及石魯阻五国鷹路、執殺遼捕鷹使者。遼詔穆宗討之、
穆宗七年・遼寿昌六年（一一〇〇）
（金穆宗）乃令主隈・禿答両水之民陽為阻絶鷹路、鼈故徳部節度使言于遼曰「欲開鷹路、非生女真節度使不可。」遼不知其為穆宗謀也、信之、命穆宗討阻絶鷹路者、
穆宗八年・遼乾統元年（一一〇一）
遼使使持賜物来賞平鷹路之有功者。

いずれにせよ、渤海の人びとはタカを礼物として贈るような、自国の名産であることを自認していたであろう。

6　「鷹」の尊崇

東北アジアに限ったことではないが、タカは狩猟における実用性から珍重されたのであるが、タカによる狩猟つまり鷹狩は、王権の狩であり、権力の象徴であった（本書第一章二節）。東北アジアおいては、例えば王禹浪によれば、女真では、小さな鷹鶻である海東青は、自分よりかなり大きなハクチョウ（天鵝）を捕える（『三朝北盟会編』巻

三）とされるが、その海東青を俊敏で勇敢な動物として尊崇し、自分たちの集団名あるいは象徴としている例がある（『金史』、王 一九九二）。

> 『金史』巻四十四　志二十五　兵制
>
> 金興、用兵如神、戦勝攻取、無敵当世、曽未十年、遂定大業。原其成功之速、俗本鷙勁、人多沉雄，兄弟子姓，才皆良将，部落保伍，技皆鋭兵。

王禹浪によれば、「俗本鷙勁」とは、女真人の性質が、本来、猛禽の気・精神に満ちていることを記述しており、この鷙（猛禽）は海東青を示しているという。これを象徴するような「吐鶻」（ハクチョウを捕える海東青の様子を描いた玉製の装飾品）が指摘される（図14）。

こうしたタカへの尊崇は女真だけでなく、契丹やモンゴルなどにもみられる（王 二〇〇一、彭 二〇〇二）。渤海の一部を構成した靺鞨は女真の祖とされる。その女真はタカを崇拝していたことが知られる。

> 『金史』巻一　世紀
>
> 金（女真）之先、出靺鞨氏。靺鞨本号勿吉。勿吉、古粛慎地也。
>
> 『新唐書』巻二百十九　列伝百四十四　北狄　靺鞨
>
> 土多貂鼠白兎白鷹。
>
> 『唐会要』巻九十六　靺鞨

図14　玉吐鶻帯銙板

士（土）多貂鼠皮尾骨咄角白兔白鷹等。

靺鞨の地も白鷹の産地として知られており、靺鞨も女真同様、タカを崇拝していた可能性が高いだろう。

朝鮮半島においても、百済から日本に鷹狩が伝わったとする記事が『日本書紀』（仁徳天皇四十三年九月庚午朔）にみられるほかにも、高句麗、百済、新羅にもタカや鷹狩に関する記述があり、古代朝鮮半島で広く鷹狩が行われていた。高句麗については、『三国史記』に粛慎が白鷹を献じた記事がみられるほか、『東史綱目』に鷹狩に関する記事がある（宮内庁 一九三一）。

『三国史記』高句麗本紀第三　大祖大王六十九年十月
　粛慎使来、献紫狐裘及白鷹白馬。
『東史綱目』高句麗瑠璃王二十二年十一月
　高句麗君、田于質山、（田＝田猟、鷹狩の意味という）

また高句麗の壁画古墳には、狩猟図が良くみられるが、中でも長川一号墓（五世紀）には、イヌやタカを用いて、トラ、シカ、各種の鳥を狩猟する様子が描かれている（耿 二〇〇八）。壁画からは、タカが、貴族の大規模な狩猟に用いられていることがうかがえる。単なる風俗を描写したというよりは、タカを尊崇する文化があったためこうした壁画などにもタカや鷹狩が描かれたのではないだろうか。

渤海は、靺鞨を支配下におき、女真とも近い文化を持っていたと思われ（『金史』巻一　本紀一　太祖「女直、渤海本同一家。」）、すでに述べたように唐に何度も鷹鶻を贈っていることや以下の記事などからも渤海にもこうしたタカや鷹狩に親しみ尊崇する文化要素が存在した可能性は高いと思われる。

天平宝字四年（七六〇）一月七日に渤海使節団に位が日本から与えられたという記事がある。

『続日本紀』

天平宝字四年正月己巳

詔授高麗国（渤海国）大使高南申正三位。副使高興福正四位下。判官李能本。解臂鷹。安貴宝並従五位下。録事已下各有差。

この渤海使節団の中の判官（渤海使の三等官）に「解臂鷹」という人物がいるが、解が姓で、名の臂鷹は架鷹于臂、つまり鷹狩を意味する。時代は下るが、やはり鷹狩が盛んで、靺鞨の後裔とされる女真に「阿离合懣」という名前の人物がいる（『金史』巻七十三列伝十一、金景祖の第八子、十一世紀頃）が、『金史』国語解によれば、漢語では「臂鷹鶻者」を意味する。

単に名前に付けられているだけで、養鷹に係わる人物とも限らないが、渤海や女真が鷹狩に親しんでいたことを示していよう。

日本でも、平安時代に入ると桓武天皇以下の歴代天皇が鷹狩を好み、養鷹が制度的に整えられていく様相が明らかにされている（秋吉二〇〇四）。天皇はもとより多くの人びとが鷹狩に関心を持っていたことは想像に難くない。

前項で触れたように、渤海人同様に古代日本にも鷹養（『続日本紀』阿倍朝臣鷹養・路眞人鷹養、『類聚国史』坂上大宿祢鷹養）、鷹取（『続日本紀』藤原朝臣鷹取、『日本後紀』忍海原連鷹取、『三代実録』大野朝臣鷹取）、鷹主（『続日本紀』中臣朝臣鷹主、『日本紀略』『続日本後紀』坂上大宿祢鷹主）などの名前が見える。これらの人物も「鷹」が名前に付けられているから即、鷹狩などに係わる人物とは言えないし、いわんや渤海との交流のなかで日本の鷹狩文化が広まったとまでは言えないだろうが、奈良時代はやや低調であったかもしれないが、古代にも鷹狩や養鷹が盛んであったことを示していよう。

渤海から日本へ鷹が贈られた記事が見当たらないが、渤海にとっては名産であり、日本にとっても関心の高いものとなれば、たまたま記録に残っていないだけで多くの信物（友好、交流のしるしの品物）の中には鷹も含まれていた可能性はある（そもそもの信物の具体的な内容については、きわめて断片的である）。

7　まとめ―タカが示す邑知潟低地帯における東北アジア文化の影響―

では、仮に信物としてもたらされたあるいは鷹狩の文化が渤海からもたらされたとして、なぜ能登国分寺に鷹形須恵器がもたらされることになったのだろうか。

ここで、能登国分寺の歴史的環境や背景について考えてみる。能登国分寺跡（国分廃寺）からも七世紀に遡ると推定される半瓦当が出土している。小嶋芳孝は、半瓦当は外国からの使節などを迎える迎賓施設に葺かれていたと考えられるとすることから能登国分寺の前身である大興寺を迎賓施設と考える（小嶋　二〇〇五ｂ）。小嶋説に従えば、大興寺は地元の豪族（能登臣か）の氏寺的性格を持ちつつも、国分寺になる前は定額寺であったことを考えれば、公的な外国からの迎賓施設的要素をもっていたのだろう。七尾湾に浮かぶ能登島には大興寺に対応するように七世紀後半の須曽蝦夷穴古墳があり、その墓室は板石を積み上げたドーム状の天井を呈し、高句麗の古墳にみられる隅三角持送構造の影響が指摘されている（小嶋　二〇〇五ｂ）。

確かに大まかには、高句麗や渤海との交流は主に、能登半島西側であり、東側の七尾湾は対蝦夷（東北・北海道）への窓口と大別される（小嶋　二〇〇五ａ）が、七尾湾にみられる高句麗文化の影響は渤海との交流が始まる前に、7世紀代にすでに高句麗との交流が存在したものとみてよいだろう。

能登半島南部における古墳時代の首長墓は、邑知潟低地帯西部の羽咋と東部の能登に分かれ、それぞれ羽咋君（羽咋国造）、能登臣（能登国造）に対応するとされる（舘野 一九九三）。渤海からの使節（渤海使）や渤海への使節（遣渤海使）が、必ずしも能登国府や国分寺を訪れる必要はなく、メインルートからは外れていたようである（小嶋二〇〇五a）。しかし、これらも七尾湾という点あるいは渤海使節往来のルートという線で考えるのではなく、「邑知潟低地帯」という地域の中で把握すれば、それぞれの交通の要衝に首長墓が発達しているようにもとらえられる。邑知潟低地帯は、能登半島の付け根を横断し、東端が七尾湾であり、西端に寺家遺跡も面する邑知潟がある。低地帯にそっていけば、東側にもっとも出やすい。つまり、邑知潟低地帯という地域を主体にしてみれば、西の玄関が邑知潟であり、東の玄関が七尾湾ということになる。確かに西側の邑知潟が高句麗や渤海へ、東側の七尾湾が東北や北海道の蝦夷世界への往来が向いているが、すでに指摘したように七尾湾に七世紀代に高句麗文化の影響がみられることからも、両者を二項対立的にとらえる必要はないものと思われる。

ルートの変遷、つまり、鷹形須恵器がつくられた時期には、能登半島西側（邑知潟低地帯西端でもある）から入って、金沢平野、若狭湾へ続く渤海と日本との交流ルートが確立していたが、邑知潟低地帯には、それ以前の古くからの、少なくとも古墳時代末（七世紀）以来の交流が続いていたわけである。大興寺や蝦夷穴古墳を造営した氏族（能登臣）の性格は、能登国分寺にも引き継がれていったとみてよいだろう。

また、鷹狩というとタカだけにスポットライトをあてがちであるが、鷹狩の対象獣（水禽、ウサギ、キジなど）や勢子、イヌ・騎馬など多く動物にかかわる文化要素から成り立っているので、これらを総合的に分析する必要がある。

北陸は、現在も一般にハクチョウなど水禽の飛来地として有名である。ハクチョウなどの水禽は、滞水する場所でないと滞在できないので、潟や湖が渡来地となり、邑知潟も有数の飛来地である。古代にも越から都に献上されたハクチョウや水禽の例やこれにかかわると思われる説話がみられる（『古事記』『日本書紀』ほか）。こうした水禽は愛玩用もあるが、飼養されて鷹狩に用いられた可能性が高い（本書第一章一節）。渤海使からみても、鷹狩文化を想起させる地域であったことは想像に難くない

能登の当該地域の人びとにとっては、当然、これまでの交流で、東北アジアの鷹を尊崇する文化を熟知しており、こうした自らの環境を活かした中で、彼らの精神世界や文化を象徴する動物として、能登国分寺に鷹形須恵器が飾られるようなことがあったのかもしれない。

鷹形須恵器は、文献にはみられない渤海との交流の一様相を示唆するとともに、古墳時代から続く能登国分寺や在地豪族である能登臣の国際的性格を示すものと考えたい。

四　シナノに来た東北アジアの狩猟文化

1　突如登場する猛禽や遊禽類の造形

巨大古墳が近畿地方に作られた古墳時代中期に馬形埴輪が出現する。「騎馬民族」が来たかどうかは別にして、日本列島に馬がもたらされたことを示している。ほぼ同時期にタカ（あるいは鷹匠）や水鳥（ハクチョウを含むガンカモ科）の埴輪も出現するのが、注目される。タカなどの猛禽類や水鳥は渡り鳥なので、縄文時代やおそらくそれ以前から日本列島にいたことは間違いない（貝塚から骨が出土する）。しかし、造形された鳥類の種類をよくみると、古墳時代中期以前には、猛禽類やガンカモ科の遊禽類の造形はない。弥生時代の銅鐸や古墳時代前期の鏡に描かれた水鳥は水辺の鳥、ツル・サギ・シギなどのガンカモ科以外の渉禽類である。

2　ウマの文化と鷹狩、水鳥

さて、ウマは本来草原地帯の動物であるが、タカ、水鳥は東アジア全体に分布する。しかし、タカやとくに鷹狩の儀礼については、東北アジア文化と深いかかわりがある。また水鳥の中でもガンカモ科の遊禽類は、東北アジアの契丹、女真、モンゴルなどのいわゆる遊牧民族が行うタカなどの猛禽の狩猟対象として知られている。中でも白鳥（天鵝《てんが》）は王者の狩猟の対象とされた（『遼史』『松漠紀聞』など）。

大阪府郡家今城塚古墳では、鷹匠の可能性がある埴輪が白鳥形埴輪と水鳥形埴輪と同じ区画から出土している（高槻市立しろあと歴史館 二〇〇四)。群馬県保渡田《ほどた》八幡山古墳のA区Ⅱの島の列も同様に男子双脚立像(鷹匠の可能性が高いと報告者は指摘する)が水鳥形埴輪の列に向いている(群馬町教委 二〇〇〇)。

こうした埴輪の風景は、上述の東北アジアの王者の狩猟の風習と照らし合わせたときに、タカによる水鳥を対象とした王権の狩猟儀礼を表わしていると筆者は考える。こうした東北アジアの文化に起源する水鳥(ハクチョウも含む)を対象とした王者の狩猟としての鷹狩や馬匹文化が、古墳時代中期に日本列島に導入されたと推測するのが自然だろう。

タカとハクチョウは東北アジアの狩猟文化においても深いつながりを持っている。タカは埴輪の研究では、同じように狩猟に使われるウと同列に論じられることが多いが、ウはあくまでも水鳥である。

3　東北アジアの文化が来た道

仮に馬匹文化とともに、鷹狩が日本列島に伝わってきたとすると、古墳時代中期以降の東北アジア文化の伝来経路を考える上でも、鷹狩は重要な手がかりになる。鷹狩は普通、百済系氏族である酒君《さけのきみ》が鷹狩を紹介したことをもって、朝鮮半島から渡来したものと理解されてきた。その朝鮮半島では、古くから鷹狩が行われてきただけでなく、朝鮮のタカは日本の中近世の武士とくに大名家の鷹狩に重用されたことで知られる(宮内庁式部職編 一九三一)。馬匹だけでなく鷹狩などの東北アジア文化は朝鮮半島から日本列島に入ってきたのである。ただこれは非常におおまかな話である。より細かく見ていくとまだ課題がある。

朝鮮半島で鷹狩用の名鷹というと「海東青《かいとうせい》」という小型のタカが有名である。現在の朝鮮半島北部から沿海州の日本海側に生息していたことが知られている(『遼史』『金史』)。沿海地方にも拠点を持っていた女真に対し、東北アジアでも内陸部に中心的な拠点があった契丹(遼)は、海東青を王者の鷹狩に使うために、女真に海東青を捕らえさせ、献上させたが、このとき海東青を契丹に運ぶ道を「鷹路」と呼び、政治・軍事的に重要視した。この鷹路は渤海の日本道であった可能性が高く、小嶋芳孝が指摘するように渤海の日本道が高句麗の日本海横断海路を踏襲したものだった可能性が高い。名鷹海東青の故郷は、まさに日本への出発地点であったわけである（小島二〇〇五ａ）。

朝鮮半島から日本列島に東北アジア文化が入ってきた時、九州などの西日本を経由して日本列島全体に広がったと考えられがちである。筆者もこのルートを否定しないが、東北アジア文化がそれ以外のルートで入ってきた可能性があることも念頭に置く必要がある。

4　古代シナノの鷹狩

『記紀』の白鳥関連記事には北陸や信濃とのかかわりを示唆したものがある（垂仁天皇紀など）。鷹狩についても、時代はくだるが、古代から中世にかけての信濃武士にとって鷹狩は、乗馬と並んで武士が習得すべき技能として重視されていた。古くから馬匹文化と鷹狩が密接な関係にあったことを示している。

古墳時代のウマの埋葬や馬具の出土例も多く、古代には牧が置かれていた信濃に、馬形埴輪は少ない。だからといって古墳時代に馬の文化がなかったという人はいないだろう。おそらく同じことが鷹狩にもいえるだろう。古墳時代の鷹狩をうかがわせる資料がいくつかある。

（1）松本市平田里1号墳の水鳥形埴輪

松本市平田里《ひったり》1号墳の周溝から水鳥形埴輪（図15）や馬具（轡《くつわ》）が出土した。すでに主体部は削平されていたが、周溝から出土した須恵器から五世紀後半の竪穴式石室の古墳であったと考えられている（松本市教委一九九四）。

水鳥の造形からは、こまかい種類を特定するのは難しいが、ガンカモ科であり、ツルやサギの仲間ではないと思われる。平田里1号墳から水鳥形埴輪が二基出土している。近畿地方でも大型の白鳥形埴輪（巣山古墳、津堂城山古

図15　平田里１号墳の水鳥形埴輪

墳）が二基一組で出土している例がある。二基一組の白鳥形埴輪はおそらくツガイ（夫婦）を表わしている。野生のハクチョウや水鳥もツガイでいることは多いのではあるが、ツガイであるばかりでなく、さらに日本列島では自然には繁殖しない子供のハクチョウ（小型のハクチョウ）を造形する例もあることから、こうした近畿地方の白鳥は、おそらく飼育している状況を描写していると考えられる。

平田里1号墳の水鳥形埴輪も同様な飼育している状況を描写しているだとすれば、王権の狩猟（鷹狩）の対象として飼育されているのではないか。仮に野生のものであったとしても、馬の文化を比較的早く受け入れた平田里1号墳の被葬者（や当時の首長層）が水鳥に並々ならぬ関心を寄せていたことは注目すべきである。

図16　千曲市出土の革袋形須恵器瓶

(2) 千曲市屋代の革袋形須恵器瓶

千曲市屋代地区には当地から出土したと考えられる革袋形須恵器瓶（図16）がある（平林　一九九六）。革袋は、水筒的役割を果たしていたものであろうが、単なる水筒的な役割であれば、なにも革袋でなくてもよいわけで、これは特殊な用途、おそらく狩猟に関する道具を模したものである。

屋代の例を考える上で、注目されるのが伝和歌山県岩橋千塚《いわせせんづか》古墳群出土例がある。紀ノ川流域は渡来系文化を早くから導入した地域としても知られ、岩橋千塚の井辺《いんべ》八幡山古墳からはタカやウマの埴輪、水鳥形装飾付須恵器が出土している（森ほか　一九七二）。屋代地区やその周辺には、長野県の中でも比較的古い五世紀代のウマの埋葬例である五輪堂《ごりんどう》遺跡（革袋形瓶は五輪堂遺跡から出土した可能性もあるが、確証はない）や積石塚古墳が存在する。馬匹文化をはじめとする渡来系文化を早く受け入れた地域である。また中世屋代を所領とした屋代氏は、酒君の流れをくむ祢津流の鷹匠の家であった（宮内庁式部職編 一九三一）。

埴輪や須恵器を多く造形する地域にどうしても注目が集まることになるが、タカ（鷹匠）と水鳥のセットが関西・関東の古墳にみられることは、その中間にあるシナノにも当然、こうした習俗があったのではないか。今後はむしろ埴輪や須恵器といった考古資料ばかりでなく、実際の習俗と直接関わりがありそうな資料を考えていくべきだろう。

五　天皇陵をなぜミササギと呼ぶか

1　はじめに

陵墓（天皇や皇后・皇族の墓）をミササギと訓読みするが、これについては、国語学や古代史から諸説がある。本論考では、考古学および動物学の立場から古代天皇陵をはじめとする古墳に埋葬された被葬者（貴人）が死んだのちに鳥に転化するという思想があったとする。この時古語で小鳥（おそらくミソサザイではなく、ウグイス）をササギと呼んでいたが、そのササギの居る場所（あるいは被葬者がサザキに転生した場所）としてミササギという言葉が生まれ、それがのちに巨大古墳とくに陵墓の訓読みとなったと推定する。

2　ミササギの語源と意味

現在、天皇（古墳時代には天皇という称号はなかったにしても、以下便宜的に用いる）陵をミササギと訓じる。その理由については、主に国語学の立場と思われるが以下のような説がある。

『日本国語大辞典』（小学館　一九七五、第一版）によると、

①ミササキ（御狭狭城）の義。ササは小の義。キは築くの義『和句解』『日本釈名』『東雅』『古事記和歌註』『類聚名物考』『百草露』『名言通』『和訓栞』『国語の語源とその分類』（大島正健）、『大言海』。

②ミササギ（御丘陵）の義『松屋筆記』。

③ミは御の義。ササキはササゲ（捧）の義。またササはサマザマの反『名語記』。
④ミサウソキ（御葬所柵）の義『言元梯』。
⑤ミサキ（御幸）の義『和語私臆鈔』。
⑥朝鮮の古語 sasi（城）の転『国語学通論』（金沢庄三郎）。
⑦ミササキ（御神聖域）の義『日本古語大辞典』（松岡静雄）。

ちなみに蒲生君平の『山陵志』は（3）の説を採っている。

「山陵。謂帝王之墓也。凡墓者以其築成曰都賀《ツカ》。以其外蔵曰芳賀《ハカ》。而山陵以其所尊奉曰美《ミ》‐佐《サ》‐佐《ザ》‐岐《ギ》。佐‐佐‐岐奉《ササクル》也。」（遠藤鎮雄 一九七四）

さらに、古代史では、和田萃が仁徳天皇の名（オオサザキ）が転じて、ミササギになったと推定する（和田萃 一九九六）。国語学の立場からは、ミササギが仁徳天皇（オオサザキ）あるいは武烈天皇（ワカササギ）の名前と関係することを本格的に取り上げられてはいないようで、考古学的には和田の見解に興味が引かれる。巨大古墳に葬られた天皇の名前が転じて陵墓一般の名詞になったのだろうか。仁徳天皇も武烈天皇もおおよそ古墳時代中期（いわゆる巨大古墳の時代）の天皇であったと推定され、陵墓にはミササギから転じたと思われるミサンザイ、ニサンザイなどの名前が伝わる古墳も知られている。

森浩一（一九九六）は「〝ミササキ〟を地名とするものは、その当否はともかく今日宮内庁の管理下にある大型の前方後円墳に多い。重要なものでも百舌鳥《もず》陵山《みささぎやま》（履中）、佐紀《さき》陵山《みささぎやま》（日葉酢媛）のほか、〝ミサンザイ〟も〝ミササキ〟に由来するとすれば、岡ミサンザイ（仲哀）、土師《はぜ》ニ（ミ）サンザイ（参考地）、鳥屋ミサンザイ（宣化）などがある。ただしこれらの古墳の地名がいつまでさかのぼって確認できるかは明らかではなく、すでにあげた藤ノ木古墳の中世での使用例はその意味でも価値が高い。」と指摘する。

宮内庁が治定した仁徳天皇陵（大仙古墳）や武烈天皇陵が、実際にその天皇が葬られていることを未だ学術的に証明できていない。現在治定されている武烈天皇陵にいたっては古墳かどうかも危ぶまれている（山川 二〇〇四）。さらに、古墳時代に天皇の古墳をどのように呼んでいたかについては、ミササギという一般名詞としてだけでなく、中国や韓国のような王陵として認識するかどうかについては慎重な意見もある（茂木一九九〇）。古墳時代に天皇という称号もないのであるからして当然である。ただ、茂木雅博（二〇〇二）にしても律令制が確定した時期に天皇陵を「ミササギ」と呼ぶようになっていたことは認める。

森浩一（一九九六）は、蘇我蝦夷が自分と入鹿のための雙墓（ならびのはか）を大陵（おおみささき）、小陵（こみささき）と呼ばせた記事（『紀』（皇極天皇紀））があると指摘する。『紀』の編纂時の政治的意図に左右されている可能性があり、この記事自体はミササギという言葉が天皇陵と結びつきが強かった（本来ミササギは天皇の墓に限られるのを、蘇我氏の墓にまでそう呼んでいた。つまり蘇我氏が横暴だったとして）ともとらえられるし、ただ単に有力古代豪族の墓もミササギと呼ばれることがあったことを示しているのかもしれない。

上野竹次郎（一九二五）は「抑墳墓ヲ以テ陵ト称スルモノ、本、必ズシモ帝陵ニ限ラズ、皇后皇親ノ墳墓ニシテ猶之ヲ陵ト称セルアリ、日本書紀ニ、神功皇后狭城盾列池上陵《サキタタナミノイケノヘノミササギ》、日本武尊能褒野陵《ノボノノミササギ》、聖徳太子磯長陵《シナガノミササギ》トナスノ類是レナリ、又、垂仁天皇皇后日葉酸《ヒハス》媛命《ヒメノミコト》ノ墳、古事記、之ヲ陵トナシ、日本書紀、墓トナス、蓋シ陵墓ノ称未ダ厳ナラザリシヲ知ルベシ、大宝令ノ制定ニ至リテ其ノ制厳ニ、陵ノ称ハ独リ至尊ノ墳墓ニ限リ、他ハ悉ク墓トナス」と指摘する。奈良時代以前に「ミササギ」が天皇陵（大王墓）に限定されていなかった可能性もあろう。上野の論をすすめ、天皇陵以外の古墳もミササギと呼ばれることがあったのではないかと筆者は考える。

また、ササギという言葉は古代の天皇の名前に二度も用いられているだけでなく、水野祐の古代三王朝交代説や交代説をそのままの形で踏襲しないにしても、いわゆる大阪平野に巨大古墳が造営された応神天皇・仁徳天皇から武烈天皇までの「王朝」（水野説で言うところの河内王朝）の始祖的な天皇と最後の天皇に同じ名前があることは偶然ではなく、おそらくササギという言葉に大きな意味はあったのだろう（辰巳 一九九九）。

3　ササギの語源

一方、ササギの語源はいったいどのように考えられているのだろうか。

前述の『日本国語大辞典』（第一版）でも「さざき【鷦鷯】（「さざき」とも）鳥「みそさざい」の古名。」とする。たしかに『新撰字鏡』では「鷯　聊音、鷦、加也久支、又左々支」、『倭名類聚抄』では「鷦鷯　文選鷦鷯賦曰、鷦鷯、焦遼二音、和名佐佐木」、このほか『類聚名義抄』『東雅』「鷦鷯　ササギ」とする。『日本書紀』の仁徳天皇の生誕時の鷦鷯命名故事は有名である。この部分だけでは厳密には鷦鷯＝ササギとはわからないが、同じく『紀』神代上「鷦鷯、此云娑娑岐。」と明記されている。『日本古典文学大系』（坂本 一九六七 校注）など多くの現代『古事記』『日本書紀』（以下それぞれ記・紀と略す）の注釈はササギをミソサザイのことであると解釈する根拠となっているのだろう。

ミソサザイは体長約一〇㌢で通常山奥に住む日本最小の小鳥である。つまり現在の常識的な『記紀』注釈に従えば、日本に現生する（おそらく古墳時代にも）最小の小鳥が巨大古墳を造営した王者の名前になっている。

すでに触れたように、辰巳和弘（一九九九）は応神・仁徳朝の始祖と最後に鳥の名前がついていることやこの時期の天皇や皇族、豪族に鳥の名前が多いことから、古墳時代中期には「鳥の王朝」とでも呼ぶべき鳥に対する信仰を重視した人びとの王権があったと推測する。辰巳はこうした鳥の信仰は弥生時代以来に日本列島にあった鳥を媒介とするシャーマニズムの末裔と考えているようだ。矢野建一（二〇〇三）も弥生時代以来の鳥信仰が古墳時代の天と地あるいはあの世とこの世をつなぐ役割を果たすものとしての鳥に注目する。

辰巳の指摘は非常に興味深い。弥生時代になると銅鐸の鳥が有名であるが、そのほかにも鳥形木製品、鳥や鳥の頭をした人間を土器に描いた線刻画などが知られる。確かに弥生時代には辰巳の指摘するような鳥のシャーマンがいたのかもしれない。古墳時代にも、弥生時代以来のシャーマン的な王権が変容して存在し、弥生的な鳥のシャーマンの伝統としての「鳥の王朝」があったと解釈できるかもしれない。

しかし、その前に本当にササギ＝鷦鷯＝ミソサザイでよいのだろうか。

4　ササギは本当にミソサザイか

（1）中国では鷦鷯はミソサザイではない

『紀記』で仁徳天皇（あるいは武烈天皇）の名前の表記は異なる。（表2・3参照）必ずしもサザキ＝鷦鷯ではなく、さらに鷦鷯は、中国ではミソサザイは別の表記である（ちょうど鶯がウグイスではないように）。

表2　天皇名の表記

漢風謚号	日本書紀	古事記
仁徳天皇	大鷦鷯尊	大雀命
武烈天皇	若鷦鷯尊	若雀命

表3　動物名の表記

ササギ	ササギ	ウ
日本書紀	鷦鷯	鸕鷀
古事記	雀	鵜

この辺の事情については『鳥與史料』（台湾省立鳳凰台鳥園　一九九二）が詳しく紹介している。（【　】は筆者が補った。）

鷦鷯　現称鷦鶯（新名）*Prinia*【学名】Prinias【英名】

【主な古典の用例】

『詩経』「肇允彼桃蟲、拚飛維鳥。」

『漢書藝文志』「桃蟲、鷦也。鳥之始小、終大者。」

『毛詩陸疏』「桃蟲、今鷦鷯是也、微小於黄雀、其雛化為鵰、故俗語、鷦鵜生鵰。」

『荘子』「鷦鷯、巣於深林、不過一枝。」

『説苑』「鷦鷯、巣於葦苕、著之髪也、建之女工不能為也、可謂完堅矣。大風至則苕折卵破子死者何也。其所托者使然也。」

『唐詩』杜甫「為報鴛行旧、鷦鷯在一枝」

日本には黄鶯【学名 *Oriolus chinensis* 英名 Black-naped Oriole　和名コウライウグイス】は分布していない。黄鶯はまたの名を鶯という。日本人は小型の日本特産鳥類 Bush　Warbler【ウグイス】を鶯とよび、科名も鶯科とする。（略）

日本には鷦鷯【Prinia ハウチワドリ】は分布しない。しかし、漢字の鷦鷯を Wren【ミソサザイ】に名づけた。それで中国と日本では同じ名で、違う種類の鳥である。（略）中国の鷦鷯 Prinia は大抵農耕地あるいはその付近の低木が茂ったところに住み、草むら、田んぼ、サツマイモ畑などで見られる。（略）

Wren は中国大陸では山蝌蝌と書き、台湾では海抜の高い山の中に住み、たいてい山の崖の穴や木の洞などに巣をつくり、コケなどを材料として、楕円嚢の巣を築く。よって杜甫が「鷦鷯在一枝」と詩に詠んだり、李自珍【本草綱目の作者】が「鷦鷯、取茅葦毛毳而巣、而繋之以麻髪、懸於樹上。」いっているが、今杜甫や李自珍があの世でもし【Wren を鷦鷯と呼ぶことを】知っていれば、彼らは詩歌や文章に詠んだりしたことを必ずや改めたであろう。（略）

つまり『鳥與史料』は、中国では、ミソサザイは「山蝌蝌」と呼ばれ、寒冷地の高山地帯に住む鳥で、『唐詩』や

『文選』に詠まれるような鳥ではないことと、さらに日本固有種のウグイスの漢名にウグイスとは異なった鳥、黄鶯 *Oriolus chinensis* を示す「鶯」という漢字をあてたとする。

中国で鷦鷯とされるハウチワドリは日本列島ではほとんど観測されない鳥であり、とても一般的な鳥とはいえない。つまりサザキは漢字であてようとしたときに命名に困った鳥であると考えられる。逆にサザキは山蟈蟈（ミソサザイ）ではなかったので、『紀』では、日本にはほとんどいない鷦鷯の字が当てられた可能性が高いのではないか。当然命名が安定していなかったため『記』では、「雀」の字をあてたのではないか。

（2）鳴き声から来ている鳥の古名

次にサザキという言葉自体を考えてみたい。古代の鳥の名前が鳴き声から来ていることが推測できる（表4）。鳴き声の表記は（日本野鳥の会編 一九九七・ピッキオ編 一九九七）による。

ササギ（娑娑岐）も鳴き声とすればどういう音であるのだろうか。『日本国語大辞典』（第二版、小学館、二〇〇一）は、「コホロギのように擬声語に接尾辞「キ」が付いたものと考えられる。古代語で「サ」の音価は tsa に近いと考えられているので、鳴き声からの名か。」とする。ササギもこうした古代の命名法（というものが存在したとすれば）に従って（『日本国語大辞典』の説によれば tsatsa＝ツァツァ）と鳴く鳥を意味していて、その中に鷦鷯が含まれていたとすれば、『記紀』の表記のぶれはよく理解できる。前項で触れたような『記』の大分類、『紀』が細分で表記する傾向とも矛盾しない。

表4　鳥の古い名と鳴き声

鳥の名前	古名	鳴き声
ハクチョウ	クグイ	コホー・コホッ
ニワトリ	カケ	コケコッコー
ホオジロ	シトト	チチチッ
セキレイ	ツツ	チチ（ツィツィ）

（3）鳥名の分類と細分

さらに、鳴き声で大分類された鳥名は色や生態から細かく分類されていると思われる。かならずしも古代の鳥名と限定できないものも含まれるが、以下のような鳥名の体系が想定できる（表5）。

こうした分類と細分の関係がササギにも言えそうである。実はササギはミソサザイとされている（『古事類苑』ほか）が、ミソサザイ以外にもサザイ（ササギ）の名前がつく鳥がいる。比較的有名なものとしてはシオサザイがいる。漢字で表記すると（もちろん日本での表記であるが）塩鷦鷯と表記される。和名がこのように細分化されて確定したのは

表5　鳥の和名の分類と細分名

分　類	細　分
シトド（鵐・シトトと鳴く鳥＝ホオジロ類）	マシトド（真鵐・本当のホオジロ） アオジ（青鵐・青いホオジロ）
ツツ（鶺鴒・ツツと鳴く鳥＝セキレイ類）	アメツツ（黄鶺鴒・あめ色のセキレイ）
ササギ（雀・ササ・ツァツァと鳴く小鳥）	ミソサザイ（鷦鷯・ミゾ＝溝などの湿地にいるササギ） シオサザイ（塩鷦鷯・シオ＝潮、海にいるササギ）

表6　鳥の和名・漢名・学名対照

和　名	漢字表記（日本）	現代漢名（中国）	学　名
シオサザイ（カワリウグイス）	塩鷦鷯（変り鶯）	鱗頭樹鶯	*Urosphena squameiceps*
ミソサザイ	鷦鷯	山鷦鷯	*Troglodytes troglodytes*
ウグイス	鶯	（日本）樹鶯	*Cettia diphone*
スズメ	雀	麻雀	*Passer montanus*

古代以降のことかもしれないが、こうした命名法自体は古代の文献上に出てくる鳥の命名法ともある程度一致しているように思われる。

(4) 生態からみた記紀のササギ

仮に前項までのササギ＝ツァツァと鳴く小鳥という推測が正しいとすると、それには現代の鳥の名前でいうと非常に多くの鳥が含まれることになる。『記紀』にはササギの生態についてうかがわせる記事がみられるので、生態からも「記紀」でいうササギ、つまり仁徳天皇や武烈天皇の名前のもとになった鳥をある程度しぼりこむことはできないだろうか。

ササギの生態について、比較的詳述するのが、『紀』に仁徳天皇の誕生譚がある。[1] あらすじを確認すると応神天皇と家臣の武内宿禰の家で、同じ日に子供が誕生した。その時、応神天皇の方の産小屋にはズク（ミミズクか）が、武内宿禰の方の産小屋にはササギが飛び込んだ。

家臣と同日に子供が生まれたことと産小屋に鳥が紛れ込んだことを瑞祥と考え、応神天皇は、鳥の名前を子供に名づけることとし、さらにお互いの産小屋に飛び込んだ鳥を交換して名づけた。天皇家はオオササギ（仁徳天皇）、武内宿禰はズク（武内宿禰は平群氏の祖とされる。平群木菟宿禰）と命名した。

中国ではたしかに鷦鷯（ハウチワドリ）は『文選』「鷦鷯賦」[2] でも人家の垣根などに来る鳥とされる。しかし、前述したように日本列島ではハウチワドリは一般的な鳥とは言いがたく、『紀』で言う鷦鷯はハウチワドリとは考えにくい。一方ミソサザイ（Wren）は、ヨーロッパではコマドリ（Robin）と夫婦とされ（『マザーグース』など）、人家の近くにいる親しみやすい鳥のようであるが、日本ではミソサザイは人家の周りでみられる鳥というよりは比較的山深いところにいる鳥である（緯度の関係もあるらしく、欧州のような寒冷な地帯では人里に住んでいるが、日本や台湾のような温暖な地域では山に住む）。

ただ仁徳天皇出生譚の舞台となった近畿地方では、どうなのだろうか。古墳時代とは異なり現代日本で急激にミソサザイの生息域が変化したとも考えにくく、この説話からだけでは、やはり仁徳天皇誕生譚でいうところのササギがミソサザイであるとは考えにくい。

（5）ササギ・ウグイス説

ササギの定義はツァツァと鳴く小鳥であり、ミソサザイに限定されないとすれば、どういう鳥が候補に挙げられるだろうか。『記紀』にはホオジロ、アトリ、セキレイ、スズメに比定される小鳥が出てくる。これらはいずれも人里近くでも今もみられる鳥なので、候補としてよさそうであるが、すでに比定されているので、その候補からはとりあえず除外する。

『記紀』より成立が遅れるが同じ奈良時代に編纂されたと考えられている『万葉集』、『風土記』の中に登場しているが、『記紀』にはいない小鳥が候補となろう。古代の文献史料にみられる鳥名が現代のどの鳥に当てはめるかは実に難しい問題をはらんでいるが、おおまかな傾向をとらえるために参考までに概観してみる。『記紀』と『万葉集』『風土記』（出雲・常陸・播磨風土記）に出てくる小鳥の一覧を比較する（表7『記』の鳥一覧、表8『紀』の鳥一覧、表9『出雲風土記』の鳥一覧、表10『常陸・播磨風土記』の鳥一覧、表11『万葉集』の鳥一覧）。

鳥の種類や類例は『万葉集』がもっとも豊富で、一三三種（山田一九八五）になるという（筆者作成の表11は、固有名詞だけに出てくるものや品種ではないものも、参考までに含まれている）。もっとも多いのがホトトギス（保等登芸須・霍公鳥）で、以下カリ（可里・鳫）、ウグヒス（宇具比須・鶯）、タヅ（多頭・鶴）、チドリ（千鳥）、カケ（ニワトリ）、カッコウ（カホドリ・ヨブコドリ）タカ、キギシ（キジ）、ウなどがある。

表７　『古事記』の鳥一覧

巻		鳥・本文	鳥・歌謡	固有名詞・神名・人名	固有名詞・氏姓など	固有名詞・地名	固有名詞・その他	成語・漢語	比喩・その他
上つ巻	神代	常世長鳴鳥　鵞皮　雉　河鴈　鷺　翠鳥　雀　鵜・鵜羽	怒延（鵼）　岐芸斯（雉）　迦祁（鶏）　宇良須能登理（浦渚の鳥）　淤岐都登理（沖つ鳥）　蘇邇杼理（鳰鳥）　意岐都登理　加茂（沖つ鳥　鴨）	鳥之石楠神　志芸山津見神　建比良鳥命　鳥取神　鳥鳴海神　天鳥船神　天津日高日子波限建鵜葺草不合命		鳥髪	天鳥船　隼人		雉之頓使　鳥遊
中つ巻	神武	八咫烏	志芸（鴫）　麻斯登々（真巫鳥）　宇加比賀登母（鵜飼が伴）　阿米都都（あめつつ＝鶺鴒）　知杼理（千鳥）		阿陀之鵜飼　雀部臣　雀部造				
	開化			鸇比売					
	崇神	鵜			鴨君	鵜河			
	垂仁	鵠・鵠之音　鷺		山辺之大鶙	飛鳥君　鳥取部　鳥甘部	鳥取之河上宮　鷺巣池			
	景行	八尋白智鳥	久毘（鵠）　知登里（千鳥）			白鳥御陵			
	仲哀		邇本杼理（鳰鳥）						
	応神		美本杼理（鳰鳥）　登理韋（鳥居）　意富佐耶岐（大雀）	女鳥王　速総別命　大雀命・佐耶岐　根鳥王					
下つ巻	仁徳	飛鳥　鴈	比婆理（雲雀）　波夜夫差和気（速総別）　佐耶岐（雀）　加理（鴈）	大雀命・大雀天皇　鳥山（登理科夜麻）　速総別王　女鳥王		毛受之耳原			
	履中					近飛鳥　遠飛鳥	隼人		
	反正					毛受野			
	允恭		波斗（鳩）　多豆（鶴）						
	雄略		宇豆良登理（鶉鳥）　麻那婆志良（鶺鴒）　爾波須受米（庭雀）			高鸇			
	顕宗					近飛鳥宮　飛鳥河			
	仁賢			小長谷若雀命					
	武烈			小長谷若雀命					
	欽明			長谷部若雀命・長谷部之若雀命					
	崇峻			長谷部若雀天皇					

表8　『日本書紀』の鳥一覧

巻	鳥		固有名詞				成語比喩	
	本文	歌謡	神名・人名	氏姓など	地名		漢語	
①神代上	鶺鴒　常世長鳴鳥　鷦鷯羽		之伎（シギ）　山祇　天日鷲	甘茂君		鳥磐櫲樟船		
②神代下	無名雉・無名雄雉・無名雌雉・雉　川雁・鶏　雀　鴗　鷦鷯（娑娑岐）鵄　烏　鸕鷀羽	智耐理（千鳥）　軻茂（鴨）	彦波瀲武鸕鷀草葺不合尊　天日鷲神			天鴿船　天鳥船		雉頓使
③神武	頭八咫烏・烏・烏鳥　霊鵄	辞芸（鴫）宇介譬（鵜飼）	彦波瀲武鸕鷀草葺不合尊　八十梟帥・梟帥兄磯城・磯城八十梟帥・赤銅八十梟帥	養鸕部	鵄邑		鴻荒	梟帥
④懿徳〜開化			鴨王					
⑤崇神	雀		五十日鶴彦命　武夷鳥・天夷鳥　鸕濡渟				鴻基	
⑥垂仁	鳴鵠・鵠		麻拕能烏	鳥取造　鳥取部　鳥養部	身狭桃花鳥坂	鵜鹿鹿赤石玉	燕居　鴻祚	
⑦景行	白鳥　覚賀鳥		磐鹿六雁・熊襲梟帥・熊襲八十梟帥　川上梟帥		白鳥陵		鴻業	梟帥
⑧仲哀	白鳥　黒鳥							
⑨神功		珥倍廼利（鳰鳥）　伽豆区苔利（潜く鳥）	羽白熊鷲　吾翁海人烏摩呂　吉備臣祖鴨別				鴻沢　鴻恩	
⑩応神	鳧　鴈	等利委餓羅辞（鳥居枯らし）	大鷦鷯天皇・大鷦鷯尊　根鳥皇子　雌鳥皇女　隼総別皇子　平群木菟宿禰・木菟宿禰　鴨別					
⑪仁徳	木菟　鷦鷯　隼　倶知・鷹　雌雉・雉　鴈　百舌鳥	破夜歩佐（隼）　箇利（鴈）　娑奘岐（鷦鷯）	大鷦鷯天皇・大鷦鷯尊・大鷦鷯皇子　木菟宿禰　舍人鳥山（苔利夜莽）　雌鳥皇女　隼別皇子	闘鶏稲置大山主　鷹甘部　白鳥陵守	百舌野・百舌鳥耳原・百舌鳥野陵　鷹甘邑　闘鶏			鶏鳴

巻	鳥		固有名詞				成語比喩	
	本文	歌謡	神名・人名	氏姓など	地名		漢語	
⑫履中・反正			大鷦鷯天皇　平群木菟宿禰・木菟宿禰　鷲住王		百舌鳥耳原　飛鳥山	隼人		
⑬允恭・安康	鷦鷯　雀　霊鳥	波刀（鳩）	大鷦鷯天皇　平群臣真鳥　狭穂子鳥別	闘鶏国造			鳥獣・禽獣	
⑭雄略	雄鶏・鶏・鶏之雄者　鵝　鴻　白　鷦鷯　鳥官　之禽		膳臣斑鳩（伊柯屡餓）　土師連小鳥	日鷹吉士堅磐・難波日鷹吉士　飛鳥衣縫部　鳥養部　木工闘鶏御田	飛鳥部郡	養鳥人　鳥官		
⑮清寧・仁賢			小泊瀬稚鷦鷯天皇・小泊瀬稚鷦鷯尊　平群真鳥大臣	日鷹吉士	丹比高鷲原陵	隼人	鴻緒	
⑯武烈			小泊瀬稚鷦鷯天皇　大臣平群真鳥臣・真鳥大臣・真鳥				禽獣	
⑰継体	飛天之鳥	儞播都等利（庭つ鳥）柯稽（鶏）	小泊瀬稚鷦鷯天皇	日高吉士			鴻化	鶏犬難別
⑱安閑・宣化			鳥樹		雌雉田　身狭桃花鳥坂上陵			
⑲欽明			臘嘴鳥皇子　吉士赤鳩		鸕鷀野邑			
⑳敏達	烏羽		鸕鷀守皇女			隼人		如中猟箭之雀鳥
㉑用明・崇峻			葛城臣烏那羅　宍人臣鴈	捕鳥部万　飛鳥衣縫造	斑鳩　飛鳥地			
㉒推古	鵲　孔雀　白雉		鞍作鳥・鳥　中臣宮地連烏磨呂　阿部鳥子臣　阿部内臣鳥		斑鳩・斑鳩宮・斑鳩寺　飛鳥河		鴻基　鴻臚寺	鶏鳴時形似雉尾

巻	鳥：本文	鳥：歌謡	固有名詞：神名・人名	固有名詞：氏姓など	固有名詞：地名	固有名詞	成語比喩：漢語	成語比喩
㉓舒明			勝鳥養　三輪君小鷦鷯　国勝吉士水鶏（倶毘那）		斑鳩宮・斑鳩　飛鳥岡			
㉔皇極	白雀子・白雀　休留（茅鴟）	枳枳始（雉）			斑鳩・斑鳩宮		禽獣	
㉕孝徳	孔雀　鸚鵡　白鳥　白雀　白雉・雉　鷹　三足烏　鳳凰	烏志（鴛鴦）	百舌鳥長兄　大鷦鷯帝　田辺史鳥	小山上百舌鳥土師連土徳	飛鳥河辺行宮	朱雀門　霊鷲山像　白雉（元号）	鳥獣	
㉖斉明	鸚鵡				飛鳥板蓋宮・飛鳥川原宮・飛鳥川原・飛鳥岡本・飛鳥岡本宮	隼人		雀啄　雀魚
㉗天智	白燕　山鶏　鶏子		鸕野皇女　飛鳥皇女		飛鳥浄御原宮　斑鳩寺			
㉘天武上				鴨君蝦夷	飛鳥寺　鳥籠山		鴻業	
㉙天武下	白雉・雌雉　白鶏　赤烏　白巫鳥（芝苔々）　鸚鵡　瑞鶏・鶏・四足鶏　臘子鳥　三足雀　鵲　白鷹　白茅鴟　鸛			鳥取造　雀部臣　鴨君	飛鳥寺・飛鳥四社・飛鳥浄御原宮	隼人・大隅隼人・阿多隼人・朱鳥・朱鳥元年（阿訶美苔利）	鴻祚	
㉚持統	鳥　赤烏・赤烏　雛　白燕　白山鶏　白蝙蝠		鸕野讃良皇女　飛鳥皇女	加茂朝臣蝦夷　雀部	飛鳥寺　大鳥郡	朱鳥元年　隼人・隼人大隅・隼人　大隅阿多		

表9　『出雲国風土記』の鳥一覧

国	郡	凡諸山所在	池・坡など		地名・人名・神名	
出雲	意宇	鵰・晨風・　隼　山雞　鳩　鶉　鶬・　離黄　鴟鴞・　横致	津間抜池	鳧　鴨		
	嶋根	鷲・鵰　隼　山雞　鳩　雉	法吉坡	鴛鴦　鳧　鴨	法吉郷（法吉鳥）　タコ（蜛蝫）嶋（鷲）	鳩嶋　鳥嶋
			前原坡	鴛鴦　鳧　鴨		
			口池	鴛鴦		
			敷田池	鴛鴦		
	秋鹿	鵰　晨風　山雞　鳩　雉	都勢野山	鴛鴦		
			恵曇池	鴛鴦　鳧　鴨		
			深田池	鴛鴦　鳧　鴨		
			佐久羅池	鴛鴦		
			入海（宍道湖）	白鵠　鴻鴈　鳧　鴨		
	楯縫	鵰　晨風　鳩　山雞	自毛埼	晨風之栖	天御鳥命	
	出雲	晨風　鳩　山雞　鵠　鶤	入海と平原	山雞　鳩　鳧　鴨　鴛鴦		
	神門	鵰　鷹　晨風　鳩　山雞　鶉				
	飯石	鷹　隼　山雞　鳩　雉				
	仁多	鷹　晨風　鳩　山雞　雉			鳥上山	
	大原	鷹　晨風　鳩　山雞　雉				

表10　『常陸・播磨国風土記』の鳥一覧

国	郡			地名	その他
常陸	新治				
	筑波				
	信太				
	茨城	高浜之海	鶯　鶴		
	行方			鴨野（鴨）　鳥見丘	天之鳥笛　天之鳥琴　鳥日子
	香島		鶴　雁　鶏	白鳥里（白鳥・志漏止利）	
	久慈	山田里	群鳥		
	多珂				
播磨	（明石）				
	賀古	六継村	鳥声	鴨波里	
	印南				
	餝磨				
	揖保	阿為山	不知名之鳥	大鳥山（鵝）　鵤住山（鵤）　雀嶋（雀）　鈴喫岡（鷹鈴）	
	讃容			船引山（鵲・韓国烏）	
	宍禾				
	神前				
	託賀			大羅野（禽鳥）	
	賀毛			鴨村・鴨坂・鴨谷（鴨）	
	美嚢				

表 11　『万葉集』の鳥一覧

鳥　名	
アキサ（アイサ）	秋沙 1122
アヂ（トモエガモ）	味 257・485・486・928・2751・味鎌 2747（アジカモか）。・阿遅 260・3547・3991
アトリ	阿等利 4339
イカル	斑鳩 6 左注
ウ	宇 359・4023・4190
	水鳥 943・4189
	鵜 3330・鵜養 4011
	鸕人 4023 題詞・鸕 4156 題詞・4158・4191・鸕養 4156
ウヅラ	鶉 199・239・478・775・1558・2799・3887・3920
ウグヒス	于具比須 824・827・汙隅比須 837・841・宇具比須 838・842・845・3915・3966・3968・4030・4445・4490・4495
	鶯 948・1012・1053・1057・1441・1443・1755・1819・1820・1821・1824・1825・1826・1829・1830・1837・1840・1845・1850・1873・1888・1890・1892・1935・1988・3915 題詞・3941・3966 題詞・3968 題詞・3969・3971・4277・4286・4287・4290
	鶬鶊 4292 左注（＝倉庚。鶬鶊は本来は「黄鶯（コウライウグイス）」）
カケ（ニワトリ・トリ）	可鶏 1413・3310
	庭津鳥 1413
	鳥 1800・等里 4131・4333（鶏と同義で使用していると思われるもののみ）
	鶏 199・382・1807・2021・2800・2803・3094・4094・4233 題詞・4233・4234・鶏子 813
カササギ	扁鵲 897
カホドリ・ヨブコドリ（カッコウ）	容鳥 372・1898・皃頭 1047・皃鳥 1823・可保等利 3973
	呼子鳥 70・喚子鳥 1419・1447・1822・1827・1828・1831・喚児鳥 1713・呼孤鳥 1941
カモ	可母 3525・3570・3625・可毛 4494・麻可母 3524・加麻 4339・乎加母 3527・阿之賀毛 3993・安之我母 4011
	鴨 50・64・223・257・260・375・390・416・711・726・1227・1451・1744・2720・2806・3090・3091・3866・3867・水鴨 466・葦鴨 2833
	青頭鶏 3017（『魏志』巻四斉王裴松之注「青頭鶏、鴨也。」）
カモメ	加万目 2
カリ	折木四 948・2131
	苅 1702・可里 3665・3676・3687・3691・4296・加里 3947・4366
	鴈 182・815・954・1161・1513・1515・1539・1540・1562・1563・1566・1567・1574・1575・1578・1614・1699・1700・1701・1703・1708・1757・2097・2126・2128・2129・2130・2132～2139・2144・2183・2191・2194・2195・2208・2212・2214・2224・2238・2266・2276・2294・3223・3345・3953・4144 題詞・4144・4224
	鴻 3975・3976 原文（ハクチョウとも）
カラス	烏 1263・3095・3856
キギシ（キジ）	吉芸志 3375
	雉 388・478・1446・1866・3210・3310・4148 題詞・4148・4149・翟 864
	狭野津鳥 3791
クグイ（ハクチョウ）	鵠 273（タヅとする説あり（佐竹ほか））
ケリ	気利 4339
サギ	鷺 1687
ササギ	鷦鷯 90 左注（人名＝大鷦鷯天皇）

鳥　名	
シギ	志芸 4141
	鴫 4141 題詞
シメ（ヒメ）	比米 6 左注
スガトリ	菅鳥 3062（家ハト、筒鳥（カッコウ）説などあり。）
スドリ	渚鳥 1162・2801・3578（シギやチドリか）
タカ	多加 4011 ～ 4013・多可 4154
	蒼鷹 4011・4013 左注（『芸文類聚』三歳雌　オホタカ）・大鷹 4154 題詞・鷹 4155
	鳥獦 1289・鷹田 2638・登我里 3438・鷹獦 4249（トガリ＝タカガリ）
	覆羽 2238（オイバ＝鷹の第 5 枚目の翼羽）
タカベ（コガモ）	高部 258・2804
タヅ（ツル）	多津 71・多頭 324・919・1000・1030・2138・2490・3636・4398 ～ 4400・葦多頭 961・2768・多豆 1160・3598・3627・3642・3654・4018
	鶴 271・352・389・592・760・1062・1064・1164・1165・1175・1198・1199・1453・1545・1791・2249・2269・2490・2805・葦鶴 456・575
チドリ	千鳥 266・526・528・618・915・920・948・1062・1123 ～ 1125・2807・3087・3872・3873・4146 題詞・河千鳥 2680・乳鳥 268・371・知鳥 925・智鳥 1251・知等里 4146・知登里 4147・智杼利 4288・知杼利 4477
ツキ（トキ）	桃花 2970（色の名前として）
ツバメ	燕 3975・3976 原文・4144
ニホ・シナガドリ（カイツブリか）	牛留鳥 443・二宝鳥 725・尓保鳥 794・丹穂鳥・尓保杼里 3386・4458・柔保等里 3627
	志長鳥 1140・四長鳥 1189・2708・水長鳥 1738
	潜鳥 3870
ヌエ	奴要子鳥 5・宿兄鳥 196・奴延鳥 892・1997・2031
ヒバリ	比婆里 4292・4434
	鶬鶊 4292 左注（＝倉庚。鶬鶊は本来は「黄鶯（コウライウグイス）」）
ホトトギス	保登等芸須 3352・3784・3785・保等登芸須 3754・3780 ～ 3782・3909・3911 ～ 3914・3916 ～ 3919・3946・3983・3988・3993・4006 ～ 4008・4035・4050 ～ 4054・4066 ～ 4069・4084・4090 ～ 4092・4119・4209・4210・4305・4438・4463・4464・保登等伎須 3783・富等登芸須 4437
	霍公鳥 112・1058・1465 ～ 1470・1472 ～ 1477・1480 ～ 1484・1486 ～ 1488・1490・1491・1493 ～ 1495・1497 ～ 1499・1501・1505 ～ 1507・1509・1755・1756・1937 ～ 1940・1942 ～ 1963・1968・1976 ～ 1981・1991・3909 題詞・3910・3911 題詞・3914 題詞・3983 題詞・3986 題詞・3984 左注・4119 題詞・4166 題詞・4166・4168・4169・4172・4175 題詞・4175・4176・4177 題詞・4177 ～ 4183・4189・4192 題詞・4192 ～ 4196・4194 題詞・4203 題詞・4203・4207 題詞・4207・4208・4209 題詞・4239 題詞・4239
ミサゴ	美沙 362・363・水沙児 2739・2831
ミヤコドリ	美夜故杼里 4462
モズ	伯労鳥 1897
	百舌鳥 2167
ヤマドリ	山鳥 1629・2694・2802・夜麻杼里 3468
ヲシ	男為鳥 2941・乎之杼里 4505・乎之 4511
	鴦 258
ワシ	和之 3390
	鷲 1759・3882
	真鳥 1344・3100（ワシと限定できないとする説あり）

『風土記』はどれが多いというほどの例がないが、『出雲国風土記』をみると水鳥としてはオシドリ（鴛鴦）、ケリあるいはコガモ（鳧）、カモ（鴨）、クグイ・ハクチョウ（鵠）、猛禽としてワシ（鷲）、タカ（鵰、鷹）、ハヤブサ（隼）が目立つほかに、ヤマドリ（山鶏）、キジ（雉）、ハト（鳩）、ウズラ（鶉）、ウグイス（鶯）などがみられる。

この中で『記紀』にみられないが、『風土記』『万葉集』に登場する小鳥として、ウグイス（宇具比須・鸎・鶯）に着目したい。ウグイスは、『万葉集』にも頻出し、『風土記』では、とくに後述するように陵墓（古墳）に関する伝承にかかわる鳥として登場する。そのウグイスがまったく『記紀』に登場しないのはある意味不思議である。それは、登場しないのではなく、他の表記で登場していたのではないか。

ウグイスの鳴き声というと「ホーホケキョ」というさえずりが有名であるが、「チャ、チャ」という地鳴き（笹鳴きともいう）をする鳥である。体長一五センチとミソサザイよりやや大きいが、地鳴きはミソサザイと似ているとされる（高野 一九九六、菅原・柿沢 二〇〇五）。表6の鳥の和名・漢名・学名対照を参照されたいが、ミソサザイと同じスズメ目である（ミソサザイはミソサザイ科であるが、同じくサザイがつくシオサザイはウグイスと同じウグイス科ヨシキリ亜科である）。

つまり、『記』の例にみられるようにサザキを雀という漢字で表していることをも考慮すれば、『紀』でいう鷦鷯は、ウグイスをさしているのではないか。また、なぜ後世有名な「鶯」という漢字が用いられなかったかということも、鶯という漢字が本来しめす鳥（漢詩などに歌われている）はコウライウグイスという体長二五センチ程度の鳥で同じスズメ目（ただしコウライウグイス科）ではあり、日本のウグイスやミソサザイとはかなり異なる鳥であることから、日本のウグイスに鶯という漢字を当てはめ、定着、統一されるのにある程度の時間を要したのではないかと解釈できる。

おそらく、日本のウグイスに鶯という漢字が定着したのは『万葉集』や『風土記』編纂の段階であろうが、同じ美声という点や漢詩の世界を日本の歌の世界に応用しようとしたためこの日本のウグイスに「鶯」という漢字を当てたまでであり、鳥に詳しい人からみればかなり見当はずれであったかもしれない。『出雲国風土記』では明らかにウグイスと思われる鳥に法吉（ホウキツ）鳥などというさえずりから来ていると思われる命名がなされている。『風土記』編纂段階でも、鶯はウグイスを表す一つの漢字であり、ウグイス＝鶯という概念は『万葉集』以前には定着していなかったのだろう。

5　墳墓と小鳥に関する伝承

人が亡くなったあと鳥になるという説話は、民話や伝承にも多い（関一九九七、丸山一九九七）。また『記紀』の中ではヤマトタケルが白鳥になった説話が有名である。その他、葬送儀礼に関すると思われる記事―天稚彦《アメワカヒコ》の葬儀：河雁を岐佐理持《きさりもち》とし、鷺を掃持《ははきもち》とし、翠鳥《そにどり》（カワセミ）を御食人とし、雀を碓女《つきめ》とし、雉を哭女《なきめ》とし、このように行いを定めて八日八夜にわたって歌舞をした(3)―の中にも鳥が多く登場することや、天と地上世界をつなぐ掛け渡しとして鳥や鳥に関する名称（雉の頓使、天の鳥船）が散見されることから見て、鳥があの世とこの世の魂の伝達者であったとする見方がある（辰巳一九九九、矢野二〇〇三）。これは何も日本だけの見解ではなく、朝鮮半島の古代の鳥の形をした造形を霊魂の伝達者としてとらえる考察（国立金海博物館二〇〇四）もある。

たしかにこうした鳥に対する概念が古代東アジアには一般的であったかのようにも思われる。ただ地域や時代によって多少の変化がある。例えば日本の鳥に関する造形が時代とともに変動する。縄文時代の鳥の造形というのはきわめて少なく、こうした鳥に対して食料以上の概念があったかはわからない。少なくとも弥生時代になると鳥形木製品に代表されるように鳥の造形が増え、銅鐸絵画にみられるようにシギ・サギ・ツルなどの水辺の鳥が多くみられる。古墳時代の様相は、まだ不明の点が多いが、前述の水辺の鳥の造形が少なくなる一方で、ニワトリなどの弥生時代以来の造形に加えて、新たにガンカモ科の水鳥（ハクチョウも含まれる）やウ、タカなどが古墳時代のある段階で登場するようだ。こうした鳥の造形の変化は、気候や環境の変化によって生息する鳥の種類が変化したのではなく、むしろ造形を製作する人間の意識の変化が反映していた可能性の方が高い（本書第一章一節）。

ここでは、古代人の鳥に対する概念を考える上で参考となりそうな神話や伝承、とくに本稿の趣旨にそって亡くなった人間や墓と鳥がどのようにかかわっていたかをうかがわせる資料を概観する。

①仁徳天皇陵とモズ

陵墓と鳥の関係を示唆しているものとしては、仁徳天皇陵とモズの説話が有名である。『紀』では、仁徳天皇が造営中の寿陵立ち寄った。このとき、突然一匹の鹿が草むらから飛び出し、そのまま御前で倒れて死んだ。これを怪しんだ付き人が様子を調べると、鹿の耳から一羽のモズ（百舌鳥）が飛び出し、鹿はモズに耳を食い裂かれていたことが判明した。よって、この地を百舌鳥耳原と称したという。(4)『記』でも御陵は毛受（モズ）耳原陵と記されている。様々な解釈があるが、陵墓と鳥がかかわることは間違いない。ただし、仁徳天皇がモズになったわけではない。

②陵とウグイス

前述のようにヤマトタケルは死して白鳥になったとされるが、『出雲国風土記』では、同様なパターンの説話（法吉郷の地名由来譚）が収録されている。（他郷で死んだ？）ウムカヒメ（宇牟加比売）が、法吉鳥（ほうきつとり＝さえずりの「ホーホケキョ」からウグイスとされる）（秋本 一九九三、加藤 一九九二）となって舞い降りて、（社に？）鎮座したことから、その地が法吉郷となったとする。(5)松江市法吉町鶯谷には法吉神社が現存し、ウムカヒメの墓（御陵）と伝わる古墳が近年まで存在した（現在は移築されている）。

法吉神社と隣接する古墳が果たして『出雲国風土記』の記述とどのような関係にあるのかは別としても、ヤマトタケルの説話同様に興味深い。これらの伝承は、『記紀』神話におけるキジやモズなどと同様に葬送儀礼や墳墓と鳥のかかわりを示唆する説話と考えられよう。しかし、とくに注目すべきは、死者の魂そのものが鳥になったことを示しているのは、ヤマトタケルの白鳥とウムカヒメの法吉鳥である。またヤマトタケルの場合は『記紀』編纂時に明らかに古墳と関連づけて、ウムカヒメの場合は『出雲国風土記』編纂時にこうした伝承が存在していたことが明らかであり、その伝承とかかわる古墳が推定されているのである。ヤマトタケルとウムカヒメの伝承と関係があるとされる古墳をまとめると以下のようになる。

ヤマトタケル（白鳥陵）：三重県亀山市丁字塚古墳や鈴鹿市丸山古墳、奈良県御所市腋上鑵子塚古墳、大阪府羽曳野市峯ヶ塚古墳など（和田 一九九五）。

ウムカヒメ（宇牟加比売御陵）：島根県松江市伝宇牟加比売御陵古墳（松江市教委 一九九三）。

これらの古墳を天皇陵古墳同様『記紀』や『風土記』の記述と特定の現実の古墳を限定することは難しい。天皇陵とされるような古墳に関する伝承の多くが、平安時代にはすでに非常に混乱していて、実際の伝承が地元でも失われていた可能性が高いことが指摘されている（森 一九九六・茂木 一九九〇）。しかし、『記紀』や『風土記』編纂時に特定の古墳を念頭にこうした伝承が文献に収録された可能性はないのだろうか。

ウムカヒメにまつわる古墳伝承の場合、まだ詳しい証明はできないが、平安時代の『枕草子』に「みささぎは　うぐひすのみささぎ。かしはぎのみささぎ。あめのみささぎ。」と出てくる「うぐいすのみささぎ」は清少納言があるいは『出雲国風土記』に収録された伝承を知っていたとすれば興味深いが、これを確定する資料には欠ける。

他の『枕草子』の校注、例えば渡辺実（一九九一）によれば、「うぐいすのみささぎ」を孝徳天皇陵、「かしはぎのみささぎ」を桓武天皇陵、「あめのみささぎ」を天智天皇陵とし、松尾聰・永井和子（一九九七）の校注は「うぐいすのみささぎ」を仁徳陵の別名かとする。松尾らの説のとおり「うぐいすのみささぎ」が仁徳天皇陵だとすれば、サザギをウグイスであったとする事例を補強する資料になり、古墳時代あるいは奈良時代のなんらかの伝承が平安時代にも伝わっていたことを示しているのかもしれない。

6　考古学からみた古墳と小鳥―埴輪における小鳥の造形―

古墳時代の鳥の造形というと、すでに多少触れたように弥生時代以来のニワトリのほか、古墳時代の途中から出現するタカ、ウ、水鳥（ハクチョウを含む）が有名である（若狭ほか一九九九、本書第一章一節）。しかし、種の特定は難しいが、それ以外の鳥とくに小鳥の造形がある。主なものを概観する（図17）。

群馬県高崎市高崎情報団地13号墳　小鳥付円筒埴輪、五世紀後半（図17－1）（高崎市遺跡調査会一九九七）

群馬県高崎市舞台1号墳　埴輪小像、五世紀後半（図17－2）（群馬県教委一九九五）

群馬県高崎市綿貫観音山古墳　鳥形埴輪　六世紀後半（図17－3）（群馬県埋文一九九八）

茨城県つくば市中台26号墳　小鳥付人物埴輪六世紀後半か（図17－4）（茨城県教育財団一九九五）

いずれも関東地方の例で、円筒埴輪や人物埴輪などの埴輪に付属するものが多い。舞台1号墳例は、本来張り付いていたものを特定することは難しいが、筆者が、実見した接合痕の観察からは、円筒埴輪のような緩やかにカーブする口縁に付いていていたものと考えられる。

いずれも小さいということもあり、種類を限定するのは難しい。しかし、少なくとも形象埴輪によくみられるニワトリ、ウ、水鳥（ガンカモ）、タカなどではない。年代は小鳥形小像埴輪については、五世紀後半から六世紀後半とされるので、古墳時代を前半と後半に分ければ、後半の文化の所産とみなしてよいだろう。

こうした埴輪付小像について須藤宏（一九九二）は、装飾付須恵器の小像との関連がうかがえるものとする。比較的関東地方に類例が多いようだ。九州から東北地方南部まで類例が知られている（もちろん小鳥ばかりでなく、人物やイノシシ、イヌ、水鳥などがある。いずれも小型なので種別の同定はなかなか難しい）。小像とくに小鳥形は多くないが、須藤の指摘するように埴輪の存在する地帯には普遍的に存在するもので、装飾付須恵器とも関係があるとすれば、こ

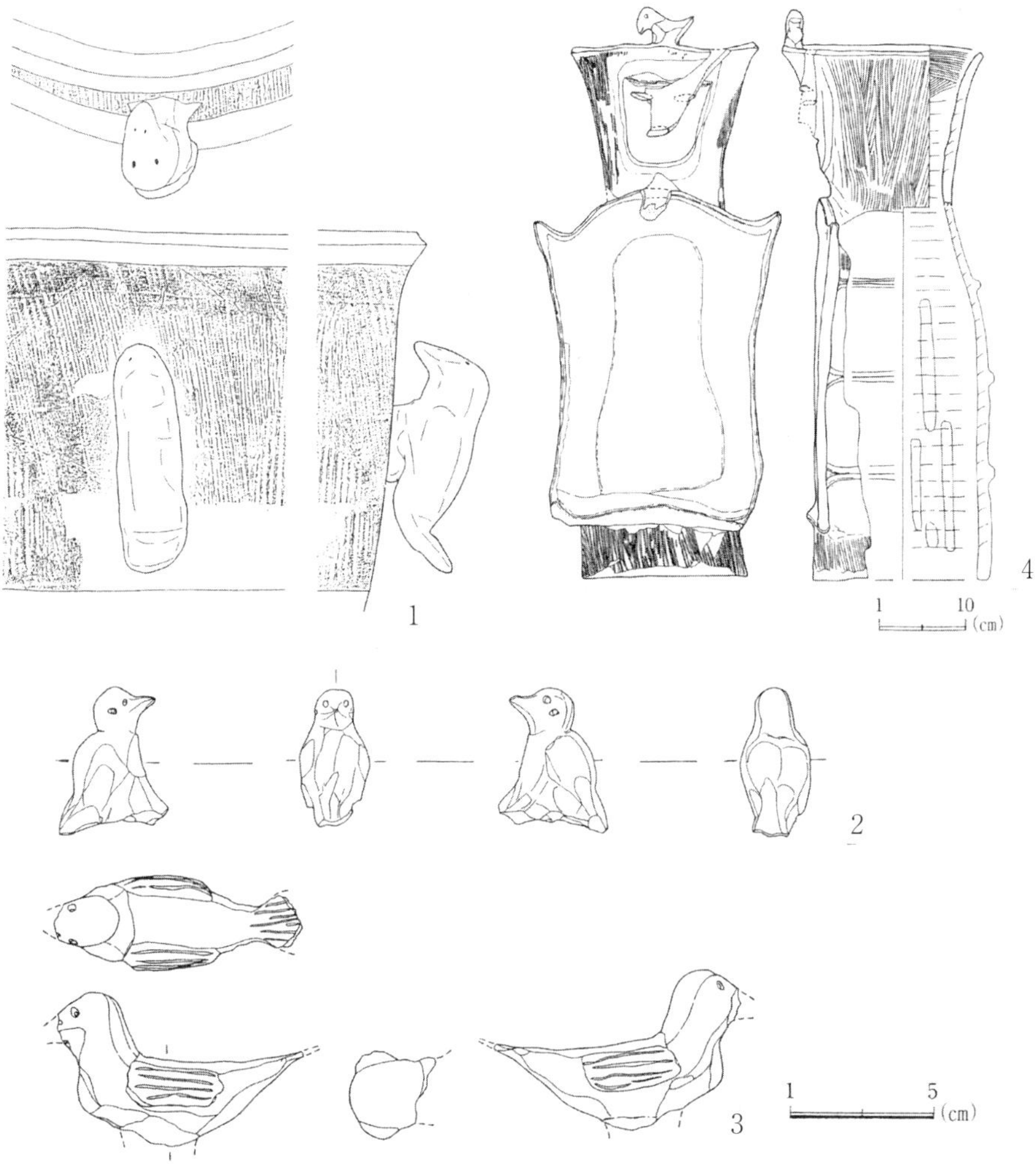

図17　小鳥形埴輪小像（1～3：S=1/3、4：S=1/10）

うした小鳥の造形は今後さらに増えることが予想される（須藤の指摘する埴輪小像の「鳥」や装飾付須恵器の「鳥」の中には水鳥や猛禽以外の小鳥が含まれている可能性がある）。

未だ類例は少ないが、まさに死者の墓所であった古墳に設置されていた埴輪に小鳥の造形がつけられていたことは、埴輪が現実の世界を描写しているのか、それとも他界を描写しているのかは論議が分かれるようだが、すでに述べてきた『記紀』

などの小鳥に関する記事と関係があるものとして理解してよいであろう。

7　まとめにかえて―なぜ死んだ人が小鳥と化すように考えたか―

（1）本来の埋葬地から離れた場所で死んだ貴人の古墳

しかし、古代以来死んだ人が小鳥となって飛んでいくという伝承が一般的に存在したとまではいえないかもしれない。筆者が探しえたのは『記紀』の中でも死んで鳥となって飛んでいったのはヤマトタケルだけであり、『風土記』ではウムカヒメぐらいである。あくまで特殊なケースであったことも考えられる。ヤマトタケルの場合は、死んで本来葬られる場所に墓が作られなかったために、一旦葬られた場所から飛び立って、葬られるべき場所に降り、そこに墓が作られたとも解釈できよう。

ヤマトタケルのように鳥になったのではないが、被葬者が旅行中や遠征中に死去し、本来葬られるべき場所ではないところに葬られた場合、その後遺体を掘り返して、本来葬るべき墓に葬られたというヒコサシマ（彦狭島王）の記事が『紀』にみられる。トヨキイリヒコ（豊城入彦）の孫のヒコサシマは東山道十五国の都督に命じられて東国に下っていく際に、春日穴咋邑《かすがあなくいのむら》で没してしまった。それを悲しんだ東国の百姓らが王の尸《かばね》をひそかに盗み、上野国に埋葬しなおしたという(6)（ヒコサシマが最初に葬られたとされる古墳〔長野県佐久市王塚古墳〕や改葬された古墳〔群馬県高崎市三島塚古墳〕がある。勿論、天皇陵古墳以上にこれらが本当にヒコサシマ実在したのかさらに彼の墓であるかどうかはわからない）。

この説話は、少なくとも被葬者はどこにでも葬られればよいものではなく、その人のしかるべき場所（故郷なのか先祖の地・本貫なのかわからないが）に葬られなければならないという概念があったことを示していよう。

これはさまざまなケースが考えられるが、単なる旅行中ではなく、軍事的な遠征などの途中で死去した時や政治的に左遷されて故郷など本来葬るべき場所に埋葬できないことがあったと思われる。こうした場合たとえ古墳に葬られていても、被葬者をできれば改めて葬ることが理想であり、そうでなければ、被葬者が他の生き物になって本来の埋葬予定地に行くという伝承が生まれてきたのではないか。以下の事例は時代も下り、確たる歴史的事実ではない。それぞれの伝承に出てくる人物は古代の人物であるが、こうした伝承が古代に存在した証拠はないので、参考にとどめておきたいが、考えるヒントとして、こうした死者（貴人）が鳥になって、本来の被葬地に飛んでいくことがあるという概念が存在した可能性を示す伝承についても触れておきたい。

①藤原実方とニュウナイスズメ

左遷・配流された人が、その土地で亡くなり、鳥になって都に戻ってきたとするニュウナイスズメの伝承はより具体的で興味深い。鳥山石燕の『今昔画図続百鬼』（稲田篤信・田中直日校注　一九九二）には「藤原実方奥州に左遷せらる。その一念雀と化して大内に入り、臺盤所の飯を啄ばしとか、是を入内雀と云。」とある。つまり藤原実方が左遷先（現在宮城県名取市に実方の墓と伝わるものがある）で没し、怨霊さらには雀となった。雀と化した実方は藤原氏の子弟教育機関「観学院」（現在は更雀寺《きょうしゃくじ》）で息絶え、そこに実方を弔う塚（雀塚）が建立されたという（『雀森略縁起』『京都地誌』）。つまり、実方の怨霊が雀に化したという伝説を信じる背景に、死者（貴人）が雀になりうるという前提があったのだろう。

②菅原道真と飛び梅、ウソ

平安時代に左遷された古代の政治家として有名なのが、菅原道真である。道真は死後怨霊となったが、もちろん鳥になったとはされていない。しかし、実方の伝承を補助線としてみると、飛梅（都の道真の愛していた梅が、左遷先まで飛んできたという伝説）（山中・宮地　一九八七）や天満宮の鷽替《うそかえ》神事も由来は不明であるが、死んだ道真の霊と鳥の関係を示唆しているのかもしれない。

③ 玄昉の首塚

奈良時代に九州に配流された玄昉は、死後首が奈良に飛んできたとされ、そこを玄昉塚（頭塔）としたという。頭塔は奈良時代初期の仏塔的性格をもつマウンドであることが知られているが、発掘調査によって下部に横穴式石室の古墳があることがわかっている（奈良国立文化財研究所 二〇〇一）。もちろん頭塔や古墳が玄昉と直接的なかかわりをもっているかは証明できないのであるが、やはり不本意な場所で死んだ人が、本来の被葬地を求めて飛んでくるということが信じられていたことを伝えているのではないか。

前述したように古代の鳥というと天界と地上界（あの世とこの世）を結ぶ霊魂の伝達者ととらえられる説があるが、そうした抽象的な概念世界のものだけを示しているのではなく、より現実的な世界において、被葬者が鳥になり、さらに特殊なケースでは、本来葬られる場所へ飛んでいくと信じられ、それが伝承として残ったのではないか。では、なぜそれが、鳥一般ではなくて、小鳥なのであろうか。それは古墳と小鳥の結びつきが実際に容易にみることができ、古墳から小鳥が発生したというような話が受け入れやすかったためではないか。

森浩一（一九八二）は終末期古墳以外のいわゆる古墳時代一般の古墳には祭祀が続けられている段階では木はなるべく生やされていなかったと推測する。逆に古墳の祭祀が行われなくなりつつあった終末期以降の古墳では、比較的はやく雑木林化していた可能性があることを示唆する。

いずれにせよ、数十年にわたって古墳造営時のままであったとも考えにくい。平城宮建設時の古墳の破壊や大伴家持の歌の例を出すまでも無く、奈良時代にはその前代の多くの古墳は被葬者がわからなくなっており、それに拘泥した様子もみられない。また奈良時代以降陵墓に植樹がなされ、草木の伐採が禁止されていたりしていたことをうかがわせる記事がある（水野ほか 二〇〇四）。

『令義解』喪葬九「凡先皇陵（中略）兆域内、【謂兆亦域也】不得葬埋及耕牧樵採。」

『律疏』賊盗「凡盗山陵内木者杖一百、草者減三等、【謂帝皇山陵、草木不令芟刈、而有盗者】」

『続日本紀』元正天皇養老五（七二一）年十月庚寅条「太上天皇（元明）又詔曰、（中略）芟棘開場、即為喪所、又其地者、皆殖常葉之樹」

古墳時代人がどうかまでは確言できないが、少なくとも奈良時代人にとっては、多くの古墳は巨木でないまでも雑木が生えている場所であったのではないか。

(2) 古墳に住む鳥

古墳で祭祀が継続されていて、雑木が生えるような状況でなければ、小鳥の棲家になるようなことはない。しかし、一旦巨木ではないにしろ、雑木が生えるような状況（数年で雑木林になる）になれば、そこは里山や雑木林に住む鳥にとっては適地になる。古墳の周辺でたまに祭祀が行われていても、陵墓などとして、人間が常時立ち入りするようなことがなければ、例えば現在の多くの「天皇陵古墳」のような環境であれば、小鳥にとっては、良い住処である。古墳に雑木が生え、小鳥が古墳の中に群生していて、その風景が念頭にあれば、被葬者が鳥になったという説話も受け入れやすいのではないか。ただ、どこかに飛んでいくというのは、前述したように被葬者にとっては、例外的な事象であり、被葬者が鳥になったということが記録される機会はそれほど多くなかったのかもしれない。

仮に、古墳に住む鳥を見て被葬者の霊が鳥に化したと古代人が類推するようなことがあれば、その鳥の候補としてミソサザイ（日本では高地の寒冷地にすむ）よりウグイス（平野部の雑木林にもすむ）が適している。また、『記紀』以降の文献史料からは、古墳とウグイスの関係を示唆する資料が数少ないが、奈良時代の『出雲国風土記』のウムカヒメのミサザギのウグイス説話や平安時代の『枕草子』の「ウグイスのミササギ」といった伝承が存在していることも無視できない。よって、『記紀』の鶺鴒・サザキはウグイスであった可能性が高いと考える。

また仮に本来ウグイスがサザキであったのに、ミソサザイ、シオサザイといった鳥名が生じたかという点については、シトド（ホオジロ）の例で考えれば、ホオジロの典型をマシトドとし、青いホオジロをアオジ（シトド）、黒いホオジロをクロジとするような鳥（動物）名命名法があったと仮定すれば、マササギがウグイスであり、溝（湿った低地の）のサザキがミソサザイと分類したのではないだろうか。

また、ササギ＝ウグイスであったとして、その後ウグイス＝鶯という漢字が定着したのちササギ・鶺鴒という用語が廃れていったのは、『万葉集』などの歌に詠まれる場合、ホーホケキョというさえずりこそがウグイス・鶯であり、チャチャという地鳴きに由来するササギ・鶺鴒という言葉や概念は次第に使われなくなっていったと推測しておく。

従来のミササギの語源について、ミササギがササギと深いつながりがあり、ササギからミササギという言葉が発生したと類推した。ミササギという言葉がおそくとも奈良時代にはササギから派生したが、その背景には古墳時代に、古墳に葬られるような貴人が小鳥になるという考え方があったためではないか。古墳時代半ば以降に小鳥の埴輪が存在することは、こうしたことを裏付けるものと考える。仮に古墳時代にこうした考え方が存在したとすれば、巨大な古墳を造営すること、豪族に鳥の名前がみられることやとくにササギの名を持った天皇がいたこととに何らかの関係があろう。

ただ、今のところウグイスが古墳にかかわる小鳥としてはもっとも蓋然性が高いとは考えるが、ミソサザイもまったく排除するわけではない。例えば、ミソサザイを鳥の王とする話は、ヨーロッパ、インドから日本まで広がる。簡単に紹介すると、ミソサザイが猛禽類であるワシやタカと争って相手にされなかったが、ミソサザイはイノシシの耳の中に入って、イノシシを狂わせ倒す。一方ワシやタカはイノシシを力づくで倒そうとして失敗する。そこで知恵のあるミソサザイが鳥の王となるという（関 一九七七、丸山 一九七七）。こうしたミソサザイ―イノシシの説話は、『紀』

の仁徳天皇陵のモズ－シカの説話と同類型ではないか。ミソサザイが王の墓と関連するような説話を管見のところ見出せないが、王とかかわる話は散見される。

また、葬送儀礼の中で考えてみると、日本ではかなり一般的な説話である前世は人間であったのが、のちに小鳥に生まれ変わったという小鳥転生譚が、日本と中国（東北部）に存在することは、注目しておきたい（バイコフ一九九五）。

貴人が死んだあと鳥になり、不本意な場所に葬られた場合には、しかるべき場所へ飛んでいくという思想が古代に存在したとすれば、縄文時代以来のものなのか、あるいはいつ、どこから列島外からもたらされたものかといったことを今後考えていかなくてはならないだろう。

追記

原論文発表後、森浩一先生より奈良若草山にウグイスはたくさんいるのかという質問をいただいた。若草山の鶯塚古墳の上には、『延喜式』の平城坂上陵、『枕草子』の鶯塚である旨を記した石碑がある（森 一九七〇）ことを知っているかを先生なりに筆者に尋ねたのだと思う。ちなみに、大山古墳や伝ウムカヒメ古墳付近同様、若草山にもウグイスは留鳥として生息している（奈良県 二〇〇九）。

注

（1）『日本書紀』巻11仁徳天皇正月元年条

初天皇生日、木菟入于産殿。明旦、誉田天皇喚大臣武内宿禰語之曰、是何瑞也。大臣対言、吉祥也。復当昨日、臣妻産時、鷦鷯入于産屋。是亦異焉。爰天皇曰、今朕之子与大臣之子、同日共産。兼有瑞。是天之表焉。以為、取其鳥名、各相易名子、為後葉之契也。則取鷦鷯名以名太子曰大鷦鷯皇子、取木菟名号大臣之子曰木菟宿禰。是平群臣之始祖也。

（2）『文選』「鷦鷯賦」（張華）

鷦鷯、小鳥也、生於蒿萊之間、長於藩籬之下、翔集尋常之內、而生生之理足矣。色淺體陋、不為人用、形微處卑、物莫之害、繁滋族類、乘居匹游、翩翩然有以自樂也。彼鷲鶚鶤鴻、孔雀翡翠、或淩赤霄之際、或託絕垠之外、翰舉足以沖天、觜距足以自衛、然皆負矰嬰繳、羽毛入貢。何者、有用於人也。夫言有淺而可以託深、類有微而可以喻大、故賦之云爾。何造化之多端兮、播群形於萬類。惟鷦鷯之微禽兮、亦攝生而受氣。育翩翾之陋體、無玄黃以自貴。毛弗施於器用、肉弗登於俎味。鷹鸇過猶俄翼、尚何懼於罿罻翳薈蒙籠、是焉游集。飛不飄颺、翔不翕習。其居易容、其求易給。巣林不過一枝、每食不過數粒。棲無所滯、游無所盤。匪陋荊棘、匪榮茝蘭。動翼而逸、投足而安。委命順理、與物無患。（下略）

（3）『古事記』上巻

乃於其処作喪屋而、河雁為岐佐理持、鷺為掃持、翠鳥為御食人、雀為碓女、雉為哭女、（下略）

『日本書紀』神代下

便造喪屋而殯之。即以川雁為持傾頭者及持帚者、【一云以鶏為持傾頭者、以川雁為持帚者。】以雀為舂女。【一云、乃以川雁為持傾頭者、亦為持帚者、以鴗為尸者、以雀為舂者、以鷦鷯為哭者、以鵄為造綿者、以烏為宍人者、凡以衆鳥任事。】

『紀』は雀（スズメ）と鷦鷯（サザキ）を区別している。

（4）『日本書紀』仁徳天皇六十七年十月丁酉条

始築陵。是日、有鹿、忽起野中走之、入役民之中而仆死。時異其忽死、以探其痍、即百舌鳥自耳出之飛去。因視耳中、悉咋割剥。故号其処曰百舌鳥耳原者、其是之縁也。

（5）『出雲国風土記』嶋根郡法吉郷

神魂命御子、宇武加比売命、法吉鳥化而飛度、静坐此處。故云法吉。

（6）『日本書紀』景行天皇五十五年二月壬申条

以彦狭島王拝東山道十五国都督。是豊城命之孫也。然到春日穴咋邑、臥病而薨之。是時東国百姓悲其王至、窃盗王尸、葬於上野国。

六　力士形埴輪と古代東北アジア角抵力士像との対比と考察

1　はじめに

和歌山県井辺八幡山古墳の埴輪に、東北アジアの習俗と対比可能な要素が存在することを、森浩一は『井辺八幡山古墳報告書』の中で指摘している（森ほか一九七二）。筆者は、その中でも後頭部板状結髪、鷹形埴輪、人物埴輪の翼形入墨（線刻）がそれぞれ中国東北地域の考古資料や文献史料にみられる辮髪、顔面の哀悼傷身（剺面・送血涙）、タカ（鷹狩）と関連すると考え、対比したところ、それぞれに共通点があるだけでなく、これらの文化要素が中国東北地方では、共存していることを示した（本書第一章二節）。

本来的には同時代の考古資料だけでこうした対比研究をおこなうことが望ましい。しかし、資料は増加したとはいえ制約があり、その中で研究の方向性を探っていく必要がある。同時代資料だけでなく系統的に関連すると思われる同地域の隣接した時期の資料や文献史料も活用せざるをえない。そして文化要素の個別の対比に加え、これらを組み合わせの中で論じ、総合的に判断することによって彼我の共通性と相違点をとらえ、研究の方向性を見出すことができると筆者は考える。

井辺八幡山古墳の力士形埴輪に筆者が東北アジアの文化の影響と考える板状結髪と顔面翼形線刻がみられる（本書第一章二節図5－2B、図8）。本稿では、力士あるいは相撲（角抵）がこうした筆者が考える北方的（東北アジアの）文化要素の中で見てみて、異質なのかあるいは整合的なのかを考えてみたい(1)。

2　力士形埴輪について

森は褌、上半身裸であることなどから、この像は、力士を模したと考えられる人物埴輪（以下力士形埴輪）ではないかと指摘する。ネリー・ナウマンが指摘するように、往々にして埴輪像がいったい何であるのかは恣意的な解釈に陥りやすい。ナウマンは琴を弾く女性埴輪を巫女と断定するような例をあげ、これをむしろ琴を弾く貴婦人の可能性があることを文献史料も用いて論証する（ナウマン 一九九八）。同様なことは、例えば、かつて踊る埴輪と呼ばれたものが、ウマを引く人物（馬子）であり、鷹匠埴輪としたものが、タカを据える貴人である可能性が高いことも研究の進展で判明してきたことである（塚田 二〇〇七）。

ただし、今のところ、絵画資料（『小野宮年中行事』）や相撲人形（滋賀県野洲市御上神社蔵）などから推測されてきた古代の相撲の力士と力士形埴輪とされるものはともに、上半身裸であり、褌を付けている点で共通している。こうした絵画資料や木像は、平安時代の様子を伝えているとされるが、平安時代以前にさかのぼる資料は知られていない（『古事類苑』、新田 一九九四、品川 二〇〇九）。平安時代以前にも相撲の力士が存在したことは文献史料によって明らかであるが、その具体的な姿はまだわからない点が多い（長谷川 一九九三、大日方 二〇〇八）。いずれにせよ力士形埴輪が相撲の力士ではないとした時にこれがなんであるか他の合理的な説明を今のところ与えられないことから消去法的ではあるが、これを力士形埴輪であるとして論を進めたい。

3　北方系文化要素としてみた顔面線刻、髪型、葬送儀礼と相撲（角抵）力士

井辺八幡山古墳報告書では、北方あるいは南方の習俗のいずれかが伝わった可能性を森は指摘する。たしかに角

抵塚、舞踏塚などの高句麗の壁画に褌（厳密にいうと猿股のようなもの）をした裸形の力士が描かれていて（池内・梅原 一九四〇、耿 二〇〇八、清水 二〇〇八）、年代的にも井辺八幡山古墳（六世紀）より先行するようである。このことは北方系であるという説明に有利である。一方、井辺八幡山古墳の力士形埴輪の顔面線刻を、森は、隼人や安曇には、顔面に施した入墨を施す風習があり、これに類するものと考え、南方系である可能性も考えた。

ただ、民族例を概観すると相撲のような競技は普遍的に存在している。裸の人間が力比べをするスポーツの類は、多元的なものであり、世界上のどこかただ一つの場所で発生したものが、世界中に広まったという前提で研究していくことは難しい（寒川 一九九五、宇佐美 二〇〇二）。相撲のようなものは、おそらく古代においてすでに北方にも南方にも存在した可能性は否定できない。相撲のような競技は、おそらく多元的に存在するが、その中で系統的な分類を定義できれば、その文化的な交流や伝播を追うことはある程度可能であると筆者は考える。

しかし、相撲のような競技をするために、考古資料として把握しやすいような特殊な道具の発達（馬の文化における馬具のようなもの）は見出しにくい。よって、こうした意味からも相撲だけでなく、他の文化要素との関係を把握しながら、総合的に分析するのが現実的な研究の方向性と筆者は考える。

井辺八幡山古墳の力士形埴輪は、辮髪でありながら前髪を剃っていないようにも見えること（当初は前髪を剃っているものともされたようであるが、その後の類例の増加によって前髪を剃ったものとは考えにくいと筆者は考える）や顔面線刻は目を強調した入墨と考えられた。これらは北方系ととらえることをためらわせる要素であるが、辮髪（編んだ髪）と前髪を剃ることが同時に行われるのは、黒水靺鞨や満洲（地名でなく集団名）の風習であり、辮髪をおこなう集団がすべてともにおこなうわけではない。前髪を剃らないが、後髪を編んで垂らす（粟末靺鞨など）ものもあり、仮に前髪が剃られていないとしても、井辺八幡山古墳の力士形埴輪が北方系であることを否定する材料にはならない。七世紀の遼寧省朝陽市黄河路唐墓から出土した粟末靺鞨と推定される石人や陝西省長安客省荘出土の匈奴と想定される青銅飾牌（戦国時代）の角抵は、井辺八幡山の力士形埴輪のような前髪をとどめ後髪を垂らす髪型をしている（姜二〇〇八、中国社会科学院考古研究所 一九六二）。

目を強調したという安曇や隼人の入墨に対し、力士形埴輪の線刻自体は鼻や頬につけられていて、筆者には必ずしも目を強調しているようには見えない。一方、顔面を傷つけて死を悼む風習が、突厥、靺鞨、契丹、女真などに存在することから、翼状線刻は安曇や隼人の入墨だけに関連を求めなくとも、北方系の哀悼傷身に関連する習俗と考えた（本書第一章二節）。

北方民族において、葬送儀礼と相撲（角抵）が関連することは、前述の高句麗の壁画だけでなく、後述するが、契丹の壁画にもみられることからうかがえる(2)（森・大林ほか 一九七四）。長谷川明は、平安時代の相撲節会に葬送儀礼にかかわる要素が見出せないことから、北方系説に不利な点であるとする（長谷川 一九九三）。しかし、相撲節会はあくまで年中行事であって、もともと葬送儀礼ではない。このことにより古代の相撲と葬送儀礼に関係がなかったとまでいうことはできない。

4　坊主頭の力士形埴輪

力士形埴輪は現在、井辺八幡山古墳を含めて全国で三二例あるという（清水 二〇〇八）。力士形埴輪の特徴のうち、まず髪型についてさらに考えてみたい。頭部の形態でもっとも多いのは、筆者が辮髪と考える板状垂髪装飾ではなく、「扁平髷」などと称される「団扇を頭部に差し込んだ」形態のものである。これについては、頭髪表現ではなく、「布作面」（正倉院に伝わる仮面）のようなものを装着しているものとする説もある。髪型かかぶりもののようなものか議論が分かれるところであるらしい。

扁平髷に比べると少ないが、一定量存在するのが坊主頭の力士形埴輪（神奈川県厚木市飯山登山一号墳など）（図18－

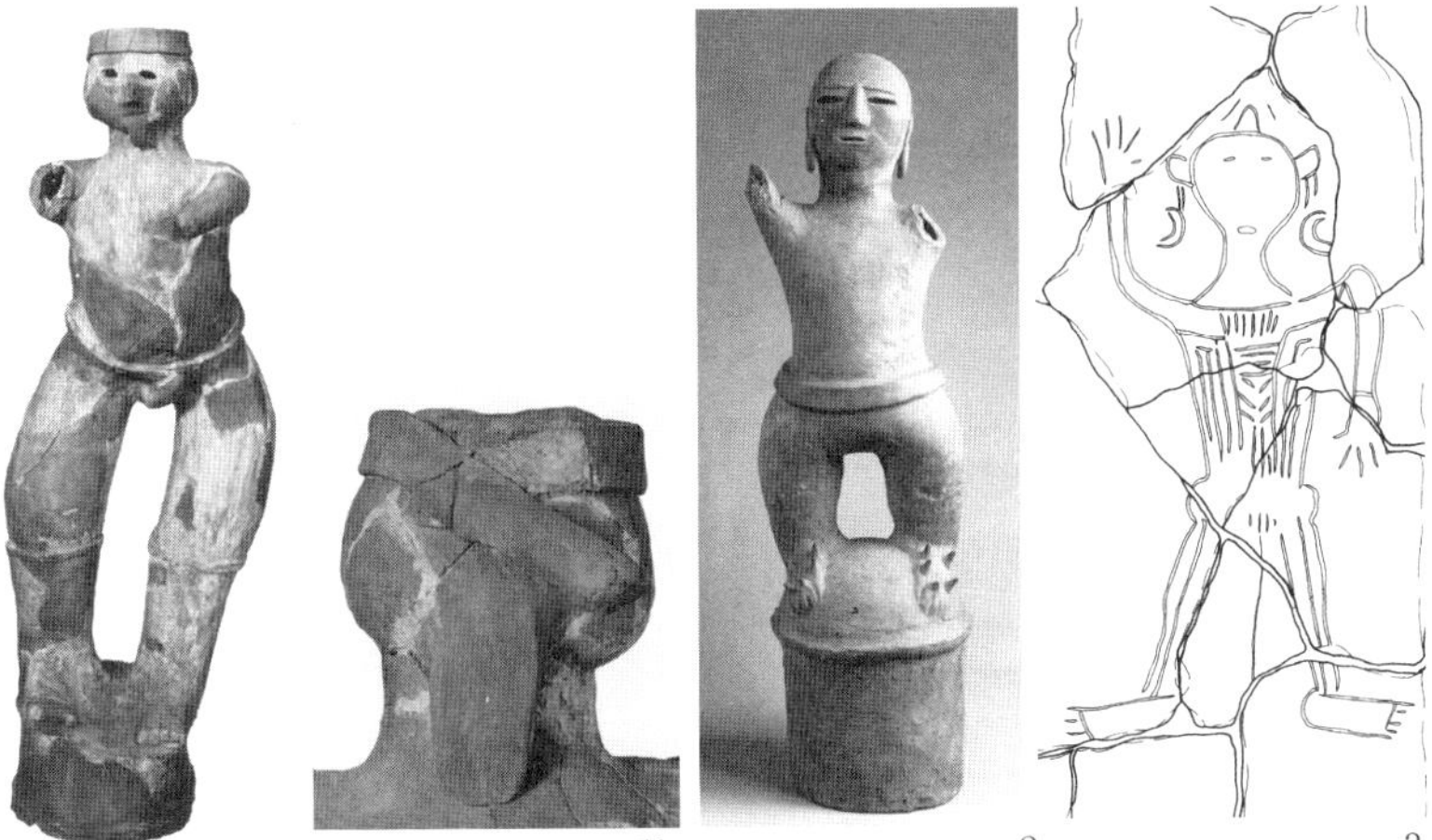

図18　日本の相撲力士像

1a 井辺八幡山古墳、1b 同後頭部拡大、2 飯山堂山1号墳、3 黄金塚2号墳

2）である。若松良一は、これをスキタイなどにみられる哀悼傷身の一種である哀悼断髪の（形骸化した）一形態とみなす（若松二〇〇八）。哀悼断髪は匈奴や女真や古代日本にもみられることが、考古資料や文献史料から知られている（大林 一九七六）。筆者も若松説に賛成である。この力士形埴輪も顔面に赤色の塗彩がみられる。顔面とくに頬の赤色塗彩である点は、井辺八幡山古墳の力士形埴輪と共通している。坊主頭と顔面の赤色塗彩は、それぞれ哀悼傷身（哀悼断髪と送血涙）の象徴あるいは痕跡ととらえたい。

　実際、中国東北地方や西域には、坊主頭の角抵力士が考古資料に認められる。遼墓の壁画（内蒙古敖漢旗娘娘廟遼墓・図19－1）、の角抵力士像[3]（張 一九九七、邵 一九九四）、遼東京城出土の遼代白瓷八稜罐の角抵像（図19－2）（鳥居 一九七六c）、敦煌の莫高窟の壁画（二八八窟西魏など[4]）（李ほか 二〇〇二、路・張二〇〇八）、内蒙古呼和浩特市和林格爾県土城子遺跡から出土した北魏瓦当（図19－3）にも坊主頭の角抵の力士が描かれている（王 二〇〇六）。高句麗の壁画についてすでに指摘されていることであるが、遼墓の壁画にもみられることは角抵の力士が葬送儀礼と関係にあることを補強しよう。さらに北魏までさかのぼるとい

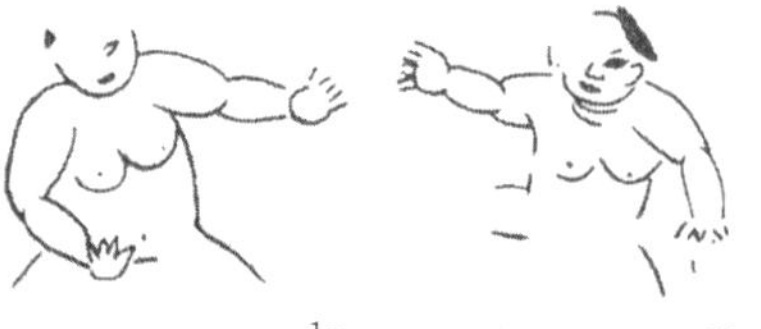

1a　　1b

2

3

図19　中国の角抵力士像
1a・b 敖漢旗娘娘廟遼墓壁画、2 遼東京城出土白瓷八稜罐、3 土城子遺跡出土北魏瓦当

うことは、日本の坊主頭の力士形埴輪を対比する上で、年代的には近い時期の資料が存在することになる。また、秦漢から唐宋の長城以南の地域に角抵の力士には坊主頭はほとんどみられない（張 一九九七、崔 二〇〇八）ことを勘案すると、坊主頭の角抵力士は北方や西域の通時代的な特徴と言えそうである。

5　耳飾りをした力士形埴輪

さらに飯山登山一号墳の力士形埴輪で注目すべきは、耳飾をしている点である。耳飾自体は相撲同様全世界に広くみられる習俗であり、日本の古墳時代には耳環が副葬品などとして出土することは珍しくなく、この耳飾は耳環とされる（清水 二〇〇八）。

古墳時代の耳飾自体は、日本列島全体で出土し、広範囲に分布する遺物である一方で、多くは古墳から出土し、貴金属で作られていることから、威信財あるいは贅沢品であったと想像される。なお、現代とは異なり必ずしも女性だけが装着しているわけではないことから、身分や地位を示しているのかもしれない。ただ、民族的な差異を象徴すると考えられるケースがあることも指摘しておきたい（川崎 二〇一五）。考古資料として執

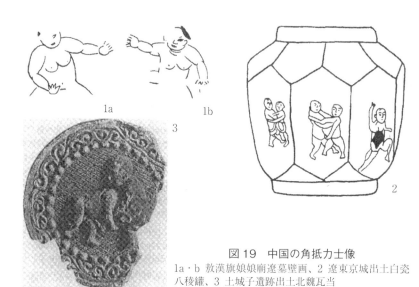

鞨の墓からは円環状の耳飾が副葬品として出土することが一般的であり（靺鞨文化の代表的文物とされる）、文献史料からも渤海、契丹、女真において、耳飾を装着すること自体は辮髪同様北族（北方民族）の象徴として意識されていたことが知られる（ヴォロビヨフ 一九八三、菊池 一九九五）。

6　小　結

以上雑駁であり、本稿では力士形埴輪に多く特徴的な「扁平髷」の位置づけができなかったが、力士形埴輪はその周辺的な属性である褌などを装着した裸形、髪型（辮髪・坊主頭）、耳飾をも合わせてみて北方系（東北アジア）の文化要素と考えて矛盾しない。

さらに興味深いのは、耳飾をした力士に関して言えば、耳環ではなく、垂飾状のものを耳に装着したと考えられる例が京都市黄金塚二号墳埴輪の線刻画（古墳時代前期・四世紀・図18－3）にみられる（辰巳 二〇〇一、清水 二〇〇八）。これが相撲の力士であるとすれば、最古の例となる。

今まで古墳時代の半ば（五世紀以降）の東北アジア文化の伝来が特筆されてきた。しかし、仮に相撲力士が東北アジア文化の影響であるとすれば、筆者はすでにハクチョウ形埴輪に関して論じたように、弥生時代までにはなかった東北アジア文化の要素が、すでに古墳時代前期末に出現していたことになる（本書第一章一節）。ただ、このことが集団の移動による政治的な現象の反映なのか単なる風俗習慣の受容などの文化的な現象なのかは、今後のさらなる研究の課題としたい。

追記

筆者の原論文投稿後、本稿にかかわる井辺八幡山古墳の力士形埴輪については、以下の論考が発表されている。

冨加見泰彦　二〇〇九「井辺八幡山古墳出土力士埴輪の再検討」『郵政考古紀要』四七、大阪郵政考古学会
辻川哲朗　二〇一〇「井辺八幡山古墳出土「力士埴輪」に関する一考察—古墳時代の「力士」の位置づけをめぐって」『古代史の海』六一、古代史の海の会
基峰　修　二〇一六「力士考：考古資料による扁平雷の解釈」『人間社会環境研究』三二、金沢大学大学院人間社会環境研究科

注

（1）中国では「相撲」より相摶、相攢、角觝（角抵）、角力（北宋調露子『角力記』、卜 二〇〇〇）、摔跤（張 一九九七）などが用いられる。本稿では便宜的に中国側の資料は角抵とする。
（2）遼代の角抵壁画墓については、張 一九九七および邵 一九九四参照。
（3）但し娘娘廟遼墓壁画の力士像については、丸坊主頭ではなく、契丹に良くみられる側髪を垂らし、頭頂を剃る髪型の可能性もある。
（4）莫高窟は葬送儀礼だけでなく、仏教信仰における金剛力士などのイメージや芸能との関連も指摘されている。

第二章　古代律令国家期——奈良・平安時代——

一　長野市篠ノ井方田塔の考古学的研究

1　はじめに

篠ノ井二ツ柳の方田《ほうだ》地区の二ツ柳神社の麓に、地元の有志によって大切に保存されている「古風な」石塔がある。長野市教育委員会が立てた標柱にも、日本最古の石塔とされる滋賀県蒲生町石塔寺塔との類似が指摘されている。様式的には鎌倉時代以前に位置づけられ、重要な石塔であるという研究もある。

さらに、本稿では、篠ノ井方田塔が石塔の型式学的な特徴から見て年代的な位置づけの確認、さらには、文献史料や石塔の周辺の遺跡の考古学的分析からどのように位置づけられるかを考えてみた。

2　篠ノ井方田塔

(1) 研究史

まず、篠ノ井方田塔が、どのように位置づけられてきたかを簡単にまとめてみたい。

後述する春日学によればすでに大正末年に宮本邦基が注目し、興津清が昭和十四(一九三九)年に「稀有の古塔」と指摘しているという(春日　一九八三)。

その後、米山一政が「上下共屋根の勾配を緩くし、殆ど反りがなく、その軒先を垂直に切り下げて、全体的に古様の塔の形式を備えている」ということから「鎌倉時代は、降らない」(平安時代以前)と推定した(米山　一九六六)。

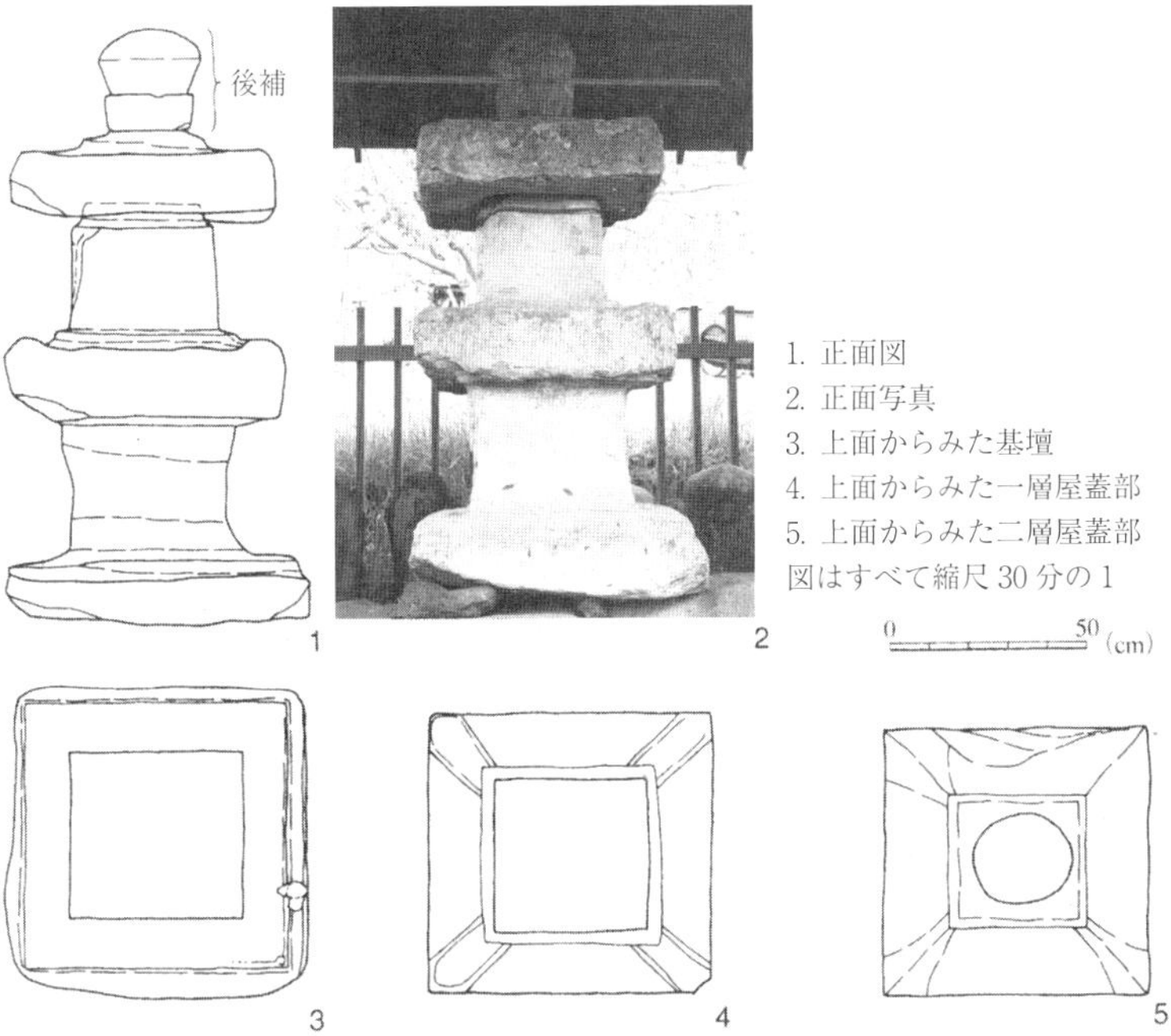

1. 正面図
2. 正面写真
3. 上面からみた基壇
4. 上面からみた一層屋蓋部
5. 上面からみた二層屋蓋部
図はすべて縮尺 30 分の 1

図 20　篠ノ井方田塔

1 ～ 3. 篠ノ井遺跡群
1. 新幹線地点（瓦塔・塼仏・銅鋺）
2. 長野上田線塩崎バイパス地点（塼仏）
3. 高速道地点（墨書変形則天文字）
4. 上石川廃寺（瓦散布地）
5. 石川条里遺跡（9 世紀代の条里水田跡）
6. 方田塔
縮尺 10 万分の 1（国土地理院作成 5 万分の 1 地形図「長野」一部改変）
3. 墨書変形則天文字は縮尺 6 分の 1

図 21　方田塔及び周辺の古代遺跡

しかし、平安時代の石塔ではなく、鎌倉時代だとする説もある（田幸 一九九三）。

春日学は、滋賀県蒲生町石塔寺塔や延暦二十（八〇一）年の紀年銘がある群馬県新里村山上塔との類似を指摘している。また、春日は『日本後紀』延暦十八年十二月条にある信濃国渡来系氏族の賜姓記事に着目した。その中に前部秋足が篠井姓を賜ったという記事から、この石塔はこのことを記念して故国の様式に似せて建立したという可能性を提示した（春日 一九八三）。

黒坂周平も、篠ノ井方田塔と近江石塔寺塔が類似し、とくに後者が百済人の建立によるという説を重視し、方田塔も「渡来系氏族」によるものと推定している（黒坂 一九九〇）。

方田塔が、㋐滋賀県石塔寺塔、群馬県山上塔との類似から平安時代初期、㋑『日本後紀』延暦十八年記事にある渡来系氏族と関連があるという点は春日、黒坂両氏が指摘している。これらの二点が考古学的な分析によっても言えるのであろうか。

(2) 奈良時代から平安時代の石塔の中での位置づけ

古代の石塔を考える上でたいてい一つの基準とされるのが、石塔寺塔である。この塔の年代については、古くから奈良時代あるいは白鳳時代とし現存する日本最古の石塔とする吉田東伍、石田茂作、坪井良平・藤沢一夫、川勝政太郎の説がある（吉田 一九〇七、石田 一九三六、坪井・藤沢 一九三七、川勝 一九四四）。最近では田中俊明・申光燮・桜井信也・小笠原好彦・兼康保明・鄭永縞・西谷正の諸氏によるシンポジウム（以下『蒲生町シンポ』）も上記の説に賛成する人が多い（田中ほか 二〇〇〇）。いずれも石塔の様式や製作技法および『日本書紀』天智天皇八年十二月条「以佐平餘自信佐平鬼室集斯等男女七百餘人遷居近江蒲生郡」という記述を根拠としている。

これに対し、曽和宗雄、野村隆は平安時代建立説である（曽和 一九八一、野村 一九八五）。仮に朝鮮半島の石塔とくに百済式を模したとした場合、白鳳時代、奈良時代前期とするとその原型は定林寺址塔（平百済塔）や弥勒寺址塔に近いはずであるが、むしろ石塔寺塔は高麗時代の旧百済領域に分布する百済式の石塔である扶餘長蝦里塔に近いという。しかし、大塚活美は朝鮮半島の石塔に直接起源を追うこと自体難しいとする（大塚 一九九三）。

筆者は、いずれにせよ石塔寺塔を石塔の編年的基準にするのは難しいと考える。石塔の編年を考える上で、考古学的な発掘調査で得られ、層位学的にあるいは共伴遺物などから年代を限定あるいは推定できる資料や紀年銘のある資料（ただし、定林寺址塔・平百済塔のように建立後に建立者以外に銘文を刻まれてしまうことは十分ありうるのでこれも絶対的な基準ではない）を基準とすべきと考えるからである。

考古学的な根拠によって年代が推定できる奈良時代から平安時代にかけての資料は、奈良市頭塔上層の石塔、福島県磐梯町伝徳一塔がある。紀年銘を持つものとしては、群馬県新里村山上塔（延暦二十年〔八〇一〕）、奈良県明日香村竜福寺塔（天平勝宝三年〔七五一〕）がある。以下個別に見ていく。

頭塔石塔　奈良市春日大社に隣接する頭塔は、古くから僧玄昉の首塚などと言われてきたが、奈良国立文化財研究所の発掘調査で、下部に横穴式石室をもつ古墳があり、その上に、土盛りのマウンド（土塔）を作ったことがわかった。その土塔の上に、六角多層塔が立てられており、史跡整備の段階の調査で発掘されている（奈文研 二〇〇一）。奈良市塔の森塔（六角多層塔）と似た形態である。塔の森塔は後述する竜福寺塔との石材や技法の比較から西崎辰之助は奈良時代末から平安時代初に、また川勝政太郎は正倉院御物の三彩陶塔に形状が似ていることなどから奈良時代と推定した（西崎 一九一七、川勝 一九七八）。発掘調査でも奈良時代の土塔の上に建立されていたことなどから川勝政太郎らの推論が裏付けられたとする（岩永 二〇〇一）。

伝徳一塔　会津磐梯山麓の磐梯町に恵日寺という古刹がある。恵日寺は、伝教大師最澄との実相論争で有名な徳一菩薩の開基と伝え、発掘調査によって平安時代の寺院遺構（慧日寺跡）が検出されている（磐梯町教委 一九八三、福島

県教委 一九八九、阿部ほか 一九九〇）。

この恵日寺には徳一大師の廟と伝える方形三層塔がある（伝徳一塔）。破損が著しかったが、一連の発掘調査で整備され、石塔の基部に九世紀代の土師器甕が納められていたことが判明している。報告者は徳一を偲んで平安時代中期に建立したものではないかと推測する。

竜福寺塔　奈良県明日香村稲淵の竜福寺境内に方形三層塔が現存する。軟質の凝灰岩製（春日石とされる）で風化が著しいが、天平勝宝三年の銘をもつ。紀年銘から奈良時代と考えられている（佐藤 一九一四、網干 一九七四）。

山上塔　群馬県でも東側に位置する新里村山上に方形三層塔が現存する。延暦二十年の銘を持つことで有名である（豊国 一九二九、千々和 一九三四、柏瀬 一九八八、森田 二〇〇一）。現在は畑の中に単独で立っている状況であるが、史跡整備に伴う発掘調査で周辺に平安時代にかけての遺構（九世紀代の竪穴住居跡や掘立柱建物跡）が検出されている（歯仏様遺跡）。発掘を担当した加部二生によると、山上塔が建立された当初の地点は特定されてはいないが、中世には現在の位置に立っていた可能性があるという。また、発掘で検出されたB－1号掘立柱建物跡が当時の山上塔の覆屋であった可能性を指摘する（加部 二〇〇一）。紀年銘の年代とは矛盾しない。

平面形が方形か六角形かという相違があるが、いずれも屋蓋部の逓減率（上になるにしたがって少しずつ小さくなる率）が中世以降の石塔に比べ小さい。基部が屋蓋部と比較して大きい（高さがある）。屋蓋部に降り棟の表現がある。凝灰岩や安山岩など比較的軟質な岩石で作られているといった共通点がある。

さらに、これらの石塔どうしで比較してみると、頭塔石塔、竜福寺塔、山上塔は屋蓋部の逓減率は小さく、徳一塔は前者二者に比べて大きい。屋蓋部と軸部との大きさ（高さ）の比率は、大きい順に竜福寺塔、山上塔、徳一塔、頭塔石塔の順である。屋蓋部には降り棟の表現がいずれもあるが、頭塔石塔がもっともはっきりしていて、竜福寺塔、山上塔は降り棟の表現はあるが、あまりはっきりはしていない。徳一塔はほとんど省略されている。

軸部と屋蓋部の大きさの比率では、頭塔石塔が、軸部の大きさがもっとも小さいということになるが、これは方形塔と六角塔では、当初から異なっていたものと考えられ、むしろ、それ以外の要素では、すべて頭塔石塔・竜福寺塔（奈良時代）、山上塔（平安時代初頭）、徳一塔（平安時代初〜中）の順番で並んでおり、以上の要素は石塔の様式をみる上で編年的基準として使えるものと思われる。

以上あげた塔の他にも、当該期の型式学的な特徴を備えていて奈良時代や平安時代とされてきたものがある。奈良時代は、奈良市塔の森塔（西崎　一九一七、清水　一九八四）、大阪府太子町岩屋塔・鹿谷寺跡塔（岩井　一九一四、梅原　一九一四）などがあり、平安時代とされるものは奈良県室生寺二重納経塔（岸・末永　一九五五、橋本　一九六二、土井　一九六六）、於美阿志神社塔（奈良文化財保存事務所　一九七〇）、鹿児島県大隅国分寺塔（康治元年〔一一四二〕銘）、隼人塚塔（上村　一九八〇）などがある。個別に所属年代を詳細に検討しなくてはならないが、いずれも先ほどの序列と大きく矛盾しない。

方田塔をこの序列の中で見てみれば、軸部は奈良時代から平安時代の石塔の特徴に共通して屋蓋部の厚さよりかなり厚い（高さがある）。屋蓋部の逓減率は極めて小さい。降り棟の表現がある（図20）。これだけの要素を見ても中世以降の石塔である可能性は低いように思われる。さらに、細かくみれば、竜福寺塔と山上塔に近い。

構造的には、竜福寺塔は全体が一石で作られているのに対し、山上塔の初層屋蓋部は別石だが、以下の軸部＋二層の屋蓋部＋軸部＋三層の屋蓋部＋基部と一石で作られる。方田塔は初層の屋蓋、軸部＋二層の屋蓋部、軸部＋三層の屋蓋（あるいは基部の省略）の三つの部分でできている。徳一塔は初層の屋蓋部、軸部＋二層の屋蓋部…基部というように、初層の屋蓋部、軸部と屋蓋部、基部がそれぞれ別石で作られている。

つまり、構造的には方田塔は竜福寺塔とは格差があり、大まかには山上塔に近い。さらに山上塔と方田塔を比較すると、方田塔は、徳一塔の構造に連なるような石塔の部分をより細分化する傾向であると言えよう。以上の点を勘案すれば、方田塔は山上塔に近いが、それよりやや下る年代と考えたい。

福沢邦夫はさらに、方田塔を多層塔の欠損したものではなく、二重屋蓋形式の「多宝塔」の省略形式ではないかと推定する（福沢 二〇〇二）。現状の最下層部分を十分に観察できたわけではないが（塔の下部をひっくり返せないので、覗き込むしかない）欠損したという証拠は見出せない。むしろ当初からこうした形態であった可能性は否定できないと筆者も考える。

福沢はこうした二層になる多宝塔は高野山や比叡山で貞観年間（八五九〜八七七）に木造塔として完成されたものと考えた。こうした木造の二重多宝塔が石造塔として出現するまでに多少の年月を要し、さらに当時の「中央」である近畿地方から「地方」である信州に文化が伝播した年代差を考え、方田石塔の年代を九世紀末から十世紀と考える。しかし、東日本に平安時代の例として山上塔、徳一塔が存在している点は重要である。福沢のような文化が伝播する年代の時間差を現段階の資料では認めがたく、私は九世紀代に遡る可能性を考えたい。

3　方田塔をめぐる考古学的環境

石塔自体の型式学的分析から平安時代前期の石塔であることが推定される。よって、奈良時代から平安時代にかけての、方田塔をめぐる考古学的な歴史的環境を分析する。

現在、南から東にかけて千曲川が流れ、その千曲川の支流聖川と岡田川流域全体を現在は篠ノ井地区と呼ぶ。現岡田川（旧御幣川・篠ノ井）以北の篠ノ井駅周辺は近世においては布施村であり、中世では布施本庄・布施御厨であった。聖川以南は中世においては四宮庄であった。それぞれの河川が境界となっていたことが推定される。とくに岡田川周辺は、近世やそれ以前には御幣川として知られ、この御幣川とその周辺の低地が近世やそれ以前には「篠井」（あるいは篠ノ井）と呼称されていた（井原 二〇〇〇）。

よって古代「篠ノ井」の厳密な範囲を特定することは難しいが、岡田川（旧御幣川）と聖川流域あたりと考えて大過なかろう。よって本稿ではこの地域を対象に以下当該期（奈良時代から平安時代）の遺跡・遺物の分析を行う。篠ノ井地区には図21のように、1篠ノ井遺跡群新幹線地点（瓦塔、銅鋺、塼仏）、2篠ノ井遺跡群長野上田線塩崎バイパス地点（塼仏）、3篠ノ井遺跡群高速道路地点（墨書土器、変形則天文字、灯明皿の増加）、4上石川廃寺跡（瓦散布地）、5石川条里遺跡といった古代の遺跡がある。

個別の遺物を遺跡の中で検証する。

瓦塔　篠ノ井遺跡群新幹線地点で、瓦塔A、B二個体が溝SD三一五から出土している。この溝SD三一五は弥生土器から九世紀後半の灰釉陶器までの幅広い年代の遺物が出土している。瓦塔の型式学的な分析から出河裕典は、瓦塔A・Bを九世紀代と推定する（出河　一九九八）。

出河は高崎光司の瓦塔編年（高崎　一九八九）に基づいている。高崎は瓦塔の創始期（奈良時代）から全盛期（平安時代）にかけて四期に区分する。斗栱（建築物の柱上にあって軒を支える部分。斗マスと肘木ヒジキを組み合わせて構成する）表現を核とし、これが省略化される過程を追っている。よって、瓦塔編年との細かい比較は難しい。しかし、瓦塔の屋蓋も基本的に逓減率は低い、屋蓋に対し軸部が大きい、降り棟が作出される点なども方田塔と共通する点である。

石塔を建立する際には、木造塔より瓦塔の方が石塔工人にとっては容易にみられるものであった可能性もある。奈良時代から平安時代にかけて信濃において瓦塔が存在していたことは、方田塔建立についても、あるいは瓦塔がそのモデルの一つであったかもしれない。

塼仏　長野市篠ノ井遺跡群新幹線地点の塼仏は年代を特定する決め手に欠くが（長野県埋文　一九九七c）、隣接する長野市教育委員会が調査した県道長野上田線塩崎バイパス地点で塼仏が二点出土し、奈良時代のものと推定されている[29]（風間　一九九九、長野市教委　二〇〇二）。これらの塼仏は、篠ノ井遺跡群の調査まで、長野県内では飯田市宮洞遺跡、前林廃寺の二例しか知られていなかった（遮那　一九八四）ので、篠ノ井地区はとくに集中して出土した地域であるといえよう。

本来塼仏は壁にタイル状に張り付けて用いるものであるが、長野県内の様相を見てみると、遺跡からの出土数が非常に少なく、出河（出河　一九九八）が推定するように、近年出土例が報告されている瓦塔などの「本尊」として用いられていた（大脇　一九九五）可能性もあるだろう。

銅鋺　このほか瓦塔や塼仏が出土した篠ノ井遺跡群新幹線地点では、仏具として着目されている（原　一九八六）平安時代初めの銅鋺が検出されている。

墨書土器・変形則天文字　平安時代に入って墨書土器が増加することは、長野県内全体の傾向であるが、とくに近年遺跡特有の文字が存在することが注目されている。篠ノ井遺跡群高速道地点では風構のような独特の文字が墨書土器に多出する（長野県埋文　一九九七ｅ）。平川南はこれを則天文字そのものではないが、則天文字とかかわりを持つ呪術的な文字ととらえる（平川　二〇〇〇ｂ）。

瓦散布地　地籍から上石川廃寺などと呼称されることもある奈良時代頃と推定される瓦散布地がある（米山一九七八ａ）。かつて礎石らしきものが発見されたという。正式な調査は行われてはいない[37]（原田　一九九四）。無論瓦の散布や礎石様のものだけで、仏教寺院の存在を言えないが可能性がある。

以上、ざっと概観しただけであるが、遺跡の検討から方田塔が存在する古代篠ノ井地域は非常に仏教色の強い地域であり、とくに篠ノ井遺跡群新幹線地点は、瓦塔、塼仏、銅鋺が出土しており、極めて仏教色に富んだ遺跡であるといえよう。

4　渡来系氏族との関係

以上「篠ノ井」地域の古代遺跡を分析すると、仏教文化の色彩が非常に濃い地域であることがわかる。その背景として無視できないのが、やはり渡来系氏族の問題である。

すでに述べたが、『日本後紀』延暦十八年十二月条に信濃国人卦婁眞老等高麗人が日本風の姓を賜ったという記事がある。(1) この条の前半部分には甲斐国人止弥若虫、久信耳鷹長等百済人が同様に日本風の姓を賜った記事がある。またこの記事は考古学的には、信濃や甲斐に積石塚古墳が多く、また積石塚古墳が朝鮮半島と関連があるということからその傍証としてよく引用される（栗岩 一九三八、米山 一九七八b、(2) 桐原 一九八九、西山 二〇〇一）。

積石塚古墳研究の参考資料としても重要だが、平安時代前期の氏族について考古学的にも着目すべきと思われる。ここで、春日や黒坂が指摘するような渡来系氏族の影響が方田塔にみられるかどうか検討してみる。

まず、朝鮮半島の石塔研究を簡単に触れてみたい。朝鮮半島の石塔については管見では古く戦前の段階から杉山信三や高裕燮らの研究がある。近年では秦弘燮、金正基、チョンリョンへらの研究がある（杉山 一九三七、高 一九七八、秦 一九八四、金 一九八七・一九八九、チョン 一九八八、朝鮮遺跡遺物図鑑編纂委 一九九〇）。

とくに近年の研究では、その細かい編年や年代観には異同があるが、以下の諸点では見解の一致を見ていると思われる。㋐三国時代すでに百済、新羅、高句麗で仏教伝来に伴い各々の様式の石塔が建立されたが、現存する三国時代の石塔は百済の定林寺址塔と弥勒寺址塔である。高句麗様式の石塔は基部などから多角形であったことなどが遺跡の発掘調査や後述する高麗時代になってからの様式からの推定がされているだけで詳細は不明の点が少なくない。㋑統一新羅後は、屋蓋の下部が逆階段状になる新羅様式の石塔が半島全体に建立された。㋒統一新羅末期から地方の独立性が高まるにつれて、三国時代の地域性を有した石塔が建立された。とくに旧百済領域では統一新羅末期から高麗朝にかけて長蝦里塔などの百済様式の石塔が建立された。㋓高句麗の後継と任ずる高麗朝ではあるが、高句麗様式をもとに百済様式や新羅様式を取り入れた高麗様式の石塔が確立されていった。

従来、石塔寺塔は百済様式の影響を受けたとされ、方田塔も石塔寺塔との類似から百済様式を模したと推測する向きもある。しかし、方田塔の造立推定年代である平安時代前期は、朝鮮半島では統一新羅にあたる。統一新羅の九世紀段階では百済様式や高句麗様式の石塔は今のところ発見されていない。また、統一新羅時代に一般的であった新羅様式の石塔のような屋蓋下部に逆階段状の装飾は方田塔には見当たらない。つまり同時期の朝鮮半島には類例を求められない。また時代を遡らせて三国時代を見てみても、三国時代の高句麗様式には、方田塔のような形態の石塔は知られていない。平面形が方形で軸部が大きいといった形態で比較的近いのは百済様式ということになるが、繰り返しとなるが同時期の朝鮮半島では百済様式の石塔は作られていない。

日本では遅くとも奈良時代には石塔が作られ始め、平安時代前期にはかなりの広がりをみせている。これに瓦塔などを視野にいれれば日本の塔婆文化の中で把握することが十分可能であり、直接的な起源を朝鮮半島には求めにくい。

5　おわりに—方田塔の性格—

本論では手が届かなかったが、方田塔の性格について多少考えてみる。平安時代初頭に東日本に波及した仏教文化の流れ（薗田 一九五四、菅原 一九八二、森田 一九九七・一九九九）を考慮にいれるべきだろう。春日学は、天台宗の古刹があったという伝承から最澄の東国伝道との関連を指摘する（春日 一九八三）。

遺跡の分析からみると平安時代には仏教文化が、どういう内実かは別にして、篠ノ井地域には受容されていたことはほぼ間違いないだろう。そうした素地の中で石塔が建立されたのだろう。

石塔ではないが、信濃に隣接する北関東には、上野には上野三碑、隣接する下野にも那須国造碑があり、いずれも八世紀代の石碑と考えられている。これらはいずれも故人を追悼あるいは顕彰する目的で建立されたものと考えられ、古墳に隣接していたものは墓碑的な性格を持っていたと推測されている（尾崎 一九七三、森 一九七九）。

また、こうした石碑の性格を受け継いでいると考えられるのが、山上塔である（須賀ほか 二〇〇一）。北関東の古代石碑的な性格が、山上塔を媒介として、方田塔にも受け継がれていたとするならば、故人の顕彰あるいは墓碑的な意味をもっていたとも考えられる。方田塔が当初の位置から動かされていた可能性が高いという春日学の指摘[45]（春日 一九八三）があるように、本来の位置の特定とその周辺の考古学的な調査の必要だろう。

また外見的な特徴を朝鮮半島に求めることができないが、かといって方田塔と渡来系氏族の関連を除外してよいのだろうか。おそらくそうではないだろう。まず当時の日本の石塔を建立するような文化的背景自体に渡来系氏族が関わった可能性がある。北関東の上野三碑や下野那須国造碑はもとより山上塔も渡来系氏族がまったく関連しなかったとは考えにくい。山上塔や方田塔に先行するもので形態が似ている竜福寺塔は、明日香稲淵という渡来系氏族の根拠地とされる地域に建立されていたことを見逃すことはできないだろう。少なくとも今後とも検討していく必要がある。

平安時代前期の信濃においては、仏教色の強い遺物や遺跡は特定の地域に集中する傾向がありそうで、受容されたとはいっても、それは地域ごとに格差があったものと思われる。また、仏教関連遺物ではないが、篠ノ井遺跡群高速道地点からは則天文字風の墨書土器が出土し、これらは朝鮮半島の渡来系氏族との関連が指摘される[46]（平川 二〇〇〇b）ことからも、春日や黒坂の方田塔と渡来系氏族との関連を考える推定もあながち的外れとは言えないし、今後方田塔を建立した氏族の性格は、文献史学や考古学の成果より総合的に判断すべき問題と思われる。

筆者は、篠ノ井地域の古代を考える上で欠かすことのできない重要な遺跡である篠ノ井遺跡群（高速道地点）の調査に一ヶ月間だけ参加することができた。今にして思えば非常に貴重な体験であったわけだが、残念ながら当時は十分な歴史的認識をもって調査に臨むことができなかった。

しかし、ようやく報告書が刊行され、じっくりとこれらの遺跡を題材として歴史的な研究をする段階になった。つまり、遅まきながら調査段階ではできなかった遺跡研究を今からでもやることが、果たすべき「責務」のような気がしている。そうした「責務」を果たそうと遺跡めぐり中から「石塔」は私たちに発見され、本稿も自然と生まれてきたものである。

追記

本稿を執筆中に方田塔の写真を森浩一先生に提供してご意見を求めたところ、自分も昭和四〇年頃に、見た覚えがあるというお返事と石塔に関する図録をいくつかいただいた。その後、大学の論集に投稿する旨、ご報告すると珍しく、各地の石塔をよく見て歩いたとの感想を寄せられた。原論文の発表後に知ったので、触れることができなかったが、先生自身も能登と韓国の石塔を対比した研究がある（森　一九九〇b）。

注

（1）〇甲戌。（中略）又信濃国人外従六位下卦婁眞老。後部黒足。前部黒麻呂。前部佐根人。下部奈弖麻呂。前部秋足。小県郡人无位上部豊人。下部文代。高麗家継。高麗継楯。前部貞麻呂。上部色布知等言。己等先高麗人也。小治田。飛鳥二朝庭時節。帰化来朝。自爾以還。累世平民。未改本号。伏望依去天平勝宝九歳四月四日勅。改大姓者。賜眞老等姓須々岐。黒足等姓豊岡。黒麻呂姓村上。秋足等姓篠井。豊人等姓玉川。文代等姓清岡。家継等姓御井。貞麻呂姓朝治。色布知姓玉井。

（2）米山は平安時代の氏族の問題としても扱っている（米山　一九七八b）。

二　古代「善光寺」造営の背景

1　はじめに

長野市善光寺境内やその周辺から古代の瓦が出土することが知られている。関野貞は、善光寺境内出土の軒丸瓦の年代を奈良時代初期とした。米山一政・森郁夫も基本的に関野の見解は支持する(1)（関野 一九二八、米山 一九五四・一九七一、森 一九八六a）。

ただし、あくまで瓦の年代がわかるだけでは、善光寺境内に瓦を葺いていた古代建物の存在やいわんや善光寺創建の年代が特定できるわけではない。

「善光寺」の名称が文献で確認されるのは、平安時代後期であり、仮に善光寺境内にそれ以前の古代寺院があったとしてもそれが「善光寺」と呼ばれていたか、わからない。そもそも厳密には瓦葺建物や寺院があったかといった遺跡の性格は将来の調査を待つしかない。それでは既存の資料から何も言えないのか。筆者はそうではないと考える。作業的な仮説として、「善光寺境内に瓦葺の建物があり、それが古代寺院」（善光寺前身寺院、善光寺廃寺などと呼ばれることもあるが、ここでは「善光寺」としておく。）であったとしたら、その古代寺院はどのような背景で建立されたのかを考え、整理してみる。

2　善光寺瓦の考古学的検討

信濃では、瓦生産は奈良時代がピークで、九世紀には廃れてきて、十世紀にくだる例はみつかっていない。一般に知られている「善光寺瓦」[1]の中にある川原寺様式の瓦が、信濃だけ極端に新しい時代に焼かれているとは考えにくい。また長野市浅川扇状地遺跡群牟礼バイパス地点で平安時代の竪穴住居跡から善光寺瓦と同型の瓦が出土したことをもって、平安時代の瓦とする見方もあるが、遺物の製作年代と遺構に埋もれた年代が異なることは珍しいことではなく、これをもって善光寺瓦を平安時代に製作されたものとすることはできない。一方で、再利用や転用といった可能性に注意しなくてはならない。この問題も善光寺境内で遺構の検出を伴うような面的な発掘調査がなく、出土状況がわからないが、十世紀以降に瓦が転用されていた可能性は低いと考える。

昭和二十七年に仁王門東方付近から出土した古瓦をみると、軒丸瓦は一点だけ巴紋であった（中世以降にくだると推定されている）が、それ以外はすべて川原寺様式であった。善光寺境内出土瓦は収集者によって選択されている可能性がある。しかし、出土直後に米山一政が調査しているこの例などは比較的セレクトされていない善光寺瓦の組成を示しているだろう。後世に転用が大規模に行われていたとすれば、この例も含めた善光寺境内出土瓦に奈良時代後半期以降の瓦が多数含まれていても良さそうなものである。

さて、こうした信濃の古代瓦の研究の中で、周知の資料だけでも、様ざまなことが言えることを示した点で注目されるのが原田和彦の研究である[3]（原田　一九九四）。善光寺瓦は一種類ではない。原田のいう川原寺様式の善光寺瓦Ⅰ（図22「善光寺」右）があまりにも有名になったため、これだけが善光寺瓦と呼ばれ、分析の中心になってきたが、おおまかに、四種類ある（善光寺瓦Ⅰ～Ⅳ）。原田は善光寺瓦を善光寺境内や周辺地域だけでみるのではなく、千曲川流域の古代瓦と比較した（図22）。

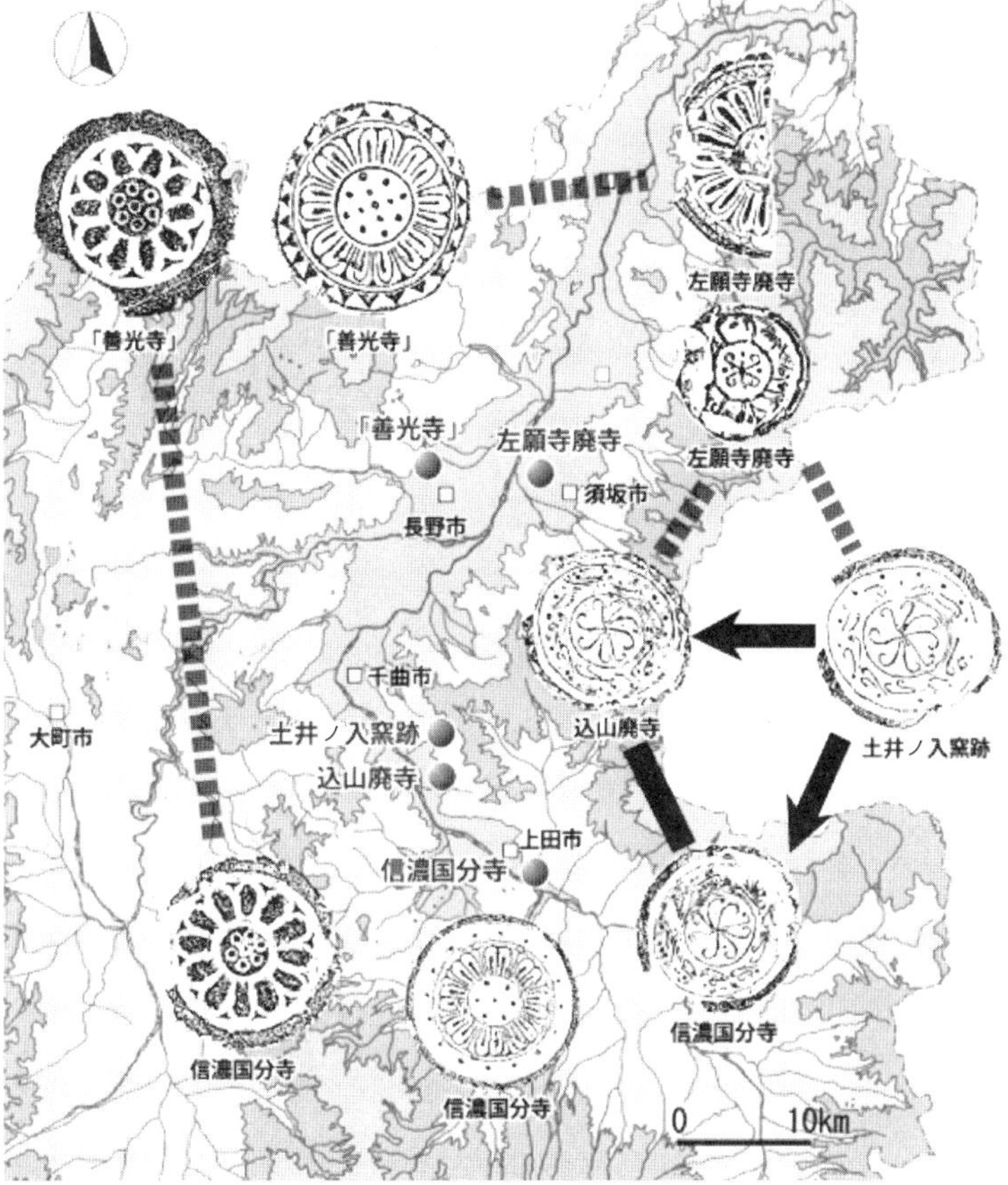

図22　千曲川流域の古代瓦

瓦の大きさは縮尺不同。破線は同系統、実線は同笵・同型を示す。

以上先学の研究成果や原田の善光寺瓦（善光寺境内出土古代瓦）研究をまとめてみると、以下のようになる。

①主体の軒丸瓦は奈良時代初頭の川原寺様式（八葉複弁蓮華文、周縁は凸鋸歯文）である。

②それ以外にも古代信濃国分寺（以下とくに断らない限り、信濃国分寺とは古代の信濃国分寺跡を指す）と「善光寺」に似た在地系の瓦（図22「善光寺」左、信濃国分寺左）が供給されていた。

③この時代の地域の（氏寺の）瓦の中では、明科廃寺、「善光寺」、信濃国分寺だけが畿内的な瓦が主体で、それ以

外は、在地系の瓦が多い（雨宮廃寺、込山廃寺、上石川廃寺など）。

④こうした古代瓦は、官衙や駅など寺院以外の可能性は否定できないが、それを示す資料もない。つまり、善光寺境内に瓦葺きの建物が寺院であったとすれば、奈良時代の信濃では数少ない畿内的な瓦がメインで、一部在地の瓦も使われているパターンである。そもそも、考古資料も同時代の文献史料も非常に限定されている古代寺院の歴史的背景を、その当該遺跡だけでさぐるのには限界がある。そこで、逆に考古資料も充実していて、関連する文献史料もある程度存在し、歴史的背景を知りやすいものを探って、これを補助線とした上で、「善光寺」を考えてみることが必要と筆者は考える。

この時以下の三条件（①畿内系の瓦が多く、補助的に在地系の瓦がある。在地の瓦編年が未整備のため、考古学的な編年研究から遺構の年代が推定できるもの。②面的な発掘調査が行われ、比定が確実であること。③同時代の文献史料から歴史的背景をうかがうことができそうである）を満たす古代寺院跡があるかということを念頭において、長野県内ここではとくに千曲川流域の古代寺院を概観する。

3　瓦からみた千曲川流域の古代寺院

七世紀後半から八世紀代の千曲川流域の寺院跡と想定されているものに、須坂市左願寺廃寺、長野市上石川廃寺、千曲市雨宮廃寺、坂城町込山廃寺、松本市大村廃寺などがあるが、これらは寺院跡であるかの確証は、「善光寺」同様にない。

現在面的な発掘調査が行われ、伽藍配置がわかる寺院跡としては、安曇野市明科の明科廃寺がある。飛鳥寺様式の瓦が出土し、七世紀後半と想定され、伽藍の一部も明らかになっている。しかし、明科廃寺の文献史料との対比は、「善光寺」同様に難しい。前述の三条件を満たすものとしては、信濃国分寺しかない。よってその造営の背景を調べ、その結果を応用し、「善光寺」の問題にアプローチする。

信濃国分寺は、瓦などからみると以下の特徴がある。
①メインの瓦は、東大寺や平城宮などで使われた瓦に似る（八葉複弁蓮華文で周縁に連続珠文・法華寺様式・東大寺式）。
②在地の瓦は補助的で、坂城込山廃寺と共通するもの（蕨手文・同型瓦）や善光寺境内から出土する瓦と共通するもの（八葉単弁蓮華文・似ているが同型ではない）。がある。
③ただし、川原寺様式の瓦はない。
森郁夫や山崎信二は、信濃国分寺を瓦から東大寺造営より後の奈良時代後半、つまり、国分寺造営の詔（七三七・七四一年）直後ではなく、督促の詔（七四七年）以降に完成したとする（森 一九八六a、山崎 二〇〇三・二〇〇六）。

4　考古学と古代文献からみた信濃国分寺

国分僧寺、尼寺の総本山がそれぞれ奈良の東大寺と法華寺なので、各地の国分寺が東大寺などに似ていて当然のようにも思われるが、東大寺式・法華寺様式の瓦を必ずしも採用していない。

順調に造営しているところは、あえて当時の都の瓦づくりの援助を受ける必要が無かったのか。信濃国分寺は建設が遅れていた国分寺だったようだ。東大寺などの造営後、工人を信濃に派遣したなどと推測される。しかし、造営が遅れていた地域の国分寺はすべて東大寺と似ているわけではない。

信濃国分寺を造営した人物なりが、畿内的な瓦が主体で造営できる力があったからである。大まかに言えば、畿内的な寺院造営（瓦づくりも含む）のノウハウをもつ人びとを駆使できる立場にあった人物（氏族）が携わっていたからである。

森郁夫は、国分寺造営が遅れている地域には敏腕国司が派遣されたと推測する。督促の詔（七四七年）以降とくに顕著であるという（森 一九八六ａ）。山崎信二は、信濃国分寺は、道鏡全盛期の時代（七六五〜七七〇）に完成し、藤原楓麿（七六九年信濃国司）や弓削大成（七六九年信濃員外介）が信濃国分寺の造営に尽力したとする（山崎 二〇〇二）。森や山崎の推定は非常に興味深い。同様な手法で筆者は以下の二人の国司に注目する。

藤原継縄《つぐただ》　藤原南家。『続日本紀』の編集者の一人。信濃守（七六四年）、造東大寺長官（七八六年）、右大臣（七九〇年）。

藤原乙叡《たか(ただ)とし》　継縄の息子。信濃守（七九〇年）、中納言（八〇六年）。

道鏡政権とつながりがとくに強かったかはわからないが、年代的には藤原継縄・乙叡父子が信濃国司になっている間に信濃国分寺は完成しているので、瓦の年代観とは矛盾しない。

さらに、筆者が注目するのは、藤原継縄の妻であり、乙叡の母の百済王明信（桓武天皇尚侍）の出身氏族の百済王氏の存在である。

百済王氏とは、日本に人質で来ていた百済の義慈王の子供たちの子孫である。百済滅亡（六六〇年）で義慈王は唐に連れて行かれるが、鬼室福信によって擁立された世子豊璋が百済王になり百済が復興される。しかし、唐と新羅に敗北し、豊璋は捕らえられ、百済は完全に滅亡する（六六八年）。百済王豊璋の弟、禅廣は日本に残っていて百済王となる。

百済王家につながるもののなかでも、とくにこの百済王禅廣の子孫を百済王氏と呼ぶ。百済王氏は当初、亡命政権として、百済復興の可能性を探っていたらしい。しかし、高句麗の滅亡と新羅の朝鮮半島統一が定着し、百済復興の望みが少なくなったためか、八世紀になると国司などに任じられるものが出てくる（禅廣のひ孫の世代。聖武天皇の時代。それまでは官位の授与はあっても、任官した痕跡はない）。

その中でも百済王敬福は、陸奥守をなんども歴任し、東北経営に携わった（以後百済王氏は出羽守、陸奥守、鎮守府将軍などに任じられるものが多い）。百済王敬福の業績で最大のものは、七四九年に黄金を陸奥で発見し九百両を献じたことである。この金は東大寺大仏建立に用いられた。以後、百済王敬福は出世し、宮内卿、摂津守、刑部卿までいたる（今井 一九八五、三松 二〇〇二、宋 二〇〇五）[2]。百済王敬福はまた各地に国司として赴任している（陸奥、尾張、上総、出雲、常陸）が、森郁夫は、いずれも国分寺造営が遅れていた地域で、督促や援助のために任用されたのではないかとする（森 一九八六）[8]。百済王敬福は信濃に赴任してきてはいないが、百済王氏が、東大寺や各地の国分寺造営に大きな役割を果たしていたこととすることは大過なかろう。

よって、筆者は百済王氏を外戚に持つ藤原南家出身の二国司が信濃国分寺造営に尽力し、東大寺に用いられた様式の瓦が採用された（それらを造った工人が信濃に派遣されることになった）と考える。

5　善光寺境内古代寺院の場合

非常に大まかではあるが、「善光寺」と信濃国分寺は、畿内系の瓦と在地系の瓦の使われ方という観点からみれば、組成が似ている。畿内系のものが主体で、補助的に在地系のものも供給されている。そして、両者は同一水系にあり、在地の瓦で共通した系統のものもある。同時期の信濃の地域の寺院（いわゆる氏寺）はほとんど畿内系瓦を使っていない状況をどのように理解するかである。つまり、両者にだけ共通した造営に関わった勢力があると考える。

しかし、国分寺造営以前に律令国家や天皇が信濃の一寺院の建立を命じたような事実は見いだせない。さらに、この時期に信濃に、国分寺のような寺院の存在も考えにくい。先ほど指摘した藤原南家の継縄・乙叡父子が信濃国司となったのは、奈良時代後半であり、善光寺瓦から造営が想定される時期とは年代差があるので、藤原南家が行ったとも考えにくい。いささか消去法的であるが、筆者はその勢力こそ百済王氏ではないかと考える。

6　古墳時代以降の信濃の渡来系氏族

飛鳥寺に百済から瓦工人が来たとされ（『日本書紀』）、たしかにその瓦は百済扶餘と酷似している。文献史学と考古学の成果が一致する例である（上原 一九九七）。また、古代の僧侶には、渡来系氏族（『新撰姓氏録』で祖先が朝鮮半島を出自とする人）、とくに百済系の人は多い（井上 一九八六）。仏教公伝まで持ち出すこともなく、日本の古代仏教と渡来系氏族、とくに百済とのかかわりを示す要素は多い。

一方、信濃には古墳時代に朝鮮半島系の遺構・遺物（積石塚古墳、馬形帯鉤、獅子噛文銙板など）がある。しかし、これらをすべて百済系とは言えない。律令期の事象を考える上では、年代的な差があり、いずれにせよ古代寺院造営の背景を論じるうえでは参考とするのに留めざるを得ない。

しかし、注目すべきは、同時代資料である奈良時代末の長野市篠ノ井方田塔は、百済様式に近い。隣接する篠ノ井遺跡群から奈良時代後半と考えられる瓦塔と同じ遺構から出土した塼仏は、川原寺のものに祖型を求められそうである(3)（本書第二章七節）。古墳時代とは異なり八世紀以降は墓制などから氏族の系譜を推測することは考古学的には非常に難しいのであるが、長野盆地の渡来系あるいは仏教関係の遺物・遺構に注目すると、信濃の渡来系氏族関係の記事に対比できそうなものがある。『日本後紀』延暦一六（七九七）年安坂賜姓記事と筑北村野口遺跡のオンドル状遺構（十世紀）や同十八（七九九）年篠井賜姓記事と方田塔などは、従来古墳時代の積石塚研究の資料として語られることが多かったが、奈良時代や平安時代の資料としてより確度が高い（桐原 一九八九、長野県埋文 一九九三a）。

坂本太郎によれば、朝鮮半島からの渡来人以外にも、例えば科野（信濃）氏（科野国造）の一族が百済王室に、倭系官僚として仕え、百済滅亡後に日本に戻ってきている。この時、日本では渡来系氏族として扱われている(4)（坂本 一九六六、佐伯 一九八三）。

埴科郡の郡衙所在地ともされる千曲市屋代遺跡群から出土した六〇号木簡（八世紀）には「信濃國道」の文字が見える。信濃氏の姓名とすれば、屋代木簡には他田・金刺といった科野国造と同族とされる氏族の名もある。他にも当地には他田、金刺両氏が根拠としていたことがうかがえる資料もあるので、信濃（科野）氏が当地にいたとすれば、他田や金刺氏と、律令期においても関係を有していたことを示しているのかもしれない。時代は少し下るが、隣接する更埴条里遺跡からは九世紀後半の銅印（王強私印）が出土している。平川南と桐原健は「王」の姓を持つ渡来系（百済あるいは高句麗）氏族の私印だと推測する。信濃氏だけでなく他田氏、金刺氏らが百済系の人びとともこの時期に関係があったと考えれば、この私印の存在は理解しやすい(5)（長野県埋文 一九九六・二〇〇〇a、平川 二〇〇二、桐原 二〇〇二）。

7　まとめ

信濃は一般論的に言えば、馬匹生産が盛んであり、東山道が通る東北経営の最前線であった。様々な律令政府のモデル的施策が渡来系氏族によって実施され、その中で、畿内的な寺院を建てる試みがあったのかもしれない。善光寺の前身を郡衙に併設された郡寺（水内郡寺）と考える牛山佳幸や古代条里制の基軸とする福島正樹の説は注目される（牛山 一九九二、福島 二〇〇二）。筆者は少なくとも「善光寺」は郡寺と国分寺をつなぐような存在で、渡来系氏族の果たした役割が大きかったと推測する。ただ、渡来系氏族一般ではなく、なぜ百済王氏がとくに関わったのかについては、稿を改めて考えてみたいと思う(6)。

追記

近年、百済王氏の果たした役割を積極的に認めようとする研究もみられるようになった（山下 二〇一四、崔二〇一七）が、本稿は、百済王氏研究者三松みよ子氏からのご教示や示唆に触発されてまとめたものである。古代「善光寺」造営の背景に渡来系氏族ばかりか「百済王氏」がかかわっているという見通しは、執筆当時には正直半信半疑であったが、その後、善光寺の真東六・五キロの地点から塔鋺《とうまり》形合子が出土した（寺内 二〇一七）。本書の結でも後述するが、一般集落での儀礼で用いられたものとは到底考えられない仏教儀式の法具であり、百済王氏が当地にかかわっていたとすれば、理解も容易である。

注

（1）一般には善光寺境内および周辺出土瓦と同型の瓦で他遺跡から出土した古代瓦までを善光寺瓦と呼ぶが、本稿では、善光寺境内およびその周辺出土瓦のみを善光寺瓦と呼ぶ。
（2）百済王氏については、三松みよ子氏にご教示を得た。
（3）塼仏については、武藤ふみ子氏のご教示による。
（4）渡来系氏族としての科野氏『続日本紀』天平宝字五年三月十五日条記事。
（5）『日本後紀』延暦十八年十月二日条。菅野真道（藤原継縄とともに続日本紀を編纂）が信濃国に百町を賜っている記事なども律令期の信濃と百済系氏族の関係を示す資料と考えたい。真道は百済王氏らと奏上し、津連から菅野朝臣となっている（『続日本紀』延暦九年七月十七日条）。
（6）善光寺と百済王氏の関係については、すでに善光寺御三卿の善光《よしみつ》、善佐《よしすけ》をそれぞれ百済王禅廣（善光とも表記）王、郎虞《ろうぐ》と対比する（栗岩 一九一七）。

三　古代信濃の獣面文瓦について

1　はじめに

本稿で紹介する古代信濃の獣面文瓦は、資料としては古くから紹介されていたが、地域史の中での位置づけはかならずしも十分でなかった。考古学的研究をもとに、様々な歴史資料を援用し、地域史における意義を明らかにする試みを行っている筆者にとっては、格好の資料であるので、ここに取り上げたい。

そもそも古代信濃では、畿内系の古代瓦が、安曇野市明科廃寺、長野市元善町遺跡（善光寺境内）、上田市信濃国分寺跡などから出土している。古くから研究も進められてきており、前二者が飛鳥時代末から奈良時代初、後者が奈良時代のものとされてきた（関野　一九二八、森　一九八六b）。

一方、信濃には、畿内の古代寺院と型式学的に直接対比できない瓦も一定程度存在していることも知られている。畿内以外の地域どうしの関係も想定されていて、畿内と在地というように単純化できるようなものではなく(1)、編年的な位置づけは容易ではない。

しかし、資料的な制約はあるが、製作技法的な観点からより細かい編年観も示され、新たな地平が開かれつつある。こうした先学の学問的な成果を応用し、本稿では、在地系の古代瓦の一つである「獣面文瓦」の当地の地域史における意義を考えてみたい。

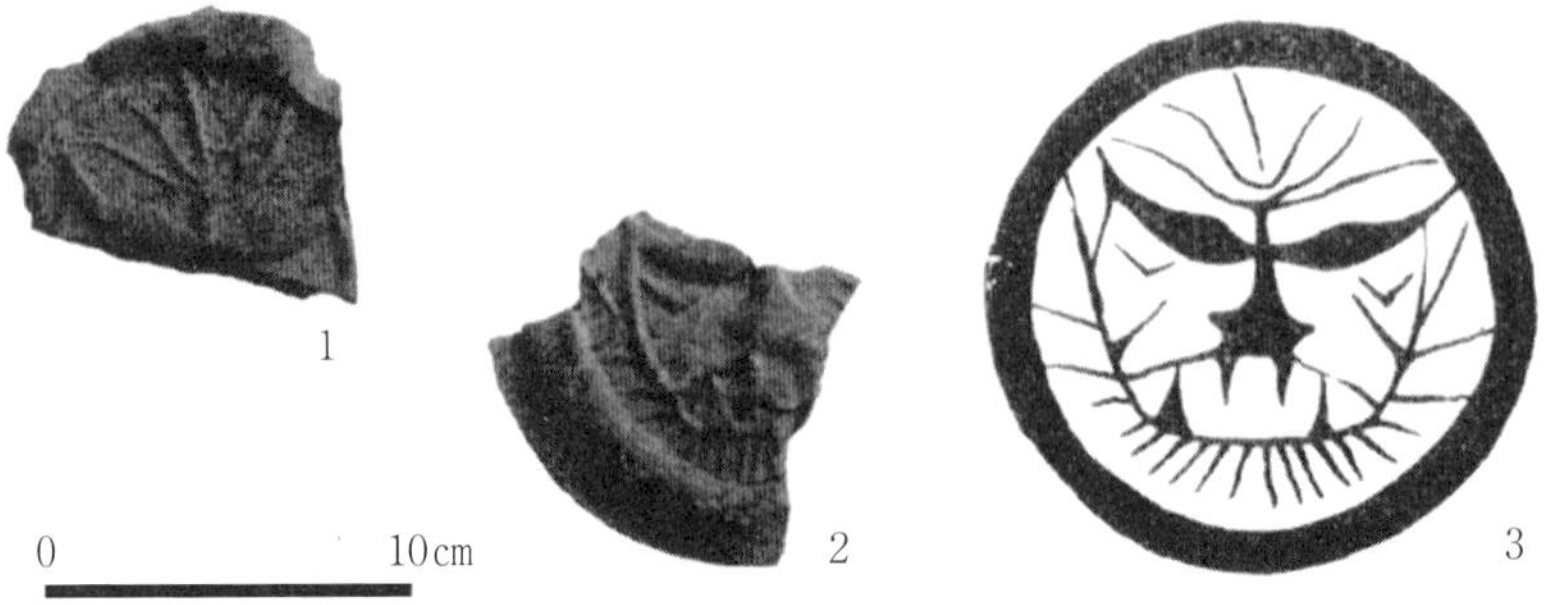

図23　土井ノ入窯跡出土獣面文瓦（1・2）、模式図（3）

2　坂城町土井ノ入窯跡出土の獣面文瓦

本稿で筆者が取り上げる獣面文瓦2点（図23－1・2）は、長野県坂城町土井ノ入窯跡から出土したもので、現在、上田市立信濃国分寺資料館に所蔵されている。信濃国分寺跡の調査を依頼されていた大川清は、周辺地域を調査する中で、地元の小学生が瓦を表面採集したという情報を得た（大川 一九六八）。

1と2の二者は文様的に目の部分など重複する部分があり、接合できないので、別個体であることは間違いないが、同型の文様瓦（おそらく同笵で作られたもの）である。大川も模式図であるが、両者を図上で一つのものに合成している（図23－3）。筆者が実見したところ1の裏面には四桁のアラビア数字が、2の裏面には墨書で出土遺跡（窯跡）名が記入されていた[2]。

このほかに、蕨手文軒丸瓦が土井ノ入窯跡から出土しているが、同型の蕨手文瓦が、隣接する坂城町込山廃寺や上田市信濃国分寺跡からも出土している（本書第二章一節図22）。よって、同瓦窯から込山廃寺や信濃国分寺跡に瓦が供給されたものと考えられている。ただし、信濃国分寺跡出土瓦の主体は、東大寺式の畿内系の瓦と考えたところから、蕨手文軒丸瓦は、補修用と推測されてきた（米山一九七一・一九七八a）[3]。

しかし、近年の倉澤正幸、鳥羽英継、梶原義実の研究によって、こうした蕨手文瓦など在地系瓦も一本作りで瓦当貼り付け技法に近い形で作られており、蕨手文瓦など在地系瓦は神護景雲元年（七六七）以前、八葉複弁蓮華文の畿内系瓦はそれ以後の製造と想定されている（倉澤 二〇一四・二〇一六、倉澤・鳥羽 二〇一四、梶原 二〇一七）。

確かに、蕨手文瓦を補修用と想定するのは、あくまで、畿内系瓦（複弁八葉蓮華文）が主体で、蕨手文などの在地系の瓦が少数であるという点が根拠とされたのであって、共伴遺物や瓦の型式学的な研究から導きだされている訳ではなかった。とくに、鳥羽は、蕨手文瓦などの在地系瓦は、畿内系瓦製造以前に古代信濃国分寺に供給されたものと推測する。

蕨手文をはじめとする在地系の瓦が年代的に先行するという見方は、今までの研究成果とも矛盾しない。

雨宮廃寺、上石川廃寺、込山廃寺、左願寺廃寺といった地域レベルの古代寺院のものとも想定されている遺跡（いわゆる廃寺）(4)出土瓦は、いずれも瓦当貼り付け技法に近い形で作られている。軒丸瓦の文様も雨宮廃寺（単弁六葉蓮華文）、上石川廃寺（単弁八葉蓮華文）、元善町遺跡（善光寺境内、凸あるいは線鋸歯文縁の複弁八葉蓮華文や素弁十弁蓮華文）、左願寺廃寺（鋸歯文縁の複弁蓮華文）といった瓦は、古代瓦の編年上、飛鳥寺様式の明科廃寺まで年代的に遡るかはともかく、明らかに信濃国分寺跡でみられる東大寺式により先行するタイプである（原田ほか 一九九七）。左願寺廃寺では、込山廃寺及び土井ノ入窯跡同様、蕨手文軒丸瓦が出土していて、同一の層位（遺構の土層等）で共伴しているのではないので、考古学的な共時性は必ずしも担保されないが、少なくとも比較的近い時期のものと解釈して矛盾はない。畿内系の造瓦技術が導入された後に、なぜか技術的に退化した在地系のものが再度供給されるようになった、蕨手文軒丸瓦だけを奈良時代末以降に生産されたとする考古学的な根拠はない。

古代信濃国分寺造営の背景については、すでに指摘されているが（森 一九八六ａ）、天平十三年（七四一）にいわゆる「国分寺建立の詔」が出されたにもかかわらず、信濃国に限らず全国の国分寺の造営は遅れており、天平十九年（七四七）「国分寺造営督促の詔」が出されている。後者は、国司主体ではなく、郡司層の協力を得ることを意図していたともいわれる。古代信濃国分寺についていえば、畿内系の瓦が注目され、在地系の瓦は、足りない部分の補充あるいは後代の補修用とされていたのであるが、こちらも、逆に瓦をはじめ在地系の技術だけで国分寺を造営していたのだが、なかなか進捗しないので、信濃国分寺を一気に完成させるために、東大寺造営後、造瓦技術をはじめとした支援が行われたとも解釈できる。

こうした在地の力を糾合しつつも畿内系の技術が導入されること自体は、信濃国としては、初めての経験ではない。元善町遺跡（善光寺境内）では、畿内系と在地系の瓦がともに出土しており、仮に同遺跡が古代寺院跡であったとすれば、古代信濃国分寺と同様のことがあったためだと筆者は考える（本書第二章二節）。

いずれにせよ、土井ノ入窯跡は、隣接する込山廃寺に供給すべき瓦窯であり、獣面文瓦も蕨手文軒丸瓦同様一本作りの瓦当貼り付け式に近い技術で作られており、奈良時代前半に位置づけられる。そして、本来、込山廃寺あるいは古代信濃国分寺に供給される予定であったものが、被熱のため歪んでおり使用に耐えないと判断され、土井ノ入窯跡現地に廃棄されたと考えてよかろう。

3　獣面文瓦の研究史

信濃の古代瓦研究の現状を踏まえた上で、土井ノ入窯跡の獣面文瓦を含む蕨手文瓦は、奈良時代前半に位置づけられる可能性を指摘したが、獣面文瓦の研究からはどのように位置づけられようか。その前に、用語の問題も含めて、まず簡単に研究史を概観する。

前述の大川清や住田正一の研究にも獣面文瓦にあたるものが報告されているが、論考をまとめたものとしては『鬼面紋瓦の研究』がある。本稿で扱っているいわゆる軒丸瓦の瓦当文様だけにとどまらず飾瓦、鬼瓦の成立まで論じる。同書で、日本の類例を藤沢一夫が、高句麗については井内功がまとめている。その起源となる中国建築一般の鬼面紋（文）については、村田治郎が論じている(5)（大川 一九六八、井内編 一九六八、藤沢 一九六八、井内 一九六八、村田 一九六八）。

村田が指摘するように、用語の「鬼面文（紋）」は、誤解を招く恐れがあるので、避けるべきという指摘には同感である。奈良時代以降の「鬼瓦」につながるものとして、鬼面紋（文）とされたと推測されるが、筆者も飾瓦としての鬼瓦とこうした瓦当文様がある軒瓦とは、関係があるとは考える。しかし、東アジア全体に関連資料が存在する中で、漢字の「鬼」は中国や朝鮮半島では、日本語の「亡者・亡霊」に相当し、説話に出てくるような「オニ」のことではない。こうした文様は、外部からの邪を払う「辟邪」（古代中国の想像上の動物。鹿に似て二角をもち、邪悪を退けるとされる）などの「神獣」の可能性が高い。こうした亡者であるとの誤解を避ける意味でも、「獣面文」とした方が、東アジアで共通の研究を進めていくうえで、妥当であると考える。よって、本稿では、「獣面文」を用いる。なお、藤沢は、日本国内の類例九点を集成する中で、渡来系氏族と関係が深く、高句麗系と新羅系のものがあるとする。

稲垣晋也も、中国固有の鬼神の面部を表したもの（中国的鬼神の獣面、辟邪の鬼神面）とし、用語としては「獣面文」を用いて、大阪船橋廃寺や奈良慈光寺（地光寺）跡例を紹介する。とくに、前者を衣縫廃寺例同様、高句麗に類例がある額面頂部に五葉の忍冬文を持つことから高句麗系、後者は、左右に巻き上がる眉や額上に宝珠形をいただく文様が新羅瓦にあることから新羅系とする（稲垣 一九七〇）。

その後、岐阜県長良廃寺、熊本県興善廃寺、立願寺廃寺などの例が報告され（八賀 一九七九、熊本県教委 一九八〇）、青村光夫が鬼面文（あるいは人面文）瓦として全国的な類例を集成している(6)（表12）。毛利光俊彦は、石田茂作の論をすすめ、奈良時代の鬼瓦に先行する資料として紹介する（毛利光 一九八〇）。

こうした先学の研究成果をまとめると以下のようになる。

①日本には七世紀に近畿地方に出現し、八世紀代のものは全国的にみられる。

表12　古代獣面文軒丸瓦一覧

	所在地	遺跡名	出典	備考
1	長野県坂城町	土井ノ入窯跡	大川 1968、桐原 1988、川上 1995	2点（うち1点表採）、同笵、坂城瓦窯（藤沢 1968）。
2	福島県天栄村	国造遺跡	天栄村教委 1978、大竹 1985	
3	福島県天栄村	十日森遺跡	天栄村教委 1978、大竹 1985	国造遺跡と同笵、表採か。
4	栃木県佐野市	大日堂廃寺	青村 1987	表採2点、免鳥廃寺（住田・内藤 1968）。
5	栃木県佐野市	堀の内遺跡	青村 1987	表採2点、犬伏廃寺（藤沢 1968）。
6	群馬県高崎市	上野国分寺跡	群馬県博 1981	
7	岐阜県岐阜市	長良廃寺 城之内遺跡	八賀 1979、岐阜市教委 1989、井川 1994	小島廃寺と同類型、3点出土
8	岐阜県揖斐川町	堀・古屋敷 小島廃寺	住田・内藤 1968、村木ほか 1994	旧小島村、表採
9	滋賀県長浜市	柿田遺跡	西田 1988、滋賀県教委ほか 1989、仲川 1989	地光寺跡と同類型
10	京都府八幡市	志水廃寺	八幡市教委 1978	衣縫廃寺と同笵
11	奈良県明日香村	雷丘北方遺跡	奈文研 1994	地光寺跡と同笵
12	奈良県明日香村	川原寺跡	保井 1932、 奈文研 2004	地光寺跡と同笵、645型式、重圏文縁
13	奈良県明日香村	大官大寺	奈文研 1980	地光寺跡と同笵
14	奈良県明日香村	西橘遺跡	明日香村教委 1994	地光寺跡と同笵
15	奈良県葛城市	地光寺跡	奈良博 1970 葛城市教委ほか 2016	慈光寺跡とも
16	大阪府枚方市	船橋遺跡・ 船橋廃寺	竹原 1997	表採、衣縫廃寺と同笵、船橋瓦窯（藤沢 1968）とも。
17	大阪府藤井寺市	衣縫廃寺	海邉ほか 2006	表採、印籠つぎ、忍冬唐草文
18	大阪府藤井寺市・柏原市	船橋廃寺	奈良博 1970	表採、衣縫廃寺と同笵。
19	兵庫県たつの市	中井廃寺	鎌谷 1942、今里 1984	
20	熊本県玉名市	立願寺廃寺	熊本県教委 1980b、西田 1981	忍冬唐草文
21	熊本県八代市	興善寺廃寺	熊本県教委 1980a・b、野田 1981	6点、周縁は重弧文か。

参考

22	大阪府富田林市	新堂廃寺	藤沢 1968	飾板

※出典文献は章末に掲載

②奈良時代以降の鬼瓦と系譜的につながると指摘されている。

③東アジアでは、南北朝時代に普遍化し、朝鮮半島（高句麗と新羅）にも類例がある。

現在、軒丸瓦にみられる獣面文の例は、全国で二二遺跡、三一点（図版のみで現存が危ぶまれるものを含む）が知られている（表12）。そのうち近畿地方のものは、地光廃寺（地光寺跡）および衣縫廃寺と同型（笵）ものがある。それぞれ地光廃寺、衣縫廃寺類型とし、年代的には、大まかに、前者が七世紀前半、後者が七世紀後半、近畿地方以外のものがおよそ八世紀以降と考えられる（青村一九八七、海邉ほか二〇〇六、奈良文化財研究所二〇〇四）。近畿地方では、明らかに八世紀代に製作されたと位置づけられる獣面文の軒丸瓦がないことから、各地域の在地系の獣面文瓦を、古代瓦の編年が整備されている近畿地方の編年に単純に対比することが難しい。しかし、各地の獣面文瓦の年代を探るてがかりはある。

例えば、西日本では、同じ有明海に面する熊本平野の興善寺例は、単弁蓮華文軒丸瓦、重弧文軒平瓦と製作技法などが共通することをもって八世紀中葉、立願寺廃寺例は、鬼面文軒丸瓦にも用いられている唐草文が同遺跡で出土している偏行忍冬唐草文軒平瓦のものと共通し、類例が共伴していることから八世紀中葉から後葉に比定されている（熊本県教委 一九八〇）。東日本では、岐阜県と栃木県に、瓦当の中房に獣面が、その外側の内区に蓮華文が配されているものがある。本稿では、これらを長良廃寺類型とするが、その年代は、岐阜県の長良廃寺例に外区に線刻の鋸歯文が施されているので、いわゆる川原寺様式の軒丸瓦をアレンジしたものと考えられている。美濃における川原寺式の出現（七世紀末）以降、美濃国分寺・尼寺や各地の官衙の建立によって平城宮式出現（八世紀中葉）以前の八世紀前葉に位置づけられている（井川 一九九四）。栃木県の大日堂廃寺と堀の内遺跡例は、二重圏線縁の単弁十一葉蓮華文で中房に獣面文（鬼面文）がある。大日堂遺跡では、奈良時代末から平安時代初頭の年代が与えられている(7)（青村 一九八七）が、外区に圏線をめぐらす単弁蓮華文軒丸瓦は奈良時代中葉以前に関東地方でも存在する（岡本 一九九六）。少なくとも大日堂遺跡の事例をもって、こうした瓦が奈良時代末以降に位置づけられるわけではない。

先学の指摘どおり、獣面文（鬼面文）軒瓦が、鬼瓦にとって代わられたと考えられる（稲垣 一九七一、岩戸 二〇〇一、近江 一九六四、森 一九八六b・二〇〇一、山本 一九九八）。つまり、信濃国分寺をはじめとして地方でも奈良時代中葉以降の寺院にはいわゆる鬼瓦が出土しているので、同じ辟邪を目的とした獣面文軒丸瓦が、奈良時代中葉以降には下らないだろう。地方でも鬼瓦出現地域の獣面文瓦は、奈良時代中葉以前に位置づけられる。

4　地域における獣面文瓦の意義

獣面文瓦が出土した土井ノ入窯跡からは、隣接する込山廃寺からも出土した蕨手文軒丸瓦が出土していることから、一義的には込山廃寺に瓦を供給する瓦窯として作られたことは想像に難くない。しかし、一方で、同型の蕨手文軒丸瓦が信濃国分寺跡から出土しており、古代信濃国分寺にも瓦が供給されたことからも注目されてきた。

獣面文瓦出土遺跡（古代寺院）はいずれも渡来系氏族との関係が深いものとされてきているが、土井ノ入窯跡の獣面文瓦は、額に五本の線状の突起（角?）がみられ、これは、衣縫廃寺類型の五葉の忍冬文の省略だろう。現在、同じ窯で焼成された蕨手文軒丸瓦が八世紀中葉以前と想定されていることと矛盾しない。前述したように衣縫廃寺類型は高句麗系とされている。この点については、村上和夫氏が早い段階で、蕨手文が高句麗瓦の雲文と関係があると指摘する[8]（村上 一九八五）。この込山廃寺に隣接する形で、坂城神社や中世村上氏の居館や山城が存在する。現在村上は千曲川の反対側の地籍名となっているが、少なくとも中世村上氏の拠点の一つは、坂城神社周辺であった。中世村上氏の起源は考古学的にはよくわからないのであるが、文献には『日本後紀』延暦十八年十二月五日条に高句麗人前部黒麻呂が「村上」を賜っている（本書第二章一節）。この古代村上氏と中世村上氏の関係を考古学的に直接証明する論拠はないのであるが、断絶しているという証拠もない。これはなにも瓦の文様だけに限らない。こうした伝統が、奈良時代や平安時代まで残る例がある（本書第二章五節）。獣面文と意匠が類似する（というか本来同じものだろう）「獅噛文」鐙板が、須坂市八丁鎧塚古墳から出土しているが、同古墳に隣接して、蕨手文軒丸瓦が出土する左願寺廃寺がある。須坂市は『新撰姓氏録』の高句麗系とされる「高井造」の拠点とも想定される高井郡の中にある。こうした点については、獣面文瓦だけでなく、獣面文（獅噛文）自体が渡来系氏族を表象する意匠であったと筆者は考えるので、当地で獣面文が軒丸瓦に用いられたのは、辟邪といった用途だけでなく、氏族の出自を示す意図もあったのではなかろうか。

今回の筆者の考察で、村上和夫氏の指摘が補強されたのではないかと思う。歴史上の中世村上氏は、坂城峡谷を根拠とする戦国武将村上義清を輩出した氏族であり、その祖が渡来系氏族であったかもしれないというのは、にわかに信じがたい人も少なからずともおられるかもしれない。しかし、こうした事例はまだ着目されていないだけで少なからずあるのではないかと思われる。識者の叱正を待つ。

5　おわりに

私事であるが、信濃国分寺跡に資料館が建設された当時、その近隣に住んでいたこともあり、中学校の夏休みの自由研究のために、ほぼ毎日、資料館に入り浸りになり、宿題の手伝いをしていただいたことが懐かしく思い起こされる。近年、その古い記憶を呼び戻してくれるかのように、新しい研究成果が次々と発表され、大いに刺激を受けた。本稿は、地域史研究に新たなる視点を提供できればという筆者なりのアプローチである。

注

（1）例えば、雨宮廃寺出土古瓦は、新潟県栗原遺跡との関係が指摘される（坂井　一九八七、上原　一九九七）。

（2）尾見智志氏のご教示によれば、アラビア数字「5256」は、上田市立博物館の管理番号の可能性が高いとのことである。大川によれば、小学生が採集した瓦は上田市立博物館に寄贈されたとあることから、1は小学生表採瓦で、2は「南日名第一瓦窯跡」と墨書されているが（土井ノ入窯跡は坂城町南日名地籍にある）、大川らによる発掘調査後、信濃国分寺資料館に寄贈されたもののようである。

（3）ただし、（森　一九八六a）によれば、土井ノ入窯跡出土瓦と信濃国分寺跡出土瓦については多少混同があるようで、注意が必要である。

（4）古代瓦が出土しているだけで、寺院と特定できるような遺構が確認されているわけではない場合もある。また、古代においてどう呼ばれていたかはわからない。
（5）藤沢は鬼面文という用語を用いるが、これが鬼面であるか否かは、別の問題であるとする。
（6）表12は、（青村　一九八七）をもとに、（藤沢　一九六八、住田・内藤　一九六八、埋蔵文化財研究会　一九九七）の情報を加筆した。
（7）表採された偏行忍冬唐草文軒平瓦に着目する。
（8）平成十八年度長野県立歴史館春季展「古瓦からみた信濃の古代」で蕨手文軒丸瓦の展示を行ったところ、小嶋芳孝氏からも同様なご教示を得た。

表12出典文献

青村　一九八七
明日香村教育委員会　一九九四『西橋遺跡発掘調査概報：村道川原立部線改良工事に伴う発掘調査』
井川　一九九四
今里幾次　一九八四「小神廃寺・中井廃寺」『龍野市史』第四巻、龍野市
大川　一九六八
大竹憲治　一九八五「人面鐙瓦小考―国造遺跡における人面鐙瓦と竈祭祀」『貝塚』三六、物質文化研究会
海邉博史・中里伸明・長江真和　二〇〇六「藤井寺市道明寺天満宮所蔵考古資料について（一）」『関西大学博物館紀要12』関西大学博物館
葛城市教育委員会・葛城市歴史博物館　二〇一六『地光寺跡―地光寺西遺跡の発掘調査について―』
川上　元　一九九五「信濃国分寺の造営について」『王朝の考古学』大川清博士古希記念会編、雄山閣
岐阜市教育委員会　一九八九『城之内遺跡』

桐原　健　一九八八「奈良・平安時代の信仰と葬制」『長野県史　考古資料編　四　遺構・遺物』長野県史刊行会
熊本県教教委　一九八〇
群馬県立歴史博物館　一九八一『群馬県の古代寺院と古瓦』
滋賀県教育委員会・滋賀県文化財保護協会　一九八九『柿田遺跡発掘調査報告書』
住田正一・内藤政恒　一九六八『古瓦』学生社
竹原伸仁　一九九七「北河内における古代寺院の諸様相—飛鳥時代後期創建寺院をめぐって—」『堅田直先生古希記念論文集』
真陽社
天栄村教育委員会　一九七八『国造：福島県天栄村に於ける奈良・平安時代集落址の発掘』
仲川　靖　一九八九「新羅系獣面文軒丸瓦を出土」『滋賀文化財だより』一三七号　滋賀県文化財保護協会
奈良国立博物館　一九七〇『飛鳥白鳳の古瓦』東京美術
奈良文化財研究所　一九八〇『飛鳥・藤原宮発掘調査概報一〇』
奈良文化財研究所　一九九四『飛鳥・藤原宮発掘調査概報二四』
奈良文化財研究所　二〇〇四
西田　弘　一九八八『近江の古瓦Ⅷ補遺一』文化財シリーズ九九、滋賀県文化財保護協会
西田道世　一九八一「立願寺跡」『九州古瓦図録』九州歴史資料館、柏書房
野田拓治　一九八一「興善寺廃寺」『九州古瓦図録』九州歴史資料館、柏書房
八賀　一九七九
藤沢　一九六八
村木　誠・村居良晃・井川祥子・土山公仁　一九九四「資料紹介　美濃地方の古代瓦」『岐阜市歴史博物館研究紀要8』
保井芳太郎　一九三二『大和上代寺院志』大和史学舎
八幡市教育委員会　一九七八『志水廃寺発掘調査報告』三

四 「禾」墨書土器に関する小考

1 はじめに

二〇〇七年、上田市立信濃国分寺資料館で特別展「古代信濃の文字」が開催された（倉沢 二〇〇七）。墨書土器に興味を持っていたので、早速観覧させていただいたが、その中の上田市（旧真田町）四日市遺跡出土の「禾」墨書土器に目が引かれた。また筆者も調査に参加した佐久市西近津遺跡群からも同年「禾」墨書土器が出土した（長野県埋文 二〇一五）。後述するようにこうした古代の「禾」はイネではなく、アワと読める可能性があることを知り、遺跡や地域の中で、調和的であるのかどうかを検証してみたくなった。

長野県では、奈良時代から平安時代の初期にかけて墨書土器の出土が増え、当該期には集落遺跡では墨書土器が出土しないほうが珍しいぐらいである。諸先学の墨書土器の研究によれば、最初は、地名、人名（集団）、建物名などのような固有名詞が多く、その後単なる固有名詞ではなく、マジナイや信仰にかかわる墨書土器が増えるとされる（金原 一九九五、平川 二〇〇〇b）。また一方で、土器の内容物に関する墨書も存在する。

また、墨書土器の文字の種類が無制限ではなく、かつ遺跡や地域固有の文字があることが知られている。遺跡である特定の文字が使われ続けるのである。この特定の文字は一つには氏族や集団の名称に帰結しそうなものもあるが、直接的な固有名詞ではなく、氏族や集団に共有された祭祀や信仰にかかわる概念を文字化した可能性が指摘されている（桐原 二〇〇三）。つまり、一般名詞や信仰にかかわる文字であっても、その地域や遺跡周辺固有のある瞬間的な文化ではなく、通時的な特色を示している可能性がある（川崎 二〇〇五）。

つまり墨書土器の文字は、各地域や遺跡にかかわる集団としての古代人のさまざまな生活文化の一端を示している資料であると私は考える。

今回本稿でとりあげる墨書土器の「禾」が、地域の文化を語る上で重要な意義を持っていると考え、資料を紹介するとともに「禾」が示す問題についても提起したい。

2　「禾」墨書土器の全国の類例

信濃国では四遺跡六点だけであるが、これを全国的に見てみるとどのように位置づけられるだろうか。

本稿でとりあげる「禾」墨書土器だが、現在、インターネット上で公開されている「全国墨書・刻書土器データベース」をもとに筆者が集成した出土遺跡は、40遺跡を数える。(1)

東日本、とくに千葉県が多く、旧国制でみれば下総と陸奥の八遺跡が圧倒的に多い。下総は現千葉県北部から茨城県南部や東京都・埼玉県の一部を含むが、東北地方の太平洋側を占める陸奥と比べれば面積はかなり狭い。千葉県あるいは下総国の集中度が群を抜いていることがわかるが、古代墨書土器の出土量は、千葉県が多いことに比例している結果とも言えようか。

東北地方と関東地方についで中部地方の長野県（信濃）は四遺跡、山梨県（甲斐）五遺跡と出土しており、陸奥が現在の青森・岩手・宮城・福島の各県に、出羽が現在の秋田・山形県といったそれも比較的大きな県に相当することを考えると、信濃と甲斐は比較的多く出土している地域である。

表13　全国「禾」出土墨書・刻書土器一覧

No.	遺跡名	所在地	旧国	内容	出典
1	小谷地遺跡	秋田県男鹿市	出羽	禾２点（うち１点は禾灰）	（秋田県教委 1965 ～ 1982）、（三嶋・庄内 1986）、（高橋 1986）
2	館の上遺跡	秋田県三種町	出羽	禾	（秋田県埋文 2000）
3	上高田遺跡	山形県遊佐町	出羽	禾２点	（山形県埋文 1995・1998）
4	木原遺跡	山形県遊佐町	出羽	禾５点	（山形県埋文 1993・1994）
5	上ノ田遺跡	山形県酒田市	出羽	禾□（丁）	（山形県教委 1982）
6	乙部方八丁遺跡	岩手県盛岡市	陸奥	千 or □（禾）	（盛岡市教委 1998）
7	林前南館跡	岩手県水沢市	陸奥	禾	（水沢市埋文 2003）
8	荒田目条里	福島県いわき市	陸奥	禾	（原町市 2003）
9	中ノ内遺跡	福島県福島市	陸奥	□禾・一	（原町市 2003）
10	北大久保Ｅ遺跡	福島県白河市	陸奥	益・禾	（原町市 2003）
11	慧日寺跡	福島県磐梯町	陸奥	禾３点（うち２点？）	（原町市 2003）
12	東舘遺跡	福島県会津坂下町	陸奥	禾２点	（原町市 2003）
13	桜町遺跡	福島県湯川村	陸奥	禾12点（うち８点は？）	（福島県文化 2005）
14	多功南原遺跡	栃木県上三川町	下野	禾	（栃木県埋文 1999）
15	布佐余間戸遺跡	千葉県我孫子市	下総	禾	（我孫子市教委 1981）
16	清和乙遺跡	千葉県旭市	下総	禾２点（うち１点は？）	（千葉県文化財 1990a）
17	松木下遺跡	千葉県成田市	下総	禾12点（うち１点は？）	（千葉県文化財 1987）
18	取香川低地遺跡	千葉県成田市	下総	禾山	（成田市教委 1974）
19	吉原三王遺跡	千葉県香取市	下総	禾２点（うち１点は？）	（千葉県文化財 1990b）
20	立山遺跡	千葉県香取市	下総	禾２点（うち１点は？）	（千葉県文化財 1983）
21	大崎台遺跡	千葉県香取市	下総	禾	（佐倉市 1985 ～ 1987）
22	井戸向遺跡	千葉県八千代市	下総	□・禾、禾・禾原・土	（千葉県文化財 1984）
23	滝東台遺跡	千葉県東金市	上総	禾	（山武郡市 1995）
24	曽根遺跡	新潟県新発田市	越後	禾	（豊浦町教委 1997）（小林・相沢 2004）
25	井ノ町遺跡	新潟県柏崎市	越後	禾	（西山町教委 2001）（小林・相沢 2004）
26	篠ノ井遺跡群	長野県長野市	信濃	禾	（長野県埋文 1997e）
27	四日市遺跡	長野県上田市	信濃	禾	（真田町教委 1990）
28	西近津遺跡群	長野県佐久市	信濃	禾□	（長野県埋文 2015）
29	下神遺跡	長野県松本市	信濃	禾３点	（長野県埋文 1990）
30	甲斐国分尼寺跡遺跡	山梨県笛吹市	甲斐	□（禾）	（山梨県 2001）
31	松原遺跡	山梨県笛吹市	甲斐	石禾東、東石禾	（一宮町教委 2004）
32	大原遺跡	山梨県笛吹市	甲斐	禾６点（うち２点は、禾□）	（一宮町教委 1990）
33	東地蔵遺跡	山梨県笛吹市	甲斐	禾１点	（山梨県教委 1975）
34	北中原遺跡	山梨県笛吹市	甲斐	禾２点（うち１点は？）	（山梨県埋文 1995）
35	梅之木遺跡	山梨県北杜市	甲斐	禾３点（うち１点は？）	（明野村教委 2002）
36	曲金北遺跡	静岡県静岡市	駿河	禾	（静岡県埋文 1997）
37	田所遺跡	愛知県一宮市	尾張	禾３点	（愛知県埋文 1997）
38	森脇遺跡	三重県上野市	伊賀	禾	（上野市遺跡調査会 1990）
39	大法寺西窯跡	高知県香美市	土佐	禾	（広田 1991）
40	深田遺跡	宮崎県宮崎市	日向	禾５点（うち刻書４点）	（宮崎県総博 2002、宮崎市教委 2001、柴田 2006）

各類例の出典は注（1）参照

3　「禾」の意味

墨書土器などの「禾」はいったい何を意味しているのであろうか。「禾」は漢字では（現代中国語でも）、普通稲のことを意味するとされる。土器の内容物としての稲を示しているのだろうか。

たしかに、「禾」の文字の意味や類例については、現在の漢和辞典の意味としては、①いね。②穀物。③なえ。④わら。⑤穀物の穂が出たもの。⑥のぎ、のげ（穀物の穂の先にある毛、国訓）。とされる（『広漢和辞典』）。

しかし、『古事類苑』によれば、『伊呂波字類抄』『易林本節用集』などが「禾」をアワの意味としている。現在アワと言えば、粟の字を用いるのであるが、古代にはアワの意味で用いていることがある。

森浩一は、「禾」を粟とする事例を紹介する。森は『三国志』魏書巻三十東夷烏丸鮮卑伝倭人条にみられる「種禾稲、紵麻。」の禾を、播磨国「粟宍郡」を「禾宍郡」と記述する例などから粟ではないかと推測する（森二〇〇七a・b）。

日本古代から中世の文献での用例については、木村茂光（一九九二）は陸田、雑穀栽培史料についてまとめた中で、『続日本紀』では粟（禾）の用例は全部で一一例あり、とくに養老六年（七二二）八月十四日条や宝亀元年（七七〇）七月二十八日条になると「禾」が粟という本来の意味を失って、穀物一般の意味で用いられるようになっているという。つまり奈良時代になるとアワは禾ではなく「粟」と書かれることが多いようである。たしかに天平年間の『諸国正税帳』にはアワを示すと考えられる「禾」の用例もみられるが、粟の例の方が圧倒的に多い(2)。『延喜式』も基本的に「粟」と表記されている（神祇五斎宮など）（黒板編　一九六五）。

しかし、墨書土器に書かれた「禾」はイネ（稲）ではなく、多くはアワ（粟）だと私は考える。全国の「禾」墨書（刻書も含む）土器（表13）が、これは明治時代のアワを多く産出する都道府県（表14）（加用監修　一九八三）とおおよそ一致するからである。

表 14　明治時代全国稲粟稗黍石高

都道府県	稲			雑穀				あわ / 稲	雑 / 稲	備考
	水稲	陸稲	稲総量	あわ	ひえ	きび	3 雑穀	%	%	
北海道	289	0	289	2960	571	795	4326		1496.9	
青　森	294440	10	294450	21135	36535	108	57778	7.2	19.6	明治 17 年
岩　手	405261	424	405685	74125	178182	1328	253635	18.3	62.5	
宮　城	868807	0	868807	6270	6094	559	12923	0.7	1.5	
秋　田	1091103	0	1091103	12105	7903	224	20232	1.1	1.9	
山　形	848581	0	848581	4528	86	358	4972	0.5	0.6	
福　島	1133587	14979	1148566	14062	5673	2676	22411	1.2	2.0	
茨　城	835592	31471	867063	74913	53376	1848	130137	8.6	15.0	
栃　木	643759	18093	661852	45944	84679	1196	131819	6.9	19.9	
群　馬	33865	0	33865	40490	60187	3637	104314	119.6	308.0	
埼　玉	898100	11563	909663	61544	27144	4813	93501	6.8	10.3	
千　葉	926482	0	926482	117114	9163	7150	133427	12.6	14.4	
東　京	172921	7227	180148	13569	16697	14601	44867	7.5	24.9	
神奈川	345472	10562	356034	138238	52061	2465	192764	38.8	54.1	
新　潟	2027909	0	2027909	18500	13719	3886	36105	0.9	1.8	
富　山	1272922	0	1272922	3321	20535	2283	26139	0.3	2.1	
石　川	756377	0	756377	6591	18038	3885	28514	0.9	3.8	
福　井	468709	0	468709	3484	5713	2021	11218	0.7	2.4	
山　梨	271346	1312	272658	17823	25536	1897	45256	6.5	16.6	
長　野	776962	9	776971	53202	97978	7663	158843	6.8	20.4	
岐　阜	775652	3920	779572	18239	49761	70871	138871	2.3	17.8	
静　岡	710361	962	711323	28882	32105	13666	74653	4.1	10.5	
愛　知	965929	0	965929	44487	29495	30865	104847	4.6	10.9	
三　重	798598	0	798598	8459	5019	3374	16852	1.1	2.1	
滋　賀	884684	0	884684	2070	377	387	2834	0.2	0.3	
京　都	477036	0	477036	4406	296	1268	5970	0.9	1.3	
大　阪	787150	10	787160	3059	61	1412	4532	0.4	0.6	
兵　庫	1204352	0	1204352	5389	569	1503	7461	0.4	0.6	
奈　良	568672	21	568693	5244	467	2693	8404	0.9	1.5	明治 21 年
和歌山	301138	0	301138	2918	145	1010	4073	1.0	1.4	
鳥　取	366514	0	366514	5501	664	255	6420	1.5	1.8	
島　根	484851	0	484851	7085	724	573	8382	1.5	1.7	
岡　山	780655	0	780655	8740	2078	2568	13386	1.1	1.7	
広　島	531000	12	531012	17431	2986	2112	22529	3.3	4.2	
山　口	811734	4186	815920	8815	3325	2621	14761	1.1	1.8	
徳　島	320035	0	320035	19472	14962	2544	36978	6.1	11.6	
香　川	362986	280	363266	5251	0	3787	9038	1.4	2.5	明治 22 年
愛　媛	986405	0	986405	13907	1469	3679	19055	1.4	1.9	
高　知	436204	1818	438022	1537	3988	5319	10844	0.4	2.5	
福　岡	1437591	291	1437882	126033	1986	291	128310	8.8	8.9	
佐　賀	465755	0	465755	8992	2	106	9100	1.9	2.0	
長　崎	283297	0	283297	50207	2069	284	52560	17.7	18.6	
熊　本	860175	3551	863726	285489	10527	771	296787	33.1	34.4	
大　分	543734	7764	551498	133479	6758	3196	143433	24.2	26.0	
宮　崎	327478	1705	329183	27668	5244	104	33016	8.4	10.0	
鹿児島	331985	0	331985	102969	0	0	102969	31.0	31.0	
沖　縄	20465	17	20482	11211	38	683	11932	54.7	58.3	
全　国	30896920	120187	31017107	1686858	894985	219335	2801178	5.4	9.0	

統計年はとくに注記がなければ明治 16 年。太字の都道府県はアワ 5% 以上かつ雑穀 10% 以上。

明治時代東北地方南部のアワをはじめとする雑穀の比率は低いが、これは近世のコメ重視のバイアスがかかっているためではないか(3)。

一方「粟」という墨書土器の例は少なく、全国で管見では三例ほど（山形県山形市漆山長表遺跡、新潟県中条町城山遺跡、千葉県千葉市城山遺跡）しかない。

出土木簡でも、「禾」の例がいくつかある(4)。このうちアワの意味で用いていると思われるのが、平城宮第一次大極殿院南門・南面や平城宮内裏外郭西南隅出土の「粟田禾」（木簡学会 二〇〇一）、「播磨国宍禾郡山守里山部加之ツ支」（木簡学会 二〇〇二）と兵庫県袴狭《はかざ》遺跡出土の「養郡石禾郷方部公稲積白米延暦十六年正月廿日」（木簡学会一九八九）などがある。少なくとも延暦十六年（七九七）という紀年がみられることから、平安時代にもアワを禾と書く例がある。

「稲」墨書土器については、同じく墨書土器データベースを筆者が調べたところ四七遺跡一一四例があるが、東北地方が六遺跡四〇点、関東地方が七遺跡一一点、中部地方一八遺跡三九点、近畿地方九遺跡一五点、中国地方三遺跡三点、九州地方四遺跡六点を数え、どちらかと言えば西日本が少ないという傾向があるが、「禾」のようなアンバランスはない。

4　信濃の「禾」墨書土器の例

信濃で出土している「禾」墨書土器は現在四遺跡六例を数える。まず報告書が刊行されている遺跡の立地や状況も簡単に紹介しつつ、資料を個別に見ていく。

（1）篠ノ井遺跡群

長野市篠ノ井塩崎にある篠ノ井遺跡群は、おもに弥生時代から古代にかけての集落遺跡で、条里区画が残っていたことで知られる石川条里遺跡に隣接する。長野盆地の南西部分の端に位置し、西側の山地と東側の千曲川に挟まれている。主に篠ノ井遺跡群が自然堤防に、石川条里遺跡が後背湿地の上に展開する（図24－a）。

篠ノ井遺跡群は、一九七九年の長野市教育委員会の発掘調査以来、小規模な調査が行われてきた。さらに一九八九～一九九一年に長野県埋蔵文化財センター（以下県埋文センター）が上信越自動車道（高速道）の建設に伴って発掘調査を行った。なお、高速道地点調査後も、長野市教委による県道地点や県埋文センターの新幹線地点の発掘調査が行われている。今回取り上げる資料は篠ノ井遺跡群高速道地点の資料である（長野県埋文 一九九七e）。

「禾」墨書土器は須恵器（杯A：高台のない杯）で、竪穴住居跡SB七〇〇一床下から出土した。「禾」は外面正位に書かれていた。このほか竪穴住居跡SB七〇〇一は須恵器杯のほかに黒色土器（内面が黒色処理された土師器）杯、小瓶、皿や土師器甕、土錘や鉄製品などの多数の遺物が出土している。報告者は古代6期（九世紀第2四半期）とする。

篠ノ井遺跡群は墨書土器が非常に多く出土したことでも知られ、調査報告者によれば、四七五点にも及ぶ。とくに「岑」や則天文字風の墨書土器が多く、これらは篠ノ井遺跡群で通時的に出土していて、こうした文字は、集団やその帰属を示すものと推測されている（西山ほか 一九九七、桐原 二〇〇三）。

（2）下神遺跡

松本市神林にある下神《しもかん》遺跡は、古代を中心とした集落遺跡である。西北側に鎖川、東側に奈良井川に挟まれた扇状地上に立地し、両河川の合流地点にも近い（図24－b）。

下神遺跡は一九八五～八六年に県埋文センターが中央自動車道長野線（高速道）地点の発掘調査を行ったほか、松本市教育委員会も一九八九年に発掘調査を行っている。今回扱う資料は高速道地点の資料である（長野県埋文 一九九〇）。

「禾」と墨書された土器は、竪穴住居跡SB九六、SB一〇〇、SD一〇八から出土している。SB九六やSB一〇〇は、黒色土器A（内面のみ黒色処理）を主体とし、土師器・黒色土器B（内外面黒色処理）、須恵器、灰釉陶器が出土する。灰釉陶器は黒笹一四号窯式あるいは光ヶ丘一号窯式に属していることなどから7期（九世紀中葉から後葉）と想定する。SB九六（121）およびSB一〇〇（89）の「禾」は灰釉陶器碗の底部に、SD一〇八（138）のものも須恵器杯ではあるが底部に墨書されていた（図24－d）。

下神遺跡も墨書土器が多量に出土していることで知られ、調査報告者によれば、四九〇点にも及ぶ。篠ノ井遺跡群同様に則天文字風のものがあるほかに、「草茂」といった地名（庄園名か）の墨書土器もみられる。

（3）四日市遺跡

上田市（旧真田町）長横尾《おさ》にある四日市遺跡は、おもに縄文時代と平安時代の竪穴住居跡を中心とした集落遺跡で、四阿山山麓西側に広がる菅平から流れ出る神川によって形成された扇状地上の神川右岸にある。神川本流は遺跡から約八〇〇メートル《メートル》下流で支流傍陽《そえひ》川と合流する（図24－c）。一九八九、一九九三～九五年に調査が真田町教育委員会を中心として行われている（宇賀神ほか一九九〇、和根崎ほか一九九六、和根崎一九九七）。

今回とりあげる資料は一九八九年の役場建設にともなう事前の緊急発掘調査でかまどを持つ竪穴住居跡一一号から出土したものである。一一号住居跡からは土師器杯九点、同皿一点、同甕二点、同小形甕一点、須恵器杯一点、灰釉陶器碗一点が出土している。杯と皿は内面黒色処理がされているいわゆる「黒色土器」で、そのうち二点に墨書文字がみられた。

一次調査担当者は灰釉陶器をO－53（折戸五三号窯式）とし、一一号竪穴住居跡を含む八基のほとんどがかまどを持つ竪穴住居跡群をいずれも一〇世紀代と時期を比定する。杯は須恵器より黒色土器（内面黒色処理の土師器）が卓越し、胴部ヘラ削りの甕も「コ」字状口縁ではなく「く」字状を呈することなどから調査担当者の年代観は大過ないものと私も考える。

一次調査報告書（一九九〇）ではこの墨書文字（図24－e）の6の文字を「木」と読み、9の土器は破損しているので、全体が判読できないが、字形から同じ文字である可能性を指摘する。しかし、問題の6の土器の墨書文字は木にしては最初の点が大きく、これはむしろ「木」ではなく「禾」と読めると私は考える。

これら諸例は多少の年代差はあるが、いずれも平安時代に属する資料という点で一致している。これらの「禾」墨書土器出土遺跡は、いずれの地域も稲作もおこなっているが、畑が普遍的にみられる地域にある。たとえば、四日市遺跡周辺の横尾地区が、水田化されたのは、横尾堰が開削されてからであり、考古学的にその時期を特定することができないが、横尾堰の開削は南北朝期にはじまったと推定されている（『真田町誌』）。古代にこの遺跡周辺が稲作の適地であったとは思えない。ただ、長野市篠ノ井遺跡群周辺や松本市下神遺跡周辺では古代においても水田稲作の存在が推定できることや四日市遺跡例もそもそも禾と読めるかどうかという問題もはらんでいる。

ところで、長野県内の古代遺跡における実際のアワ出土例はどうなのだろうか、米に比べて小さく、意図的にたとえば水篩選別のようなことをしないかぎり、検出するのは難しい。ただし、藤原直人によると以下の諸例が知られている。

塩尻市平出遺跡の第四七号住居跡からアワ一七粒、岡谷市橋原遺跡からは雑穀類が約三二七〇粒出土（弥生時代の第五九号住居跡からアワが集中して出土。会田ほか 一九八一）。飯田市高松原遺跡の二六号住居跡からは数粒のアワ、佐久市下聖端遺跡より小雑穀類（アワ・ヒエ・キビなど）、佐久市芝宮遺跡群（二一号住居跡一粒、二四号住居跡五〇粒、二五号住居跡七粒、二六号住居跡二五粒）や中原遺跡群（六四号住居跡八三粒、六五号住居跡一七七粒、四九号住居跡）でもアワが出土しているという。なお、芝宮や中原の出土例は多くはカマド周辺から出土している（藤原ほか

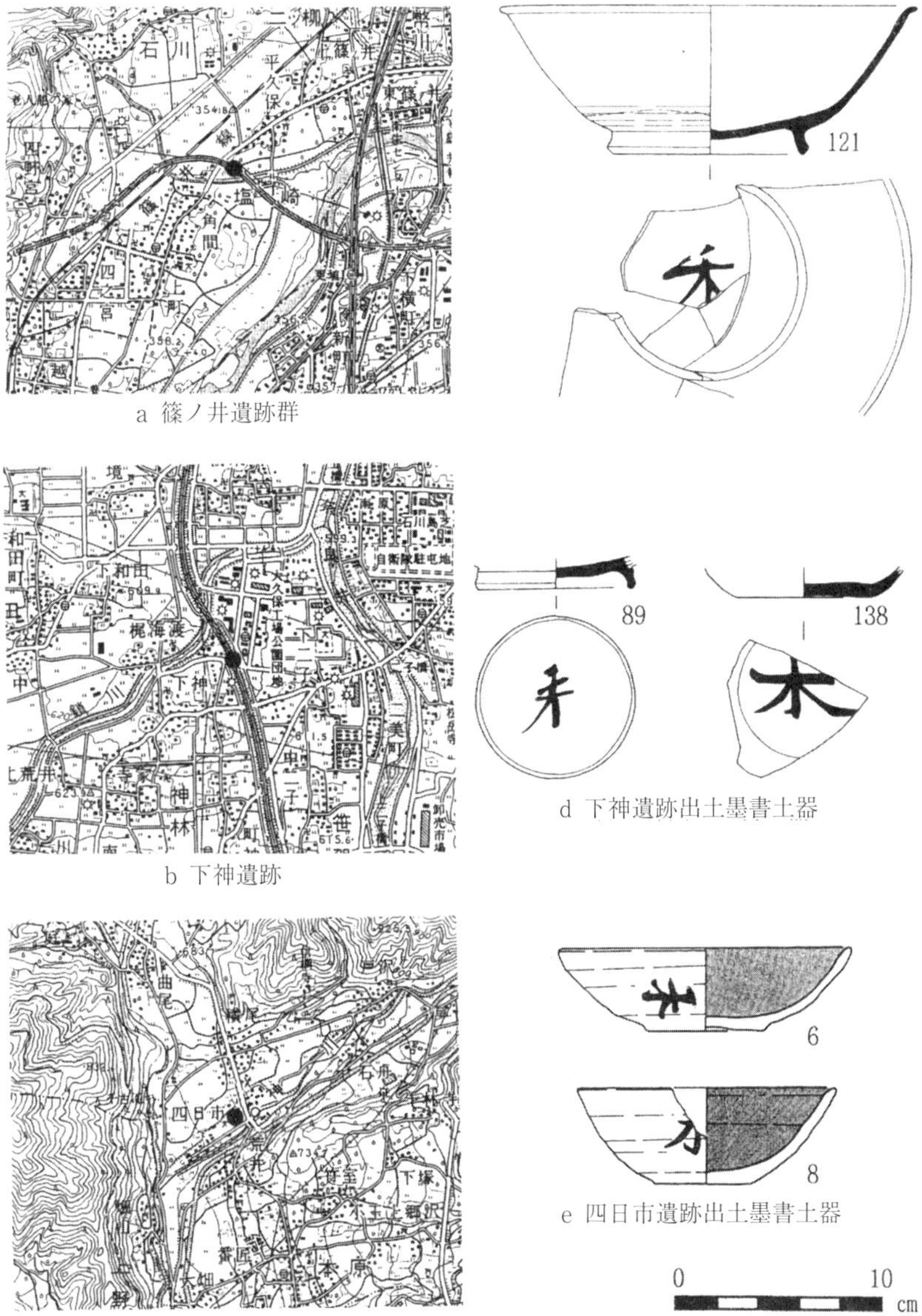

図 24　長野県内各地の「禾」墨書土器出土例

一九九九)。藤原の集成以外にも千曲市屋代遺跡群(寺内ほか 二〇〇〇)や安曇野市矢原明神境内遺跡(吉川 一九九九)があるが、依然として県内では佐久地方の出土例が集中しており、注目される。

(4) 西近津遺跡群

こうした佐久市の古代アワ出土例に対応するような墨書土器資料が佐久市長土呂の西近津遺跡群から出土した。現在、本報告書は刊行されていないが、二〇〇七年の高速道地点の調査で、内面黒色処理の土師器(黒色土器)の外面に正位で禾と判読不明文字の二文字が墨書されていた(長野県埋文 二〇〇八a・b・二〇一五)。

西近津遺跡群は、佐久市の北部、小諸市との境界近くにある。市境は湧玉川によって切られた「大田切り」となっているが、その南側の浅間第一軽石流を地盤とした台地上に立地する(図25)。アワが出土した中原、芝宮、下聖端の各遺跡も同様な火山性堆積物を基盤とした台地上に立地している。水田化

図25　佐久地方　アワおよび「禾」墨書土器出土遺跡
1 中原遺跡群、2 芝宮遺跡群、3 下聖端遺跡、4 西近津遺跡群

表 15　遺跡所在各村米粟など雑穀生産高

村名（遺跡名）	米	粟	稗	黍	雑 3	粟／米％	雑／米％	田	畑	田／畑％	備考
更級郡塩崎村（篠ノ井遺跡群）	3523.4	213.6	0	0	214	6.1	6.1	157.4	254.2	161.5	明治 10 年（明治 8 年）
東筑摩郡神林村（下神遺跡）	－	－	－	－	－	－	－	208.2	214.9	103.2	（明治 12 年）
小県郡長村（四日市遺跡）	1600.0	70.0	140	23	210	4.4	13.1	144.3	265.9	184.2	明治 14 年（明治 8 年）
北佐久郡長土呂村（西近津遺跡）	876.5	18.0	517	14	535	2.1	61.0	78.9	92.5	117.2	明治 11 年（明治 8 年）

・量は『長野県市町村誌』の物産による。単位石。少数点 2 位以下は切捨。備考の太字年数が調査年。
・田畑比率は『長野県市町村誌』の税地による。単位町、小数点 2 位以下は切捨。備考の（ ）内がその調査年。
・神林村は物産（石高）のデータが『長野県市町村誌』にない。

は近代以降のことであって、おもにそれ以前は畑に向いている土地柄である。

明治時代のデータであるが、詳しいデータがない下神遺跡のある神林村以外は、西近津遺跡群などが所在する長土呂村をはじめ、田畑の比率をみると畑優勢地である。いずれも対稲粟比率あるいは対稲雑穀（粟・稗・黍）比率で（表15）でみた明治時代中ごろの全国平均を上まっている。

「禾」墨書土器出土の遺跡ごとに検討してみても、アワが取れないようなところではなく、少なくともアワ生産がおこなわれていた地域であることがわかる。いずれにせよ、「禾」はアワの意味であり、奈良時代以降「粟」の用例が増えたといっても、国史や正税帳などの公文書的なものに粟が多く使われ始めたのであって、依然として墨書土器のような日用のものには「禾」が使われていたと考えたい。

5　まとめ

さて、仮に古代墨書土器にかかれた「禾」という字がアワを示しているとした時にどういったことが導きだせるのか。

（1）漢字の古代における意味の確認

理由なく、禾は稲のことだと思い込んでいたが、日本古代において字義の変化がある（とくに動植物）。筆者もすでに「蘭」について考えたことがある（川

崎 二〇〇五）。中国ではどうなのだろうか。古典の類例を見てみる。

『史記』世家巻三十八 宋微子世家第八

其後箕子朝周、過故殷虚、感宮室毀壊、生禾黍、箕子傷之、欲哭則不可、欲泣為其近婦人、乃作麦秀之詩以歌詠之。其詩曰「麥秀漸漸兮、禾黍油油。彼狡僮兮、不與我好兮。」所謂狡童者、紂也。殷民聞之、皆為流涕。

『広漢和辞典』はこの禾を稲と解釈するが、この記事の舞台となっている殷は現在の河南省（黄河中流域）であり、稲作地帯ではない。

天野元之助によれば、「禾」を穀物の総称とする説を紹介しつつ、アワの意味として用いられた例『呂氏春秋』『管子』『戦国策』などを示し、とくに『氾勝之書』にアワを示す字に禾と粟が用いられていることを挙げている。天野は「漢以前、禾の字はアワを指したものとみられ、またそれが糧食作物中、支配的にあったため、穀物の総称として使われて（い）き、その後、南方の稲作の発展とともに、禾が稲を指すようにもなった。」とまとめている（天野 一九六二）。フランチェスカ・ブレイも、黄河中流域は冬小麦ーミレット（小粒穀物）ないしソルガム（高粱）地域であるとし、この地帯では古代において広くアワが栽培されていたという。「禾」は甲骨文ではミレット（アワ、ヒエ、キビなどの小粒穀物）の総称であったと推測し、アワ（*Setaria italia*）を穀（『斉民要術』『農政全書』）、粟（『氾勝之書』『広志』『王禎農書』）、稷（『詩経』など、キビを指すことも多い。）、粱（『詩経』など、大粒のアワか）秫（『爾雅』『説文』など、モチアワ）などの漢字があるとする（ブレイ 二〇〇七）。

古代における用例と現代の意味が変化していることはよくあることなので、注意すべき点である。

（2）検出しにくい自然遺物資料を補完や検証

また、ブレイによれば、ミレットないし雑穀の定義は研究者によって多少異なるが、アワが代表的なものとして取り上げられている。またアワの祖先種はエノコログサ（*Setaria viridis*）と考えられており（ブレイ 二〇〇七）、植物遺体としてアワを検出することは、実は小さくてエノコログサと区別しにくく、また花粉やプラント・オパールからも他のイネ科植物と判別しにくいという。(5) 墨書土器のような遺跡から出土する文字資料が補完する部分は少なくない。ただ、アワであれば、栽培食物として重視し、エノコログサであれば、雑草とする見方はあくまで現代人の視点であり（森・中尾ほか 一九八七）、中国東北部や華北を支配した北方民族の王朝はアワ、ヒエ、キビ、コーリャンだけでなく、エノコログサも食物として重視している（ヴォロビヨフ 一九八三）。

（3）「稲作中心史観」のような現代人の視点の克服

日本史研究が知らず知らずのうちに稲作中心の見方になっていることはすでに縷説されているところであるし、とくに古代史において畑作研究の重要性については木村茂光が指摘したとおりである。そうした中、古代文献史料が近畿地方を中心とした地域的偏差が大きく、彼の地が稲作を比較的早くから盛んに行った環境であったということがこうした偏差をもたらしたのかもしれない。その点、墨書土器などの出土文字資料はそうした偏差は比較的少ない。地域文化を考える上で、新しい手掛かりをもたらしてくれるものと考える。市川健夫は、水田稲作が導入された後でも、粟などのいわゆる雑穀が信濃の古代文化を支える上で大きな役割を果たしたことを推測し、とくに古墳時代後期以降の日本列島の寒冷化が、水田一辺倒の地域に打撃を与え、比較的寒冷であった地域が馬の飼育（牧）や雑穀の栽培を背景に力を拡大した可能性を指摘する（市川 一九九八・二〇〇四・二〇〇六）。

市川の指摘は卓見である。世界の四大文明はいずれも稲以外の穀物に支えられていたことが知られている。（ナイル、メソポタミアは小麦、インダスはシコクビエ、黄河はアワ）とくに黄河文明（殷周）やそれ以前の仰韶文化も主要作物はアワであった。

平安時代それも九世紀から一〇世紀にかけた時代となると、平野部だけでなく、縄文人が好んでいたような山間部の開発が盛んになり、麻、鉄生産といった非水田稲作的生業の反映であると思われるが、これはなにも山間部だけでなく、平野部においても、灌漑、給排水システムが未確立で、水田稲作に向いていない畑作地帯が、今よりももっと広がっていたことが予想される。アワは古代信濃人にとって、貴重な作物であったことを示していることを将来的にアプローチできると私は考える。

本稿のように十分に類例調査も行わないなかで、墨書土器の字義やさらに歴史的意義を追究するなど軽率のそしりをまぬかれないかもしれない。しかし、冒頭でも指摘したように、すでに平安時代の集落遺跡における墨書土器自体はそれほど珍しいものではなくなってきている。しかし、一方で遺跡固有の文字があり、遺跡や地域文化の性格を知る上で貴重な資料であることも判明しつつある。研究の傾向としては、奈良時代の墨書土器は具体的な固有名詞などが多く、平安時代以降は「祭祀」などにかかわるものが多いとみなすむきもある（川崎 二〇〇五）。しかし、あくまでそれは傾向であって、やはりそれぞれの墨書土器をはじめとする出土文字資料の解釈は、大本はそれが何という字で、何を意味しているかを遺跡やその周辺の環境の中で具体的に考えたい。折角の地域文化を解明する資料にさまざまな遺跡調査担当者が関心を持ち、墨書土器の意義について議論を深められる契機になればと思い、浅学な筆者ではあるが、筆を執った次第である。諸賢の批判を待ちたい。

追記

原論文発表後、森浩一先生が古代のアワ（禾）の意義についてまとめている。参照されたい（森 二〇〇九）。

注

（1）「文字瓦・墨書土器のデータベース構築と地域社会の研究」の「全国墨書・刻書土器データベース」（九四五三四件ver.1）（研究代表　吉村武彦）URLアドレス http://www.isc.meiji.ac.jp/~yoshimu/database.html をもとに筆者が一覧表を作成した。典拠を一部変更したほか、長野県内の類例を追加している。なお、禾編（たとえば和や私のような）の文字の一部と考えられるようなものは、省いてある。

「禾」墨書土器の類例の出典は下記のとおり（表の記載順）

秋田県教育委員会　一九六五～一九八二『脇本埋没家屋第一～四次調査概報』
三嶋隆儀・庄内昭男　一九八六「男鹿市小谷地遺跡の墨書土器」秋田県立博物館研究報告一一
高橋　学　一九八六「秋田県内出土の墨書土器集成」『秋田県埋蔵文化財センター研究紀要』一
秋田県埋蔵文化財センター　二〇〇〇『館の上遺跡』
山形県埋蔵文化財センター　一九九五『上高田・木戸下遺跡発掘調査報告書』
山形県埋蔵文化財センター　一九九八『上高田遺跡発掘調査報告書（二・三次）』
山形県埋蔵文化財センター　一九九三『木原遺跡発掘調査報告書』
山形県埋蔵文化財センター　一九九四『木原遺跡第二次発掘調査報告書』
山形県教育委員会　一九八二『農林土木事業関係遺跡発掘調査報告書』
盛岡市教育委員会　一九九八『乙部遺跡群乙部八丁遺跡―平成六・七・九年度発掘調査概報―』
水沢市埋蔵文化財調査センター　二〇〇三『林前南館跡』
原　町　市　二〇〇三『原町市史四　資料編Ⅱ　古代　出土文字資料』
福島県文化振興事業団　二〇〇五『荒屋敷遺跡（四次）・桜町遺跡（一次）』
栃木県文化振興事業団埋蔵文化財センター　一九九九『多功南原遺跡』
我孫子市教育委員会　一九八一『布佐・余間戸遺跡発掘調査報告書』

千葉県文化財センター　一九九〇a『大栄栗源干潟線埋蔵文化財調査報告書』
千葉県文化財センター　一九八七『東関東自動車道埋蔵文化財調査報告書』三
成田市教育委員会　一九七四『成田市の文化財第五輯―昭和四八年度―』
千葉県埋蔵文化財センター　一九九〇b『東関東自動車道埋蔵文化財調査報告書』五
千葉県埋蔵文化財センター　一九八三『佐倉市立山遺跡―佐倉第三工業団地造成に伴う埋蔵文化財発掘調査報告書』二
佐倉市大崎台B地区遺跡調査会　一九八五・一九八六・一九八七『大崎台遺跡発掘調査報告』Ⅰ・Ⅱ・Ⅲ
千葉県文化財センター　一九八四『八千代市権現後遺跡』
山武郡市文化財センター　一九九五『油井古塚原遺跡群』
豊浦町教育委員会　一九九七『曾根遺跡』Ⅲ
小林昌二・相沢央　二〇〇四「新潟県内出土墨書土器の基礎的考察」『新潟県内出土古代文字資料集成』
西山町教育委員会　二〇〇一『井ノ町遺跡発掘調査報告書』
長野県埋蔵文化財センター　一九九七e『中央自動車道長野線埋蔵文化財発掘調査報告書　16―長野市内その四　篠ノ井遺跡群』
長野県埋蔵文化財センター　二〇一五『中部横断自動車道建設に伴う埋蔵文化財発掘調査報告書二―佐久市内その二　西近津遺跡群』
真田町教育委員会　一九九〇『四日市遺跡』
長野県埋蔵文化財センター　一九九〇『中央自動車道長野線埋蔵文化財発掘調査報告書　6―松本市内その三　下神遺跡』
山梨県　二〇〇一『山梨県史資料編』三
一宮町教育委員会　二〇〇四『松原遺跡』（第五統合果実共選場地点）
一宮町教育委員会　一九九〇『大原遺跡発掘調査概報』
山梨県教育委員会　一九七五『勝沼バイパス道路建設に伴う　古代甲斐国の考古学調査続編』

山梨県埋蔵文化財センター　一九九五『北中原遺跡』
明野村教育委員会　二〇〇二『梅之木遺跡』Ⅰ
静岡県埋蔵文化財調査研究所　一九九七『曲金北遺跡（遺物・考察編）―平成六年度東静岡都市拠点総合整備事業に伴う埋蔵文化財発掘調査報告書』
愛知県埋蔵文化財センター　一九九七『田所遺跡』
上野市遺跡調査会　一九九〇『森脇遺跡発掘調査報告（第二次）』
広田典夫　一九九一『土佐の須恵器』
宮崎県総合博物館　二〇〇二『南九州の古代文字資料』
宮崎市教育委員会　二〇〇一『深田遺跡』
柴田博子　二〇〇六「日向国出土墨書土器資料集成」『宮崎考古』二〇

（2）諸国正税帳で「粟」が見える国名（年度）は以下のとおり。大倭国（天平二年）、駿河国（天平九年）、駿河国（天平十年）、越前国（天平二年）、隠岐国（天平二年）、紀伊国（天平二年）、豊後国（天平九年）、薩摩国（天平八年）。豊後国（天平九年）だけ粟以外に「頴禾」「禾穀」の「禾」の例がみられる（林・鈴木編　一九八五）。

（3）全国的にアワや雑穀の出土例を網羅したような成果は管見では知らないが、黒尾和久と高瀬克範による縄文や弥生時代の集成例では、比較的まんべんなく日本列島全体で類例が知られている（黒尾・高瀬　二〇〇三）。

（4）奈良文化財研究所木簡データベース（http://www.nabunken.jp/Open/mokkan/mokkan2.html）によれば、七例「禾」の字がある（禾偏は除く）。

（5）もちろん状態によっては区別されて報告されている場合もある（吉川　一九九九）。

五　信濃のオンドル状遺構についての一考察

1　はじめに

信濃の古代遺跡から、カマドを熱源とした土床暖房に関係すると思われる「オンドル状遺構」などと呼ばれる溝状の遺構がいくつか検出されている。

系統的な関係の有無は別にして、現在のオンドルやカン（炕、中国東北部を中心に存在する暖房施設）もそれぞれ古代の祖型とされるものと比べると複雑な形態に発展しており、形態的な差は極めて大きい。先学によって論じられてきたように、未知のものを既知のものから類推させるという考古学的用語法としては、あまり適当ではない。韓国の研究者も、オンドルの初期形態として「チョククドゥル」（側状のオンドル）と呼び区別する。日本でも「オンドル状遺構」という呼称に対し、「L字カマド」（カマドの焚口からL字に屈曲して延びる煙道を持つカマド）という表現も用いられてきた（上垣・松室　一九九六、松室　一九九六）。

一般に古代のカマドの煙道は、カマドから直接建物外へ排気がなされるように、煙道がほぼ直線で屋内から屋外に向けて作られているのに対し、いわゆるL字カマドをはじめ、本稿で扱う資料は、いずれも屋内の土床に煙道（溝）が巡らせてあることから、主な目的は暖房であったと考えられる（ただし、複合的な用途があった可能性も排除しない）。無論、石組みなどが残っていれば、より暖房目的であることがはっきりして良いが、本稿では、石組みが残存していない例も含めて、「屋内に（暖房用と考えられる）煙道をもつカマド」を分析の対象とする。

表16　主なL字カマドおよび関連遺構出土遺跡

遺跡名	所在地	主な時期	文献・備考
上別府園田遺跡	福岡県築上町		(福岡県教委 2000)
池ノ口遺跡	福岡県築上町	5世紀	
寿命隈北遺跡	福岡県桂川町	6世紀	
影塚東遺跡	福岡県桂川町	6世紀	
冥加塚遺跡	福岡県川崎町	6世紀	
墓ノ尾遺跡群	福岡県岡垣町	5世紀	
光岡六助遺跡	福岡県宗像市	5世紀	
在自下ノ原遺跡	福岡県福津市		
西新町遺跡	福岡県福岡市	4世紀？	
有田・小田部遺跡群	福岡県福岡市	6世紀～	
赤井手遺跡	福岡県春日市	6世紀？	
惣利西遺跡	福岡県春日市	7世紀	
平原遺跡	福岡県筑紫野市	5世紀	
切杭遺跡	福岡県筑前町	6世紀	
干潟城山遺跡	福岡県小郡市	7世紀	
姫方原遺跡	佐賀県みやき町	8世紀	
塔田琵琶田遺跡	大分県豊前市	5～6世紀	(坂梨ほか 2011)
不入岡遺跡	鳥取県倉吉市	5世紀	
三重1号遺跡	広島県三次市		(広島県教育事業団 2013)
門前池東方遺跡	岡山県赤磐市	6世紀	
郡家遺跡	兵庫県神戸市	6世紀	
伊勢貝遺跡	兵庫県三田市		(兵庫県考古博 2012)
小阪遺跡	大阪府堺市	5世紀	
田屋遺跡	和歌山県和歌山市	5世紀？	
今林遺跡	京都府園部町	5世紀	
青野・綾中遺跡群	京都府綾部市	6～8世紀	
上狛北遺跡	京都府木津川市	5～6世紀	(筒井 2011)
林遺跡	奈良県御所市	5世紀	(坂・青柳 2011)
清水谷遺跡	奈良県高取町	5世紀	(木場 2008)
観覚寺遺跡	奈良県高取町	7世紀	(高取町教委 2005)
穴太遺跡	滋賀県大津市	7世紀	(大津市教委 1989・林 2004)
岩畑遺跡	滋賀県栗東市	5～6世紀	
西ノ辻遺跡	滋賀県東近江市	4世紀	
大塚遺跡	滋賀県長浜市	5～6世紀	
柿田遺跡	滋賀県長浜市	7世紀	
野田道遺跡	滋賀県日野町	8世紀	(奈良 1994)
額見町遺跡	石川県小松市	7世紀	(望月 2002・小松市教委 2007a)
矢田野遺跡	石川県小松市	7世紀	(望月 2002・石川県埋文 2006・小松市教委 2007b)
武蔵台東遺跡	東京都府中市	8世紀～	(西野 2010)
鳩山窯跡群柳原遺跡	埼玉県鳩山町	8世紀	(鳩山町教委 1991)

※松室論文 1996 による。同論文にないもののみ出典を示した。

すでに述べたように「オンドル状遺構」という呼称は、現在、韓国で用いられているオンドルとはかなり様相を異にするが、すでに人口に膾炙しているので、本稿では、カマドを熱源とした暖房施設を「オンドル状遺構」と呼ぶこととする。カマド同様に日本列島外の文化の影響と考えられるのか、とくに、奈良・平安時代の信濃国のオンドル状遺構がいかなる系譜をもつものか、さらにはその意義を考えたい。

2　信濃のオンドル状遺構

日本列島におけるオンドル状遺構（L字形カマド）については、上垣幸徳、松室孝樹、望月精司氏らによって集成や分析が行われている。こうした先学の成果をもとにまとめてみた（表16）。

全国的な傾向としては、古墳時代後期の類例が多いが、近年の奈良県での調査例により、古墳時代中期（五世紀代）のカマド導入期に、すでにL字形カマドが導入されていたことがわかっている。また、古墳時代後期（六～七世紀）のものが多い。奈良時代（八世紀）まで下る例は極めて少ない（図26）。

一方、長野県内で検出されているオンドル状遺構は、奈良時代から平安時代（八～十世紀）のものであり（表17）、溝の平面形も「L」字でなく「コ・ロ」字状を呈し、土床を広くカバーしている（図27）。鶴田典昭が指摘するように、古墳時代にさかのぼるものがなく、屋内の煙道の平面形もL字ではなく、「コ」や「ロ」字状を呈する（以下、「コ・ロ字状」と総称する）。信濃に際立った特徴である[3]（長野県埋文二〇一三）。

表17　長野県における屋内煙道カマド及び関連遺構出土遺跡

No.	遺跡名	所在地	遺構の時期	文献
1	野口遺跡	麻績村字入田	10世紀	（長野県埋文1993a）
2	南入日向遺跡	大町市平東海ノ口	9世紀	（島田1992）
3	岡田町遺跡	松本市大字岡田	8世紀	（松本市教委1995）
4	牛出遺跡	中野市牛出東原	8世紀	（長野県埋文1997f）
5	沢田鍋土遺跡	中野市立ヶ花	8世紀	（長野県埋文2013）
6	八幡遺跡群社宮司遺跡	千曲市大字八幡	9～10世紀	（長野県埋文2006）（1）
7	田中下土浮遺跡	飯綱町大字芋川	9～10世紀	（三水村教委2004）（2）

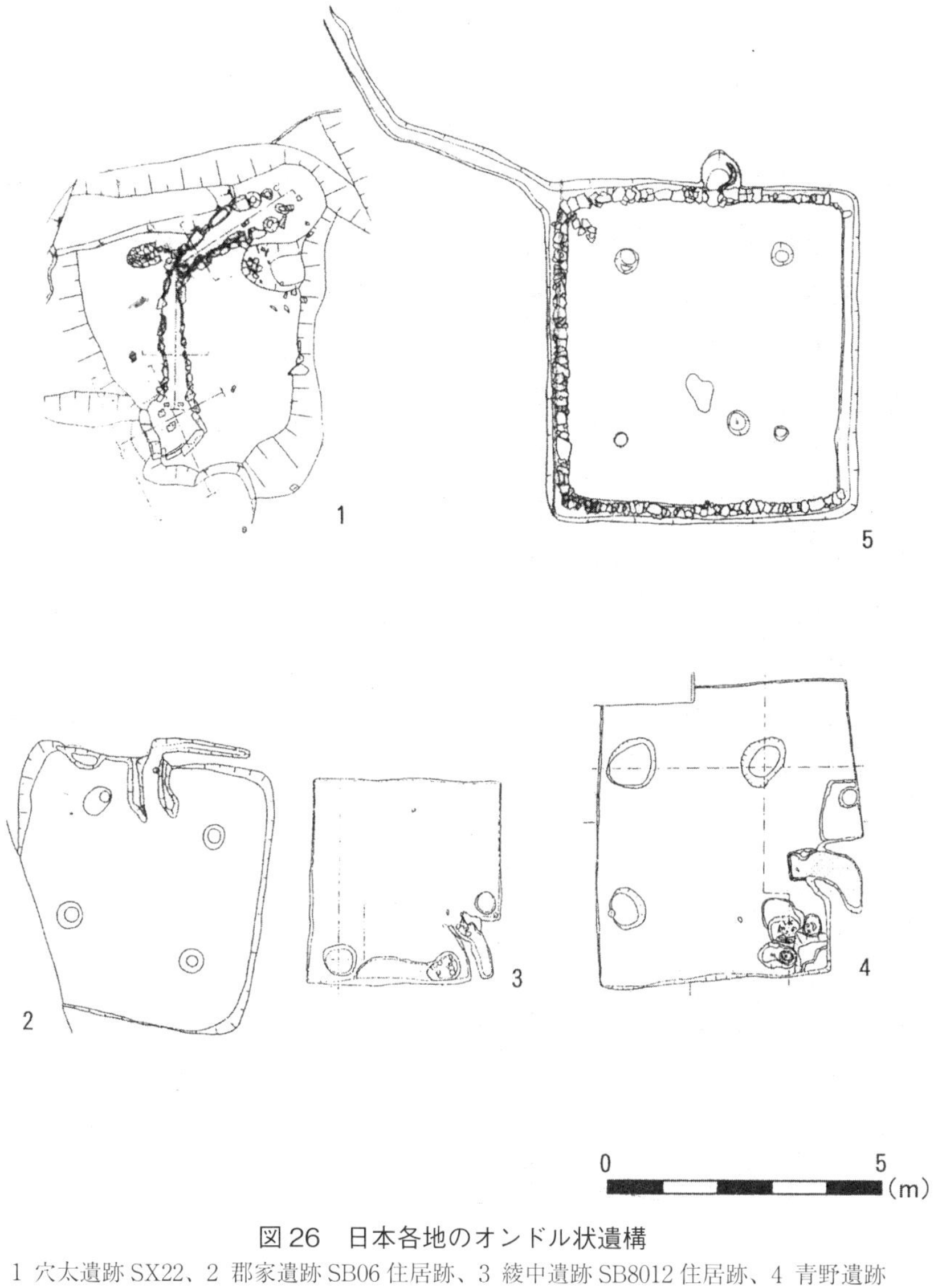

図 26　日本各地のオンドル状遺構

1 穴太遺跡 SX22、2 郡家遺跡 SB06 住居跡、3 綾中遺跡 SB8012 住居跡、4 青野遺跡 SB8103 住居跡、5 鳩山窯跡群柳原遺跡 B 地区 14 号住居跡［縮尺 1/160］

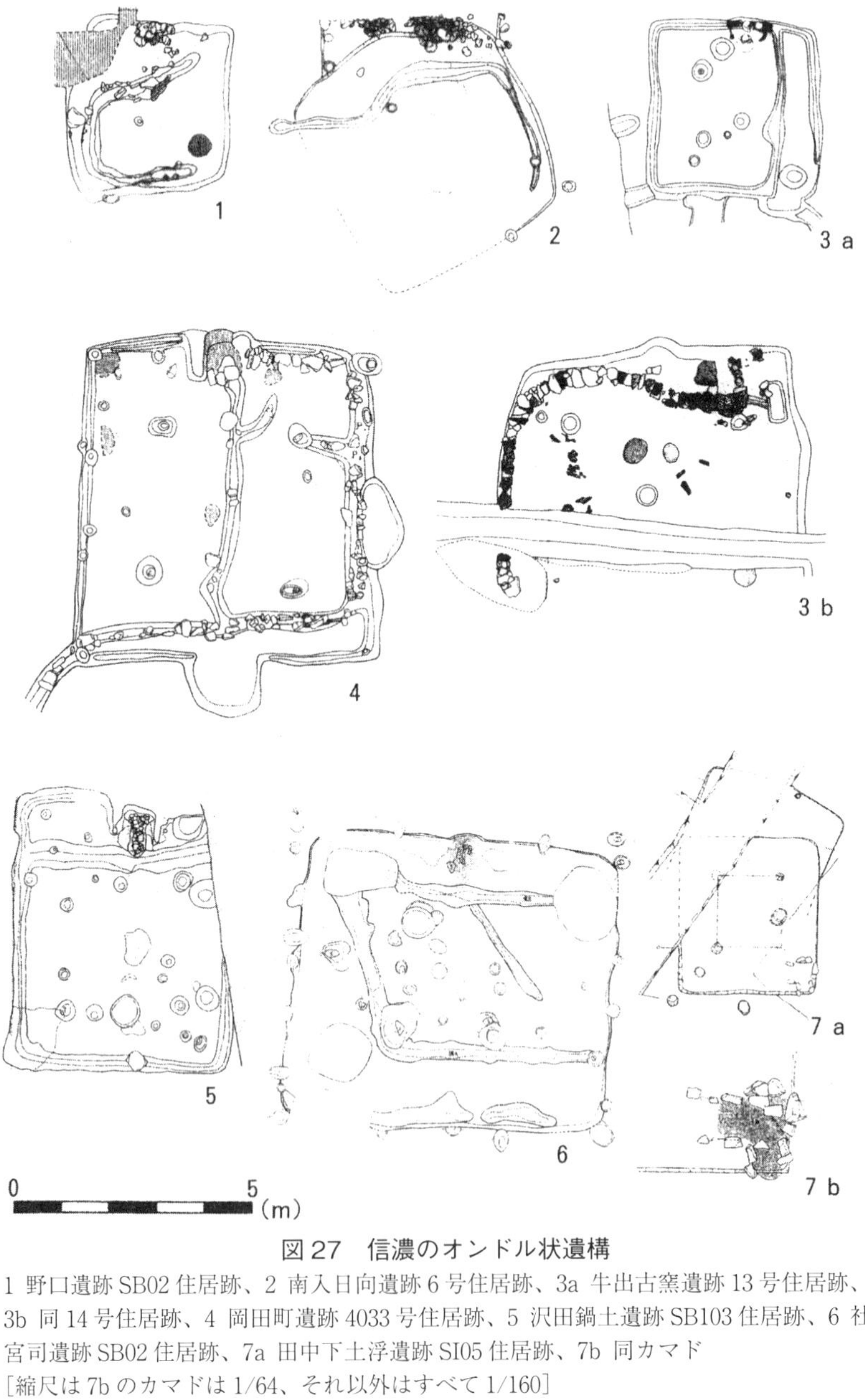

図 27　信濃のオンドル状遺構

1 野口遺跡 SB02 住居跡、2 南入日向遺跡 6 号住居跡、3a 牛出古窯遺跡 13 号住居跡、3b 同 14 号住居跡、4 岡田町遺跡 4033 号住居跡、5 沢田鍋土遺跡 SB103 住居跡、6 社宮司遺跡 SB02 住居跡、7a 田中下土浮遺跡 SI05 住居跡、7b 同カマド

[縮尺は 7b のカマドは 1/64、それ以外はすべて 1/160]

信濃だけでなく、汎日本列島的に、古墳時代中期にカマドが導入されたが、信濃では、オンドル状遺構は、カマド導入期はもとより、その後北陸などで「L字カマド」が発達する時期にもみられない。

つまり、信濃で、L字カマドから、より複雑なコ・ロ字状の屋内煙道カマドに変化したとは考えられない。一方、日本列島内で、L字カマドからコ・ロ字状の屋内煙道カマドへの変遷が追える地域が明確に存在してはいない。比較的息長く続いている近江（滋賀県）でも、古墳時代から奈良時代までL字カマドが利用されていることがわかっているが、コ・ロ字状の屋内煙道カマドはみられない。

近畿や北陸地方などのL字カマド先進地で、コ・ロ字状に煙道に「進化」しておらず、信濃でも、古墳時代にL字カマドがみられない。奈良時代から平安時代にかけて、長野県域で、L字カマドそのものではなく、「コ・ロ字状カマド」が突如出現しているのである。このことは、一体なにを示しているのであろうか。

3　東アジアのオンドル状遺構

すでに述べたようにL字カマドは、後世のオンドルと呼ばれるものの原初的な形態であり、渡来系氏族との関係が想定されている。

こうした推論のきっかけとなったのは、滋賀県穴太《あのう》遺跡の発掘調査による。検出された熱源からのびる石組みの溝状遺構は、横穴式石室に副葬されるミニチュア炊飯具セットなどを根拠とし、渡来系氏族の文化の所産とされた（青山一九八九、林一九九二）。朝鮮半島や中国東北部でもこうした遺構が見つかっており、オンドルの祖型、「オンドル状遺構」と呼ばれている（朱一九七九、林一九九二、李二〇〇二）。

厳密にはオンドルは、カマドの暖気を床下に送り温める床暖房施設である（富岡一九九七）。一方、地面に溝を掘り部分的に暖気を通す暖房施設を中国では歴史的にもカン（炕）と呼んできた(4)（現在のカンは、ベッドや壁の中に管を通して暖気を送る）。遺跡で見つかっているいわゆるオンドル状遺構はカンに近いものであるという指摘もある（坂・青柳 二〇一一、七七―七九頁）。オンドルとカンは類似する暖房施設であるが、異なる点も多い。そもそも、オンドルやカンといったカマドなどの熱源から溝などで暖気を送る暖房施設は、いったいどういうものなのか、東アジアの中でどのように位置づけられるのであろうか。ここで、オンドル状遺構の変遷を通時代的に概観した上で、信濃の「コ・ロ字状カマド」がどのように位置づけられるかを考えてみたい。

（1）匈奴の「坎」

東アジアでは、地面に穴を掘って暖気をめぐらす施設自体は、古くは、匈奴や高句麗といったやはり中国の北方の塞外（長城の外側）の集団に関する記述にみられる。

『漢書』巻五四　列伝二四　蘇武

馳召毉。鑿地為坎、置熅火、覆（蘇）武其上、蹈其背以出血。

匈奴に捕えられた漢の使節である蘇武が自殺を図ったが、匈奴の巫医が地面に溝を掘り、火を焚き、そこで蘇武の背中を踏み、血を出して、命を救ったという記事である。これは医療用かもしれず、定住的な集落を営むことが少ない匈奴にとって、常設の暖房施設とまでは言えないだろう(5)。

（2）高句麗の「長坑」

『旧唐書』巻一九九　列伝一四九上　東夷・高麗

其俗貧窶者多、冬月皆作長坑、下燃熅火以取暖。

『新唐書』巻二二〇　列伝一四五　東夷・高麗

窶民盛冬作長坑、熅火以取暖。

高麗（高句麗）の記事については、一般的な暖房設備であったことがうかがえる。高句麗の長坑は古墳の壁画からもうかがうことができる。安岳三号墳（黄海南道安岳郡）および薬水里古墳（平安南道江西郡）の壁画にそれぞれ住居内部の竈と煙突がつながっている様子が描かれている（禹・田中 二〇〇八）。

集落遺跡の調査で、朝鮮半島北部の初期鉄器時代（紀元前三～二世紀）に出現し、三国時代（四～七世紀）には、高句麗だけでなく、百済などの高句麗以外の朝鮮半島全体に広がっていることが知られている。「オンドル状遺構」などと呼ばれる（李 二〇〇二）。

日本でもカマドなどの熱源と連結し、直線的ではあるが屈折するタイプは、七世紀ころに出現し、L字状カマドと呼ばれており、朝鮮半島から伝わったものと考えられている（林 一九九二、奈良 一九九四、望月 二〇〇二）。

（3）渤海の「オンドル状遺構・火炕」

渤海の遺跡調査で、オンドルの祖型となると思われる竈などの熱源と石で組んだ溝が連結し、建物内を巡る遺構が存在することが知られている（中国東京城〔上京城〕、八連城、ロシア沿海州クラスキノ城遺跡など）（林 一九九二、上垣・松室 一九九六、イブリエフ 二〇〇七、アルテミエバ 二〇一一）。ただし、渤海に関する文献史料の中で、暖房施設の存在を直接記述した資料はないため、これらが同時代になんと呼ばれていたかは不明である。考古資料によって検討するしかない。

（4）女真の「炕」

『三朝北盟会編』巻三

環屋為土床、熾火其下、與寝食起居其上。謂之炕、以取其煖。

『金志』初興風土

穿土為床、熅火其下。而寝食起居其上。

炕は、女真以後、満洲や清朝でも用いられ、現在も中国東北部から華北にみられるが、文献史料的には女真のものが早い。女真の前身の一つ、靺鞨がこうした暖房施設を有していたかの記述はない。

炕の溝が管になり、暖気を通す管がベッドや壁の中を通る室内暖房も炕と呼ばれ、現在も中国東北部から華北一帯で用いられている（荊　一九九二、王　二〇一二）。

（5）高麗・朝鮮のオンドル

後述するように現在の床暖房としてのオンドルの祖型は、高麗時代の益山弥勒寺跡や楊州檜巌寺跡で、L字ではなく、何本も石で造られた溝がめぐらされたものが発掘されており、高麗時代の後半には出現したものと考えられている（李　二〇〇二）。これらは床を作った上で、その下に暖気を送り込む形態であることから、構造的な原理は、現代のオンドルと同じ床暖房となる。

文献からは『宣和奉使高麗図経』（十二世紀）でも、庶民が「火炕」を用いていたとある。『東国李相国集』（李奎報一一六八－一二四一）、『補閑集』（崔滋　一一八八－一二六〇）などといった高麗中期の文献には、オンドルに関する記述がみられ、十三世紀にはかなり普及していたと思われる（朱　一九九六、田中・劉　二〇〇〇）。

『宣和奉使高麗図経』巻二十八　臥榻条
臥榻之前。更施矮榻。三面立欄楯。各施錦綺茵褥。復加大席。莞簟之安。殊不覺有夷風。然此特國王貴臣之禮。兼以待使華也。若民庶。則多爲土榻。穴地爲火炕。臥之。蓋其國。冬月極寒。復少纊絮之屬爾。

『東国李相国集』後集巻七条
冬月臥泳（冰？）堗、寒威來刮骨、幸今燒拙撰、一束炎己發

『補閑集』巻下　華嚴月首座餘事
有黙行者、不知族氏年可五十、或爲髮或爲頭陀。……時豫適在龜城、道人存純、謂豫言行者、嘗冬月敷一座具、差一衲衣、衲中無蟣蝨坐氷堗上寒色不形、學道後進、抱冊往從質疑者、無不委細開説、方大寒恐、其凍也。候出時遺房子、急爇柴頭温其堗而去、行者來觀之無喜温色、徐出戸拾石礫塡堗口泥其灰塗隙而上、宴坐如初自是不復遺温也。

一五世紀の朝鮮朝まで下るとオンドルが普及していく様子がわかる（禹・田中　二〇〇八）。一四一七年に科挙を受ける際に、急病人のために堗（温堗＝オンドル）を作ることを命じる記述があり、一四二五年には成均館の学生（儒

生）に病気が多いとのことから、また、一四三五年にも済生院（孤児院）にオンドル（温堗）を作ることを朝鮮国王が命じている。

『朝鮮王朝実録』太宗十七年閏五月十四日条
禮曹上科擧之法（中略）間有志學之士、皆鄕曲寒生、恒居於館、往往得風濕之疾、故人多厭之、其居館者、常不滿三四十。上軫慮、命攸司作堗於齋之一隅、以爲患病者休養之所、又使醫員胗（診？）候療藥、其養士之方備矣、及其科擧之時、尚不滿館試之數。

『朝鮮王朝実録』世宗七年七月十九日条
上聞成均生多中濕疾、命左副代言金赭往審之、令工曹修東西齋各五間爲溫堗。

『朝鮮王朝実録』世宗十七年六月二十二日条
可於（濟生）院傍造家三間、一間溫堗、一間涼房、一間炊飯、令院奴婢各一名及良賤中有恒心自願人救護、其衣料、依埋骨僧例給之。

（6）考古資料からみたオンドルとカン（炕）

朝鮮半島や東北アジアの類例を、文献史料を中心に概観したが、オンドル状遺構の起源を求める考え方もある。中国中原地方起源説（北魏・酈道元〔四六九―五二七〕の『水経注』巻十四、鮑丘水「水東有觀雞寺、寺内起大堂、甚高廣、可容千僧、下悉結石為之、上加塗墍、基內疎通、枝經脈散、基側室外、四出爨火、炎勢內流、一堂盡溫」の記載をオンドル状遺構の起源とする。）や西方移入説や多源説もあるが、朝鮮半島や東北アジア以外の資料は、断片的である（ソン二〇〇六）。

東アジアの文献史料からは、建物の暖房施設として、坎（匈奴）、長坑（高句麗）、炕・カン（女真）、温堗・オンドル（高麗・朝鮮）という名称を見出すことができる。匈奴の坎は、恒常的な施設として存在したか疑問である。考古資料では、高句麗以前にも朝鮮半島や中国東北部には、溝状の暖房施設の存在はうかがえる（図28）。高句麗には、「L」字状のものを中心にいくつかのバリエーションがすでに存在するが、時代を下るにつれて、コ字状やロ字状、複数の煙道が並行するものなど複雑化していくようである（李 二〇〇二、ソン 二〇〇八）。

渤海のものは、高句麗同様に熱源から石組みで暖気を送る施設であるが、平面形はより複雑化し、コ字状の平面形を呈するものが増える。高句麗の直線的なプランより複雑化しており、女真のものに近い（中澤 二〇一一・二〇一二）。女真の類例については、中国東北部だけでなく、ロシア沿海州でも、数多く検出されている（シャイガ城、クラスノヤル城、ユジノ・ウスリースク城等）（アルテミエバ 二〇一一）。

ロシア考古学者が指摘するように、渤海の「オンドル状遺構」は、高句麗の「オンドル状遺構」と女真のカン（炕）[6]をつなぐ資料と考えてよいだろう（ヴォロビヨフ 一九八三、イブリエフ 二〇〇七）。

高句麗の溝状の暖気を送る施設が、渤海、高麗を経て、朝鮮半島では、カマドから暖気を床下に送って、床全体を暖めるタイプになり、中国では、女真のカンが、中国東北部から華北に分布する壁の中やベッドの下に暖気を送る管を通し現代の炕に発展している。[7]

以上、東アジアにおける前近代を中心としたカン（炕）を含めたオンドル状遺構を概観すると、信濃のコ・ロ字状カマドは、煙道の平面形の比較だけをみれば、高句麗や日本の古墳時代にみられるL字カマドよりは、渤海や女真にみられるものに近い。

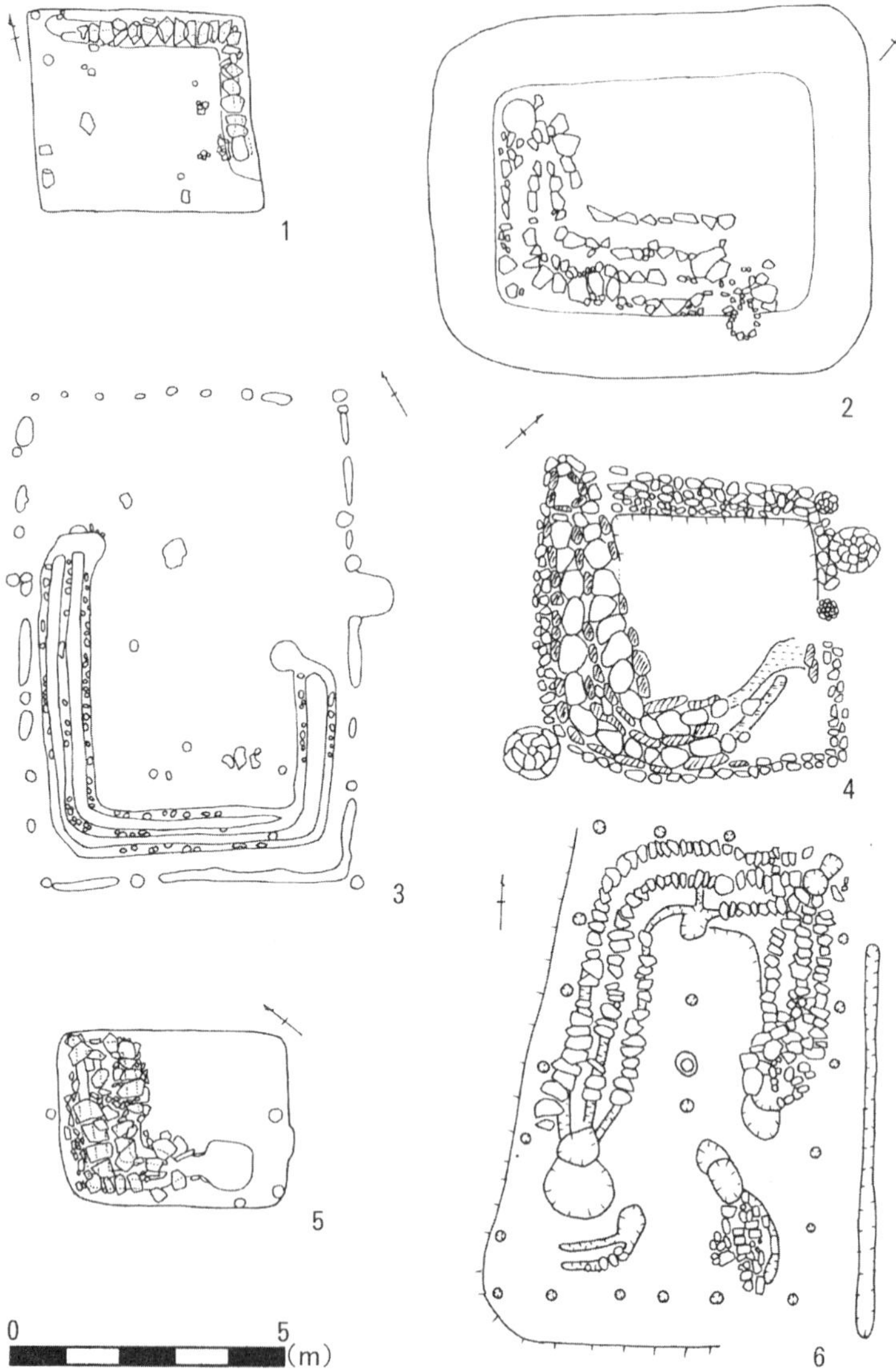

図28　東北アジアのオンドル状遺構

1 鳳林城址 1998F2 号住居跡（初期鉄器時代）、2: 五女山城 F14 号住居跡（高句麗）、
3 海林河口 F1003 号住居跡（渤海）、4 アウロフカ城址 2 号住居跡（渤海）、
5 五女山城 F18 号住居跡（女真）、6 シャイガ城址 215 号住居跡（女真）［縮尺 1/160］

4　オンドル状遺構と渡来系氏族

オンドル状遺構は、すでに述べたように県内では六遺跡で検出されているが、とくに野口遺跡では、発掘調査段階から渡来系氏族の問題と密接に論じられてきた（桐原 一九八九、長野県埋文 一九九三a、一九四－一九八頁）。その根拠とされたのが、『日本後紀』の高句麗系氏族賜姓記事と積石塚古墳であった。長野県域の積石塚古墳と朝鮮半島（高句麗や百済）からの渡来系氏族と関係については、古くは、栗岩英治（一九三八）、大場磐雄（一九六四）、桐原健（一九八九・一九九二）、宮下健司（一九八九・一九九二）、黒坂周平（一九九〇）らが指摘する。

ただ、こうした平安時代のオンドル状遺構を、高句麗（紀元前一世紀～六六八）との関係で論じるには、少なくとも百年以上の時間的なヒアタスがあるが、ここで、積石塚古墳と渡来系氏族との関係が指摘された文献史料の記事を確認しておく。

『続日本紀』延暦八年五月二十九日
　庚午。信濃国筑摩郡人外少初位下後部牛養。无（無）位宗守豊人等賜姓田河造。

『日本後紀』延暦十六年三月十七日
　癸列。信濃国人外従八位下前部綱麻呂賜姓安坂。

『日本後紀』延暦十八年十二月五日

甲戌。甲斐国人止彌若虫。久信耳鷹長等一百九十人言。己等先祖。元是百濟人也。仰慕聖朝。航海投化。即天朝降綸旨。安置攝津職。後依丙寅歳正月廿七日格。更遷甲斐国。自爾以來。年序既久。伏奉去天平勝寶九歳四月四日勅稱。其高麗百濟新羅人等。遠慕聖化。來附我俗。情願改姓。悉聽許之。而已等先祖。未改蕃姓。伏請蒙改姓者。賜若虫姓石川。鷹長等姓廣石野。又信濃国人外從六位下卦婁眞老。後部黒足。前部黒麻呂。前部佐根人。下部奈弖麻呂。前部秋足。小縣郡人无位上部豊人。下部文代。高麗家繼。高麗繼楯。前部貞麻呂。上部色布知等言。己等先高麗人也。小治田。飛鳥二朝庭時節。歸化來朝。自爾以還。累世平民。未改本号。伏望依去天平勝寶九歳四月四日勅。改大姓者。賜眞老等姓須須岐。黒足等姓豊岡。黒麻呂姓村上。秋足等姓篠井。豊人等姓玉川。文代等姓清岡。家繼等姓御井。貞麻呂姓朝治。色布知姓玉井。

（引用文献の傍線は筆者による。）

『続日本紀』延暦八年及び『日本後紀』延暦十六年の記事では、単に日本風の姓（信濃の地名にも存在する）を信濃国人が賜ったというだけであり、後部牛養（延暦八年）、前部綱麻呂（延暦十六年）の本来の姓が、それぞれ高句麗や百済にも氏族の名称としてみられることからの類推であるが、よりはっきりしているのが、『日本後紀』延暦十八年の記事の「卦婁眞老。後部黒足。前部黒麻呂。前部佐根人。下部奈弖麻呂。前部秋足。小縣郡人无位上部豊人。下部文代。高麗家繼。高麗繼楯。前部貞麻呂。上部色布知等」で、高麗（高句麗）の人であるとはっきり書かれている。

『新撰姓氏録』山城国　諸蕃　高麗
　高井造。出自高麗国主鄒牟王廿世孫汝安祁王也。

直線距離で約四キロに位置している野口遺跡と積石塚古墳である安坂将軍塚の両者は、現在の行政区分では、麻績村と筑北村であるが、古代においても別個の地域であったとは言えない。綿田弘実が指摘するように、積石塚古墳も「オンドル状遺構」も、長野県域あるいは日本列島でありふれた遺構であるならともかく、信濃の中でも非常に限られており、関係性を考えるのは当然だろう（長野県埋文　一九九三a、一九四－一九八頁）。

また、延暦年間の賜姓記事を今一度見てみると、すでに桐原ら先学が指摘していることであるが、（ア）延暦八年の後部牛養が田河姓に、延暦十六年前部綱麻呂が安坂姓になったことと、延暦十八年の高麗人の賜姓記事とは、前者二者と後者の関係について、とくに後者の記事の中で、言及はないから、厳密に言えば、前者二者が高麗人であるかは、これらの記事からは確定的なことは言えない。しかし、延暦十八年で言及されている甲斐の百済人の中ではなく、信濃の高麗人の中に、同じ姓があり、「後部」牛養と「前部」綱麻呂は、古代氏族の姓としてありふれたものでもないから、延暦十八年の賜姓記事にみられる「後部」黒足や「前部」黒麻呂、「前部」佐根人となんらかの関係があったのではないか。

（イ）延暦十八年の高麗人の主張によれば、小治田・飛鳥二朝庭時節、推古天皇（五九三－六二八）や舒明天皇（六二九－六四一）の治世、七世紀前半に渡来してきたが、天平勝宝九年（七五七）、勅によって、延暦十八年（七九九）、八世紀末に日本風の改姓を願い出た。

（ア）の部分については、たしかに推測を含むのであるが、作業仮説として、安坂将軍塚古墳とその周辺地域を見た時に、考古学的な事象とよく符合している。

安坂古墳群のうち、安坂将軍塚一号墳は竪穴式の積石塚古墳であり、出土遺物からも五世紀代、同じく安坂古墳群の安坂将軍塚四号墳（安坂中村古墳）は横穴式の積石塚古墳であり、出土遺物から七世紀末と推定されている（宮下一九九二）。

信濃全体の平安時代の渡来系氏族の分布も考えてみると、『続日本紀』延暦八年の田河、『日本後紀』延暦十八年、須須岐、豊岡、村上、篠井、玉川、清岡、御井、朝治、玉井、『新撰姓氏録』の高井[8]といった文献にみられる氏姓と比定地名の関係も加えて考えてみれば、文献の記述（地名）と遺跡（オンドル状遺構、積石塚古墳）の分布は、比較的よく対応しているといってよいだろう。（図29・表18）

積石塚古墳の被葬者については、信濃全体で同じ系統なのか、別であるのかを含めて、総合的に分析する問題では

表18　文献にみられる信濃関係賜姓名称と地名

出　典	名　称	比定地等
『続日本紀』延暦八年	田河造	松本市田川
『日本後紀』延暦十六年	安坂	筑北村安坂
『日本後紀』延暦十八年	須須岐	薄川（松本市）、須々岐水神社（千曲市）
	豊岡	
	村上	坂城町村上
	篠井	長野市篠ノ井、篠井川（中野市）
	玉川	
	清岡	
	御井	
	朝治	
	玉井	
『新撰姓氏録』山城国	高井造	高井郡

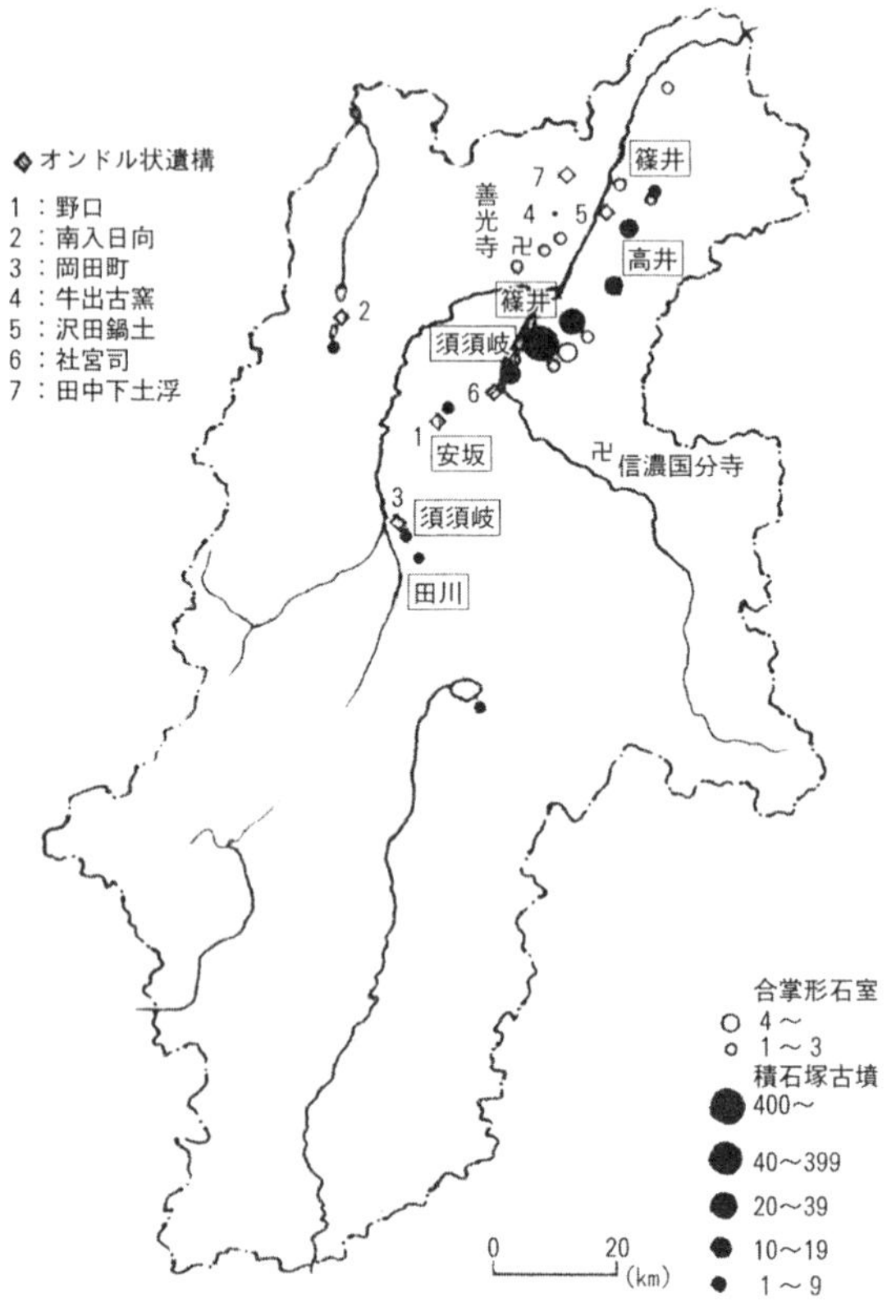

図29　信濃のオンドル状遺構と賜姓地名・積石塚古墳

あり、考古学的な観点からは、文献史学の成果との齟齬を指摘したくなるところであるが、(9)積石塚古墳の被葬者の問題はさておき、オンドル状遺構の年代に近接する文献史料の記述（高句麗からの渡来系氏族の存在）は、一概に否定できないと考える。

5　信濃のオンドル状遺構の起源

信濃には、古墳時代にはL字カマドがないのにもかかわらず、平安時代になって新たに出現した。これは、信濃以外の地域から、コ・ロ字状カマドの段階になってから導入されたと理解すべきではないか。しかし、列島内ではその適当な地域を見出しにくい。列島外に目を向けた場合には、高句麗は七世紀（六六八）に滅亡しており、信濃のオンドル状遺構とは時間的な隔絶がある。むしろ、信濃のオンドル状遺構と年代的に対比可能なのは、渤海（六九八－九二六）と思われる。渤海のオンドル状遺構については、文献上の記載は管見ではみられないが、考古資料では例が報告されている。高句麗のオンドル状遺構の系統を引いているが、煙道の平面形は、かなり複雑化している。

現段階で、信濃と渤海の関係を明確に示す文献史料は欠けるが、すでに触れた信濃の高句麗系氏族を補助線とし、筆者なりの推論を以下、提示したい。

渤海は、大まかに言えば、靺鞨と高句麗からなる国家であった（朱　一九七九、魏・朱・郝　二〇〇六）。信濃にいた高句麗系氏族は、高句麗系の部族を多く含む渤海とは、当然、まったく関係がない人々に比べれば、はるかに関係を構築しやすかったことは想像にかたくない。

そのことを示唆する一例として、日本から渤海に派遣された使節団にも高句麗系の人びとがいたことが挙げられる。遣渤海使は文献上、多く見積もると全一五回（一三回・一四回の説あり）であるが、少なくとも三回の大使は高句麗系の氏族であった（表19）（上田　二〇〇一）。

表19　遣渤海使にみられる高句麗系氏族

年号（西暦）	氏　名	出　典	備　考
天平宝字3年（759）	高元度	『続日本紀』	迎入唐大使使
天平宝字6年（762）	高麗朝臣大山	『続日本紀』	
宝亀8年（777）	高麗朝臣殿継	『続日本紀』	大山の子。高倉殿継

文献史料に見えるのは、あくまで主に大使の名であるが、使節団を形成した判官・録事・訳語・主神・医師・陰陽師・史生・船師・射手・卜部・雑使・船工・柂師・傔人・挟杪・水手（『延喜式』大蔵省）などの多くのメンバーがいたことがわかっている。こうしたメンバーに信濃の高句麗系氏族そのものあるいは関係者がいたのではないだろうか。

さらに、もう一つの可能性として、従来、渡来系文化の影響を考える場合、列島外に文化の発信地があって、列島内の地域がそれを受信するのみのモデルを考えがちであるが、相互に往来した人物や集団の可能性も筆者は考えてよいと思われる。すでに述べた遣渤海使自体も一定期間彼の地に滞在した後、日本に帰国する例があることが知られている[10]。渤海の例ではないが、一方的な渡来（朝鮮半島から日本列島）ではなく、坂本太郎が推測したような複雑なケース（科野から百済へ、そして百済から日本や信濃へ）以外にも様々なケースがあった可能性も考えたい。

オンドル状遺構を考えるときに、積石塚古墳は、古墳時代中期から後期（およそ五〜六世紀）のものが大半であり、少なく見積もっても二百年近いタイムラグがある。これを古墳時代の積石塚古墳を造営した集団の性格を考える上での資料として用いることができるかという問題がある。渡来系氏族の賜姓記事は、奈良時代末から平安時代（八世紀末〜）のことであり、むしろ奈良・平安時代の文献史料と考古資料の対比の問題としてまず考えた上で、遡及させていくことが必要であろう。

追記

西山克己（一九九六）や春日真実（二〇〇三・二〇一〇）が注目する円筒形土製品（カマドの煙突か）との関係はよく

わからない。長野県内のオンドル状遺構（可能性のあるものも含む）の類例を新たに知り得たので、追記しておく（表20）。とくに、長野市の例はいずれも篠ノ井あるいはその近接地区（信更町）である。宮の下遺跡では、溝内が焼けていたり、石蓋が一部残っているものを含み、明らかに排水溝とは考えにくい。さらに、県内最古の奈良時代から平安時代の三軒の竪穴住居跡で検出されており、継続して作られ続けていたことがわかる。『日本後紀』延暦十八年記事にでてくる「篠井」は、現在の長野市篠ノ井周辺である可能性がさらに高まったといえよう。

注

（1）報告者はカマドと溝が直結しないことや溝内に煤や炭化物がみられないことから、暖気を送る溝ではなく、排水用の溝と考えている。

（2）飯綱町田中下土浮遺跡例は、カマドの石組み部分がL字状を呈しているが、屋外に伸びていく煙道部分が削平されている。いずれにせよ、屋内部分に煙道が延びるタイプではない。

（3）長野県以外にも埼玉県鳩山窯跡群柳原遺跡などに類例がある。

（4）部分式床暖施設としての炕の起源と成立については、大貫論文（一九八九）が詳しい。カマドや竪穴住居から平地住居への変化との関係を述べている。

（5）匈奴のものは、常設的な暖房施設であるかはわからない。そもそも炕の成立をカマドの普及と住居の地上化という視点から中国中原との関係を論じる見解もある（大貫　一九八九）。近年の考古学的な調査でも、長城以南にも河北省徐水東黒山遺跡で、漢代（西漢）の炕が検出されている（『中国文物報』二〇〇七年一月一七日号）。ちなみに、坎

表20　長野県のオンドル状遺構（追加）

No.	遺跡名	所在地	遺構の時期	備考	文献
8	柳町遺跡（14号住居跡）	飯山市寿	平安時代	溝はT字状	（飯山市教委1995）
9	南宮遺跡	長野市篠ノ井	平安時代	溝はコ字状か	（長野市教委2000）
10	猪平遺跡（A11号住居跡）	長野市篠ノ井	10世紀後半～11世紀		（長野市教委1994）
11	宮の下遺跡（A1・A4・A6号住居跡）	長野市信更町	8～11世紀	溝はコ字状 石蓋あり	（長野市教委1994）

（カン・コン）については、中島敦の小説『李陵』にも『漢書』を引用する形で、描かれている。「蘇武一人は降服を肯んじないばかりか、辱しめを避けようと自ら剣を取って己が胸を貫いた。昏倒した蘇武に対する胡毉の手当てというのがすこぶる変わっていた。地を掘って坎をつくり熅火を入れて、その上に傷者を寝かせその背中を蹈んで血を出させたと漢書には誌されている。」

（6）ロシア考古学では、炕の現代中国語音（kang）によってカン（кан）と呼ぶ（日本の漢字音では「コウ」）。煙道の形状から、Γ字状（L字状）・Π字状（コ字状）に分類し、前者を高句麗型、後者を満洲型とする（ヴォロビヨフ　一九八三）。渤海のオンドル状遺構は、高句麗の長坑（オンドル状遺構）の発展したものと考えられることや渤海建国以前の靺鞨の遺跡には、前述したようにこうした遺構が検出されていないことから、韓国の考古学者は、「カン」などではなく、「オンドル」（あるいはクドゥル）という名称を冠する（朱　一九七九、李　二〇〇二）。

（7）炕は、一般の民家から北京の紫禁城といった宮殿にまで使われている。

（8）『新撰姓氏録』は、直接信濃の住民のことを記録しているものではないが、高井は、『倭名鈔』の郡名には、信濃国高井郡しかないことから、信濃の地名と考えられていて、間接的に信濃の高井に高句麗系氏族が存在したとする傍証になるとする説（桐原　一九八九、一一〇－一一四頁）やさらに高井は本来、高句麗の国姓「高」であり、奈良時代の好字令的な風潮（一字の地名人名を二字で表現する。泉→和泉、紀→紀伊など）で高井としたものとする説もある（森　二〇〇六）。

（9）積石塚古墳の被葬者については、坂本論文（一九六六）の成果を踏まえ、考古資料にも百済系の遺物がみられるとし、百済系である可能性を考える説（宮下　一九九二）もある。

（10）一定期間、彼の地に滞在し、現地の人と結婚、子までなして、妻子を日本に連れて帰ろうとした人がいたことも知られている（『続日本紀』天平宝字七年十月乙亥条、留学生高内弓）。また、いわゆる渤海使も一定期間、渤海に滞在していたことが知られている。例えば、滋野船代（船白）は、延暦十八年（七九九）の四月に渡海したのち（渤海の遣日本使の押送）、九月に帰国している（『日本後紀』『類聚国史』）。

六　古代信濃の鉄鐸についての一考察

1　はじめに

単に「信濃の鉄鐸」と言えば、諏訪大社や諏訪信仰にかかる鉄鐸に関する記述が、中近世の史料にみられる（笹本一九九〇・二〇〇八）ことから諏訪大社などに伝わる伝世品の鉄鐸が想起されるかもしれない。鹿の頭をはじめとした鳥獣魚類を神饌として供える『御頭祭』（酉の祭）にも鉄鐸は用いられていたことが菅江真澄によって記録されている（『すわの海』）が、特異な様子の神事に用いられていることから、鉄鐸をより印象深いものとしているのかもしれない。さらに、出土資料として鉄鐸を見たときに、古代信濃は日本で最も多い。後述するように、現代からはるか古代へと遡れる考古資料という可能性を秘めているようにも思われる点でも注目されてきた。

近年では、考古資料としての鉄鐸研究も進んでおり、屋上屋を架する部分も少なからずあると思われるが、逆に研究が進むにつれ、年代や地域を細分して分析しがちであり、木を見て森を見ずのたとえもあるように、緻密な分析とともに、大きな全体の流れのなかでとらえ直す作業も重要ではないだろうか。本稿では研究史を概観し、汎日本列島的な鉄鐸の年代把握と分類を行った上で、日本列島の資料を中心に、東北アジア的な視野の中で、古代信濃の鉄鐸の性格や意義について考えてみたい。

2　研究史

鉄鐸の研究史において、信濃の資料は、当初より重要な位置を占めていた。鳥居龍蔵は、日本の原始古代の文化について、列島周辺の文化との関連性を強く意識し、東北アジアのシャーマニズムが日本の古代宗教に影響を与えたと論じたが、とくに諏訪大社に伝世されていた鉄鐸（に伴う祭祀）は、東北アジアのシャーマンの腰鈴が影響を与えたものとした。（鳥居 一九七五・一九七六d）。

諏訪大社の歴史をまとめた宮地直一は、諏訪大社の鉄鐸を実測し、資料化した上で、鳥居説に言及している（宮地一九三七）。大場磐雄は、諏訪大社以外の鉄鐸（小野神社）も資料化し、伝世品であるが、考古資料として検討を加え、（大場 一九三三）、さらに、銅鐸との関連性を指摘した（大場 一九四四）。

銅鐸との関連性はともかく、古典の中にみられる「鉄鐸」や関連資料については、原田淑人や佐野大和がまとめている（原田 一九五六、佐野 一九九二）。

佐野の研究は、単に名称の問題にとどまるのではなく、今まで鉄鐸が、考古学としては、神社等の伝世品を中心とした資料の検討にとどまっていたものを、栃木県の日光男体山山頂遺跡出土資料（斎藤ほか 一九六三）を踏まえ、年代や性格について、考古学研究によるアプローチも可能であることを示した。しかし、日光男体山山頂遺跡が、祭祀遺跡という性格上の問題もあり、奈良時代の遺物が多いものの、古墳時代から平安時代やそれ以降の遺物も一緒に出土しており、層位的な裏付けによる時期区分が困難であり、当該遺跡だけでは細かい所属時期を特定することが難しかった。

藤森栄一は、大場説を踏まえた上で、鉄鐸の考古学的な検討を行った。藤森は、銅鐸研究（銅鐸の性格解明）に主眼があった。鳥居の東北アジアのシャーマンの影響が、弥生時代の銅鐸（あるいはその祖型としての鉄鐸）にみられるとし、銅鐸はなくなったが、鉄鐸は残存し、その文化を伝えているものと考えた（藤森 一九八六）。

こうした中、福岡県嘉麻市のかって塚古墳の発掘調査によって、鉄鐸が副葬品として出土した。横穴式石室のかって塚古墳から鉄鐸が出土したことによって少なくとも古墳時代後期までは、年代的に遡ることも判明した（児島 一九六七）。

その後の遺跡の発掘調査によって、鉄鐸の類例も飛躍的に増え、年代、出土状況等について、多くの知見が得られたが、現在は藤森が想定したような銅鐸が用いられていた年代（弥生時代）まで遡る鉄鐸の類例は知られていない。

信濃では、古代とくに平安時代の遺構から出土する事例が多い。西日本では、かって塚古墳同様に古墳からの出土が多いこと（行田 一九九七）や沖ノ島の調査によって、古墳以外からの出土で、年代も古墳時代後期以降（飛鳥時代、奈良時代あるいは平安時代）に下るような資料が存在する（岡崎ほか 一九七二、第三次沖ノ島学術調査隊 一九七九、弓場 一九八八、佐田 一九九一）ことがわかってきた。

とくに、古代の信濃の鉄鐸については、松永満夫、神澤昌二郎、桐原健、原明芳によって出土例などを踏まえ考古学的な検討が行われるようになった。

松永は、鉄鐸を諏訪信仰との関係性を重視する藤森説を踏まえ、八ヶ岳西南麓の茅野市御狩野遺跡の平安時代の墓から出土した鉄鐸を、当地の諏訪信仰が平安時代まで遡ることを示す資料と考えた（松永 一九七八）。桐原も藤森の所説を踏まえ、銅鐸祭祀や古墳時代鉄鐸の系譜を重視する（桐原 一九八〇）。

一方、神澤は、諏訪信仰とのかかわりを否定するものではないが、出土状況、形態、製作技法などといった点から考古資料の基本的な分析に戻って、とらえなおし、竪穴住居跡といった墓以外の出土例もみられることから、神社の祭器とは異なった使われ方をした可能性を指摘した（神澤 一九八六）。原も、古代の墓制の中でとらえ、従来諏訪信仰のパラダイムにとらわれがちだった鉄鐸を、古代の墓に伴う副葬品の一つとしてそのあり方を検討しなおしている（原 一九九六）。

信濃の鉄鐸を考える上で、神澤と原の両氏は、出土例の増加という点もあるが、年代、遺跡の性格や出土状況といった考古資料の分析の基本に戻ることを指摘した点でも重要である。

原は、鉄鐸の性格だけを論じるのではなく、特に信濃の鉄鐸が、①墓から出土する例もあるが、竪穴住居跡から出土する例も多いこと。②諏訪信仰の中心的地域と考えられる諏訪盆地にも出土例はあるが、松本盆地の方が出土例が多いことを指摘した。原は鉄鐸が祭祀具や祭器であり、平安時代以降に諏訪信仰に祭器として鉄鐸が取り入れられた可能性は否定しない。しかし、当初から諏訪信仰の祭器であり、諏訪信仰の広がりを示す考古資料として自明の理として扱うことには疑問を呈した。むしろ、平安時代に国府があった松本盆地の出土例が多いことから、古墳時代以来西日本を中心に分布していた鉄鐸が、平安時代に地方に波及したいわゆる「都の文化」の受容の結果であるとした（原 一九九六）。

原によれば、鉄鐸が出土する土坑墓は、木質部分が必ずしも残存していないが、形状から多くは木棺墓であるという。土坑墓（あるいは木棺墓）は、もともと在地の葬制ではなく、また吉田川西遺跡にみられるように、鉄鐸のみならず八稜鏡、銅鋺、灰釉陶器、緑釉陶器といった副葬品を持つことから、被葬者は、非在地の一定の階層の人物（都の文化の担い手か）であるとする（原 一九九八・二〇〇九）。

原の集成以後も、考古資料としての信濃の鉄鐸について、類例が増えており（長野県埋文 二〇〇九、桐原 二〇一二）、平安時代の墓（土坑墓・木棺墓）に多く出土するが、墓以外の出土例（竪穴住居跡等）もある。地域的には、諏訪盆地にも類例がみられるが、一方でそれ以外の地域、とくに松本盆地などにも類例が多いといった原が指摘した傾向は変わっていない。

近年、鉄鐸研究の上で注目されるのは、青森県などの東北地方にも平安時代の錫杖状鉄製品に伴う筒形鉄製品（無舌の鉄鐸）である（青森県教委　一九九八）。無舌であり、法量的にも、四㌢前後と非常に小さく、いわゆる錫状形鉄製品に伴うといった特徴を持つ。西日本や信濃に分布する鉄鐸とは異なる。

また、古墳時代に西日本を中心に分布した鉄鐸が、彼の地ではほとんど用いられなくなった時期に、突如、信濃に広がったのだろうか。その前に汎日本列島的な視野で年代と地域ごとの特徴にもとづいて類型に分類した上で、この点を考察する。

3　鉄鐸の類型（年代と地域）

そもそも、鉄鐸は、主に鉄辺を湾曲させて舌をつけるという構造をしており（鍛造品が多いが、鋳造品も存在する）、形態はいたってシンプルである。系統的な問題は、別としても、古墳時代から古代さらには中世以降も、ほぼ同様な形態のものが、日本列島で長期間に用いられていた。

長期間にわたって、各地で様々な状況で出土している資料を、形態や素材から同一の名称で呼称することが可能だからと言って、一つの用途や性格でとらえようとすることは問題があり、鉄鐸をいかに用いるかという使い手の方の問題も、少なからずかかわってくるだろう。

ここでは、鉄鐸を単に総括的に捉えるのみならず、地域、年代、出

表21　鉄鐸の類型とその特徴

類　型	年　代	長　さ（cm）	舌	出土状況	主要遺跡	備　考
西日本	5～6C	4～10	○	古墳	かって塚古墳他。表22参照。	
祭祀遺跡	7～9C?	4～7	○	海辺	沖ノ島、寺家遺跡	寺家以外は、時期の特定が難しい。
	8～9C?	7～16	○	山頂	男体山山頂遺跡	
信　濃	7～11C	4～10	○	住居跡・墓等	表24参照。	10～11Cに盛行。
東　北	9～10C	3～5	×	住居跡等	表25参照。	筒形鉄製品とも。錫状形鉄製品にともなうものか。
諏訪大社	13C?～	9～19	○	伝世品	諏訪大社上社他。表26参照。	麻鉾に装着。
朝鮮半島	4～7C	4～9	○	墓	竹幕洞遺跡は、沖ノ島型か。	鋳造品はやや大きい。6～7Cに盛行。
渤　海	7～10C	2.5～4	×	墓	モナストゥールカ3遺跡60・61号墓（9C）永慶村東清1号墓	筒形鉄製品？（小嶋2004）

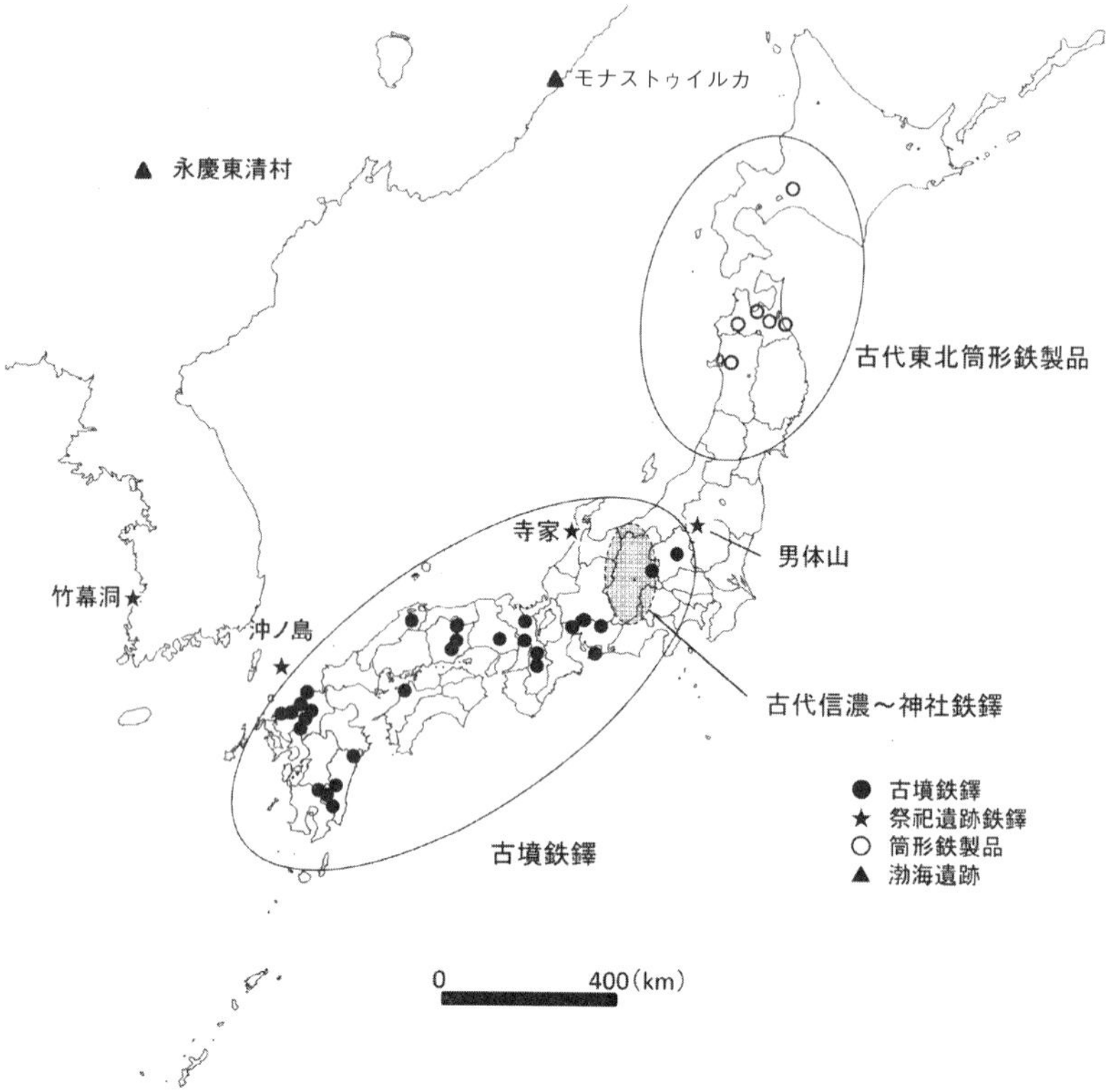

図30　鉄鐸の各類型と分布

土遺跡の性格などを勘案して、日本列島の鉄鐸を五類型（西日本、祭祀遺跡、信濃、東北、諏訪大社）に、分類した（表21・図30）。

（1）古墳時代西日本

すでに、研究史でも触れたように、福岡県かって塚古墳の例によって、古墳時代に鉄鐸が遡ることが明らかになった。その後出土例が増え、行田裕美の集成によって、列島全体では、古墳時代の類例についても、わかってきた（行田一九九七）。さらに、近年、早野浩二も集成している（早野二〇〇八）が、古墳時代は、西日本に多い傾向は変わっていない（表22）。

なお、古墳時代鉄鐸の故地と考えられている朝鮮半島南部では、三国時代（四～七世紀）の墓の副葬品に鉄鐸の出土例

表22　古墳時代の鉄鐸

No.	遺跡名	所在地	出土遺構	点数	舌	時期
1	倉賀野万福寺6号墳	群馬県高崎市	竪穴式小石棺	1	○	5C後半～6C前半
2	中原遺跡	長野県小諸市	竪穴住居	1	○	7C後半
3	藤原1号墳	愛知県田原市	横穴式石室	1	—	6C後葉
4	神明遺跡	愛知県豊田市	祭祀遺構	2	×	5C後葉
5	三味線塚古墳	愛知県豊田市	周溝	1	×	5C中葉
6	高蔵寺5号墳	愛知県春日井市	横穴式石室	1	×	6C末
7	馬見塚遺跡	愛知県一宮市	祭祀遺構	1	×	5C中葉
8	城谷口2号墳	京都府南丹市	横穴式石室	1	○	6C中葉
9	町田東3号墳	京都府南丹市	木棺	1	×	5C後半
10	龍王山E-14号墳	奈良県天理市	横穴式石室	1	×	6C末
11	忍坂3号墳	奈良県桜井市	横穴式石室	8	○	6C末
12	小倉東2号墳	大阪府枚方市	木棺	1	×	6C後半
13	大池7号墳	兵庫県三木市	第4主体部	1	○	6C中葉
14	土井遺跡	岡山県赤磐市	土坑墓	3	×	6C後半
15	一国山1号墳	岡山県岡山市	周溝	1	×	5C中葉
	一国山古墳群	岡山県岡山市	流土中	1	×	5C後半？
16	西吉田北1号墳	岡山県津山市	箱式石棺	2	○	5C中葉
17	六重城南遺跡1号墳	島根県雲南市	周溝	1	○	5C（島根県2009）
18	福音小学校構内遺跡	愛媛県松山市	遺構外	1	×	5C後半？
19	かって塚古墳	福岡県嘉麻市	横穴式石室	7	○	5C後半
20	堤ケ浦10号墳	福岡県福岡市	横穴式石室	1	×	6C末
21	桑原石ヶ元12号墳	福岡県福岡市	横穴式石室	1	×	6C後葉
22	沖ノ島1号祭祀遺跡	福岡県宗像市	祭祀遺構		—	7C～9C?
23	名残高田6号墳	福岡県宗像市	横穴式石室	1	×	6C後葉
24	カクチガ浦3号墳	福岡県那珂川町	周溝	1	○	5C後葉
	カクチガ浦6号墳	福岡県那珂川町	周溝	1	×	5C後葉
25	辻ノ田1号墳	福岡県前原市	横穴式石室	1	×	6C前半
	辻ノ田3号墳	福岡県前原市	横穴式石室	1	×	7C
26	横隈鍋倉遺跡	福岡県小郡市	竪穴住居	3	×	
27	中原5号墳	佐賀県唐津市	周溝	2	×	5C
28	南方32号墳	宮崎県延岡市		1	—	
29	六野原10号地下式横穴墓	宮崎県国富町	地下式横穴	1	×	5C後半
30	大萩3号地下式横穴墓	宮崎県小林市	地下式横穴	5	×	5C後半～6C前半
31	島内地下式横穴墓群ST-25	宮崎県えびの市	地下式横穴	1	×	5C後半
32	菓子野3号地下式横穴墓	宮崎県都城市	地下式横穴	6	×	5C～6C

表23　古代祭祀遺跡出土の鉄鐸

No.	遺跡名	所在地	点数	舌	時期	備考
1	沖ノ島	福岡県宗像市	7?	○	5～9C?	4～6cm、露天：1号8～9C、岩陰：5号7C後半、6号5C後半～6C、同形の銅製鐸が1号（舌なし）、5号、6号（舌あり）が出土。
2	寺家	石川県羽咋市	13	○	8～9C	4～7cm
3	男体山山頂	栃木県日光市	131	○	8～9C?	7～16cm、巨岩の隙間
4	竹幕洞	韓国全羅北道扶安郡	1	○	4～6C?	6.5cm以上（上下端欠損）、露天・表土層出土

がある。金東淑によれば、起源は六世紀以前に遡るが、量的には六〜七世紀に盛行するという（金 二〇〇九）。

朝鮮半島南部、九州から近畿地方にかけての西日本に五世紀には伝わったと考えられている（行田 一九九七・早野 二〇〇八）。両者ともに、墓（古墳）の副葬品であることから首長層個人の持ち物であり、被葬者が鉄鍛冶集団と深く関連を持っていた可能性や巫祝（シャーマン）的人物であったことが、推定されている（行田 一九九七・早野二〇〇八・高 二〇〇九）。かって塚古墳（七点）や奈良県桜井市忍坂三号墳（八点）のように複数点出土する例が日本列島でも少なからず存在し、朝鮮半島では複数個出土する例が、多いことなどから、東北アジアの民族例にみられるシャーマンの腰鈴のような使用法が想定され、被葬者を巫祝的な人物であるとする根拠となっている（高 二〇〇九）。

（2）祭祀遺跡（沖ノ島）

古墳時代から奈良時代にかけて古墳以外から出土する例は、いくつかあるが、特に、祭祀系遺物（石製・土製模造品、鏡などの金属製品等）を多量に出土する遺跡から鉄鐸が出土していることが注目される（表23）。

いわゆる「律令的祭祀」の形成期にあたる古墳時代終末期（七世紀）から奈良・平安時代前期にかけての祭祀遺跡である沖ノ島でも、一号、四号、五号、六号遺跡からそれぞれ数点鉄鐸が出土している。大きさは四〜六㌢程度で、古墳時代の鉄鐸が、おおむね四〜一〇㌢程度であることと比較すると、やや小ぶりであるが、年代的に近接し、分布域も古墳時代鉄鐸の分布域のほぼ縁辺部にあたり、その系譜を引いていると見てよいだろう。古墳時代の鉄鐸が、律令的祭祀に取り入れられたものと理解されるが、律令的祭祀の中心地である平城京などの都城には、鉄鐸自体の出土例は知られておらず。沖ノ島の独自の性格（遣唐使や朝鮮半島）と関係があるものと考えられる（佐田 一九八八、弓場 一九八八、金子 一九八八）。

このことを、裏付けるようにやはり律令期（奈良時代から平安時代前期）の祭祀遺跡である石川県羽咋市寺家遺跡から一三点の鉄鐸が出土している。寺家遺跡は、渤海との交流の際に、穢れの払いなどをつかさどったともされる。寺家遺跡は、気多大社に隣接した渤海にかかわる能登国の祭祀跡と考えられる（石川県立埋文一九八八、羽咋市教委二〇一三）。寺家遺跡も、海に面しているだけでなく、外国との交流にかかわる祭祀が想定されており、こうした点も沖ノ島と共通している。韓国の竹幕洞遺跡でも出土しており、沖ノ島同様海にかかわる祭祀遺跡の例である（国立全州博物館一九九四）。

共伴する資料から、出土層位からの詳細な年代・時期の特定が難しいが、奈良時代から平安時代前期にかけての資料が中心と考えられる日光男体山山頂遺跡から、のべ一三一点を数える鉄鐸が出土している（斎藤ほか一九六三）。沖ノ島や寺家遺跡とは、立地は異なるが、男体山山頂遺跡も、律令的祭祀そのものではなく後世の修験などにつらなるものであるとしても、規模も大きく、他に類例がないことから、国衙がかかわるような祭祀と想定されている（篠原二〇〇四）。

近年、男体山山頂遺跡について、古墳時代の遺物がみられることから、七世紀以前に祭祀が遡るとする所説もあるが（これについては、時枝による批判がある。時枝二〇一〇）、鉄鐸について言えば、全長七～一六センチと古墳時代の鉄鐸や沖ノ島・寺家遺跡より大きいものが主体である。後述する中世以降のものと思われる諏訪大社類型が九～一九センチとさらに大きく、全体的に時代が下るほど大型化する傾向がある（原一九九六）。大きさや共伴遺物を勘案すれば、おおむね沖ノ島や寺家遺跡よりやや後出の年代（男体山山頂祭祀遺跡の中心的年代である奈良時代から平安時代前期）の所産と考えられよう。

表 24　古代・中世の鉄鐸（出土資料）

No.	遺跡名	所在地	出土遺構	点数	舌	時期	備考	立地
1	屋地	長野県長野市	竪穴住居跡	1	×	10 世紀前半		山裾（皆神山山麓）
2	上五明条里	長野県坂城町	竪穴住居跡・墓	17	○	10C ～ 11C	木棺墓 SK4（9 点、舌 1 点、鉄製紡錘車 2 点：10C 後）竪穴住居跡 SB32（5 点、破片 1 点、舌 1 点、頁岩製舌？1 点、銅鈴 1 点:11C 初）長さ：4 ～ 8cm（長野県埋文 2011）竪穴住居跡 SB46（1 点、10C 前～中）	山裾（岩井堂山山麓）
3	中原遺跡群	長野県小諸市	竪穴住居跡	1	○	7C	竪穴住居跡 SB4	沖積地
4	幸神古墳	長野県佐久市	古墳	1	—	—	さいのかみ	山裾（兜岩山・荒船山山麓）
5	宮東	長野県佐久市	竪穴住居跡	1		10C 前半		山裾（兜岩山・荒船山山麓）
6	大師	長野県南相木村	竪穴住居跡	1	○	10C		山裾（御座山山麓）
7	小原	長野県松本市	竪穴住居跡・墓	4	○	8 ～ 10C 中葉	18 号住(1 点:8C 末～ 9C 初)60 号住（1 点：11C 中）118 号土坑墓（2 点：10C 前～中葉）（灰釉椀、土師坏、鉄製品：苧引金具？）（松本市教委 1993）	沖積地
8	北栗	長野県松本市	竪穴住居跡	1	×	11C 中葉		沖積地
9	くまのかわ	長野県松本市	竪穴住居跡	10	○	11C 中葉	6 号住（10 点）	沖積地
10	神戸	長野県松本市	竪穴住居跡	1	×	10C 前半	筒状鉄製品が 2 点住居跡から出土	沖積地
11	南栗	長野県松本市	竪穴住居跡	1	—	平安時代後期	管状鉄製品？	沖積地
12	新村	長野県松本市	土坑	2	×	12C 後半～ 13C 前半	70 号土坑（1 点）（捏鉢、常滑甕）、240 号土坑（1 点：中世）（土師皿）（松本市教委 2002）	沖積地
13	針塚	長野県松本市	竪穴住居跡	1	×	11C 中葉	19 号住（1 点）	沖積地
14	平田本郷	長野県松本市	竪穴住居跡・溝跡	6	×	平安時代	81 号住（1 点：9C 後葉）、99 号住（1 点：平安時代後期）、107 号住（3 点：平安時代後期）、11 号溝（1 点：平安時代前期）	沖積地
15	平瀬	長野県松本市	竪穴住居跡	8	×	11C 後半～ 12C	63 号住（2 点：時期不明）、79 号住(5 点)、80 号住(1 点)	沖積地
16	吉田川西	長野県塩尻市	竪穴住居跡	6	○	10 ～ 12C	竪穴住居跡 SB58（1 点：10C 末）、SB86（1 点：11C 後半）、SB207(1 点：12C 前半)、土坑 SK1226（1 点：中世）、遺構外（2 点）	沖積地
17	吉田向井	長野県塩尻市	遺構外	3	×	—		沖積地
18	狐塚	長野県茅野市	遺構外	1	×	—	筒状鉄器、木質痕跡あり。	丘陵（火燈山）
19	高部	長野県茅野市	遺構外	1	×	—	口金状鉄製品	山裾（守屋山麓）
20	中村・外垣内	長野県茅野市	土坑墓	3	○	平安時代後期	土坑墓 SK01（舌 1 点、八稜鏡 2 点、毛抜状鉄製品 1 点）	山裾（守屋山麓）
21	稗田頭 A	長野県茅野市	竪穴住居跡	2	○	10C 後半		台地（八ヶ岳山麓）
22	御狩野	長野県茅野市	土坑墓	1	○	10C 後半	土壙 1。土師坏 2 点、土師椀 2 点、土師小形甕 1 点、鉄鐸 1 点、舌のみ 2 点（長野県教委 1976）	台地（八ヶ岳山麓）
23	和手	長野県塩尻市	竪穴住居跡	2	?	9 ～ 10C	116 号住（1 点：9C 後半）54 号住（1 点：10C）（塩尻市教委 1997）	沖積地
24	宮保	石川県松任市	遺構外	1	○	8C?	銅鈴が先端に付く。遺構外出土（小嶋 1997a）	
25	白倉下原・天引向原	群馬県甘楽町	竪穴住居跡他	4	○	11C	39 号住(1 点)、92 号住(3 点)（群馬県埋文 1997）	

（3）古代信濃

祭祀遺跡を除くと、古代の鉄鐸の出土例は、圧倒的に信濃に多い（表24・図31）研究史的に鉄鐸は、諏訪信仰とのかかわりで、古くから長野県域で出土した資料が注目されてきたという経緯があるので、注目されやすい傾向があるのかもしれず、今後、長野県域以外でも、類例が増える可能性はある。

年代的には、平安時代前期（九世紀）に限定されるものは少なく、後半の十世紀以降のものが多い（表24）。ただし、七世紀代（小諸市中原遺跡群）や八世紀に遡る可能性がある鉄鐸（松本市小原遺跡）もある。大きさは長さが七センチを超えるようなものが散見され、古墳時代の鉄鐸よりは大型化する傾向にある（原 一九九六）。

竪穴住居跡から出土するものが多いが、土坑墓から出土する例（副葬品）もみられる。また、一遺構から複数個出土する例がある（松本市くまのかわ遺跡六号住より一〇点、松本市平瀬遺跡七九号住より五点、坂城町上五明条里遺跡木棺墓SK四より八点、竪穴住居跡SB三二より九点、茅野市中村外垣内遺跡土坑墓SK〇一より三点）。

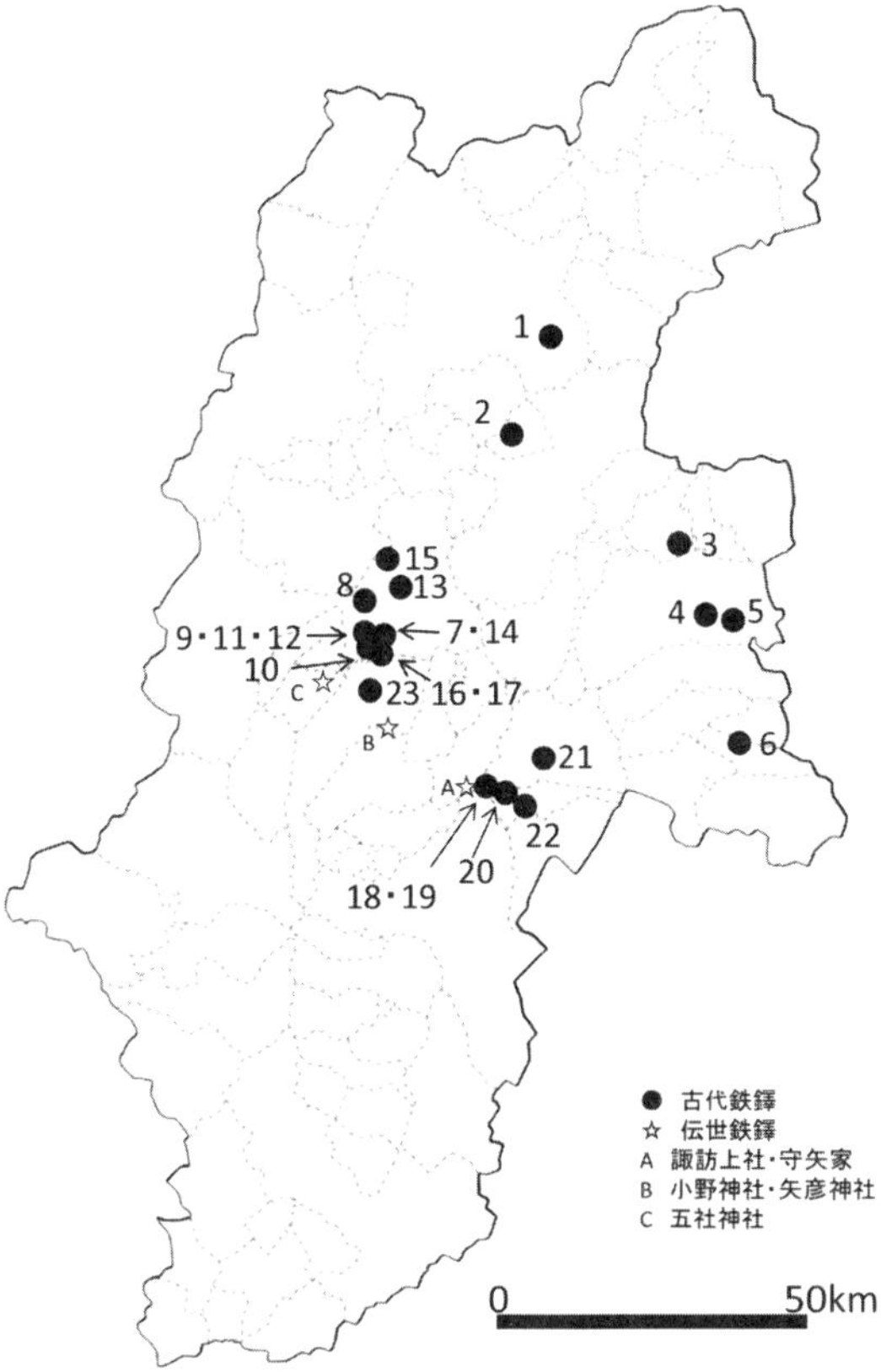

図31　信濃の鉄鐸

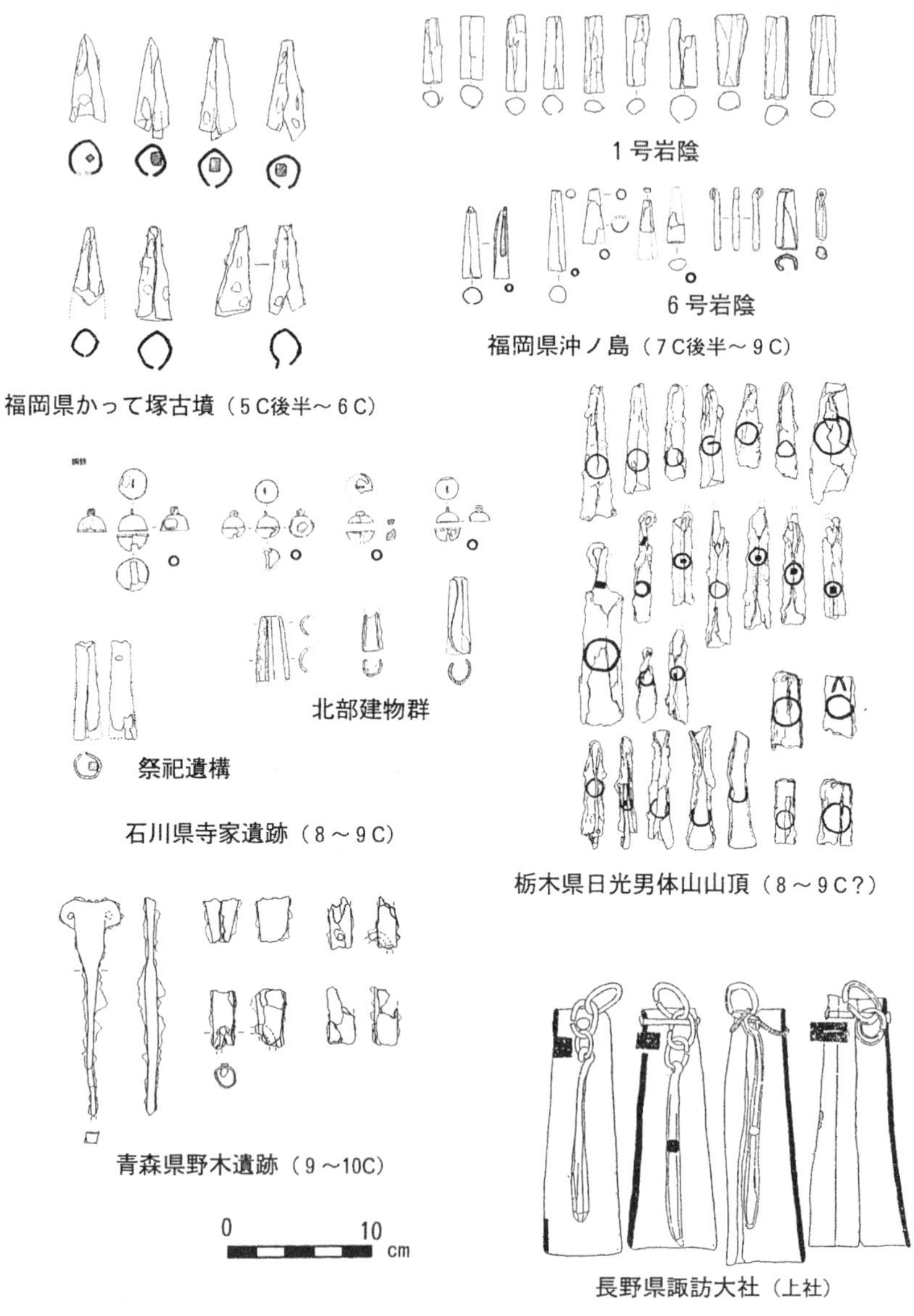

図 32　各地域の代表的鉄鐸　○は銅製

なお、中世に下る可能性のある例は、いくつかあるが（松本市新村遺跡・塩尻市吉田川西遺跡）、古代に比べると少ない（表24）。

（4）古代東北の筒状鉄製品（錫杖状鉄製品）

青森県野木遺跡などで平安時代の竪穴住居跡などから主に錫杖状鉄製品に伴って出土している（青森県教委一九九八）。鉄板を湾曲させて筒状にする点では、既述の鉄鐸と同じであるが、舌の装着が認められない。また、概ね四センチ以下と古墳時代の鉄鐸よりもさらに小さいものが大半である。単体で出土する例もあるが、錫杖状鉄製品に伴う例（図32）を参照すると、筒状鉄製品本体どうしがぶつかり合って音を出す性格であったことがうかがえる（小嶋二〇〇四）。東北の筒形鉄製品は、錫杖状鉄製品と共伴することが大半で、筒形鉄製品だけで出土することは少ない（表25）。大きさは、四センチ前後と西日本の古墳時代の鉄鐸の範疇にはいるが、舌がないこと、年代的に隔絶していることから、西日本型の鉄鐸とは区別されよう。古代信濃の鉄鐸は、舌があり古墳時代西日本の鉄鐸の系譜をひくものと考えられるが、信濃と東北を直接結び付ける資料にかける。ちなみに、井上雅孝は、日光男体山発祥の密教・修験的錫杖の系譜を重視する（井上二〇〇六）ので、地理的に信濃と東北地方の中間的な位置にある日光男体山資料が両者をつなぐ資料であれば、あるいは関連があるとみなすこともできるかもしれない。小嶋芳孝は、東北アジアのシャーマンの腰鈴に影響を受けた蝦夷の祭祀具とする（小嶋二〇〇四）。東北アジア的視野で検討することは、古代信

表25　古代東北の筒形鉄製品

No.	遺跡名	所在地	出土遺構	点数	時期
1	野木	青森県青森市	竪穴住居跡	1	9C末～10C前半
2	松元	青森県青森市	遺構外	1	9～10C
3	矢館	青森県七戸町	遺構外	1	9～10C
4	末広	北海道千歳市	竪穴住居跡	5	10C
5	山元（3）	青森県青森市	竪穴住居跡	1	10C
6	砂沢平	青森県大鰐町	竪穴住居跡	3	10C
7	風張（1）	青森県八戸市	竪穴住居跡	1	10C
8	熊堂	青森県八戸市	竪穴住居跡	3	10C
9	湯ノ沢F	秋田県秋田市	墓	11	10C～

表26　神社等に伝世した鉄鐸

No.	遺跡名	所在地	点数	舌	時期	備考
1	諏訪大社上社	長野県諏訪市	18	○	伝世品	16~19cm(佐野 1992)、6点×3連(原 1996)
2	守矢家	長野県茅野市	6	○	伝世品	18cm（佐野 1992)、12~19cm（原 1996)
3	小野神社	長野県塩尻市	11	○	伝世品	9~15cm（佐野 1992)
4	矢彦神社	長野県辰野町	1	×	伝世品	16.5cm（大場 1972)
5	五社神社	長野県朝日村	1	×	伝世品	12cm（三村 1996、大場 1972)

濃の鉄鐸研究の上でも重要な視点である。

（5）諏訪大社等の伝世品

神社や社家に所蔵されていた伝世品であるので、正確な年代は不明である。基本的に舌が付いている。諏訪大社の鉄鐸について言えば、中世の文献資料に、鉄鐸を示すと思われる「御宝鈴」に関する記載があるので、近世以前に遡る可能性は高い（笹本 一九九〇）。しかし、層位学的に平安時代に限定できる出土資料には、一〇センチ以上のものは、知られていない。よって、筆者は古代までは遡らないものと考える。

4　古代信濃の鉄鐸の分析

（1）年代

長野県内で、年代的に古いのは、小諸市中原遺跡群出土の鉄鐸で、七世紀の竪穴住居跡から単体で出土している。祭祀遺跡では、沖ノ島のいわゆる祭祀遺跡の出土例も七世紀に遡る可能性があるので、中原遺跡群の例も祭祀との関連を想定すべきかもしれない。しかし、沖ノ島以外の祭祀遺跡の類例は、寺家遺跡あるいは日光男体山山頂遺跡も、いずれも八世紀以降に下ると考えられている。古墳時代の出土例では、群馬県の倉賀野万福寺六号墳（五世紀後半～六世紀前半）の出土例もあり、信濃も古墳時代鉄鐸の分布域内であり、今のところ、中原遺跡群例は、古墳時代鉄鐸が混入した可能性を考えたい。信濃の鉄鐸の系譜を考える上で、重要であるが、今後の類例を待ちたい。

松本市小原遺跡で八世紀後半まで遡る例があるが、古代の信濃の鉄鐸の大半は、十世紀以降とされる。形態的には非常に似ており、西日本を中心に分布している古墳時代の鉄鐸が、そのまま古代信濃の鉄鐸につながっていくと解釈できようが、いずれにせよ、古代になって飛躍的に信濃で増加した点を考えねばならない。

（2）出土遺跡の分布

古代信濃の鉄鐸は、祭祀遺跡ではなく、一般集落遺跡から出土している。諏訪湖盆、長野盆地、佐久盆地などにも類例がみられるが、松本盆地に多い傾向は、現段階でも変わっていない。

松本盆地に多いということは、原の指摘するように、平安時代（遅くとも一〇世紀・『和名抄』には筑摩郡に国庁）にはすでに松本に国衙が存在していたので、このことと何らかの関わりがあると筆者も考える。古代信濃の鉄鐸に先行すると思われる鉄鐸が出土する祭祀遺跡が、いずれも個人祭祀というより、海外との交流にかかる国家的な祭祀（沖ノ島、寺家遺跡）あるいは国衙がかかわる山岳祭祀（日光男体山山頂）としての性格を帯びていたことが推測されている点とも整合的である。

一方、松本盆地はもとより、千曲市屋代遺跡群のような官衙に伴うような祭祀遺跡から鉄鐸の出土が知られておらず（松本盆地では、官衙にともなうような祭祀遺跡自体の存在がはっきりしていないが）、竪穴住居跡や墓から出土している。国衙とのかかわりがあるとはいっても、古墳時代終末期から律令期初頭の祭祀遺跡でのあり方とは異なる。国衙が鉄鐸にかかる祭祀の情報発信源であったが、官衙が直接的に運営する祭祀に伴うものであったとは考えにくい。

（3）鉄鐸の出土状況―山麓の墓―

古代信濃の鉄鐸が、沖積地である松本盆地の集落遺跡に多いということだけに注目すれば、国衙という律令国家の体制の出先から発信された文化（この場合祭祀か）の一要素（器物）となろう。しかし、こうした古代の文物研究（銭貨など）では指摘されることが多い（西山 一九九八）東山道沿いの分布を示しているわけでもない（図31）。また、そもそもなぜ信濃で多く出土するのかといったことを説明できない。これについては、類例は少ないが、松本盆地以外の山麓の墓からまとまって出土する例が、古代信濃の鉄鐸の性格を考える上で、注目される。

古代を中心とした長野県内の出土例（表24）の中で、最も多いものは、一般的な集落遺跡の竪穴住居跡からの出土である。竪穴住居跡の出土例は、カマドなどの付属施設に共伴するもの以外の多くが遺構の性格に関係するというよりは、竪穴住居跡が埋没する過程で、遺物が廃棄されたものが多く含まれる可能性を排除できない。古代信濃の鉄鐸が、従来の解釈どおり祭祀具であっても、直接官衙にともなう祭祀に限定的に用いられたのではなく、一般集落の中で行われた祭祀でも用いられたものであることを示していよう。ただし、竪穴住居跡の覆土からは様ざまなものが出土する。祭祀遺物が出土したからといって、その住居跡が祭祀的な性格をもっていたと単純には言えない。前項のように特定の地域に多いか少ないかというレベルでの判断の参考にはなるが、遺構や遺物の性格を論じる上では、難しい点を含む。

ここで注目したいのは、墓であると想定されている土坑からの出土例である。長野県内では、いくつかの土坑の出土例がある。土坑の底面近くで鉄鐸が二点出土した松本市小原遺跡一一八号土坑墓（平安時代）では、灰釉陶器椀、土師器坏、鉄製品（苧引金具?）が共伴（松本市教委 一九九三）、鉄鐸一点と舌が二点出土している茅野市御狩野遺跡土壙一号（土坑墓、平安時代）では、土師器坏、椀、小形甕が共伴（長野県教委 一九七六）、鉄鐸が一点ずつ出土している新村遺跡七〇号土坑（平安時代末・中世初頭）は、捏鉢、常滑甕、二四〇号土坑（中世）は土師皿が共伴している（松本市教委 二〇〇二）。塩尻市吉田川西遺跡土坑ＳＫ一二二六（中世）は目立った共伴遺物はなかった（吉田川西例は、墓ではないとされる、長野県埋文 一九八九）。

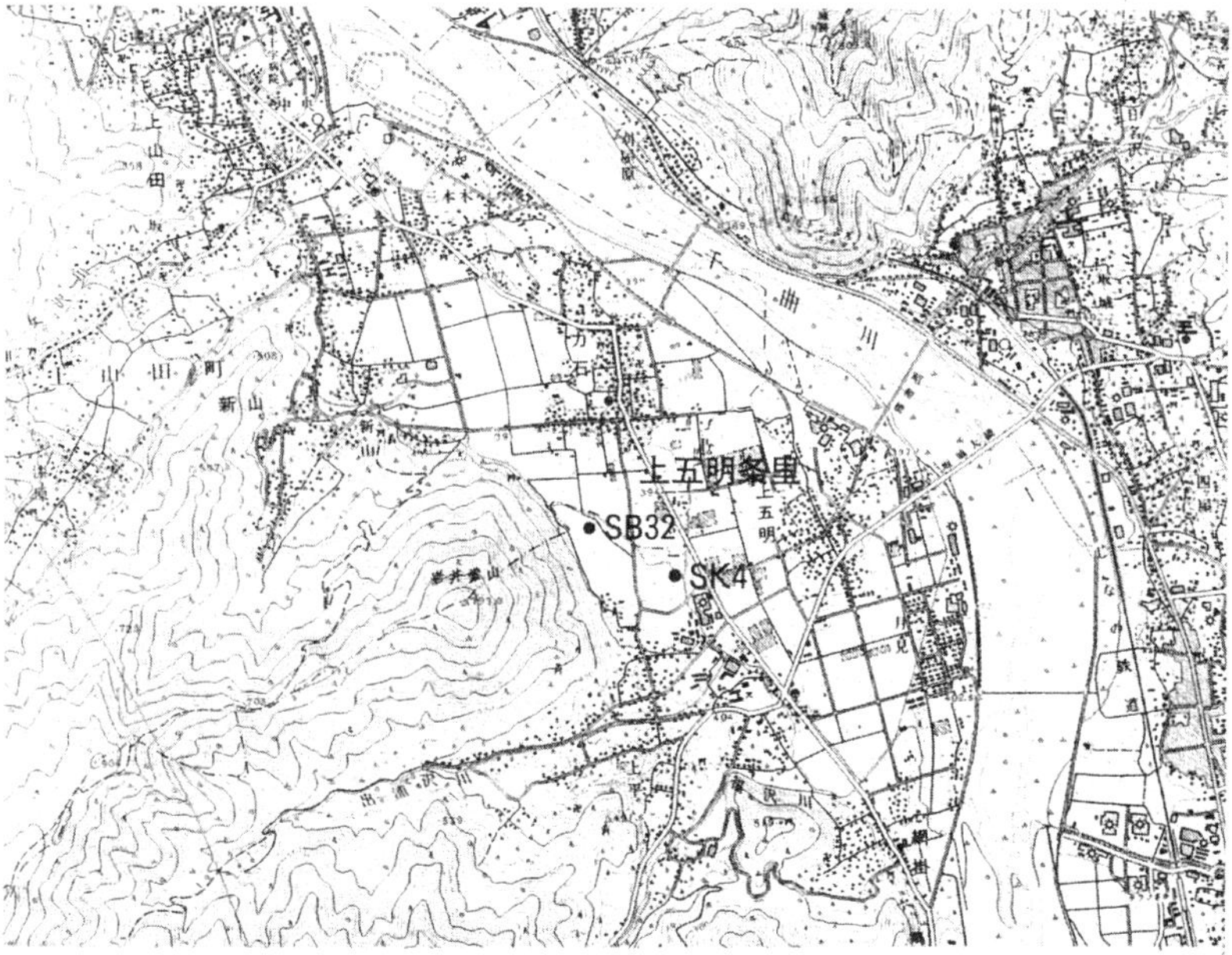

図 33　上五明条里遺跡位置図

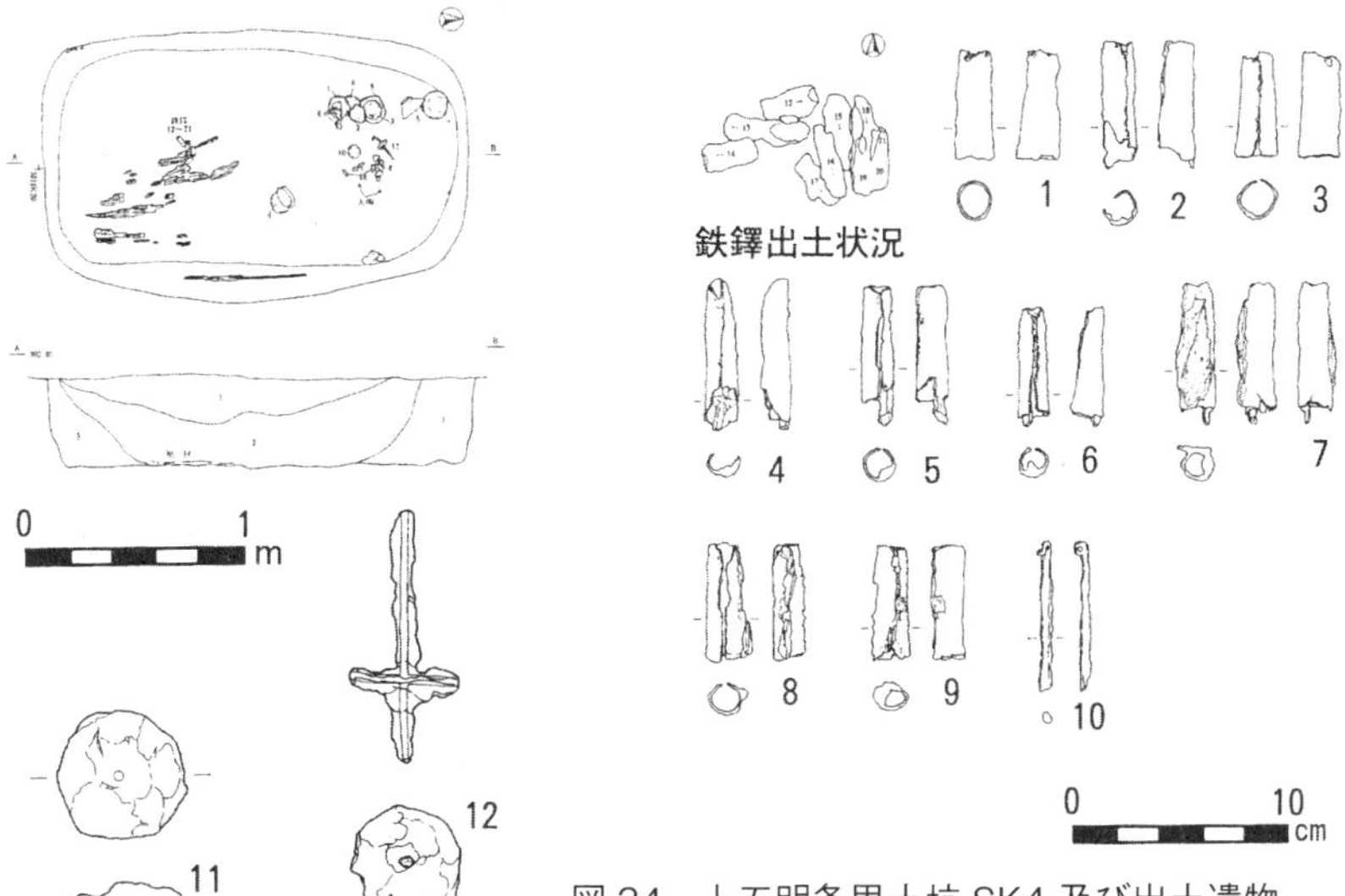

図 34　上五明条里土坑 SK4 及び出土遺物
1～9 鉄鐸、10 舌、11・12 紡錘車

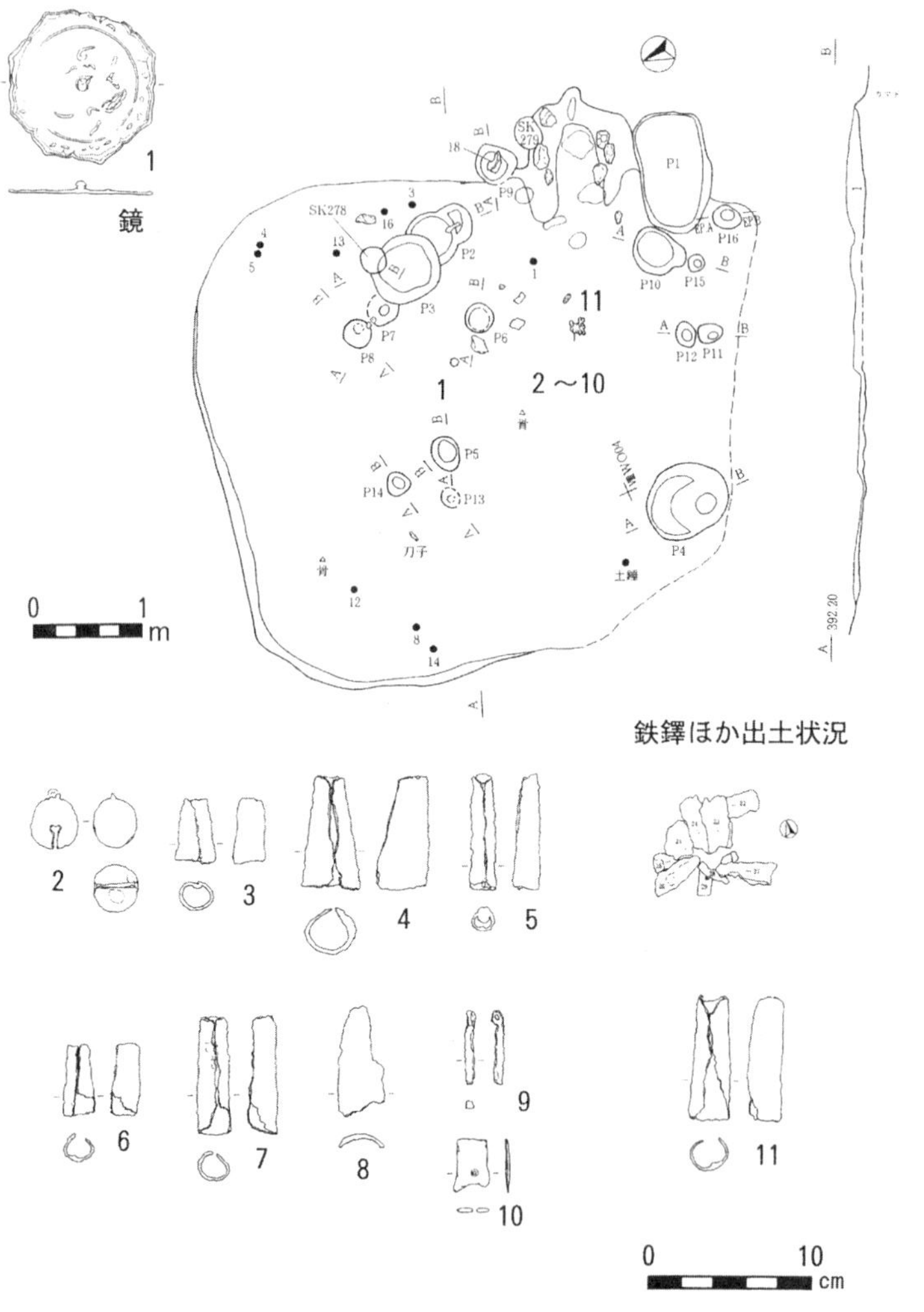

図35　上五明条里住居跡SB32及び出土遺物
1 八稜鏡、2 銅鈴、3～8・11 鉄鐸、9 舌、10 頁岩の舌

そうした中で、近年、長野県埋蔵文化財センターが調査した茅野市中村・外垣内遺跡及び坂城町上五明条里遺跡の出土例は、鉄鐸の所有者の性格を論じる上で、極めて重要と考えられるので、簡単に紹介する。

坂城町上五明条里遺跡の土坑墓ＳＫ四（平安時代）は、被葬者は歯の形質的な特徴から女性であると想定されている。また、鉄製紡錘車が共伴しているが、紡錘車は『信貴山縁起絵巻』の糸を紡ぐ女にみられるように、女性が使用したことが知られ、形質人類学による分析結果と調和的である。墓ではないが、同遺跡住居跡ＳＢ三二でも鉄鐸と鏡が共伴しており、少なくとも当該遺跡では、セットで用いられていた可能性が高いことをうかがわせる。中村・外垣内遺跡の土坑墓ＳＫ〇一（平安時代）では、歯や骨は残っていなかったが、副葬品として八稜鏡と毛抜形鉄製品が出土している。毛抜自体は、平安時代には男女ともに用いた化粧具であろうが、『枕草子』「第七十二段ありがたきもの」で清少納言が特筆するように、女性の関心が高いものであり、これがわざわざ副葬されたものであったとすれば、中村・外垣内遺跡の土坑墓の被葬者は、男性というよりは女性であったと想定できよう。

上五明条里遺跡と中村・外垣外遺跡は、沖積地と山・丘陵が接する部分（山麓）に位置している（図33・36）。中央高地に位置する長野県では、遺跡から山を望めること自体は珍しいことではないが、鉄鐸の所有者の特徴に迫れるこの二遺跡が似た立地にあることは、注目したい。

5　問題点の整理

(1)　被葬者

古代の土坑墓（木棺墓）の被葬者は、大まかにいえばある程度の階層の人物とされる（原二〇〇九）。原は、土坑墓から出土する副葬品などの分析から、普通女性の持ち物と想定される八稜鏡などの副葬品があっても、鏡を女性と限定できないとし、毛抜形大刀、鉄鉢などの副葬例を挙げ、男性例が多く含まれるとした。さらに、木棺墓の風習は、

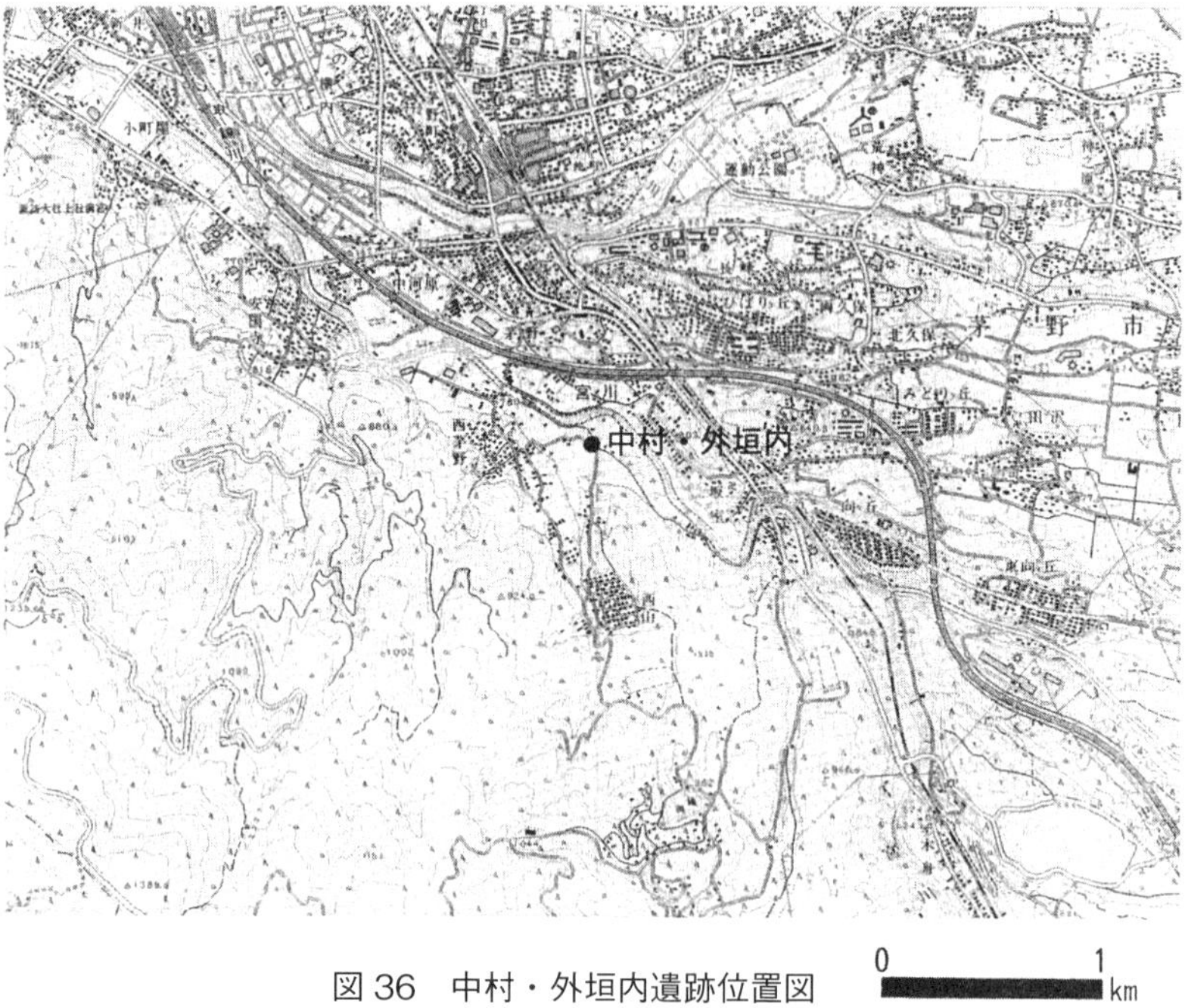

図 36　中村・外垣内遺跡位置図

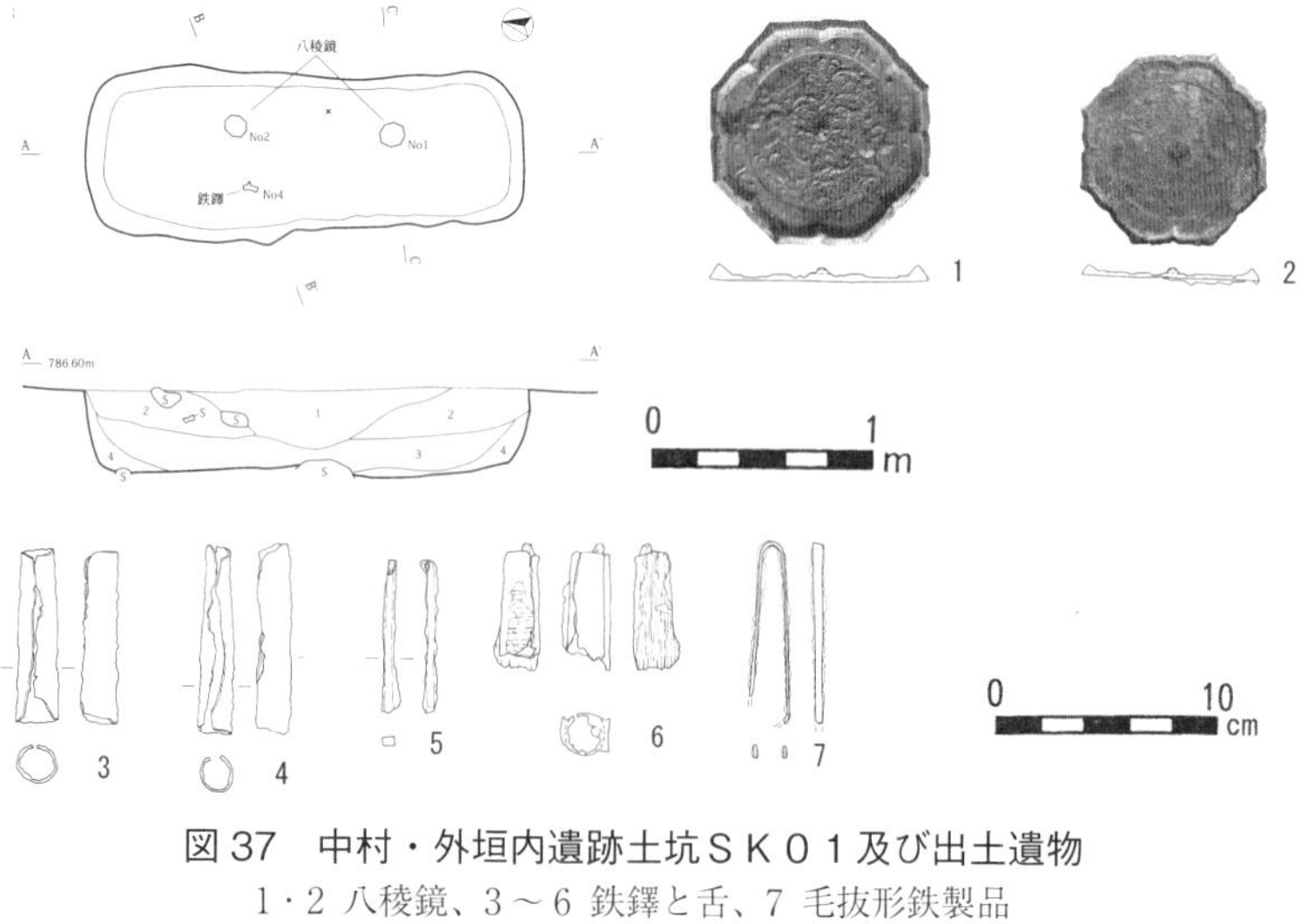

図 37　中村・外垣内遺跡土坑ＳＫ０１及び出土遺物
1・2 八稜鏡、3～6 鉄鐸と舌、7 毛抜形鉄製品

信濃にはなく、その起源は都であるから、都から信濃に下向した（のちに武装化して武士となるような）下級貴族を想定している。考古学的な調査に基づく出土資料から被葬者の性格を論じている。

確かに、八稜鏡が古代の出土鏡の中で、大半を占めているので、八稜鏡が出土したからといって即、被葬者が女性の副葬品と限定はできない。あるいは、諏訪大社の神宝「真澄鏡」が八稜鏡であるからといっても、八稜鏡出土墓の被葬者が諏訪信仰と関係があるとも言えない（傍証にはなろうが、分析が必要である）。被葬者の位置づけは一筋縄ではいかない。

いずれにせよ、木棺墓を含む土坑墓は、当該期において、階層を超えた葬制ではなかったようである。古代に限らないが、いわゆる一般的な開地遺跡では、人骨などが遺存しにくいということもあり、個別具体的な被葬者の性格を分析するための資料は十分とは言えない。よって、筆者も極めて限定された資料から鉄鐸の所有者の性格を論じることとなるが、木棺墓を含む土坑墓が、非在地的な起源を持ち、一定の階層に限定されるという原の推論は、概ね是認したいが、すでに述べたように筆者は、鉄鐸の所有者については、（一定の有力者の階層かもしれないが）女性であった例も少なからず存在したと考える。

（2）鉄鐸の変遷の中での位置づけ

ここで、日本列島の鉄鐸の起源と展開、さらには古代信濃の鉄鐸がその中でいかに位置づけられるか確認する。西日本の古墳時代の鉄鐸は、古墳の副葬品としてみられ、朝鮮半島南部でも主に墓から出土している。彼の地でも個人（権力者）の所有物であり、基本的に日本列島の鉄鐸の直接の起源地である朝鮮半島での性格を引き継いでいるのかもしれない。

七世紀代の資料は、この時期まで遡る可能性がある沖ノ島の祭祀遺構で発見されている。前述の小諸市中原遺跡群でも、七世紀とされる住居跡から出土している。一方で、終末期古墳からの出土例が知られていない。後期古墳に比較して数が減少するということはあるが、当該期に権力者の個人的所有物から集団による祭祀に用いられる器物へと変化したのだろうか。七世紀後半から八世紀にかけて都城を中心に律令的な祭祀が形成されたとされる（金子一九八八）が、都城からは出土していない。一方、沖ノ島の祭祀遺跡群固有のものではなく、寺家遺跡や韓国・竹幕洞遺跡でも出土しており、当該期には、海にかかる祭祀に主に用いられるようになったのだろう。竹幕洞遺跡の出土例は、鉄鐸の性格を考える上で、重要である。単に日本に伝わったというだけでなく、その後も文化を共有していたのであり、起源のみならず展開も東北アジア的視野で考えるべき資料であることを示している。

年代的な流れを考えると、古墳時代の西日本を中心に分布した古墳に副葬されるような鉄鐸が、古墳時代終末期から律令期初頭には、海にかかるとくに海外交流にかかる祭祀に用いられ、その後、さらに国衙を媒介として日光男体山や信濃に波及した。その際には、海にかかる祭祀に限定されたものではなく、山にかかる祭祀に用いられるようになったのではないか。

信濃では、その後、遺跡から出土する中世以降の鉄鐸は、古代に比べて格段に少ない（松本市新村遺跡、塩尻市吉田川西遺跡）。しかし、諏訪大社等の伝世品にみられるように消滅したわけではないことから、墓に埋納する風習がなくなった、あるいは個人的な所有物ではなく集団の所有物として用いられるように変化したのだろう。

古代の鉄鐸を用いた祭祀は、信濃以外の地域では極めて限定的となっているのに対し、信濃では一定の広がりを見せている。このことは、都城でおこなわれていた典型的な律令的祭祀に用いられるようなものではなく、信濃で、とくに受け入れやすかった祭祀に用いられるようなものであったのだろう。

つまり、松本盆地に多いという事実は、鉄鐸（あるいはそれに伴う祭祀）が、国衙となんらかの関係があったということを示していよう。しかし、一方で鉄鐸が都城を含め全国的に普遍化していない。信濃（それと日光）だけで、発達する何らかの理由があった。とくに信濃の場合、当初、国衙周辺の沖積地である松本盆地が多かったが、徐々に諏訪湖盆や千曲川流域のそれも沖積地以外の山麓などにも広がりを見せるようになったが、このことは、いったい何を意味するのだろうか。

近年発掘調査の成果が報告された南相木村大師遺跡例（十世紀）なども古代信濃の平地部の祭祀が平安時代中ごろに山間部に及んだとする（堤 二〇一三）。国衙などの政治的な中心から地域に文化が伝播した面もあろうが、一方で、なぜそれを地域が受容したかということも考えねばならない。

6　まとめ

信濃で広まったのはいかなる理由あるいは原因があったのだろうか。祭祀に用いられたとすれば、その祭祀の内容を具体的に復元する必要があるが、残念ながら、遺物の分析のみならず遺跡での出土状況だけからこれ以上具体的に論じるのは現段階では難しい。しかし、関連分野の成果を参照することによって、この問題にアプローチすることができると考える。古代鉄鐸は、①古代日光男体山と信濃で発達した。②信濃では、中世以降の諏訪大社などの鉄鐸を用いた祭祀に受け継がれている。こうした特徴は、原田信男の狩猟にかかる祭祀に関する研究成果と符合する（原田 二〇一二・二〇一四）。

原田信男によれば、ウシ・ウマ（牛馬）の犠牲は律令的動物供犠として存在したが、それ以前のイノシシ・シカ（猪鹿）の動物供犠（原田はこれを「弥生型動物供犠」とする）は、かつて全国の一の宮クラスの神社において存在しており、とくに日光（二荒山神社）と諏訪（諏訪大社）などの一部に残ったとする。

ここからは、筆者の推論となるが、鉄鐸が狩猟獣にかかる祭祀具であったために、各国の国衙レベルで広がったとはいっても、かなり偏った分布になったのではないか。動物にかかる祭祀や儀礼（例えば犠牲）自体は、日本列島に皆無だったわけではないが、徐々に規制されていった（櫻井 一九九六、平林 二〇〇七）。そうした中で、諏訪と日光は、古墳時代以降の鉄鐸が盛行し、さらに狩猟獣の祭祀が残った地域でもある。このことは偶然の一致ではなく、鉄鐸が動物祭祀とくに狩猟獣の動物供犠（あるいは祭祀）にかかるものに特化したためと考えられないだろうか。

ただ、そもそも狩猟獣に対する儀礼は、古墳時代以前に遡ると考えられている。ではなぜ平安時代の信濃に広まったのであろうか。筆者は、土俗的（律令以前の伝統文化）なもの、つまり狩猟獣にかかる祭祀が平安時代に再発見・再評価された。そして、そのきっかけがあったと推測する。

家畜と狩猟獣を峻別する考え方は自体は、東アジア全体に存在する。櫻井秀雄によれば、日本列島でも同じ動物（犠牲の対象獣）といっても牛馬などの家畜と猪鹿などの狩猟獣は峻別されていたという（櫻井 一九九六）。律令的祭祀の起源地である中国大陸の中原地区では、新石器時代から家畜だけの祭祀（牛・羊・豚）が行われ、家畜と狩猟獣は区別されたが、さらに家畜の中での順位や狩猟獣より家畜を重んじる概念が発達した（岡村 二〇〇五、金子 二〇〇六）。つまり、中国中原地区の価値観から言えば、同じ動物祭祀でも家畜祭祀・供犠の方が、より上位・高価値であり、狩猟獣にかかる祭祀・供犠は、下位・低価値であった。日本でも律令期に、こうした中国中原地区の文化の影響を受けて、価値観の変化があったことは想像に難くない。とくに、律令社会の成立とともに家畜祭祀は国家や公権力を背景に一旦広まったが、一方で、その原因は筆者にはよくわからないが、制限されていくことにもなった。

ただ、律令的祭祀である家畜祭祀は、なくなっていったが、日光や諏訪などの一部の地域には、より伝統的な狩猟獣の祭祀が根強く残った。それは、狩猟獣にかかる祭祀がより土俗・伝統的なものであったからであったためであろうか。つまり、律令的な祭祀の価値観（中国中原文化起源の価値観）以外のものを、信濃（あるいは日光）の人びとが知ったために、自分たちの土俗的なものを再評価・再構築したのではないか。その外的なものとは、より具体的に言えば、「渤海」を通じた古代における東北アジアの文化の影響があったと筆者は考える。断片的であるが、渤海からの影響が国衙を通じて広まるようなことがあったことをうかがわせる記事がある。

『続日本紀』天平二年（七三〇）十月庚戌（二十九日）条

遣使奉渤海信物於諸国名神社。

「渤海からの貢物を諸国の名神社に奉った」という記事であるが、諏訪大社も二荒山神社も名神に入っている（『延喜式』「名神祭式」信濃：南方刀美神社二座、下野：二荒山神社、『延喜式』「神名帳」にもこの二社は、大社とされる）。この時の名神（社）は、制度的なものではなくて、単に諸国の重要な神社という見解（宮城　一九五七）もあるが、いずれにせよ、全国の重要な神社としても、「名神祭式」や「神名帳」にあるすべての神社という意味ではなく、国衙などともかかわりがある主要な神社としてよいだろう。

そもそも、渤海使を受け入れる施設として能登客院が置かれ、それと深いかかわりを持つ神社として気多大社があった。気多大社も『延喜式』では名神社とされており（「名神祭式」能登国気多神社、「神名帳」名神大社）、天平二年の渤海信物の諸国分与にかかわったとしておかしくない。この気多大社に隣接して、寺家遺跡があり、すでに述べたように鉄鐸、銅鈴が出土している。また、盛んに動物祭祀も行われたことが知られている。この鉄鐸、銅鈴は、祭祀遺跡では、沖ノ島と寺家遺跡に限定されているものである（神坂峠など峠の祭祀には知られていない）。海や海外との交流にもかかわる祭祀具としてもよいだろう（これが、狩猟獣にかかる儀礼に特化しているかは別途検討する必要がある）。あるいは、動物祭祀以外の道具として用いられていたが、狩猟獣にかかる祭祀としての用いられ方が、渤海から情報としてもたらされてもおかしくはない。

渤海の類例に関しては、小嶋芳孝がロシア沿海州ルドナヤ・プリスタニ近郊のモナストゥイルカ（Монастырка）3

遺跡及び中国吉林省安図県永慶村東清遺跡の出土例を紹介している（小嶋 二〇〇四）。考古資料はまだ少ないが、後述するように、渤海以前の靺鞨の銅鈴、渤海の後継の女真の鉄鐸の事例は有名である。いずれもシャーマン（巫覡、薩満）が使う祭祀具であるという（ヴォロビヨフ 一九八三、馮 一九九八）。

渤海の動物祭祀自体を具体的に語る資料もあまり知られていないが、東北アジアの塞外（長城以北の）民族は、日本同様あるいはより早く中国中原の文化を受容しており、中国的な家畜祭祀と塞外民族特有の狩猟獣祭祀のどちらがより重要か、天を祀るのにどちらが優れているかといった葛藤があったことが文献史料からうかがえる（ヴォロビヨフ 一九八三）。

年代的には、渤海より下る女真・金の時代（一一一五～一二三四年）になるが、もともとは塞外民族であったが、渤海同様に、漢化されつつあった女真は、漢民族を統治する皇帝として政治的な妥協も必要であったので、漢人の祭祀（ウシなどの家畜優位）を認めつつも、本来の自分たちの価値観としては、狩猟獣を祭祀のより上位においていた。その価値観の葛藤の様子が資料に散見される。中国大陸の祭祀といっても中原と塞外では、家畜と狩猟獣に対する考え方が全くことなることの例として興味深いので、紹介しておく。

『金史』巻七　本紀七　世宗中　大定十六年（一一七六）正月丙寅条

女直旧風最為純直、雖不知書、然其祭天地、敬親戚、尊耆老、接賓客、信朋友、礼意款曲、皆出自然、其善與古書所載無異。汝輩當習学之、旧風不可忘也。（以下傍線筆者）

女真本来の風俗の方が、天地を祭ることにおいても優れているとする。天地の祭り方については、女真風の方が、漢人の祭天より心がこもっているとする。

『金史』巻四十二　志二十三　儀衛下　大駕鹵簿
上曰「前朝（＝海陵王）漢人祭天、惟務整粛儀仗、此自奉耳、非敬天也。朕謂祭天在誠、不在儀仗之盛也、其減半用之。」

金世宗自身が、祭天の儀礼は漢人のものは（女真より）良くないと述べている。上記の記事では、犠牲の問題（家畜と狩猟獣のいずれが優位かなど）といったことを明示していないが、金世宗がはっきりと、漢人の牛の犠牲ではなく、女真の犠牲を尊んだことがうかがわれる。

『金史』巻九十五　列伝三十三　程輝
旧廟祭用牛、世宗晩年欲以他牲易之、輝奏曰「凡祭用牛者、以牲之最重、故号太牢。語曰「犁牛之子騂且角、雖欲勿用、山川其舍諸。」古礼不可廢也。」

大定二十三年（一一八三）頃の記事とされるが、犠牲に牛を用いていたが、金世宗は変えようとした。これに対し、程輝が『論語』雍也篇を引いて、漢人の風習を尊重するよう上奏している。女真の犠牲獣については、具体的な記述もある。

『金史』巻三十一　志十二　礼四　雑儀　大定三年（一一六三）
又以九月五日祫享、当用鹿肉五十斤、獐肉三十五斤、兔十四頭為鬵醢、以貞元、正隆時方禁獵、皆以羊代、此礼殊為未備、詔従古制。

祫享（天子や諸侯が実施する祖先神主を太祖の宗廟で祭る儀式）の供犧に鹿（シカ）、獐（ノロシカ）、兔（ウサギ）を備えている。つまり、女真は、狩猟獣を重視しているが、漢化を志向した海陵王の時代である貞元（一一五三〜一一五六）、正隆（一一五六〜一一六一）年間には、（犧牲のための）狩猟を禁止し、羊（ヒツジ）に代えようとする動きもあったことが記録されている（結局、古来の風習に戻している）。女真化（女真にとっては復古調）の時代には鹿（シカ）に戻されたことが特筆されている。

『金史』巻六　本紀六　世宗上　大定九年（一一六九）十月丁亥条

詔宗廟之祭、以鹿代牛著為令。

渤海は、靺鞨と高句麗の二大集団によって成り立っており、女真（靺鞨が発展した集団）は渤海と同根をも自負していたので（『金史太祖本紀』「女直、渤海本同一家」）、渤海も女真と似たような価値観を持っていたと思われる（魏ほか二〇〇六）。

すでに述べたように女真をはじめとした塞外民族には、東北アジアの土俗的な儀礼の担い手として「シャーマン」が存在するが、シャーマンには、女性が多く、また鉄鐸や銅鈴とともに彼らは神がかりの際に鏡を用いることが知られている。これは、なにも民族誌の時代だけでなく、すくなくとも女真（一一世紀ころ）までさかのぼることが知られている（『三朝北盟会編』、ヴォロビヨフ 一九八三、馮 一九九八）。

シャーマン（珊蛮、薩満とも）は女真語であるが、一二世紀末頃の南宋側の資料にはシャーマンらしき婦人が鏡を持っているようすも描かれている。

『三朝北盟会編』巻三

国人号為珊蛮。珊蛮者、女真語巫嫗也。以其通変如神。

『三朝北盟会編』巻二十

服色鮮明、頗類中朝。又有五六婦人塗丹粉豊色衣立於百戯後。各持両鏡高下其手鏡閃爍。如祠廟所画電母。

考古資料からもアムール女真文化の一〇～一一世紀の墓跡群からは、青銅製のベル（鐸）が多量に出土するが、これもシャーマンの所持品と考えられる（メドベージェフ 一九七七・一九八二、大貫 一九九八）。馮学恩によれば、靺鞨や遼代女真の青銅の帯飾に付く腰鈴が、女真の腰鈴の祖型であるとすれば、さらにさかのぼることになる。

以上の東北アジアの文献史料は、時代が下る例も含み、地域も中国大陸、中原の周辺地域としての塞外民族の例であって、本稿で主として扱った日本列島の例と直接的な関係があるとまでは言えないが、考古資料としての鉄鐸の使用法や意義について考える材料が極めて限定されており、近現代の民族誌とともに参考にすべき資料であることには違いないだろう。

すでに述べたように坂城町上五明条里遺跡や茅野市中村・外垣内遺跡例から、①鉄鐸は複数（束ねて？）用いられることがある。②鉄鐸の所有者に女性がいる。③鏡（八稜鏡）とセットで用いられた可能性があることが確認（あるいは再確認）された。つまり、日本列島の古代信濃の鉄鐸は、場合によっては鏡を使うこともある（これがすべて一連の祭祀などに伴うものかはわからないが）女性に用いられていた可能性がある。つまり、東北アジアの塞外民族の事例を参考にすれば、シャーマン的な人物が想定されよう。

仮に、古代信濃の鉄鐸がなんらかの祭祀に用いられたとして、その淵源は、古代以前の土俗的な文化に根差していると思われるが、古代信濃で盛行した背景やシャーマン的な人物が担い手になったのは、東北アジア文化の影響があったためと筆者は推定する。

別稿で論じたように（本書第二章五節）、日本列島外からの影響というと、長野県域（信濃国）では、例えばある特定の時代のことだけが強調されがちである。無論、量の多寡、質的な問題などあるが、その前後の時代に全く皆無であったとは先験的に言えない。さらに、文化においては、系譜が異なっても、用途や目的が似ている時に「共鳴」することがあるのではないか。自分たちが保持していた廃れつつある伝統と同じものを異文化の中に再発見し、再評価することがあったと筆者は考える。

追記

原論文発表後、原明芳は古代信濃の鉄鐸を、井上雅孝同様、東北の錫杖状鉄製品と密接な関係があるものととらえる論考を明らかにしている（原 二〇一七）。井上や原の指摘ももっともで、鉄鐸の大量出土で有名な日光男体山は、勝道によって開かれ、蝦夷（東北）対策とも関係があったとされる（大和久 一九九〇）。内藤栄によれば、山頂遺跡出土の仏教の法具は、古密教的であることがうかがわれるという（奈良国立博物館 二〇〇五）。鉄鐸が古密教的な法具である錫杖状鉄製品に変化し、東北に普及した可能性もあろう。

七　善光寺と諏訪信仰

1　はじめに

善光寺は、縁起（『伊呂波字類抄《いろはじるいしょう》』など）によれば欽明天皇の御代に百済より伝来した善光寺如来を本尊とし、皇極天皇元年（六四二）に創建されたという。境内からは、川原寺様式などの古瓦が出土していて、縁起を裏付けるかのようである。しかし、一方で、『六国史』をはじめとする古代文献に善光寺の名がみられないことから、善光寺の創建を平安時代末まで下らせる見解もある。『平家物語』は善光寺炎上を伝え、『吾妻鏡』で善光寺再建に関する記述がみられることや『一遍上人絵伝』に善光寺が描かれていることなどから平安時代の終わりころには善光寺は建立されていたことは間違いない。

創建の時期については、文献史料ばかりか考古資料も十分でなく、結論づけることは難しい。しかし、中世以降においては、多くの宗教者のみならず武将の尊崇を受けたことから、多くの記録がある。さらに、特筆すべきは庶民に長く信仰されて、今まで発展してきたという特徴がある。善光寺は、特定の階層のためのものではなく、広く「日本人」に親しまれてきたお寺であるとも言えよう。

ここでは、善光寺如来や善光寺に対する信仰を善光寺信仰と呼ぶこととするが、これらは善光寺聖《ひじり》という、遊行勧進などを行う半俗半僧の宗教者によって弘められたことが知られている（五来　一九八八）。また、そもそも善光寺やその信仰を構成する要素の中には、私たちが仏教としてイメージするものとは、少し異なったものがもともと含まれている。こうした点については、すでに戸隠、飯綱や修験などとの関係の中で指摘されてきている（小林 二〇〇〇）。

2　善光寺の中の神祇

そもそも現在の善光寺にしてから、本堂の中心には本尊の善光寺如来ではなく、善光寺を創建したとされる御三卿（本田善光《ほんだよしみつ》、その妻の弥生の前、息子の善佐《よしすけ》）が祀られている。御三卿は善光寺創建にあたっての功労者ではあるけれども、本来俗人であるので、不思議なことではある。また、御三卿の姿は、いわゆる「神像」と似ているとされ、これを神祇の影響とする見方もある（信濃毎日新聞社編 一九九九）。

一方、現在の善光寺の境内には、神社的な要素はほとんどみられないが、これは善光寺をはじめとする長野県内の寺院で行われた明治維新後の廃仏毀釈・神仏分離の結果であり、近世には境内にいくつか神社があったことが知られる。

中でも善光寺本堂の東北側に年神堂《としがみどう》（年神宮）があったが（図38）、これが建御名方富命彦神別《たけみなかたとみことひこかみわけ》（タケミナカタの息子という）の後身であるという説が強まり、明治十二年（一八七九）に城山に再建された（城山県社）。この他、明治時代以前には、富士、春日、熊野、諏訪のなどの各社があった（坂井 一九六九、小林 二〇〇〇）。

また、善光寺の年中行事には、さまざまなものがあり、必ずしも純仏教的なものではなく、土俗あるいは神祇に由来するものも多くあるものと言われている。しかし、仏教由来でない年中行事や境内に神社があったということは、おそらく善光寺にかかわらず古い歴史をもつ寺院には備わっている面ではないかと思われる。しかし、以下述べるように善光寺はとくに諏訪大社や諏訪信仰とかかわりを持っていたことがうかがえるので、この点について以下考えてみたい。

3　善光寺の中の諏訪信仰

現在の善光寺境内には神社はないが、明治時代初期の神仏分離の影響で無くなっただけで、いくつか神社が存在していた。そして、善光寺と神社がかつて密接な関係をもっていたことは、今も善光寺周辺に善光寺とかかわりの深い神社が存在することからうかがうことができる。

善光寺の守り神として言及されている神社（『善光寺道名所図会』）で、善光寺七社とも呼ばれる美和神社、湯福神社、武井神社、妻科神社、加茂神社、木留神社、柳原神社がある。うちとくに湯福、武井、妻科は三鎮守とも呼ばれ

図 38　善光寺本堂裏の年神宮
（『善光寺道名所図会』）

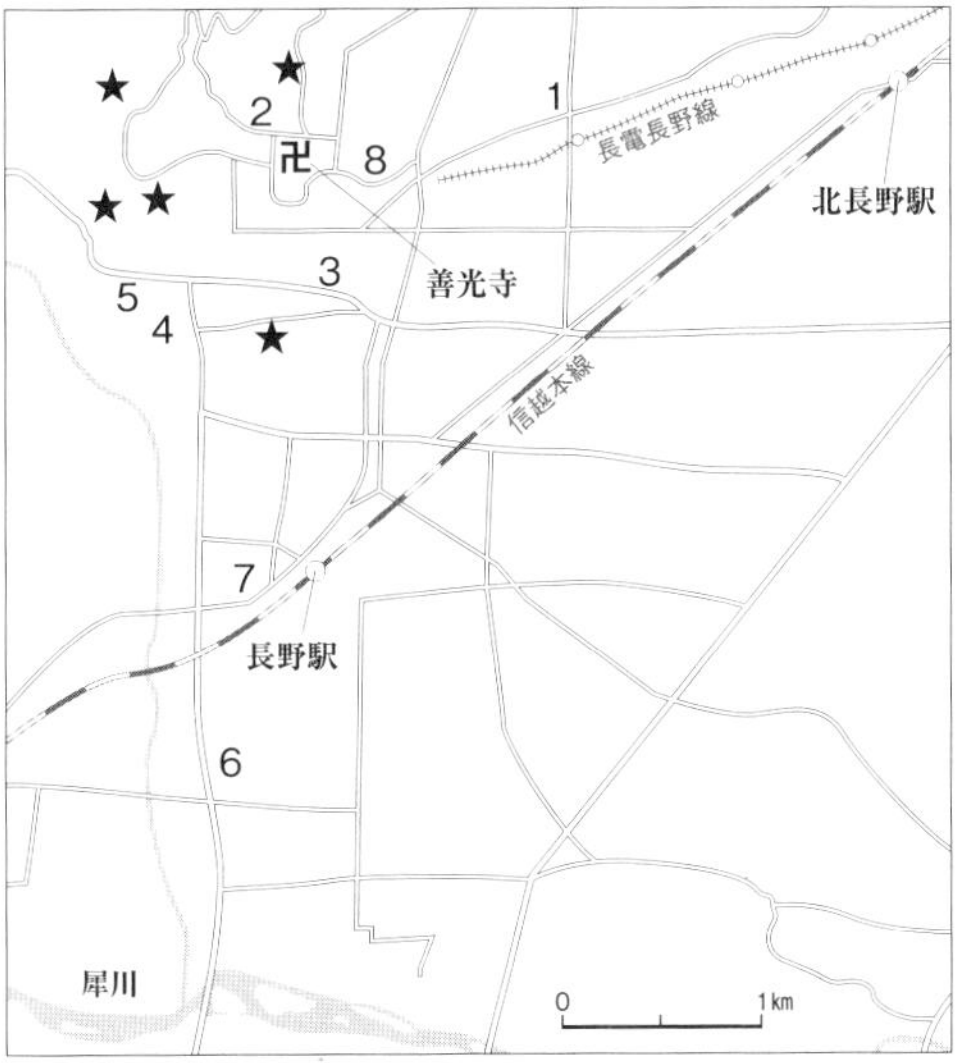

図 39　善光寺と神社
★は善光寺七清水

る（坂井一九六九）（図39）。

①**美和神社**　三輪相ノ木東、祭神：大物主命、相殿：国業比売神・神部神。由緒：『日本三代実録』貞観三年（八六一）二月七日「授信濃國正六位上、國業比賣神従五位下。」同八年二月七日「神祇官奏言「信濃國水内郡三和・神部兩神、有忿怒之心、可致兵疾之災。」國司、講師虔誠潔齋奉幣、并轉讀金剛般若經千卷、般若心經萬卷、以謝神怒、兼厭兵疾。」」の記事はそれぞれこの神社の祭神であるという。『延喜式神名帳』の水内郡九座の一、筆頭。

②**湯福神社**　長野字湯福、祭神：健御名方命荒御魂命。由緒：善光寺三鎮守の一、境内に古墳があり本田善光の墓ともいう。湯福は伊吹、風神とされる。境内北側台地には弥生時代の遺跡として有名な箱清水遺跡（現在長野西高等学校）がある。また神社東側には、善光寺七清水の一、箱清水がある。

③**武井神社**　長野東町（武井町）、祭神：健御名方命、相殿：八坂刀売命・彦神分命。由緒：善光寺三鎮守の一、御柱を行う。『信濃宝鑑』は諏訪大社の所領を武居（武井）と呼ぶことからとする説と諏訪大社五官の一、武居祝が奉祀したことによるとする説を紹介する。

④**妻科神社**　南長野字本郷、祭神：八坂刀売命、相殿：健御名方命・彦神別命。由緒：善光寺三鎮守の一。妻科地神は健御名方富命彦神分の后神であるという。貞観二年、同五年に妻科地神が従五位下、従五位上を授けられているが、当社であるとする。宝暦十四年（一七六四）には諏訪大明神を妻科神社に改めているところから、近世以前に妻科神社と呼ばれていたかはわからない。本社の裏には御宝塚古墳があったという。

⑤**加茂神社**　西長野加茂裏、祭神：玉依比売命。由緒：腰村の産土神。大本願上人が京都から勧請したとする。現在も秋季例大祭には上人が参詣する。

⑥**木留神社**　若里、祭神：健御名方命。由緒：荒木村の産土神。近世には木留明神と称す（明治十一年に現在の呼称に）。犀川の沿岸で流木がここに留まることが多かったためという。善光寺普請用木材を仁科から犀川を下ろした

図 40　善光寺七社と箱清水

1 美和神社

2 湯福神社

3 武井神社

4 妻科神社

5 加茂神社

6 木留神社

7 柳原神社

8 城山県社

箱清水

善光寺

とき、この地で陸揚げした。

⑦**柳原神社**　中御所、祭神：健御名方命・少彦名命・誉田別命。由緒：諏訪大明神（笹焼大明神）と呼ばれていたが、文政元年（一八一八）に柳原神社と改称。明治四十一年に誉田別命を合祀した。

⑧**健御名方富命彦神別神社**　城山、祭神：健御名方富命。由緒：持統天皇五年（六九一）、承和八年（八四一）、貞観九年（八六七）の水内神、『延喜式』の水内郡九座唯一の大社の水内社をこの神社だとする。善光寺境内にあった諏訪社や歳神堂がその後身であるとするが、明治十二年（一八七九）城山の現在地に移転。県社となったので、城山県社ともいう。

善光寺七社は、その祭神が古代文献に名が見えたとしても、それ自体が神社の存在をただちに証明するものではない。また七社というくくりも江戸時代の名所図会に由来するものであり、七社全体が近世以前に善光寺と関係があったかは検討を要するが、湯福神社については、文安二年（一四四五）の銘がある「信州善光寺井福大明神」の鰐口が寄進されている（現在は佐渡善光寺所蔵）ことから、中世にすでに善光寺と関係があったことがわかる（以上、長野市誌編さん委員会　一九九七）。

4　善光寺と諏訪信仰のかかわりとその意味

三鎮守や美和神社、城山県社は、御柱祭を行うが、近世以前に遡るかは不明であるものの、善光寺七社の多くはいずれも諏訪明神（健御名方命）あるいはそれとか

当社別宮ノ事、雲州杵築《キツキ》・和州三輪・摂州ノ広田西宮、濃州〔信〕
南宮等也、主伴《ハン》ノ不同アリト云トモ、当社分座ノ儀、本記ノ
所見分明也、其外日吉三宮・八王子両社ハ当社上下宮也ト
云事語伝タリ、本地同躰実ニ故アルモノ欤、委ク述ルニイ
トマアラス、抑本国水内ノ郡善光寺別社ノ事、日本紀第卅
ニハ持統《トウ》天皇五年遣勅使祭諏方・水内神等ト見タリ、又延喜
神祇式ニハ諏方郡南方刀義〔美〕《ミ》神社二座、水内郡建御名方《タテミナカタ》田富《トミ》（マヽ）
命彦神別《ミコトヒコカミワケ》神社ト云ヘリ、当社ノ分座疑ナシ、是則当郡善
光寺郷内ノ当社ナリ、毎夜寅時大明神御入堂アリテ、内
陣ノ扉ヲ閇テ諸人三業シツメテ法施祈念ス、暫アリテ、モ
トノ扉キリ〳〵トナリテ開ケテ御出ノ勢ヒアリ、厳重不思
議ノ事也、凡我大明神仏法ニ帰シマシマス事、諸社ニ超《テウ》過
シ給ヘリ、然間開成《ウイシヤウ》皇子般若書写ノ昔ハ白鷺池ノ波ヲ擲《ヤク》シテ
硯水ヲ湛ヘ、慈覚大師如法写経ノ時ハ鷲峯ノ風ヲシタヒテ
守護ヲ至（致）ス、仏生仏滅ノ令節ニハ蘋蘩蘊藻《ヒンハンウンサウ》ノ礼奠ヲ止メテ、
経歎之事也、
梵唄歌讃ノ法会ヲ修シ、七月八日ノ斎日ニハ盂蘭孝養ノ誠心
ヲ表シ、殺生慈悲ノ本懐ヲ顕ス、是ニヨテ弥陀三尊ノ霊像ヲ敬
テ毎夜ノ影向ヲタレ給フ、神慮コトニ甚深也、当寺ハ継躰
天皇御宇善記四年、本尊阿弥陀三尊百済国ヨリ波ニ浮テ、
日本摂津国難〔波〕津ニ来着シ給フ、貴賤ユエヲ知ス、其後卅
七年ヲヘテ、欽明天皇十三年仏法伝来ス、此時始メテ仏
像ヲシル、サレハ当寺本尊ハ本朝伝法ノ最初也、霊仏・霊
神寺社ヲ一所ニ並ヘテ、現世当来ノ求願ヲ二世ニミテ給テ、
当州ノ規摸他国ニ卓礫セルモノヲヤ、

図41　『諏訪大明神画詞』　縁起第四

かわる神を祭神としている。

現在の城山県社は、『式内社調査報告』（皇學館大學　一九八六）によれば、水内神あるいは、延喜式の健御名方富命彦神別神社であるかどうは、すでに江戸時代から議論の分かれるところで、ほかにも候補（論社）がある。城山県社の前身である善光寺内の年神堂（御歳宮）だけでなく、五束村（現在の飯山市）と水内村（現在の信州新町）にも比定されている。しかし、善光寺境内にあった年神堂を、室町時代に諏訪円忠は、『日本書紀』にいう持統天皇五年の遣勅使祭諏方・水内等神について延喜式を引き、前者を諏訪郡南方刀美神社二座、後者を水内郡建御名方田富命彦神別神社であるとし、それが善光寺境内の諏訪社であると主張する（『諏訪大明神画詞』、畫詞とも。本来は絵巻があったが、現在絵は失われ、その説明文だけが残る）（図41）。

善光寺の諸縁起が記述することがそのまま歴史的事実かどうかは別にして、善光寺境内やその付近から川原寺様式や近年湖東式の軒丸瓦が出土しているが、これらの瓦が製作された年代である七世紀から八世紀にかけて善光寺境内に古代寺院があった可能性は否定できない。これが現在の善光寺につながっているとした時に、当初から善光寺と諏訪信仰がかかわりをもっていたかどうかであるが、坂井衡平が指摘するように善光寺をめぐる七社の創建年代（伝承ではあるが）がまち

まちであることや、中近世に成立した多くの善光寺縁起が、諏訪大明神絵詞の記述と大差がなく、善光寺創建当時に諏訪明神と関係があったことをとくに触れていないことから考えても、筆者も善光寺が当初から諏訪明神（タケミナカタ）の信仰とかかわりがあったとは考えにくい。

前述の諏訪円忠の主張が歴史的事実かどうかは検証が必要であるが、①近世には存在が確認される善光寺七社がいずれも諏訪とかかわりが深い。②中世後半の諏訪信仰の広がりや諏訪とのかかわり（武田氏が善光寺如来や寺宝を甲斐へ移動し、甲斐善光寺を建設）があることといった点から善光寺七社などが、武田氏や徳川政権下に諏訪系の神社として作られたか、あるいはそうした性格の神社になったのではなく、室町時代にはすでに、諏訪円忠が主張するような諏訪とのかかわりを示すような状況（諏訪明神を祀る歳神）があったことが考えられる。

鎌倉時代末期の嘉暦四年（一三二九）には北条高時が諏訪大社の造営を信濃国全体の郷で普請するように命じていた（『大宮御造栄之目録』）。善光寺のある水内郡のいくつかの郷名もみられる。鎌倉幕府は信濃の政治支配に諏訪大社や諏訪信仰を利用していたのかもしれない。こうしたことは鎌倉幕府（北条得宗家）のみならず、のちに甲斐から信濃へ侵攻してきた武田氏（信玄・勝頼）も行っている。鎌倉時代に善光寺が諏訪の影響下に置かれたことによって、善光寺境内や周辺に諏訪信仰とかかわりを持つ神社が配置されたのだろうか。平安時代末から鎌倉時代にかけて諏訪系の武士団が台頭し、信濃国の政治支配の一環として、諏訪信仰が広まった（諏訪明神は軍神とされ、武芸や狩猟の神であったため武士の崇敬を集めやすかった）。

善光寺の創建が飛鳥時代あるいは奈良時代までさかのぼるかはすでに述べたように縁起や断片的な考古資料だけであるので、確言できないのであるが、『扶桑略記』や『小右記』に善光寺の名がみられ、前述の『平家物語』などにも善光寺炎上のことが出てくる。さらに源頼朝をはじめ鎌倉幕府が善光寺再建を命じているのであるから、鎌倉時代に諏訪社が善光寺やその周辺に建設されたと理解するのが、穏当かもしれない。

しかし、不思議に感じるのは、諏訪明神は前述したように武芸、狩猟の神であり、よって殺生を生業とする武士に尊崇されたわけである。さらに諏訪信仰には、鹿、兎、猪、蛙などの野生動物を生贄にする御頭祭や武士が武芸を競う御射山祭といったある意味血なまぐさい神事や鹿食免《かじきめん》などの狩猟・殺生を積極的に肯定する要素が色濃い。

こうした諏訪信仰と善光寺如来の慈悲を強調する善光寺信仰とでは、かなりヒアタスがある。思想的な対立や緊張関係があってもおかしくないように思える。仮に単に鎌倉幕府や戦国大名が政治統治、信濃国内の武士団などの勢力統制の手段として諏訪信仰と善光寺をセットにしたのであれば、幕府や諏訪氏が没落した段階で、善光寺から諏訪系の神社は除去されていてもおかしくなさそうであるが、とくにそうした事実はない。

諏訪円忠も、すでに述べたように武芸や殺生をつかさどる武神である諏訪明神が善光寺内陣に毎夜寅刻に籠り、「法施祈念」するという。諏訪明神の善光寺如来信仰を強調するのであって、善光寺に対して優位性を主張するわけでもない。一方、諏訪大社自身には神宮寺があって、諏訪明神の本地は上社が普賢菩薩、下社秋宮は千手観音菩薩、春宮は薬師如来とされる（諏訪市史編纂委員会 一九九五）。諏訪大社も幕末から明治にかけての廃仏毀釈で神宮寺は廃絶し、善光寺は境内の神社はなくなったものの、その周辺の諏訪系の神社との関係は今も密接なままである。

5　まとめ

なぜ善光寺如来への信仰と武芸・狩猟の神である諏訪明神信仰が結び付いたか。

年神堂の神は諏訪明神でなく、八幡神であるという説もある（『信府統記』など）。八幡神も武神でありかつ菩薩でもあるから、神仏混淆の中では武芸の神と慈悲の仏が一体となるのは決して珍しいことではないのかもしれない。もともと出雲の神、オオクニヌシにもニギタマ（和魂）とアラダマ（荒魂）がある。諏訪明神（タケミナカタ）のニギタマが、善光寺如来への信仰という形で出ているのであろうか。では、善光寺から見た時に、なぜ諏訪信仰が受容されたのか。

考古学的に諏訪信仰を遡ることは、なかなか難しいのであるが、諏訪大社の神宝や神事の道具を考古学的に分析してみると、薙鎌は御射山遺跡（鎌倉時代）のものが古く、それ以前の類例を知られていないが、八稜鏡と鉄鐸は古代に遡る類例があり、そこから諏訪信仰の起源が探究されてきた（藤森栄一、桐原健）。諏訪大社の御神体である真澄（八稜鏡）と神事に用いられる鉄鐸は、それぞれ古代に遡る。八稜鏡はそれだけで諏訪信仰だけを象徴するものと限定できないが、信濃の古代鉄鐸は、諏訪大社や小野神社の神事に使われた伝世品の例と同じく、一〇点前後まとまって出土する例があり、諏訪信仰を示す一つの材料となろう。

信濃では、八稜鏡と鉄鐸が個人墓（茅野市中村・外垣外《そとがいと》遺跡）や竪穴住居跡（坂城町上五明《かみごみょう》条里水田跡。但し、同遺跡の木棺墓から鉄鐸九点が副葬品として出土）から一緒に出土する例がある。まだ不明の点も多いが、諏訪信仰にかかわる人間の墓の可能性が指摘されている（藤原ほか 二〇〇九）。八稜鏡はもとより鉄鐸も信濃全域で出土しており、平安時代の諏訪信仰の広がりがうかがえる。

信濃の政治支配の一環として善光寺や諏訪信仰が用いられた可能性は十分にある。諏訪大社の御柱と善光寺の回向柱は本数こそ違っても、数えで七年に一度（御柱は寅と申の年、回向柱は丑と未の年に立てられる。但し回向柱は御柱と異なり、善光寺御開帳に合わせて行われるため、御開帳のサイクルが変わると立てられる十二支は変わる）立てられるが、用材は山から切り出され、今も諏訪大社あるいは善光寺に各村落や地域社会の協力でもたらされる。これがかつて信濃の各郷の助力によって行われていたのであるから、ある意味、政治支配のデモンストレーションであったともいえよう。

ただ、仮に、政治的な強制によってのみ行われたとすれば、政治権力が没落した段階で排除されたりするはずであるが、そうではなかったのは、善光寺と諏訪信仰には、もともと共通する文化的な基層があったためと筆者は考える。

図 42　諏訪大社真澄鏡（『信濃奇勝録』）

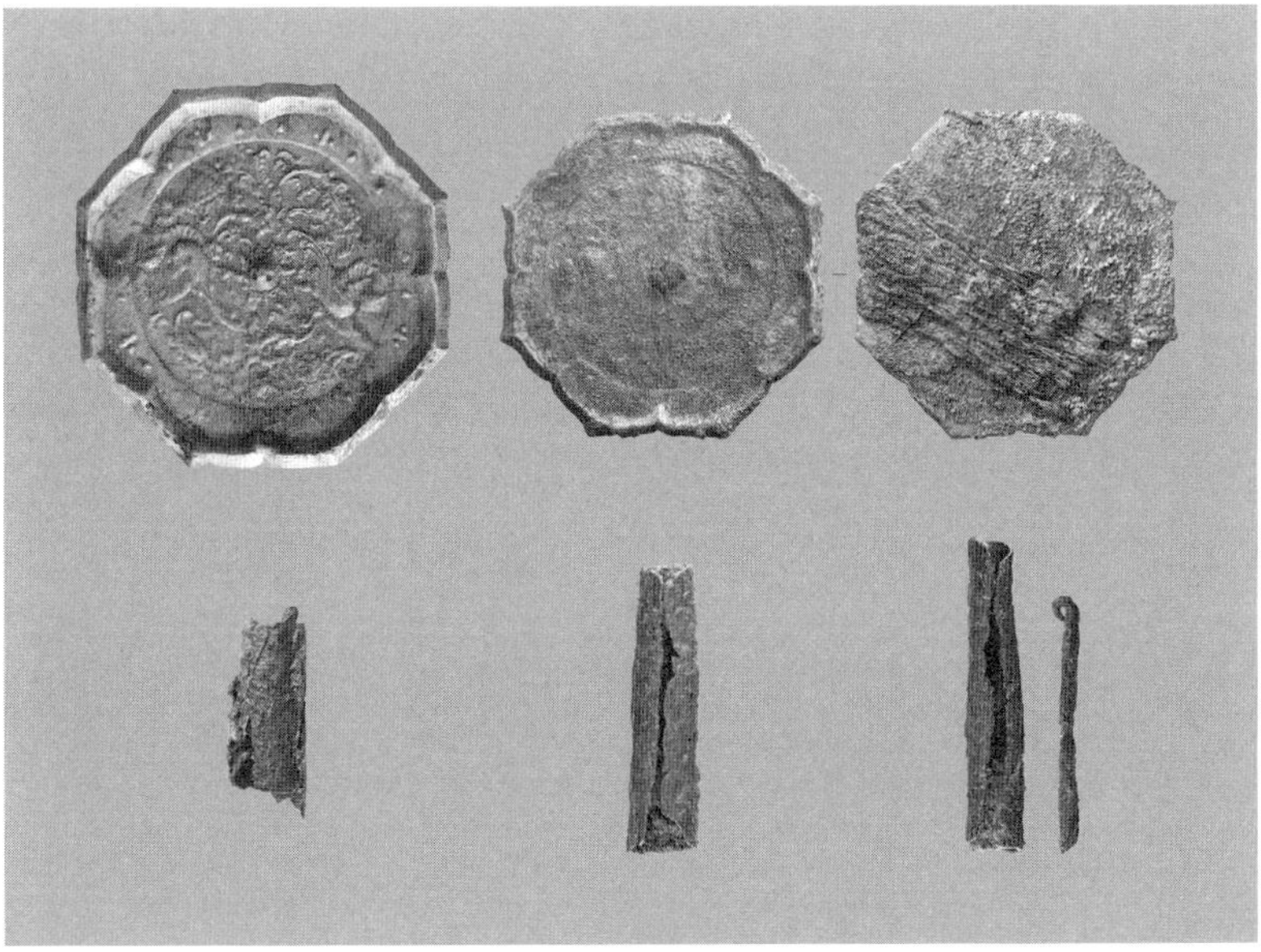

図 43　中村・外垣外遺跡出土の八稜鏡と鉄鐸

それは、善光寺と諏訪信仰を支えたのが、漂泊の半俗半聖の宗教者とくに女性の役割が大きかったことである。善光寺自体には僧尼がいる一方で実際に各地にその信仰を弘めたのが、漂泊の半俗半聖の善光寺聖であったように（五来前掲書）、諏訪大社には現人神である大祝《おおほうり》と五官と称する男性の専門的な神職（上社は神長官《じんちょうかん》、禰宜太夫《ねぎだゆう》、権祝《ごんのほうり》、擬祝《ぎのほうり》、副祝《そえのほうり》、下社は武居祝《たけいほうり》、禰宜太夫、権祝、擬祝、副祝）がいたが、実際の諏訪信仰を弘めたのは、「歩き巫女」と呼ばれる漂泊の宗教者であった（柳田　一九六二）。信濃では現在の東御市祢津《ねつ》を根拠地とした「ののう」が有名である（長岡　一九九〇）。

考古学的にも八稜鏡や鉄鐸が平安時代の個人墓から出土する例があり、すでに古代に、諏訪信仰にかかわる巫覡的な人物の存在をうかがわせるが、とくに、坂城町上五明水田跡出土の鉄鐸八個を副葬した木棺墓の被葬者は、人骨から女性であると推定されていて、歩き巫女が古代に遡る可能性を傍証する。

筆者は、こうした漂泊の宗教者（とくに女性の）こそが善光寺と諏訪信仰を結び付けるカギと考える。前述の「ののう」研究を地元ですすめた長岡克衛によると、ののうは、神事舞太夫と呼ばれる修験の男性宰領のもと、諏訪信仰だけでなく、善光寺信仰をも弘めていたという。

諏訪信仰においては、建御名方命と八坂刀売命の男女（夫婦）神を祀るが、善光寺も僧寺（大勧進）と尼寺（大本願）が併存しているだけでなく、境内にかつては建御名方命を祀っており、善光寺七社の一つ妻科神社では八坂刀売命を祀る。

こうした男女の神信仰や巫覡（そもそも漢字でも巫が女性で、覡は男性を意味する）の存在は、日本列島古来の風習とも考えられるし、善光寺縁起が伝来を強調するところの朝鮮半島にも巫堂（ムーダン）と呼ばれる土着の巫女や中国大陸においても秦漢以前の段階には北方にも南方にも多くの女性の巫がいたことが指摘されている（童　一九九八）。

このことについては、簡単に結論づけられないが、諏訪信仰が、契丹や女真といった東北アジアのいわゆる塞外（長城以北の）民族のシャーマニズムによく似ていることを指摘しておきたい。そもそもシャーマンは巫覡をあらわす女真語（『三朝北盟会編』巻三十）である。女真や満洲族のシャーマン（珊蛮）は、鏡や鈴を使ってトランス状態に入ることが知られている。生贄には鹿、兎などの野生動物を用い、漢人が用いる牛、羊、豚などの家畜では行わない（ただし、馬は家畜ではあるが、犠牲に用いる）。また、シャーマニズムを信仰しつつも、仏教も尊崇する（鳥居 一九七六a、ヴォロビヨフ 一九八三）。また、契丹や女真の仏教は主に高麗から伝わったと推定されている（『金史』本紀、鳥居 一九七六b、ヴォロビヨフ 一九八三）。

善光寺と諏訪信仰には、それぞれ日本の基層文化にみられる要素が色濃く残っているように思われるが、それゆえに両者が共存できたのであろう。つまり、両者が共存できた理由は、前近代においては、日本の信仰は、神仏混淆にみられるように、おおらかな民族性に起因するからだというような説明がわかりやすいが、しかし、筆者はさらに踏み込んで、善光寺と諏訪信仰に関しては、日本の基層文化にあったものと東北アジア起源のものが共通していたのか、あるいは渡来した時期が異なっていたのだが、その根源が共通した文化であったため、両者が列島で再会した時に、「共鳴」し、共存できたと考えたい。

第三章　連綿と続く交流——鎌倉時代以降——

一『吾妻鏡』異国船寺泊浦漂着記事の考古学的考察

1　はじめに

古代末から中世前期の平氏政権、鎌倉幕府の時期にも、対外貿易が行われてはいたが、いずれも遣隋使、遣唐使にみられたような国家間の貿易というよりは、私的な貿易が主体であったと考えられている（田中 一九七五）。無論、国家によって対外貿易が管理された時代においても、多くの私的な対外貿易が存在していた。いずれにせよ、こうした私的な対外貿易はなかなかその実態を把握しようにも、事例が文献に直接現れてくることは稀である。

また、対外関係史や経済史において、日本では、公的な貨幣が鋳造されることがなく、大量の「渡来銭」が大陸からもたらされたことも、よく知られている。しかし、従来の当該研究においては、平安時代末から鎌倉時代にかけての対外貿易というと宋（北宋・南宋）との関係のみに視点がいきがちである。

宋に拮抗して北方に存在していた女真族が建国した金との関係があまりにも軽視されてはいないだろうか。金は銅銭の発行数といった経済的な面では宋に遠く及ばなかったが、軍事的にはむしろ宋を押し気味であった。また、対外関係史上、重視されない原因の一つに日本の文献史料に女真関係記事があまりみられないことがあるものと思われる。

ところが、貞応二年（一二二三）に越後国寺泊浦に高麗人が乗った船が漂着し、その乗員の武具などの具足が鎌倉で藤原頼経に披露されたという記事が『吾妻鏡』にある。この『吾妻鏡』（元仁元年二月廿九日条）の記事は、中世の地域社会の国際性を示す記事として、注目されている（井原 一九八八）。しかし、これは中世地域社会の国際性を示すものにとどまらず、具体的には日本と女真・金との関係を考える上で無視できない記事である。

この漂着船の乗員の具足類には、武具以外にも羽壺、帯、箸、櫛などがあった。こうした具足類の中に当時の日本人には（その後近代に至るまでも）解読できなかった文字が記された銀簡があったが、それは女真文字であった。この銀簡は女真文字研究においては非常に有名な資料である（栗原ほか 一九七四）。

筆者は一九九九年・二〇〇〇年とロシア沿海地方で資料調査を行う機会があり、『吾妻鏡』に記述された銀簡と同一種と考えられる女真文化のシャイギン遺跡出土の「パイザ」の実物を観察することができた（川崎 二〇〇〇）。『吾妻鏡』の記事の内容と極めて酷似しており、『吾妻鏡』の記事は非常に信憑性が高いものと考えられる。『吾妻鏡』は直接的に金・女真のことを記述している訳ではないが、女真文字研究および考古学的分析を通じてこれが日本と女真・金との関係を示唆する記事であることがわかった。

つまり、文献史学による成果もさることながら、今一度違った視点から当該期の対外交易の実態について分析する必要が感じられた。そのもう一つの視点として、ここでは考古学的な方法、とくに日本列島における中世出土銭の分析を行いたい。

中世出土銭の研究において、埋められたあるいは埋まった大量の銭の存在やこれらの大半が中国から輸入されたと考えられる渡来銭が大半を占めていることもよく知られている。出土銭を資料として中世の経済、社会の研究も行われ、考古学のみならず、文献史学にも多大な影響を与えている。

現在多くの出土銭の情報が収集され、多くの研究成果が出てきているが、出土銭のなかの渡来銭については北宋銭が圧倒的に多く、ついで南宋銭が多いことや、従来の文献史学の成果から、これまた日本と宋（とくに南宋）との貿易の証拠として取り上げられることが多かった。無論筆者も南宋との貿易の存在自体を否定するものではないが、純枠に考古学的な資料として、金銭に焦点をあてて分析を行った。
よって以下、越後国寺泊浦漂着船記事および中世出土銭の分析を通じて中世日本と金との関係について考えてみたい。

2　越後国寺泊浦漂着船記事からみた日本と金・女真との関係

(1)『吾妻鏡』『百錬抄』における寺泊浦漂着船記事

まず、「高麗人乗船流寄」したことに関する『吾妻鏡』の関連部分は以下の通りである。

『吾妻鏡』元仁元年（一二二四）二月（黒板編 一九三三）

○廿九日丙申。晴。去年冬比。高麗人乗船流寄越後國寺泊浦。仍今日。式部太夫朝時。執進其弓箭以下具足於若君御方。則覽之。奥州以下群參。弓二張。假令如常弓。但頗短。似夷弓。以皮為弦。羽壺一。太刀一。常刀。聊細長躰也。刀一。大畧同常刀。帯一筋。以緒組之。彼帯中央付銀簡。長七寸。廣三寸方也。其注銘四字也。又銀匙一。鋸一。箸一雙。動物骨也。櫛。以皮造之。櫛袋入之。具足等者。似吾國之類。皆見形知名。於四字銘者。文士數輩雖令參候無讀之人云々。

さらに、この記述の後に簡銘書様として以下の文字が掲載されている（図44）（諸本によって多少異同がある）。

この『吾妻鏡』の記事から「高麗人」も乗った船が寺泊に漂着したことが分かる。さらに、乗員のその後に関する記事が『百錬抄』にみられる。

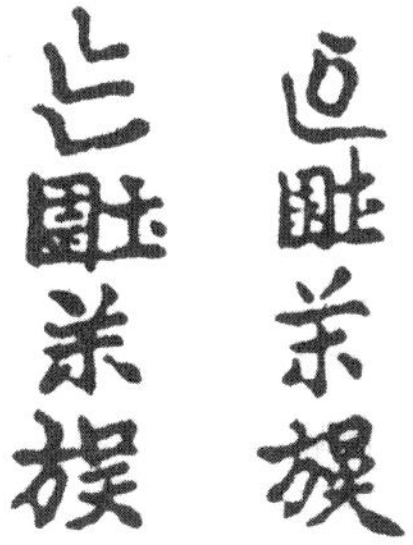

図44 『吾妻鏡』の女真文字
（左：島津本、右：吉川本）

図45 寺泊浦周辺（S=1/100,000）
1 唐船潤（伝異国船漂着の地）、2 王潤、
3 新羅王碑（伝異国船乗員埋葬の地）

『百錬抄』元仁元年（黒板編 一九八三）
○四月十一日。或人云。去五月比。越後國白石浦。異國船被吹寄。其長十餘丈。船中搆作泉。乗人四人僅存命。近日上洛。經廻六角堂邊。万人見物云々。彼國人以銀如瓦石用諸物云々。仰武家被追洛中了。

『百錬抄』にある白石《しろいわ》浦は白岩とも書き、大河津分水河口左岸で寺泊の一部でもある（竹内ほか 一九八九）。『越後略風土記』（越佐史料所収）は、寺泊浦の荒町と磯町の中間を「唐船潤」と称することを紹介し、この『吾妻鑑』の記事に対応させる（図45）。多少日付が異なるが、『吾妻鏡』と『百錬抄』の記事は、一連のものと考えられよう。地元寺泊町や分水町にもさまざまな伝承がある（青柳 一九七九、山崎 一九九六）。

船は、長さ十余丈とあるので、長さ三〇《メートル》を越える船であったことがわかる。岡内三真によると一一二三（宣和五）年高麗に派遣された中国船（『宣和奉使高麗図経』）の長さが約三〇《メートル》とされ、一九七五年に韓国全羅南道新安沖海底で発見されたいわゆる「新安沈船」は、元から日本に向かっていたと考えられる貿易船であるが、上部が失われており当時の長さは正確にはわからないが、復元長三〇メートルとされる。一二世紀から一四世紀の貿易船はこのような規模であったと考えられている（岡内 一九八六）。よってこの漂着船は当時、外洋を航行する一般的な貿易船と同様な規模と考えられる。

岡内はこうした貿易船の乗組員数を一一二三（宣和五）年の中国船の乗組員が六〇人であったこと、一一八三（淳熙十・寿永元）年に日本人七三人が秀州華亭県に（『宋史、巻四九一・外国伝・日本国』「十年、日本七十三人、復飄至秀州華亭県。給常平義倉銭米以振之。」）、一二一七（興定元・建保五）年に日本国大宰府民七二人が漂着した記事（『金史巻十五、本紀第十五・宣帝中』「十二月（中略）戊申、即墨移風砦於大舶中得日本国太《ママ》宰府民七十二人、因羅遇風、飄至中国。有司覆験無他、詔給以糧、俾還本国。」）を根拠に当時のこうした貿易船の乗船員数を六〇～七〇人と想定している。

おそらくは漂着という事態によって多数の乗組員の命が失われたので、残ったものが僅か四名であったと考えるのが自然である。

船の所属であるが、井原今朝男は、「朝鮮船」（井原 一九八八）あるいは「中国船」ととらえる（井原 一九九八）。まず「朝鮮船」かどうかであるが、たしかに、『吾妻鏡』には、「高麗人乗船」とある。しかし、『百錬抄』には、吹き寄せられた「異国船」の生き残った乗員四名が、上洛し六角堂辺りを廻っていたが、武家（六波羅）に追放されたとある。当時の京の人々がどの程度外国人を認識していたかは、分からないが、『百錬抄』が「高麗船・人」とはせずに「異国船」「彼（異）国人」としたことから、彼らを単純に高麗人とは決め付けられないだろう。また、以下の根拠からも「高麗船[1]」というよりは「女真船」であった可能性が高いと考える。

（２）女真文字の銀簡

当時誰も読むことができなかった銀簡の文字は、女真文字であった。実はこの文字は、鎌倉時代以後も長く解読されなかった。清瀬義三郎によると林羅山が朝鮮通信使に随伴した文弘績に、同書所載の四文字の読み方を訊ね、文が「王国貴族」と読んだので、驚嘆したというが（高橋編 一九七一）、これは漢字ではなく、女真文字であった。漢字ではなくこれが女真字であることを指摘したのは白鳥庫吉で、以後稲葉岩吉、和田清、内藤湖南、村山七郎らによってさまざまな読みがなされた（清瀬 一九九七）。

とくに、内藤は古代から近世の中での中国東北部・沿海州と日本列島との交流のなかで、この事件を、女真族関係の事件として寛仁三年（一〇一九）の「刀伊」の襲来や安倍頼時の女真国（?）へ渉ったという『今昔物語集』『宇治拾遺物語』の記事とともに、紹介している。内藤はさらに寺泊に流れついたということから、この船がロシア沿海州の南端か、朝鮮半島の咸鏡道の北方から来たと推測している（内藤 一九〇七）。

一九七六年にソビエト連邦沿海州シャイギン（塞加）古城遺跡から女真文字を示す銀簡が発掘された（図46）（シャフクノフ一九七六）。これが『吾妻鏡』のものと同じものであることが顔華（一九七九）によって指摘され、清瀬義三郎（一九九七）によって正確な意味が解読された。

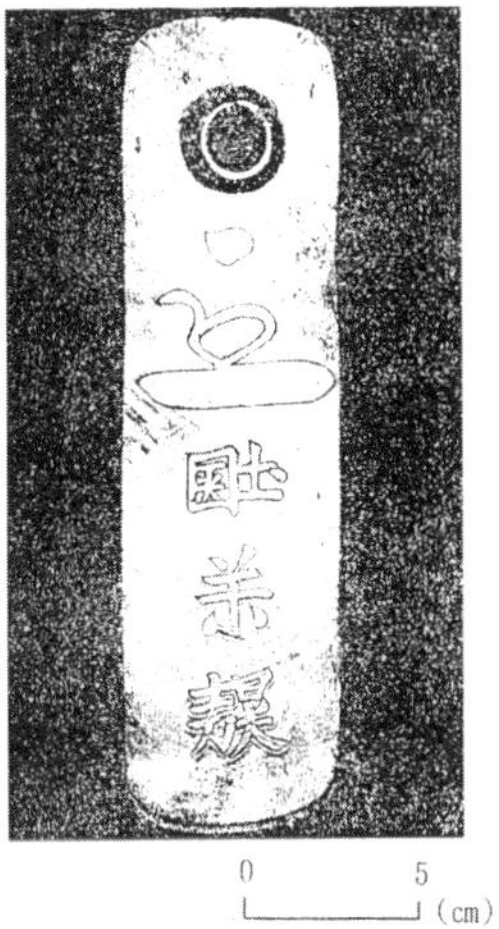

図46 シャイギン遺跡出土の「パイザ」
(S=1/4)

清瀬によると一字目と思われたものは金皇帝の花押で、その次が第一字であって女真字の「国」を示し、第二字は属格助詞、第三字は「誠」を表し、女真語は日本語などと同じ膠着語に属し、これはそのまま「国の誠」であるという（第一字と第三字が女真小字〔表意文字〕で第二字が女真大字〔表音文字〕で、日本語の「てにをは」のような助詞を表している）。これはパイザ（中国では国信牌）と呼ばれ現在の旅券にあたる。

（3）銀簡などの考古学的検討

女真文字の解読から、この銀簡は、金朝のパイザ（旅券）と判明したわけである。この『吾妻鏡』の銀簡と同じものが現ロシア沿海州の女真文化のシャイギン遺跡で出土している。こうしたことからもこの銀簡が女真文化の産物であると裏付けられている。

臼杵勲によると女真文化といってもアムール女真文化と沿海州女真文化を分ける考え方もあり、とらえ方も様々なようである（臼杵 一九九六）が、ここでは、女真・金にかかわるものはとりあえず女真文化としておく。

シャイギン遺跡は一二～一三世紀初頭の沿海地方屈指の山城で、広さ約四五ヘクタール、丘陵の尾根に沿って巡らされた土塁の総延長は約三・六キロを測る。

階段状に整備された渓谷の両斜面には、住宅や生産施設が建てられ、北東部と南西部に柱廊式構造をもつ瓦屋根の工房が城郭内に配置され、北西部では冶金や貴金属細工、骨材彫刻、鎧小札製造などが行われていた（北海道開拓記念館 一九九四）。

女真・金はモンゴルに滅ぼされるまで、渤海同様な土城（防禦集落とも）を築いており、シャイギン遺跡をはじめとした土城で製鉄、鍛冶、金属・骨角製品加工なども行われていたことが分かっている。

銀簡以外にも弓、壺、太刀、刀、帯、銀匙、鋸、箸、具足などが、『吾妻鏡』の記録にのこっている。弓は長さが非常に短く、「夷弓」に似るという。女真族をはじめ大陸の狩猟を生業とする民族の弓は日本の弓に比べて短い。弓矢は高麗向けではあるが、女真の交易品の中にも知られている（姜 一九七五）。

また、動物骨製箸、皮製の櫛なども高麗や南宋のものというよりは金・女真を始めとする北方民族のものの色彩が強い。[2]

よって、銀簡以外の文物も女真文化の産物ととらえ得るものである。『百錬抄』の「彼（異）国人」が「銀を瓦石の如く、諸物に用いた」という記事が、彼らを「高麗人」ではなく、「異国人」と判断した材料になっていると思われる。

可能性からだけ言えば、女真（金）のパイザを所有した高麗船や南宋船であったことも想定できるのだが、『百錬抄』の記述を勘案すれば「女真船」としたほうが自然であろう。

3 中世出土銭の分析―金銭を中心に―

厳密に言えば、模鋳銭もわずかに存在することが知られているので、金銭（材質が金というのではなく、金朝発行の銭）の銘を持っているからと言って即金政府発行とは言えない。しかし、中世出土銭の研究で、北宋銭、南宋銭の模鋳銭が存在していることが知られ、金銭だけに集中しているような現象はみられない（嶋谷 一九九七）。金銭をねらい打ちして日本で大量に模鋳したなどということも今のところ考えられないので、金銭だけ過大に評価してしまうようなおそれは少ないと考える。中世の遺跡などから少なからず出土する金銭の大半は金で発行されたものが何らかの経路で日本にもたらされたとみなすことができる。

この金銭がもたらされた経路だが、大抵出土金銭は北宋や南宋銭などと共伴することが多い。金銭は南宋経由で入ってきたものであり、金や高麗から日本に銭貨が直接的に流入することはなかったとみなされてきた（曽我部 一九四九、田中 一九七五）。

とくに、中世の渡来銭の多くが南宋から来ていて、金とは公的にも私的にも交流がなかったとする見解は曽我部静雄の研究（一九四九）に負うところが大きい。曽我部は遺跡の出土量では圧倒的に多い北宋銭が、北宋の時代に日本列島に入ってきたのではなく、次の南宋の時代に南宋銭とともに日本に流入したとしている。

曽我部は金銭が南宋経由で日本へ流入した原因を、金や南宋の経済状況に求めている。一一二五年に北宋を滅ぼした金は、当初首都開封などに多量にあった北宋銭で、銭貨の流通には十分であった。また、北宋末より紙幣である「交子」が流通していたこともあり、傀儡政権（斉劉豫）がわずかに発行したことがあったが、独自の銭貨の発行に熱心ではなかった。しかし、自然に毀損して減少したり、決済で流出することもあり、一一五八（正隆三）年に「正隆元寶」（金史では正隆通寶）をはじめて発行した。その後一一七八（大定十八）年に「大定通寶」を鋳造したが、絶えず欠乏気味であった。また、金領内の銅山の銅産出量が落ちてきて、計画どおり銭貨を鋳造できなくなったことから、金章宗は一一九〇（明昌元）年銅銭の鋳造を中止し、代わって紙幣の「交鈔」（貞元交鈔。交鈔自体は一一五四年より発行されていた）を増印することにした（李・暁　一九八九）。

しばらくは交鈔の発行は抑制されていたが、その後発行が増大し、インフレーションを招き、交鈔の価値は暴落した。よって民間の決済はおもに銀で行われるようになった。南宋も同様な経済状況を迎えており、中国では次第に銭貨中心の経済から銀本位制が確立していくようになるという。

こうした金や南宋の経済状況によって、多量の銭貨が日本へ流出することになったと考えている。

ただし、曽我部は日本と金の関係を論じる中で「遼金を興した塞外人種は、共に海洋航海を殆ど知らぬ人種であり、（中略）航海には長ぜざる人々である。故に遼並びに金から我が国に直接交易を求めて来るが如きは、あり得ない。」「金になつては、我（日本）との貿易上の関係はなかつたやうである。」とした。よって、日本列島出土の金の銭貨は、南宋経由であるとした。

曽我部はその日本列島の出土銭の類例として三つの事例を挙げているが、今日の考古学の成果からみると内二者は、明洪武通寶、永楽通寶を大量に含み、中世後期の埋蔵銭の例と考えられる。鎌倉市大町第一小学校庭出土資料は元銭、明銭を含まないので、南北朝もしくはそれ以前の中世渡来銭の流通状況を示していると考えられる。

大まかには、出土銭の渡来銭の比率は多少の異同はあるが、全国的に比較的均一であると考えられてきた（矢島

図47　日本列島中世1〜3期出土銭分布

一九五六)。たしかに、出土数の多い銭種の順位は全国的に共通すること知られている(永井編 一九九四)。

しかし、近年の出土銭の研究により、時期によって多少比率が変わること、特に、明銭流入後は宋銭などの比率はかなり落ち、各種の渡来銭の比率が大きく変わることが知られている(永井編 一九九四)。また(一括大量)出土銭の分布が、時期によって地域的に偏るという指摘(神木 一九八五)(3)や中世後期の事例であるが、日本列島内を広域に流通した明銭の永楽通寳が関東地方などにかたよる傾向があることが知られ、

表 27　日本列島中世 1 ～ 3 期出土銭遺跡一覧(6)

番号	遺跡名	所在地	全調査数（総数）	南宋	建炎～端平	金	比率 1	比率 2	容器	備考	区分	文献
1	志海苔	北海道函館市	307449	8075	6371	392	6.2	0.13	越前甕 2、珠洲甕 1	1・2 号甕	3 期	①
1	志海苔	北海道函館市	66987	1700	1350	109	8.1	0.16		3 号甕	3 期	①
2	奥内	青森県青森市	10290	207	148	18	12.2	0.17	甕		2 期	③（青森市教委 1992）
3	原別	青森県青森市	4522	115	96	6	6.3	0.17	木箱か		2 期	③（青森市教委 1992）
4	乳井	青森県弘前市	5508	159	128	10	7.8	0.18	木箱		2 期	③（成田 1958）
5	猿賀	青森県尾上町	10491	262	199	9	4.5	0.09			2 期	③（工藤・八木沢 1961）
6	林ノ沢	秋田県八森町	6720	148	104	3	2.9	0.04	曲物		1 期	③（佐々木 1988）
7	今戸	秋田県井川町	225	9	2	0	0	0		多数が散逸	1 期	③（井川町 1986）
8	深沢	秋田県本荘市	593	27	24	3	12.5	0.5	甕	現在整理中、総数 2426 枚	1 期か	③
9	大久保	秋田県鳥海町	147	15	12	1	8.3	0.68		黒漆塗りの丸い重鉢、多数が散逸	1 期か	③（鳥海町 1985）
10	手蔵田 2	山形県酒田市	3156	68	53	2	3.8	0.06		現存分を佐藤氏調査時	1 期	③（佐藤・矢口 1976）
10	手蔵田 2	山形県酒田市	7205	154	120	5	4.2	0.07		渋谷茂雄氏調査時	1 期	③
11	添津	山形県立川町	3204	53	37	2	5.4	0.06			3 期	③（佐藤・矢口 1976）
12	長沼	山形県藤島町	4058	59	48	0	0	0			1 期	③（佐藤 1979）
13	東荒屋	山形県櫛引町	6841	177	133	3	2.3	0.04	壷		2 期	③（佐藤・矢口 1976）
14	本合海	山形県新庄市	3687	102	73	5	6.8	0.14			2 期	③（堀場 1936）
15	大森	山形県山形市	936	17	12	0	0	0			1 期	③（保角 1982）
16	佐倉河	岩手県水沢市	3037	148	82	6	7.3	0.20	漆塗木椀		1 期	③（板橋・菊池 1963）
17	角掛森古館	岩手県江刺市	244	5	4	1	25.0	0.41			1 期	③（北上市博 1983）
18	栗田	岩手県紫波町	9738	278	217	10	4.6	0.10	桶？		1 期	③（板橋・佐々木 1958）
19	田中	岩手県金ヶ崎町	2896	97	67	6	9.0	0.20			2 期	③（朝倉 1979）
20	大明神	岩手県大東町	37722	1056	845	49	5.8	0.13	栗材刳物		2 期	③（小野寺 1998・2000）
21	御前浜	宮城県女川町	10572	306	235	12	5.1	0.11	不明		2 期	①（藤沼・神宮寺 1992）
22	志波町	宮城県仙台市	372	14	11	0	0	0	不明		2 期	（藤沼・神宮寺 1992）
23	上沼	宮城県中田町	6974	107	80	0	0	0	不明		1 期	（藤沼・神宮寺 1992）
24	長者原	宮城県栗駒町	4325	114	94	6	6.4	0.14	不明		2 期	（藤沼・神宮寺 1992）
25	樋渡台畑	福島県会津坂下町	488	21	15	0	0	0		第 6 号溝状遺構	1 期	③（会津坂下町教委 1990）
26	根小屋	福島県喜多方市	848	15	9	1	11.1	0.12	壷		1 期	③（柳内 1995）
27	下伊豆島	福島県郡山市	4212	13	11	3	27.3	0.07	木箱		1 期	③（相原 1986）
28	岩法寺	福島県玉川村	843	15	11	0	0	0			1 期	（玉川村教委 1980）
29	代官荘	栃木県栃木市	600（1200）	15	10	0	0	0			2 期	（角田 1979）
30	市野井・本郷	群馬県新田町	3970	92	72	8	11.1	0.20			1 期	（神谷 1993）
31	屈巣船塚	埼玉県川里村	29623	369	301	3	1.0	0.01	常滑甕		1 期	
32	中里	埼玉県坂戸市	3409	85	58	3	5.1	0.09	地焼甕		2 期	
33	全昌寺	埼玉県岡部町	26780	595	467	26	5.6	0.10			2 期	（竹尾 1996）
34	上千葉	東京都葛飾区	13247（14010）	326	251	3	1.2	0.03	常滑壷	渡来銭数から模鋳銭は除く。常滑壷は 13 世紀末。	1 期	（葛飾区 2000a・b）
35	大町第一小学校	神奈川県鎌倉市	8636	231	185	10	4.3	0.12	古瀬戸甕？	鎌倉末から足利初	1 期	（入田 1935）（飯田 1985）
36	極楽寺	神奈川県鎌倉市	101	5	4	0	0	0		東京国立博物館所蔵	1 期	（飯田 1985）
37	戸川	神奈川県秦野市	1291	46	36	1	2.7	0.08			1 期	（飯田 1985）
38	下道	新潟県長岡市	11212	327	242	17	7.0	0.15	曲物		2 期	②（駒形 1996）
39	柳の町	新潟県与板町	3410	141	89	4	4.5	0.12	甕	容器は散逸	2 期	（小林繁 1992）
40	岡の町（清水邸）	新潟県加茂市	3678	132	100	3	3.0	0.08	珠洲甕	未処理 9500 枚あり。	1 期	③（八百枝 1985）
41	岡の町（吉村邸）	新潟県加茂市	216	6	5	1	20.0	0.46	珠洲甕		1 期	③（八百枝 1985）
42	糠塚	新潟県塩沢町	14313	441	348	12	3.4	0.08	桶		2 期	③『塩沢町史』

45	前田	新潟県新井市	22294	556	464	34	7.3	0.15	木製容器か		3期	③（新井市教委 1987）
46	西条・岩船	長野県中野市	34162	88	83	104	125.3	0.30	木箱か	平成元年度、第1号埋納銭	2期	（藤沢 1997）
46	西条・岩船	長野県中野市	8616	198	169	14	8.3	0.16	珠洲甕（14世紀代）	平成7年度、第2号埋納銭。容器年代（鋤柄 1999）による。	2期	（藤沢 1997）
47	田麦	長野県中野市	30498	684	576	56	9.7	0.18	木箱		3期	（日比野 1950）
48	寺尾	長野県長野市	1114	24	18	2	11.1	0.18		旧松代町	2期	（金井 1960）
49	塩尻	長野県上田市	1691	36	29	4	13.8	0.24	常滑甕（16世紀前半）	容器年代（鋤柄 1999）による。	1期	（関 1969）
50	寺開土	長野県丸子町	197	35	13	0	0	0	古瀬戸四耳壷（14世紀）	出土当時総数3000枚だったが、散逸。	1期	（滝沢・綿田 1992）
51	小原	長野県松本市	2701	66	49	6	12.2	0.22	土坑		2期	①
52	吉田若宮	長野県塩尻市	74740	1942	1547	99	6.4	0.13	常滑大甕	1次	3期	①
52	吉田若宮	長野県塩尻市	5820	113	86	4	4.7	0.07	木箱か桶	2次	2期	②
53	早稲田	長野県阿南町	11292	1766	205	10	4.9	0.09	常滑甕か	旧大下条村	2期	（市村 1935）
54	箱川	長野県飯田市	3131	188	174	3	1.7	0.10	古瀬戸四耳壺（15世紀代）	容器年代（桐原 1985）による。旧山本村	2期	（市村 1952）
55	江上B	富山県上市町	559	8	8	0	0	0	珠洲甕	SK106	1期	
56	田屋森山	石川県津幡町	1484	44	28	2	7.1	0.13	不明	本来10,000枚ほど出土したが、散逸。	2期	（芝田 1983）
57	二本橋（下河端）	福井県鯖江市	4726	117	103	9	8.7	0.19			2期	（斎藤・青木 1974）
58	社口田	愛知県岡崎市	26532	625	502	35	7.0	0.13	常滑甕		3期	②
59	篠島正方寺	愛知県南知多町	6805	162	124	2	1.6	0.03	常滑甕	山茶碗で蓋。14世紀。	2期	（柴垣 1986）
60	斎宮跡	三重県明和町	11536（11576）	357	274	20	7.3	0.17	土坑	第54次、SK3515	2期	②（伊藤 1995）
61	長太栄町	三重県鈴鹿市	3230（3428）	95	80	9	11.3	0.28			3期	（伊藤 1995）
62	三行	三重県河芸町	1147（1273）	25	23	0	0	0	木箱か	一部散逸	1期	（伊藤 1995）
63	東長島	三重県紀伊長島町	169（172）	6	6	0	0	0			1期	（伊藤 1995）
64	上御糸	三重県明和町	361（375）	13	10	0	0	0			1期	（伊藤 1995）
65	平安京左京八条三坊七町	京都府京都市	31415	740	669	40	6.0	0.13	曲物	P234、P160	2期	①
66	引土	京都府舞鶴市	11943	323	264	10	3.8	0.08	曲物		2期	③（永井ほか 1999）
67	猪崎小黒	京都府福知山市	16773（16896）	390	318	29	9.1	0.17	丹波甕	一部散逸	1期	（杉原・森島 1993）
68	吉野	大阪府能勢町	1192（1213）	40	31	1	3.2	0.08	丹波甕		1期	②（辻本 1995）
69	大伴	大阪府富田林市	1877（3461）	72	61	3	4.9	0.16			1期	（小林義 1993）
70	南台	兵庫県三田市	6384	180	134	10	7.5	0.16	東播系須恵器甕	丹波播鉢・板石で蓋。	2期	①
71	塩野	兵庫県安富町	50555	1414	1140	68	6.0	0.13	備前大甕		2期	①（安富町教委 1991）
72	高積山	和歌山県和歌山市	10470	825	139	5	3.6	0.05	平瓦	平瓦を箱状にして埋納。	3期	（松下 1993）
73	畑	和歌山県由良町	2561（2583）	65	54	4	7.4	0.16			1期	（松下 1993）
74	上中野	和歌山県広川町	664（747）	9	8	0	0	0			1期	（松下 1993）
75	松江	和歌山県和歌山市	328（329）	5	4	0	0	0	壷		1期	（松下 1993）
76	草戸千軒町	広島県福山市	12591	338	337	7	2.1	0.06	亀山甕	第35次調査、SX3300。	1期	①（福島 1994）
77	大里	徳島県海南町	70088	1537	1255	56	4.5	0.08	備前系大甕		2期	①
78	中村岡の久保	愛媛県新居浜市	62028（62649）	1521	1155	48	4.2	0.08	常滑甕（13世紀末）	容器年代（古川 1999）による。	2期	③（永井ほか 1999）
79	九和	愛媛県玉川町	2512	67	52	2	3.8	0.08	瓶		3期	（柴田 1999）
80	古大寺	愛媛県重信町	4150（5001）	75	70	1	1.4	0.02	備前甕	備前焼Ⅲ期	1期	（重信町 1988）（柴田 1999）
81	父二峯	愛媛県九万町	1612	82	63	15	23.8	0.93			2期	（柴田 1999）
82	国安川	愛媛県吉田町	274（799）	18	8	0	0	0			1期	（柴田 1999）
83	本城	福岡県北九州市	15603（15745）	413	337	15	4.5	0.10	甕		1期	①（櫻木 1992）
84	大宰府条坊跡	福岡県太宰府市	999	24	18	1	5.6	0.10	ピット（土坑）	第83次調査	2期	①
85	大庭徳次	福岡県朝倉町	13433（13688）	291	255	15	5.9	0.11			2期	（鶴田・櫻木 1993）
86	老神	鹿児島県鹿屋市	18123	450	340	12	3.5	0.07	甕（陶器）？	琉球銭世高通寶が1枚出土するが、混入とされている。	2期	（合志 1962）（本田 1988）（櫻木 1991）

日本列島内でも多少地域差が存在することが明らかになってきた（鈴木 一九九五）。

筆者も長野県内の中世出土銭を集成する中で、前述のように金銭が一定量みられることに気が付いたが、当然これは前述のようにいわゆる中世渡来銭は広く流通しているので、大方その全国的な流通の中で、金銭が長野県へも入ってきたものと考えていた。しかし、鈴木公雄の研究で、汎日本列島的に多い渡来銭は決まっているが、組成に関しては地域差が存在することがわかった。よって、金銭についても、全国的に常に均質であるという前提を捨てて、出土銭のうちある程度年代が押さえられる資料を全国的に集成して、細かく検討してみることとした。

金銭の日本列島での流通を考える上では、以下の点を考慮に入れ、中世1～3期金銭および南宋銭出土銭数一覧（表27）および同出土銭分布（図47）を作成した。

前述したとおり、明永楽通寳流入以降は銭貨の比率が著しく変化することが知られているので、永楽通寳を含まない資料で論議する。よって出土銭編年1期から3期の出土銭(4)を資料とした。

また、金銭の割合をみるときに南宋銭を目安として重視したのは、以下の理由による。

日本列島内の中世出土銭の銭種割合は北宋銭が圧倒的に多いことが知られている（永井 一九九四）。これは中国でも同様な傾向であり（三宅 二〇〇〇・二〇〇一）、金帝国領内でも旧北宋の領域であった華北はもとより女真族の故地である中国東北部（三上 一九七二、黒竜江省文物考古工作隊 一九七七）、さらに沿海州やシベリア（枡本 一九九五）に至るまで北宋銭が流通していたことがわかっている。つまり、これは日本列島の状況というよりは、東アジア全体の傾向である。北宋銭の占有率はおおよそ八～九割と圧倒的なので、単に各々の銭種や各王朝銭を分析しても、北宋銭やその主要銭の割合が高いという結果が得られるにすぎない。

南宋以外の王朝、高麗、西夏や安南の銭貨は極めて検出されることが少ないので、金銭並行の南宋銭との比較が、金銭の流通の度合いを調べるのに適当であると判断した。また明銭（とくに永楽通寳）流入以降のものは渡来銭の銭

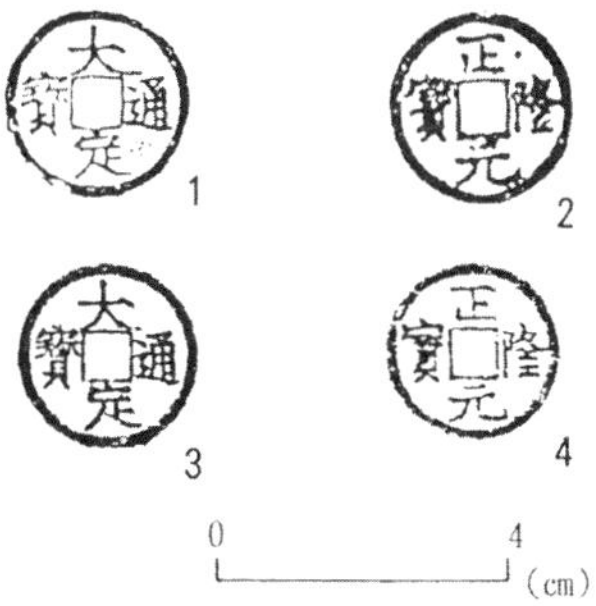

図48　主要金銭

種の比率が著しく変化することも知られている上に全国的な類例があまりにも多いので、繰り返しとなるが、明永楽通寳が入っているものは省いてある。

また、より厳密に考えればすでに先学が指摘するように金の経済状況および歴史を勘案する必要がある。金は北宋を滅ぼし、華北を一一二五年に平定したが、それ以後、しばらくは銭を発行せず、遼や北宋の貨幣を用いた（『金史巻四八、志第二九・食貨三・銭幣』「金初用遼宋旧銭」）。さらに金末には銅銭の発行、使用が停止され、紙幣（交鈔）や銀の使用が増加していったことが知られている。南宋よりはやく蒙古に滅ぼされている（金滅亡一二三四年、南宋臨安陥落一二七四年）。

よって南宋銭でも金帝国と並行した時期の南宋銭との比率を示さないと、単純に南宋銭と金銭を比較する場合、南宋銭の方が発行年間は長かったので、南宋銭を過大に評価しかねないからである。

ただ、出土銭貨の年代は厳密には一括して大量に出土した銭（以下一括出土銭）の場合、考古学的に鎌倉時代や南北朝時代などと絞り込めない資料が少なくない。一括出土銭は、そこに含まれる銭種のうち最新銭でその年代を推測する方法が行われているが、こうして推定された一括出土銭の年代と銭容器の年代が食い違うことが少なくない（桐原　一九八五）。これについては、「選銭」の結果であるとか、様々な要因が想定される。そもそも流通の時間幅が長い銭貨のみで年代を限定すること自体にも少なからず問題があるし、遺構の性格によっては、銭種が選択されたりすることも考えられ、短絡的に当時の流通状況を極めて正確に示しているとまではいえない（鋤柄　一九九五、小畑　一九九九）。

容器や遺構自体の年代などからも中世前期に限定できる資料だけで傾向をみれば、中世前期の貨幣流通状況の復元にはよりよいであろう。しかし、今度は類例が非常に限定され、統計学的な母集団が極めて少なくなってしまう。

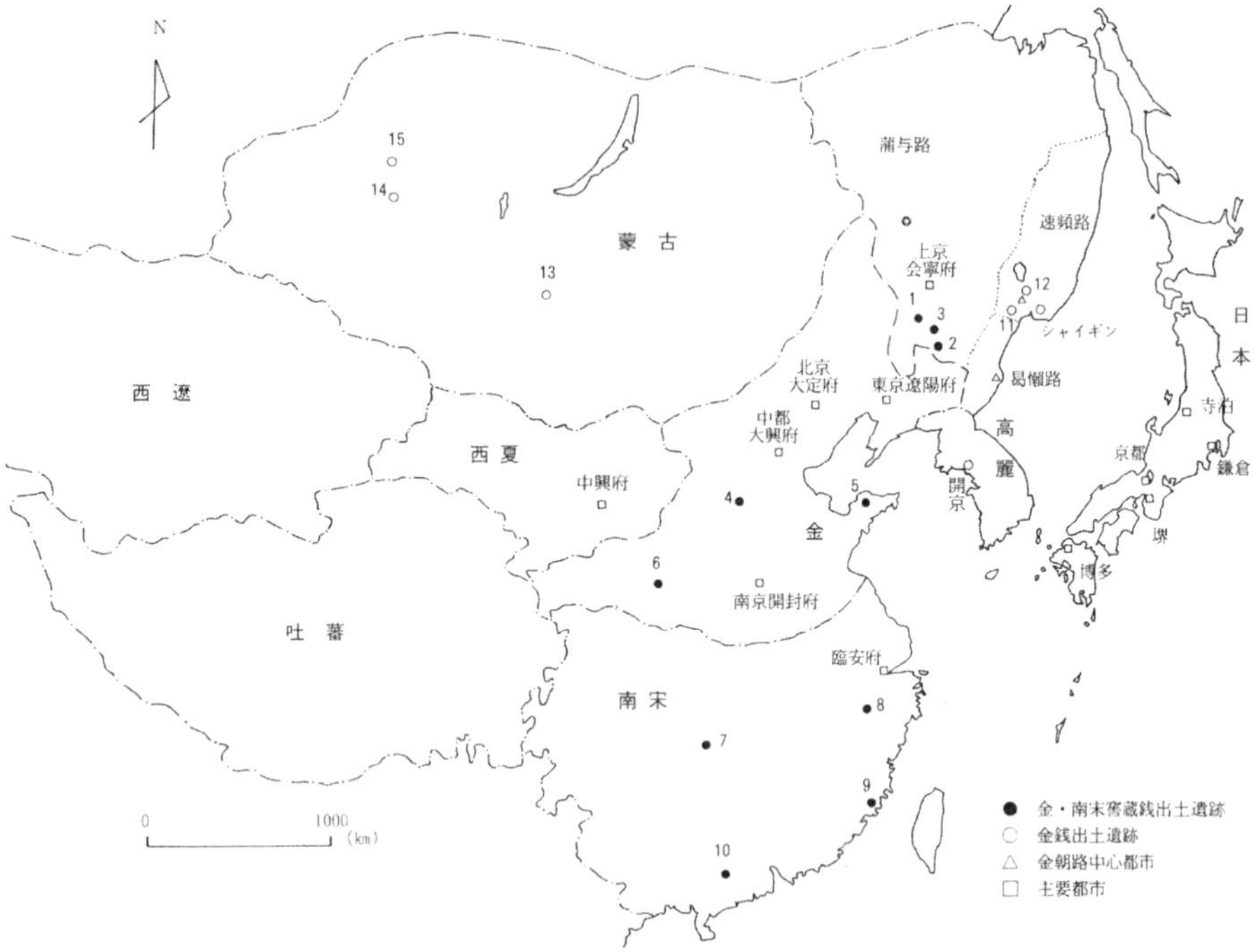

図49　東アジア銭貨出土主要遺跡

本稿の目的は、中世前期（明永楽通寶流入以前）の、日本列島の渡来銭の中で金銭の流通状況の偏りを知ることであるので、以上縷説したような偏向が入る可能性は排除できないが、南宋銭と金銭との関係をみるうえでは、許容できると考え、埋納時期（あるいは埋まった時期）が多少降る可能性があるものもデータとして含めた。

女真族が発行に関与したと考えられる銭貨は、中国本土では女真族の傀儡漢人政権斉劉豫の阜昌元寶、阜昌通寶、阜昌重寶（一一三〇）もあるが、日本列島では出土例が皆無に等しい。金朝が政府として発行したのは、金海陵王正隆元寶（一一五八）、世祖大定通寶（一一七八）、章宗泰和通寶、泰和重寶（一二〇四）、衛紹王崇慶通寶、崇慶元寶（一二一二）、至寧元寶（一二一三）、宣宗貞祐通寶（一二一七）である（かっこ内はいずれも初鋳年）（図48）（李・暁一九八九）。

大定通寶には鉄平銭や銅銀合鋳折二銭があるが、日本列島で出土するものの多くは、正隆元寶、大

表28　金・南宋窖蔵銭一覧

番号	遺跡名	省	所在地	総数	南宋	建炎～端平	金	比率1	比率2	容器	備考	文献
1	十里生産大隊	吉林省	九台県	31180	58	58	108	186.2	0.35	木箱		（谷1985）
2	獾子洞溝	吉林省	樺甸県	－	8	8	35	437.5	－	木箱	100kg	（張1985）
3	大鄭村	吉林省	永吉県烏拉街満族自治郷	2480	181	91	7	7.7	0.28	六耳鉄鍋	65kg出土うち15kg（2480枚）調査、整理。尹報告では、聖宋元宝を南宋銭に入れていたので、南宋銭の総枚数が本表と尹報告とは異なる。	（尹1988）
4	杜家庄磚廠	河北省	石家庄市獲鹿県	220128	1555	1555	1909	122.8	0.87	青釉大瓮		（李1989）
5	大疃村	山東省	栖霞県観里鎮	1688	21	21	4	19.0	0.24	鉄罐		（李1992）
6	耀州窯	陝西省	銅川市	19639	206	206	98	47.6	0.50	陶罐		（盧1979）
7	岩殻山	湖南省	湘西土家族苗族自治州吉首市	13223	212	212	0	0	0			（林1986）
8	開仙院	浙江省	衢州市	3092	8	8	0	0	0	石匣		（崔1983）
9	泉州湾宋代沈船	福建省	泉州市	462	70	70	0	0	0			（泉州湾1975）
10	車田郷	広東省	羅定県	12764	?	?	7	0	0.05			（陳1992）
	朝鮮開城付近			3734	45		77	171.1	2.1		原資料「朝鮮銭史」	（森1950）

定通寶、それにまれに泰和通寶の三種の銅銭である。表27で集成した金銭はこれらを合した数が掲載されている。

　こうした分析の結果であるが、金銭の出土銭貨中の割合は全国平均〇・一五パーセントでこれは正隆通寶の中世出土銭の中での出現率を〇・一三パーセントとした鈴木公雄（一九九九）のデータとも調和的である。また金銭の対建炎通寶～端平元宝南宋銭（初鋳年が一一二七年の建炎通寶から一二三四年の端平元宝までの南宋銭、具体的には建炎通寶、紹興元寶、紹興通寶、淳熙元宝、紹熙元宝、慶元通寶、嘉泰通寶、開禧通寶、嘉定通寶、大宋元宝、紹定通寶、端平元宝であるが、以下建炎～端平南宋銭とする）の比率は全国平均で五・六パーセントとなる。まずこれをどう判断するかであるが、中国における金および南宋の窖蔵銭[5]などの出土銭を集成してみたのが金・南宋窖蔵銭一覧（表28・図49）である。日本よりもデータ不足が否めないが、これによると南宋領域での金銭の出土例は極めて稀であるが金の領域では南宋銭より金銭が多いことも分かる。つまり、この事実だけでも日本列島の金銭が南宋から輸入された渡来銭に交じっていたということだけでは解

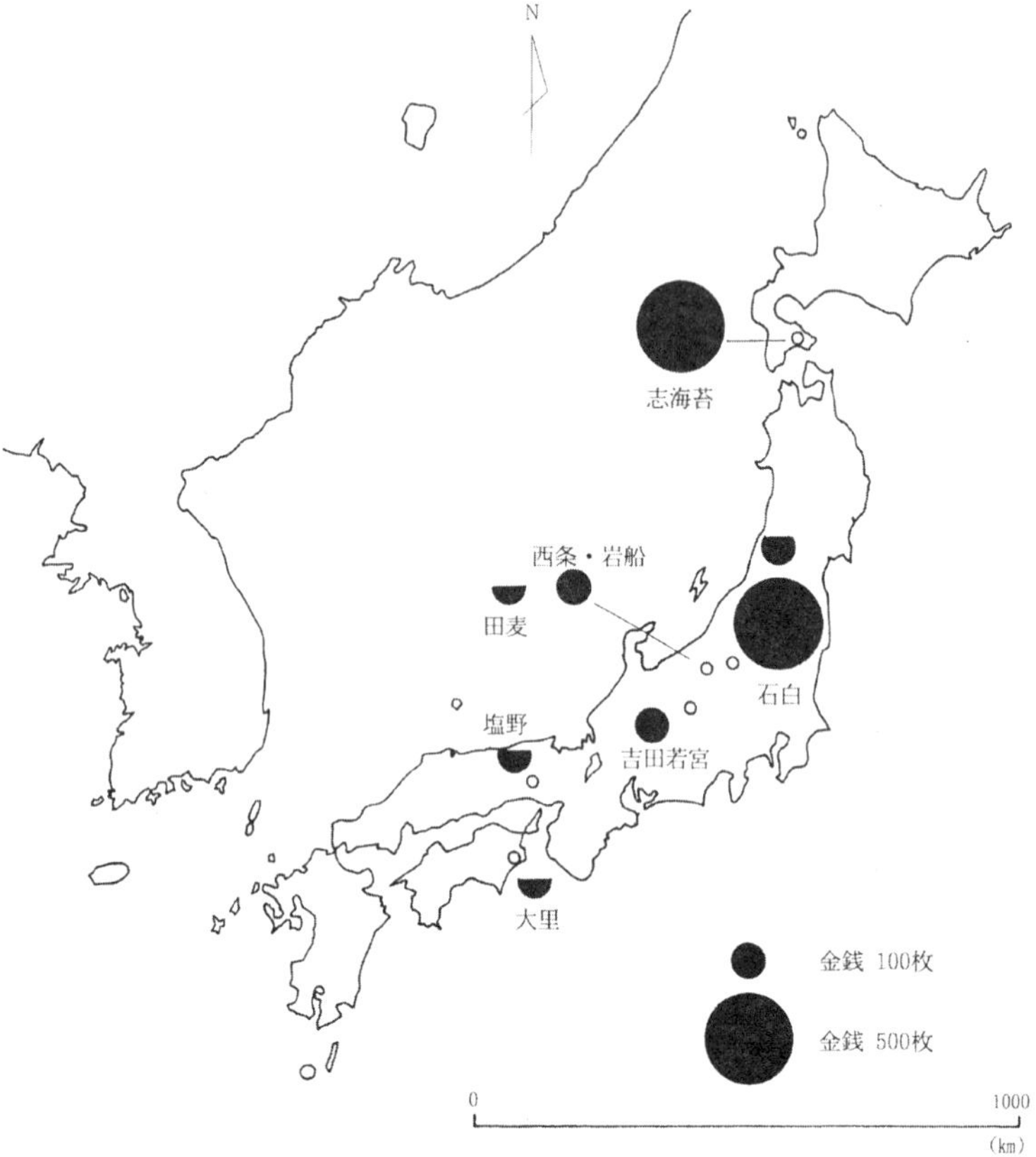

図50　金銭大量出土遺跡

釈できないことを示している。

また、日本列島内での地域的分布をみると、量が多く（五〇枚以上）、割合が高い（対建炎〜端平南宋銭比率八《パーセント》以上）遺跡があるのは、北海道、新潟県、長野県となる。また長野県の中野市西条・岩船遺跡の第1次調査での出土銭の割合は南宋銭よりも多く、全国的に見てもかなり突出している。

長野県は一括大量出土銭の多い県であるが、金銭の出土量も多いことが分かる。ただ、金銭が目立つ遺跡（対建炎〜端炎南宋銭比率八《パーセント》以上）は長野県全体からまんべんなくというよりは、中野市、長野市、上田市、松本市に集中している。これらは、長野県北部、千曲川水系（日本海側）ということになる。

図 51　金銭・対南宋銭高比率遺跡

金銭の場合、明永楽通寳にみられるような支配層の意図や民衆の嗜好が反映し、これが地域色になったとは考えにくい。長野県内の金銭の割合が高い地域や新潟県、北海道函館は、いわゆる鎌倉時代から南北朝にかけて北陸の珠洲焼系統の焼物が入ってくる地域であり、日本海交易圏に含まれる（鋤柄一九九九）。

これと対応するように南宋船が入港する港を持つかあるいはその近くに位置し、南宋貿易の影響を受けやすかったと考えられる博多、京都、鎌倉やその近隣地域では決して金銭の量および出現比率は高くない。このことも金銭が南宋経由でもたらされたとは考えにくいことを示している。

具体的なルートについては、従来靺鞨・女真などの北方民族との関係から、すでに北海道のオホーツク文化（菊池 一九七六）や青森県十三湊（海保 一九八七）などが注目され、考古学的な資料や文献史料によって、中世北方交易の存在が想定されてきたが、北海道志海苔は3期の資料であり、北海道はこれ以外の資料に欠けている。むしろ新潟県や長野県北部が北海道や青森県より金銭の出現率が凌駕することは注目に値する。

また、北海道のオホーツク文化などにみられる女真文化の影響は靺鞨文化の延長上にあり、年代的にも金帝国成立以前が主体であろう。地域的にはアムール川流域の女真文化が主な比較対象であったと思われる。しかし、金帝国成立以後の沿海州のピョートル大帝湾岸は単なる女真族の支配地というのではなく、防禦集落と呼ばれる土城が建設された行政上の一中心地（金の行政上の呼称でいえば上京路速頻路）として機能していたことが知られている（臼杵 一九九六）。金代の沿海州女真文化遺跡であるチュグエフカ城址（チュウグェフカ）（シャフクノフ 一九八二）、クラスノヤロフスク、シャイギノ城址からも大定通寳が出土しており（枡本 一九九五）、金代沿海州でも金銭が流通していたことが窺える。

以上のことから金銭が輸入されたルートとしては、華北の金帝国の領域から流入した可能性のほかに、沿海州からの北海道を経由せず直接日本海側の港湾に入るルートも考えられるのである。

4　まとめ

そこで、沿海州の女真文化との交易経路を考える場合に、参考にしたいのが、女真同様に沿海州を版図としていた渤海の場合である。渤海使の記事は、文献にも多くみられ、考古学的にも裏付けられてきている。ただ、沿海州との交流は渤海だけでなく、渤海建国以前の『続日本紀』「粛慎」関係記事が沿海州の住民である可能性が指摘され、日本海を廻る交易の経路は様々である（酒寄 一九九七）。小島芳孝は考古資料にも基づき、日本海を直接横断するルートを想定している（小嶋 一九九七b）。

前述したように越後国寺泊浦に漂着した船の文物は、パイザをはじめ女真（金）文化のものであり、「女真船」である可能性が高い。しかし、「高麗船」や「南宋船」であったとしても、女真（金）の旅券をもっていて、女真の文物を積んでいたことも勘案すれば、女真との交易後、本国へ帰還途中何らかの理由で航路をはずれ、越後国に漂着したとも考えられる。

女真が直接的に日本海交易に携わっていた文献上での明確な記事を今のところ見出すことができない。しかし、平安時代末対馬、壱岐、北九州に来寇した「刀伊」は女真族であり、その目的は交易ではなく、「人さらい」（奴隷確保?）が目的ではあったと思われるが、彼らは船で日本列島（この場合は対馬・壱岐・北九州）に直接来ている。彼らが塞外民族であるから海上貿易はできなかったと決め付けられない好例と思われる。

今後、更なる類例の調査と精密な研究が不可欠ではあるが、日本列島における金銭の分布と異国船漂着記事は、南宋・東シナ海ルートはもとより金（華北）・黄海ルートでもなく、内藤が指摘したような沿海州南部・日本海・北陸というルートや金・女真文化（とくに沿海州女真）の日本海側窓口の存在を示唆しているのではないかと考えるのである。

また、すでに触れたように日本出土渡来銭中、多数をしめる北宋銭が、南宋経由によるとする経済史の研究成果が多い中で、近年中世日本経済を東アジアの情勢から見た研究があることを知った（大田 一九九五）。大田由起夫は、一二一五年と一二七〇年頃に日本における銭貨流通の画期が存在したことを明らかにし、前者が金の交鈔（紙幣）の乱発による暴落を防ぐために、価値が急騰していた銅銭の使用停止（『金史巻四八、食貨三・銭幣』「〔宣宗・貞祐三年四月〕自是、銭貨不用〔中略〕、商人往往舟運貿易于江淮、銭多入于宋矣」）、後者がモンゴル帝国の中国全土統一による交鈔の専用化を実現するための銅銭行使禁止の影響によるものだとした。大田は日本への銅銭輸出が宋商の仲立ちのもとに行われた可能性を指摘しながら、日本へ輸出された北宋銭をはじめとする渡来銭の出自は南宋のものではなく、金朝領内からだったと推定している。大田の指摘を、具体的に検証できるようなレベルでの考古学的な資料分析はまだ行えていないが、筆者の分析を理解する上で非常に参考になったことを最後に触れておきたい。

追記

原論文執筆中に、清瀬義三郎先生から女真文字とくにこの銀牌について、直接教えを受けることができたにも拘わらず、その大字と小字の解釈を正反対に理解したまま、上梓した。後日、先生からご指摘いただき、本稿では訂正してある。

注

（1）日本では歴史学者も「朝鮮」を「中国」同様地域名称としてもちいることが多いが、厳密に言えばあくまで国号もしくは特定の王朝の名称を示す。ここでは「高麗船」とすべきだろう。

（2）金の前代に中国東北地方を領有していた遼の高麗との交易品には、「腰帯、銀器、弓箭」がみられ、女真の高麗との交易品には本文で挙げたもののほかに、「馬匹、鉄甲、豹皮、水獺皮、青鼠皮、船舶」などがある（姜 一九七五）。当時の宋の対日本輸出品目（唐物）は藤原明衡の『新猿楽記』に詳しいが、香料、貴木、蘇芳、陶砂、薬材、顔料、豹虎皮、藤、茶碗、籠子、犀生角、水牛如意、瑪瑙帯、瑪瑙壺、綾、錦、羅、穀、呉竹、甘竹、吹玉などとされ、南宋の文物と言うよりは女真など北方民族の産物と思われる。

（3）一四世紀前半と推定される1期については、東北・関東・北陸といった東日本地域に出土銭埋没地が多くみられるのが特徴である。近畿の五ヶ所も、いわゆる京都・奈良といった中央都市ないしはその周辺部分といった地域ではなく、むしろ丹波や紀伊地方に埋没地を見出しうる。四国の四ヶ所はすべて讃岐地方に存在する。一四世紀後半までの埋没推定年代を示す2期も東北・四国の埋没地が目立つが、西日本の場合は、本州・四国の瀬戸内海沿岸部に埋没地が多くみられるようになり、瀬戸内海の商品流通の展開にともなってこれらの地域に貨幣がもたらされることが多くなったことを間接的に示していると神木は指摘する。

（4）出土銭に関する用語にはさまざまな論議があるが、ここでいう「出土銭」とは、人為的な特定の意図（埋納や備蓄）の有無は問題としない。地下に埋められていたあるいは埋まっていた銭貨資料を指す。

出土銭編年は、出土銭の中で初鋳年が最も新しい銭貨（最新銭）を基準とする。是光編年（一九八六）、鈴木編年（一九九九）、永井編年（一九九四・一九九六）などがある。現在中世出土銭編年研究で用いられる鈴木編年、永井編年では具体的に目安とする銭貨や編年の年代観には多少違いがあるが、最新銭を南宋銭とする1期、最新銭を元銭とする2期、最新銭を永楽通寳以前の明銭（洪武通寳など）とする3期、最新銭が明永楽通寳とする4期とする点では一致する。よって表27などもこの区分に従っている。

（5）「中国においては、地下に土坑を設けて遺物を入れた遺構を「窖蔵《こうぞう》」と呼ぶ。窖蔵自身の言葉の意味には「埋納」や「備蓄」という意味はなく、「穴を掘って埋められた状態のもの」程度の意味で使用されている」（三宅 二〇〇一）という。

（6）表27文献の項①、②、③は以下の文献を示す。

①（永井編 一九九四）

②（永井編 一九九六）

③（東北中世考古学会 一九九九）

また比率は下記の方法で求めた。

比率1（金銭対建炎～端平南宋銭の比率）＝金銭÷建炎～端平の南宋銭×100

比率2（金銭対総数）＝金銭÷総数×100

二　北辺をこえた女真人

1　はじめに

筆者はロシア・ウラジオストクでの考古資料調査で、中世にも日本との交流を示唆する資料が存在していることを知り、中でも『吾妻鏡』に紹介されている銀簡が、女真文字で書かれた牌子（パイザ）であり、沿海州のシャイギン城塞でほとんど寸分違わぬものが出土していることを知っていたので、非常に興味深く感じていた。さらに井原今朝男の論考を読んでこの記事が中世日本の国際性を示す記事であることを知った（井原 一九八八）。

筆者は、この記事を中心に関連する考古資料を裏付ける資料として出土銭貨を調べてみることにより、中世日本において博多や鎌倉などの都市以外、とくに東シナ海を媒介とした交流だけではなく、日本海を媒介とした交流が存在したであろうという見通しを得た（本書第三章一節）。

中世日本において東シナ海を中心とした国際的な交流以外に東北日本、とくに北海道には、大陸からの影響があったことは、すでに考古学では指摘されてきたところであるが、筆者は、東シナ海や北海道経由の交流を否定するものではないが、それ以外に日本海を直接横断する交流が存在した可能性も指摘した。

この見通し自体は今も変わっていないが、この肝心の異国船が偶然漂着したのか、それとも何らかの意図があったのかについては、前掲論文を執筆した際には、中世の日本海交流を示唆する一例としてのみ取り上げたにすぎず、その意味ついてはまで、掘り下げて考えてみることができなかった。

今回の「古代・中世の境界意識・文化・交流」というテーマの中で、この異国船の漂着の意味について改めて考えたいと思う。

2　女真文字が書かれた『吾妻鏡』銀簡とシャイギンの『銀牌』

『吾妻鏡』元仁元年二月廿九日

去年冬比。高麗人乗船流寄越後國寺泊浦。仍今日。式部太夫朝時。執進其弓箭以下具足於若君御方。則覽之。奥州以下群參。弓二張。假令如常弓。但頗短。似夷弓。以皮為弦。羽壺一。太刀一。常刀。聊細長躰也。刀一。大畧同常刀。帯一筋。以緒組之。彼帯中央付銀簡。長七寸。廣三寸方也。其注銘四字也。又銀匙一。鋸一。箸一雙。動物骨也。櫛。以皮造之。櫛袋入之。具足等者。似吾國之類。皆見形知名。於四字銘者。文士數輩雖令參候無讀之人云々。

簡銘書様

『吾妻鏡』は元仁元年（一二二四）二月二十九日の記事であるが、記事によるとその前年貞応二年（一二二三）の冬に越後国寺泊浦に高麗人が乗船した異国船が漂着したことと乗員の持ち物が異国情緒に満ちたものであり、将軍藤原頼経に見せることになった。とくに文字が書かれた銀簡があったが、その文字を鎌倉幕府の誰も解読することができなかったという。

銀簡の文字は、鎌倉時代の「文士」も解読できなかったという事実が興味を引いたのか、江戸時代に三浦浄心『慶長見聞集』（一六一四）や林羅山も引用する。羅山は寛永十三年（一六三六）に朝鮮通信使の一員であった文弘積に字義をたずねている（三浦　一九六九）。青柳清作によれば、林羅山は『本朝通鑑』編纂のために当時寺泊菊屋に保管されていた異国船の文物を取り寄せ調査したという。羅山の編纂した部分である『本朝編年録』(『本朝通鑑』の正編)は正保元年(一六四四)に刊行されているので、羅山が文弘績にこの文字のことを聞いたのも、『本朝通鑑』編纂のための調査の一環であったのだろう(1)(青柳 一九七九)。文弘績は前朝(高麗)のもので、疑問を呈しつつも、「王国貴族」と読んだ。『本朝通鑑』編纂との関連で『百錬抄』などの記事をも知った上で質問したのであれば、羅山は、文弘績には「貴邦人来斯土」としているが、単純に「高麗船」が漂着したと思っていなかったかもしれない。いずれにせよ文弘績は女真文字のことは知らなかった。

3　女真文字の銀簡とその意味

これが漢字ではなく、女真文字であるということを明らかにしたのは、白鳥庫吉(一八九八)である。その後、内藤湖南(一九〇七)、稲葉岩吉(一九三二)、和田清(一九三五)、秋山謙蔵(一九三五a・b)、村山七郎(一九五一)によって諸説唱えられた。以後主に、言語学的な興味から研究がすすんだが。当初より諸先学は、『吾妻鏡』に書かれた文字が女真文字であることをつきとめることだけでなく、この銀簡の意味にも関心を寄せている。

この銀簡の文字を女真文字とした白鳥庫吉は、『吾妻鏡』の記述から金の正朔を報じていた高麗人が女真文字の国書牌を用いたものとした(白鳥 一八九八)。稲葉岩吉は、この銀簡の年代が金朝の東北支配が崩壊し、この時期高麗人が金の正朔を奉じて女真文字を使っていたとは考えにくいとする。

稲葉によれば、一二一五年にはモンゴルによって金の中都(現在の北京)が陥落し、ちょうど同じ年に中国東北部では、反乱軍鎮圧のために派遣されていた蒲鮮万奴が自立し、東夏国を建国している(2)。金は中国東北部や華北の大半の失い、開封周辺を支配する地域政権に転落している。高麗もこうした東アジア情勢を踏まえて、『高麗史巻八十七表第二』の高宗甲申十一年(一二二四)に「以金國衰微、不用年號。」としていて、高麗は金の正朔をすでに奉じていない。つまり、『吾妻鏡』の女真文字が書かれたこの銀簡を載せた異国船が漂着した一二二三年には、高麗が金の「国書牌」を用いていたとは考えにくいとした。むしろ、一二一八年にはモンゴル、東夏、高麗が共同して「契丹の遺種」を追撃したということを重視し、東夏国の銀牌ではないかと推測した。[3]

さらに、稲葉はこの銘文を「女真国の萬戸温」というように国名・官名・姓が記されたものであるとし、おそらく金朝に忠誠を誓って東夏国とは対立し、高麗に逃れた温（廸罕）氏のうち海路で逃れたものがあり、それが偶然寺泊に漂着したものとした。

秋山謙蔵（最初の文字は女真とは読めないとする）、和田清（最初の文字とされたものは御押）、村山七郎（「女真国の万歳」と解読）と読みについては相違がある。秋山は、銀牌を所持していた人物は民族的には高麗人であったとしても、女真船とくに東夏のものとした。

銀簡や所持者の国籍といったことではなく、銀簡自体の性格を探る試みもある。和田は最初の一文字目とされたものが文字ではなく、牌子にある御押ではないかと宋周煇の『北轅録』「上有御押、其状如主字」を引いて考証し、銀簡が唐宋遼金元にみられる「牌子」として理解すべきとしたことは注目に値する。ただ、いずれにしても現存の『吾妻鏡』の銀簡資料自体が当時の人が記録したものをさらに後世の人が写したものであり、いくつかの写本があり、どこまで実物を反映しているかといった疑念は払拭できなかった。

4　シャイギン城塞遺跡出土の銀牌

一九七六年にソ連沿海州シャイギン城塞遺跡からほぼ同形態のものと思われる銀簡が発掘された（シャフクノフ一九七七）（本書第三章一節図46）。これが、『吾妻鏡』のものと同一のものであると顔華が指摘した[11]（顔一九七九）。その後、中国では劉鳳翥、ロシアでもシャフクノフ、ペプノフ、イブリエフらによって研究が進展し[4]（劉一九八〇、シャフクノフ・ペプノフ・イブリエフ 一九七八、ペプノフ 一九八九）、清瀬義三郎則府によって、女真文字の発音と解読がなされた（清瀬 一九九一・一九九七）。

『吾妻鏡』の銀簡と同一の銀牌の発見を含むこれらの研究によって、銀簡に書かれた文字は当初考えられていた四文字ではなく、一番上は御押であり、以下三文字であることが判明した。劉、清瀬、イブリエフらによれば、「国の誠」を意味し、国家の大事を委任されていることを証明する牌子であるという。

「国之誠」と解読できたことから、銀簡の意味付けについて、かなり明確になってきた。顔華は唐宋元の符牌制度、とくに対外的に用いられる「国信牌」と対比し、[5]この銀簡が金の銀牌であることを明らかにした。さらに顔も周煇『北轅録』や范成大『攬轡録』を引き、和田清が予見したように『吾妻鏡』で四文字の一文字目とされたものは文字ではなく、「主」という字に似た阿骨打の御押であることを示した。劉鳳翥も顔華と同様の解釈をしている。

清瀬義三郎則府はこれまでの研究成果を総括したうえで、御押以下の文字は「国」と「誠」にあたる部分が女真小字であり、日本語の「の」に相当する部分が女真大字であるとした。清瀬は契丹文字の金銀牌が同様な形式、皇帝の御押、契丹小字二文字であることを示した[6]（清瀬 一九九一・一九九七）。銀簡が中国で言う銀牌に相当し、外交使節などが所持しているものということがはっきりしてきた。

筆者は、この銀簡（銀牌）を所持していた船の漂着の背景に、経済的な交流といったものが存在する可能性を考えた。その例として、日本出土の金銭が、従来言われてようにすべて南宋との貿易によって間接的に流入したものであるとすれば、金銭の比率は、日本列島内で比較的均質になるはずであるが、実際には北海道や東日本の日本海側に多く分布する。『吾妻鏡』による女真船の漂着地が越後国寺泊であり、一方これと同型の銀牌が出土したのがロシア沿海州のシャイギン城塞遺跡であるが、これは、日本海を横断するルートの存在を示唆する。つまり、この漂着の背景に、東シナ海以外の中世の環日本海交易の可能性を考えた（本書第三章一節）。

イブリエフもシャイギン城塞遺跡から出土した銀牌を、遼寧承徳出土契丹文字金銀牌、熱河出土の元代牌子と比較し、『北轅録』『攬轡録』などの記述を引き、国家の委任を証明した牌子（パイザ）であるとした。また、女真船が漂着したのが日本海側の新潟（寺泊）であることから、金朝が東シナ海を横断して派遣した船ではなく、金朝の制度を継承した東夏の船が、渤海などの船同様に沿海州南部あるいは朝鮮半島北部から日本海を横断して来航したものと推定した（イブリエフ 二〇〇六）。

5　遼金の金銀牌

符牌制度自体は唐代以来存在するシステムであり（愛新覚羅 二〇〇九）、金独自の文化ではないが、金あるいはおそらく金の符牌制度に大きな影響を与えた遼の符牌制度は、漢民族からみて独自の発達をしていた。ここで遼金の符牌について、簡単に確認しておきたい。

『燕北録』（北宋・王易）

（契丹）銀牌（有）三道、上是番書朕字、用金鍍鈒成、見在内侍左承宣宋璘收掌。用黒漆匣盛、毎日于戎主前呈封一遍。或有緊急事、宜用此牌帯在頂上、走馬于南北大王處、抽発兵馬、余事即不用也。長牌七十二道、上是番書敕走馬字、用金鍍鈒成、見在南内司收掌。毎遇下五京諸處取索物色、及進南朝野味鹿茸果子、用此牌信、帯在腰間左辺走馬。

又木刻子牌、約有一十二道、上是番書急字、左面刻作七刻、取其本国已歴七世也。右面刻作一刻、旁是番書永字。其字只是用金鍍銀葉掐成、長一尺二寸。以来毎遇往女真達靼国取要物色、抽発兵馬、用此牌信、帯在腰間左辺走馬、其二国験認為信。

『契丹国志』（南宋・葉隆礼）巻二十五／張舜民使北記
銀牌形如方響、刻蕃書「宜速」二字、使者執牌馳馬、日行數百里、牌所至、如国主親到、需索更易、無敢違者。

『遼史』（元・脱脱）巻三十四志第四兵衛志／兵制
（遼国兵制）鑄金魚符、調発軍馬。其捉馬及伝命有銀牌二百。

『遼史』巻五十七儀衛志三／符契
銀牌二百面、長尺、刻以国字、文曰「宜速」、又曰「敕走馬牌」。国有重事、皇帝以牌親授使者、手箚給驛馬若干。驛馬闕、取它馬代。法、昼夜馳七百里、其次五百里。所至如天子親臨、須索更易、無敢違者。使回、皇帝親受之、手封牌印郎君收掌。

『松漠紀聞』（南宋・洪皓）
大遼盛時、銀牌天使至女真、毎夕必欲荐枕者。其国旧輪中、下戸作止宿処、以未出適女待之。後求海東青使者絡繹、恃大国使命、惟択美好婦人、不問其有夫及閥閲高者、女真浸忿、遂叛。

契丹（遼）において、銀牌のほかに長牌や木製の牌があったことが知られ、国事や軍事などの重要な指令をいち早く伝達させる制度であった。『遼史』によれば、皇帝自ら使者に銀牌を渡すということであり、きわめて重要なものであったことがうかがえる。また、金に抑留されていた洪皓が、遼支配下の女真のこととして、「銀牌天使」というものが、女真の婦女や海東青（王権の狩猟に使う小型の鷹）を強く求め、女真の憤激を買い、反乱につながったとすることを記録していることから、遼において、銀牌所持者の使命には国事や軍事の伝達だけでなく、被支配集団あるいは外国へのなんらかの使命をもったものがいたことがうかがえる。

『金史』の様々な記事によれば、金銀牌が何らかの軍事的な行動や使命、その功績に対する恩賞的性格を帯びている例がある。天会元年（一一二三）十一月壬戌条、天会二年（一一二四）正月甲寅条、五月丁丑条、八月丁巳条（以上巻三本紀太宗）など。これらは金が北宋を攻略している際に発給されているので、当然軍事上の問題が、国家の重大事であるから金銀牌が授けられた。

『金史』巻五十八志第三十九百官／符制

符制。初、穆宗之前、諸部長各刻信牌、交互馳驛、訊事擾人。太祖献議、自非穆宗之命、擅製牌号者置重法。自是、号令始一。收国二年九月、始製金牌、後又有銀牌・木牌之制、蓋金牌以授万戸、銀牌以授猛安、木牌則謀克・蒲輦所佩者也。故国初與空名宣頭付軍帥、以為功賞。

遞牌、即国初之信牌也、至皇統五年三月、復更造金銀牌、其制皆不傳。大定二十九年、製綠油紅字者、尚書省文字省遞用之。朱漆金字者、刔遞用之。並左右司掌之、有合遞文字、則牌送各部、付馬鋪轉遞、日行二百五十里。如臺部別奉聖旨文字、亦給如上制。

（略）

若発銀牌、若省付部及點検司者、左右司用匣封印、験封交受。若発於他處、並封題押、以匣貯之。

一方「百官志」の符制によれば、金銀牌には、信牌（遞牌）といった重要な事案を伝達するために使われていたことやそれが軍事的な指揮や論功行賞としても授与されたことがうかがえる。また材質（金・銀・木）は、地位の高低と関係する。

この他、『金史』によれば、部族の長（巻六十六合住列伝）や寵愛された側近に授けられた例（巻八十四昂列伝）や五京の留守（巻七十三晏列伝、巻八十二郭薬師列伝）、塩を管轄する官僚（塩使司）に対しても発給されている（巻四十九食貨志・塩）。これは軍事的な役職のみならず、部族の地位や官職の重要性を示す意味合いをもっていたことがうかがえる。

つまり、『金史』からは、国家的な重要事項の伝達、褒賞、重要な地位や官職（軍事に関するものが多いが、行政的なものにも与えられている）に金銀牌が授けられていることがわかる。いずれにしても、金銀牌の本来的な意味は、皇帝の命令による重要な使命であることを示す印ということになろうか。

『金史』以外の史料をみると、外交的な使命を果たす際にも、金銀牌が重要な役割を果たしていたことがわかる。

『北轅録』（南宋・周煇）

（金人）接伴戎服陪立。各帯銀牌、様如方響。上有番書「急速走遞」四字、上有御押、其状如主字。虜法出使皆帯牌。有金銀木之別。

『攬轡録』（南宋・范成大）

（接伴副使）皆帯銀牌。虜法出使者必帯牌。有金銀木之別。上有女真書「准勅急遞」字及阿骨打花押。

これらは、『燕北録』が記すところの遼の事例とも通じるが、宋の使節が来た際に、対応した金人が銀牌を付けていたというものである。これらの文献の記載を信じれば、契丹文字あるいは女真文字の上に御押（花押）があることは共通するが、『吾妻鏡』やロシア・シャイギン城で出土した銀牌の解釈である「国の誠」とは異なる。

御押と女真文字というパターンは同じでも女真文字の文面は異なっていたのだろう。いずれにせよ、『吾妻鏡』に記録され、シャイギン城から出土した銀牌は、諸先学および近年では、李輝も指摘するように、国家による使者の身分証明という意味を示すと考えられる（李 二〇〇四）。

6　異国船の目的

遼金は高麗と交易をしており、金の流れをくむ東夏は当然高麗と交易していたのであり、東夏あるいは高麗の交易船が寺泊に偶然漂着したのではないかと推測することも可能ではあろう。『高麗史』には、日本海側を根拠とした東女真の交易に関する記事が多くみられている（秋山 一九三五a・b）。『吾妻鏡』の記事だけで判断すれば、漂着船の積み荷は、遼金と高麗との交易品として不自然ではないが、筆者は、東夏と高麗との交易船であったとするのに躊躇する。

この漂着船がおそらく女真とくに東夏船であったことは、近年多くの研究者の認めるところだが（臼杵 二〇〇六・二〇〇九、小嶋 二〇〇七、井黒 二〇〇八）、この船が単なる交易の途中で偶然漂着したものではなく、なんらかの政治的（外交的）目的があったのではないかと藤田明良は『百錬抄』の記事などを根拠に指摘する（藤田 二〇〇七）。

『百錬抄』元仁元年四月十一日

或人云。去五月比。越後國白石浦。異國船被吹寄。其長十餘丈。船中搆作泉。乗人四人僅存命。近日上洛、經廻六角堂邊。万人見物云々。彼國人以銀如瓦石用諸物云々。仰武家被追洛中了。

貞永二年（一二三三）十二月（あるいは正月、五月は正月の誤記か）に漂着した乗員が、翌元仁元年（一二二四）四月に京都に現れた。『吾妻鏡』によれば、二月に鎌倉で、将軍藤原頼経に漂着船の文物を見せたが、乗員についての記述はない。つまり生き残った乗員は、鎌倉へは行かず、京都に向かっていた。異国人が京都の街中に出没するので、朝廷が困惑し、六波羅に命じて追放させたという。これが仮に交易船の生き残りの乗員であれば、故国にただ帰国したい旨を希望しないのであろうか。それをむげに断ったのか。

井原は、鎌倉時代の日本社会のおおらかさの実例として、彼らが自由に往来できたと解釈する（井原 一九八八）。それにしても、偶然漂着した乗員たちだけで、銀を瓦石のように用いて（そうした服装をしていた?）、京都へ何事もなく到着できたのであろうか。

なんらかの政治的な目的がなかったのか。一つは、そののちの三別抄のような抗蒙勢力がしたように、台頭するモンゴルへの警戒情報と自分たちとの連携を訴えたのか。たしかに一二三四年に金はモンゴルによって滅ぼされることになり、東夏も一二三三年に結局モンゴルに滅ぼされることになるのであるが、漂着船が来航した一二二三年頃は、蒲鮮万奴の東夏はモンゴルやさらには高麗と協調して、契丹の残存勢力を討伐したりしており、モンゴルと対決していたわけではない。無論、一方で協力しつつも、他方で対決する事態の発生を想定し、次の手を考えるのが、国際的な外交関係の常識かもしれない。

『吾妻鏡』も『百錬抄』もそれこそ、詳しい事情を記録していないので、推測を重ねることになるが、筆者としては、すでに論じたように漂着船が寺泊に来航した一二二三年より前からずっと日本海交易は存在していた可能性がある（小嶋 二〇〇七）ことから、この漂着船も遼金やさらにその前の渤海などの時代から存在していた、現在の中国東北地区やロシア沿海州地方と日本列島との交易ルートで来航した船であると考える。それは、日本列島出土の渡来銭の中で東日本に金銭の割合が多いというバイアスの存在が、東シナ海貿易だけではない、日本海貿易が存在したという推測が一つの根拠である。

しかし、それにしては『吾妻鏡』と『百錬抄』が単に交易目的の船が漂着し、詳しい事情を記録しなかったかということを考えなくてはいけないだろう。

つまり、すでにのべたように単に交易船が難破して漂着したのなら、その事情が記録されてよさそうなものである。イブリエフが指摘するように、『吾妻鏡』は「戦利品」のように漂着船の乗員の持ち物を羅列し、乗員に高麗人がいたことは記すが、船が一体どこの異国から来たものなのか、異国とはどこなのかについては沈黙する。『百錬抄』も唐突である。前年に漂着した異国船の乗員が京都に出没したとする。迷惑だから追放させただけなのか。これまた難破した乗員が救援を求めたものを拒否したというようなことではないことを示唆していないか。

ここで日本側の状況も簡単に整理してみる。元仁元年（一二二四）に鎌倉幕府で藤原頼経が異国船の文物を見たときに、式部大夫名越朝時が担当している。名越（北条）朝時は、当時越後守で、漂着船が来航したのが、越後国寺泊であるから、自分の管轄の国に来たのだから、当然把握して、幕府に持参したのであろうか。これ自体は、特別な意味があるようにも思えない。ただ、注目すべきは、朝時と微妙な関係にあったという奥州（北条義時）以下群参し、「文士」も解読ができなかったとある。

名越朝時は、二代執権北条義時の正室比企朝宗の息女、姫の前の息子であり、義時の嫡男という立場であったが、北条家の嫡流家は、庶流（母阿波局は出自不詳）ではあるが長男であった泰時がついでいる。朝時と泰時は必ずしも対立していたわけではないが、のちの北条時輔と時宗のような立場であったことは間違いない。とくに朝時は義時とは不仲であったことが知られている。(7)

北条義時は一二二四年七月に急になくなっている。ただ、長年患っていたわけでもなく、この時も死期が迫っていたというような状況ではないが、一二二一年の承久の乱が勝利に終わり、一応対朝廷問題には一つの決着が着き、当

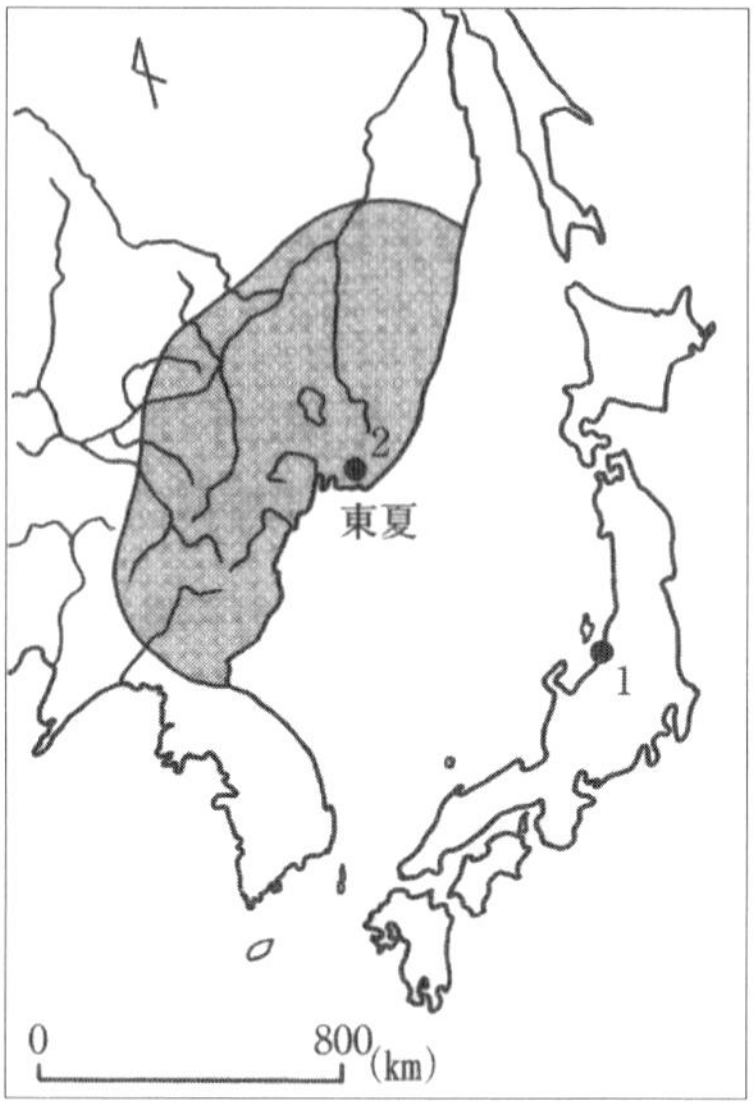

図 52　東夏と寺泊浦
1 寺泊浦、2 シャイギン

然、自分の後継問題は多少なりとも念頭にあったはずである。

『吾妻鏡』には直接的な記録はないものの、やはり北条義時と朝時との間に、ここでもなんらかの緊張や葛藤はあったのではないか。鎌倉幕府の文官かつ知的顧問的な存在であった文士は（五味 一九九二）、この異国船漂着船の背景に、鎌倉幕府の体制を揺るがしかねないなにかやましい問題がないか、呼び出され、問題の銀簡にそのヒントがないか解読を試みたが、できなかった。ということではないか。

北条朝時は何を疑われたのか。北条朝時は、三代将軍源実朝の女房に艶書を送ったとのことから実朝の不興を買い、義時から義絶されたという。しかし、承久の乱の際には、北陸道大将軍として出陣し、官軍を破っている。朝時は越後守であったほか、越後、越中、佐渡、能登、若狭などの守護も歴任していて、母姫の前の実家である比企氏が北陸に勢力を張っていたものを受け継いだという。朝時後の名越流も北陸に勢力をはり、得宗家には反抗的でもあったらしい。

すくなくとも、北条義時は朝時に対して、外国と通じて、北陸での自立を図るような企てがあったという疑いを漂着船の一件に目を向けていたのではないか。このことが将軍の前で戦利品のように文物が羅列され、銀簡も吟味されたが、具体的な証拠はあがらず、名越朝時は責任を問われることはなかった。しかし、微妙な問題なので、具体的な事情は『吾妻鏡』に記録されることはなかった。

東夏国成立以前から存在していた中国東北地区やロシア沿海州地方の地域勢力による私貿易的な交易を発展させようとして来航したのではないか。承久の乱前後にこの地域の実質的な権力者になった名越朝時に、その意図がうまく伝わらなかったのか、名越朝時が自立を模索していると疑われたくなかったので、偶然の漂着ということでうやむやにしようとしたのか。

そうしてみると『百錬抄』で武家（当時六波羅探題北方は北条泰時）が、異国船の乗員を追い払ったことも、理解ができる。承久の乱後、鎌倉幕府のイニシアティブで統一を模索している六波羅探題からしてみれば、こうした異国船の乗員が私貿易的な交易の発展をはかるような活動は好ましくなかった。東夏側（やその配下にいる在地勢力）としてみれば、日本の地域勢力、従来おそらく往来があり基礎的な情報を持っていた北陸の勢力と関係を維持したかったが、新しい支配者である北条朝時が父北条義時と微妙な関係であることなどから、北条朝時との関係の確立はうまくいかず、いわんや鎌倉幕府や京都朝廷（あるいはその周辺にいる人びと）との関係も樹立することができなかったというのが、この事件の真相ではないか。

7　東夏国と中世日本—北辺をこえた女真人—

ただ、北条義時と名越朝時父子との微妙な関係が東夏の交易や外交的提携を失敗させたのか。それだけではないだろう。そこには日本国内の政治的状況が反映していると筆者は考える。東夏も漂着船来航の舞台となった越後、北陸もそれぞれ、「辺境」として位置づけうる地域である（東夏にとって中央は華北、北陸にとっては鎌倉や京都）。話は飛ぶが、アメリカの歴史家であり人類学者であるトーマス・バーフィールドは東夏のような中国混乱期に出現する中国とステップ地帯に出現する小地域国家を辺境国家（frontier states）として「積極的」に評価しようとする。辺境国家は、集権的な中央政府の衰退とともに勃興する。混乱期には中央政府は、辺境の防衛を経済的見返りで維持しようとするために、辺境国家あるいは勢力は、公的な朝貢システムだけではなく、私貿易で多大な利益を得て、それがさらに辺境国家を強化し、分裂を助長するという（バーフィールド 一九九二）。

だからこそ、鎌倉時代の日本の国内事情からみれば、当時の対外貿易は、私貿易が主体で、平氏政権も北条得宗家もそれによって勢力を伸ばしてきたので、東夏船の政治目的が東夏と日本という国家間の貿易ではなく、北陸と東夏などといった日本国内の地域勢力の自立を助長しかねない私貿易の要素をはらんでいて、鎌倉幕府の執権北条義時らにとっては望ましくない事態だったので、『吾妻鏡』や『百錬抄』のような記述になったのだろう。

注

（1）羅山が文弘績に銀簡の文字のことを尋ねたこと自体は、羅山の子鵞峯らが完成させた続編（『続本朝通鑑』）に収録されている（京都史蹟会 一九七九）。稲葉岩吉は、『東鏡』（吾妻鏡）が慶長十年に徳川家康によって刊行されており、当然羅山にとっても、異体文字として出版時からの一大関心事ではなかったかと推測する（稲葉 一九三二）。

（2）大真国・東真国とも、『元史』（巻一本紀太祖）によれば、太祖十年（一二一五）十月「金宣撫蒲鮮萬奴據遼東、僭稱天王、國號大真、改元天泰。」とあるが、翌太祖十一年（一二一六）十月に蒲鮮万奴は降伏したが、再度自立し、東夏と称したとある。「蒲鮮萬奴降、以其子帖哥入侍、既而復叛、僭稱東夏。」以後滅亡（一二三三年）まで東夏と自称していたようなので、ここでは東夏に統一する。

（3）『元史』巻百四十九　列伝耶律留哥「戊寅（一二一八）、（耶律）留哥引蒙古、契丹軍及東夏國元帥胡土兵十萬、圍喊舍。高麗助兵四十萬、克之、喊舍自經死。」『高麗史』巻二十二　世家高宗五年戊寅「七月辛卯、以守司空趙冲為西北面元帥、金就礪為兵馬使。」「八月己巳、西海道防守軍與丹兵戰于谷州、斬首三百餘級。」「十二月己亥、蒙古元帥哈真及札剌率兵一萬與東真萬奴所遣完顏子淵兵二萬、聲言、討丹賊攻和・猛・順・徳四城、破之、直指江東城。」

（4）シャイギン出土銀牌が、国信牌ではなく、軍功などに対して発給されたものとする説もある（髙橋 二〇〇〇）。

（5）唐張籍『送金少卿付使帰新羅使』「通海使応将国信」、洪邁『客齊三筆』巻四銀牌使者条、岳珂『愧郯録』巻十二金銀牌条（顔 一九七九）

（6）契丹文字の金銀牌については、鄭 一九七四参照。

（7）以下鎌倉時代の人物や歴史的事件については、国史大辞典編集委員会編一九七九―一九九七、平野邦雄・瀬野精一郎編 二〇〇六参照。

三　「渤海」文字資料からみた女真文字の起源に関する一考察
―ヴォヴィン論文(二〇一二)を中心として―

1　はじめに

渤海に独自の文字(以下、「渤海文字」)が存在したか否かについては、『旧唐書』やいくつかの文献にその存在をうかがわせる記述があるとされる。こうした文献史料や考古資料に基づいて「渤海文字」が存在したという説が唱えられたことがあったが、渤海の遺跡から漢字が記された多くの瓦が発掘されたことによって、渤海ではおもに漢字が用いられていたことがわかり、いわゆる「渤海文字」の存在は否定されてきた。

しかし、近年渤海の出土瓦に記された文字を分析した歴史言語学者のアレキサンダー・ヴォヴィン氏は、漢字の範疇に入らない文字があり、その中には女真文字と共通あるいは類似するものが存在すると指摘した。氏は、このことを根拠に女真文字は、完顔希尹によって一二世紀に発明(『金史』など)されたものではなく、女真文字以前に「渤海文字」が存在しており、女真文字は「渤海文字」から発展したものであるという仮説を提示した(ヴォヴィン二〇一二)。

ヴォヴィン論文に提示された女真文字の原型とする「渤海文字」の事例はまだ少なく、またいくつかの疑問点もある。しかし、単に渤海で独自の文字が創作されていたか否かということだけでなく、渤海でも、日本の万葉仮名と同様な漢字の表音文字としての体系的利用、後の女真文字の起源となるような独自の文字の存在、さらに、女真語や満洲語と同系統の言語や古朝鮮語話者が存在した可能性などについても論じており、ヴォヴィン論文には、今後の渤海や女真の言語や文字に関する研究を行う上で、極めて重要な指摘を含むと考え、ここに氏の成果を紹介し、筆者の考えも示したい。

2　ヴォヴィン論文「完顔希尹が女真文字を創作したのか」の概要

ヴォヴィン論文では、女真文字が一般には一一一九年に完顔希尹によって創作されたという根拠となっている『金史』の記事（『完顔希尹碑』は一一二一年、『大金国志』は一一二二年とする）について、「「文字」はめったに「創作」されない。たいていの場合、それ以前の文字の中から徐々に出てくる」というフィンランドの言語学者ヤンフネン（一九九四）の指摘を踏まえ、『金史』の記事自体も、ゼロから女真文字を創作したというよりは、それ以前から存在した文字を編集したことを記述しているとする。

『金史』巻七十三（完顔）希尹伝

金人初無文字、國勢日強、與鄰國交好、乃用契丹字。太祖命希尹撰本國字、備制度。希尹乃依仿漢人楷字、因契丹字制度、合本國語、制女直字。天輔三年（一一一九）八月、字書成、太祖大悦、命頒行之。賜希尹馬一匹、衣一襲。其後熙宗亦制女直字、與希尹所制字俱行用。希尹所撰謂之女直大字、熙宗所撰謂之小字。

氏は、東アジアの漢字に由来する文字体系は、三つのグループに大別され（①韓国の郷札や日本の万葉仮名などの漢字の表音的用法。②ベトナム語のチュノム〔字喃〕や古壮字などの漢字の改良を伴う漢字の借用。③契丹文字、西夏文字や女真文字などといった漢字をモデルにしつつも新しい文字の創作）、発展してきたことも示す。

さらに、『旧唐書』巻百九十九下「渤海靺鞨伝」に、渤海の人々が「有文字及書記」であったことや「李謫仙酔草

図53　漢字ではないとされた渤海の出土文字資料

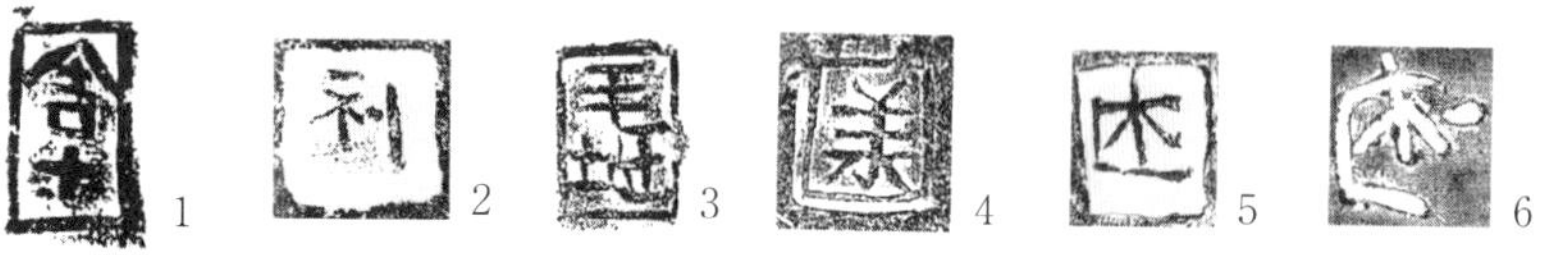

図54　渤海の出土文字資料の例　1・3『東京城』、2・4～6『西古城』

嚇蠻書」（『今古奇観』1）という説話に、渤海に独自の文字があり、「此書皆是鳥獣之迹」のようであったという記述を根拠に、中国北方の非漢民族の国家が、漢字とは異なる文字を創作する傾向があったことから、渤海文字の可能性を探っている。

しかし、漢字以外の独自の文字を使用していた可能性を指摘していたソビエトの考古学者シャフクノフ（一九五八）の突厥文字使用説については、根拠となった考古資料がきわめて断片的であって、解釈にも問題があるとして退けている。氏は、渤海文字の認定をまず課題として取り上げ、もし渤海文字が存在するとすれば、渤海の遺跡から出土するいわゆる瓦押印文字の中で、漢字とされるものを除いたものの中に、存在するはずとし、明らかに漢字でないと氏が考えた文字を、朱栄憲の『渤海文化』（一九七一）の中から三例をあげている（図53）[2]。

図53－1は三文字で、第一文字は女真文字「全」（*pe：古い・老の意）[3]、漢字の「口」に見える第二文字目は女真文字の「ㅍ」（*gorhon：十三の意）で、第三文字目は女真文字の「耒」（*ni：所有格を示す文字、日本語でいえば助詞「の」にあたる）とする。全体としては女真文字に直せばとなり、*pe gorhon-ni「全ㅍ耒」（老十三の）（図54－1）と読め、工人や工房の名称ではないかと推測する。

図53－2は、女真文字の表音文字「列」（*in）の異体字に対応するとする。ただ*inという言葉自体は、（女真語と極めて関係が近いと考えられる）満洲語の語彙にはなく、古代朝鮮の家族名や個人名In（印、因など）が『三国史記』に存在す

るので、朝鮮語の個人名を音写したものとする。

図53－3の第一文字目は、三番目の水平線が実線ではなく、破線であることから、漢字の「毛」ではなく、女真文字の表音文字「乇」（*ir）であり、第二文字目も、漢字ではなく、女真文字「夾」（*a）の行書体の異体字ではないかと推測した。全体としては「乇夾」（*ira）（図54－3）と読め、満洲語あるいは女真語に、類例があることから、女真人の個人名であるとする。

以上のことから、氏は以下の仮説を導き出す。

一、女真文字は、渤海（六八六～九二六）の瓦の文字の中だけにその原型が見出される。女真文字の原型は、「渤海文字」（渤海－女真文字）にあるとすれば、その起源は七世紀後半あるいは八世紀前半に遡る可能性が高く、漢字から発展した非漢字文字としては、契丹や西夏文字より古い。

二、図53－1が*pe gorhon-ni、図53－3は*Iraと読めるとすれば、渤海で女真語が行われていたことを示し、渤海人の一部は、女真系（ツングース系）であったことを示す。

三、図53－2 *Inが韓国語の人名を音写したものであれば、渤海を構成する人々には女真と朝鮮的要素が混合していたものと考えられる。

四、満洲語あるいは後期女真語の /f/ ＜ *p という既知のデータから渤海の *pe（古い・老）の言葉の存在が得られた。

3　ヴォヴィン論文の文字の解釈について

まず、ヴォヴィン論文が、根拠とする朱栄憲の『渤海文化』所収の渤海の文字資料であるが、出土した遺跡が明確ではなく、やや図版が不鮮明であり、朱氏の解釈には問題があるという指摘もある。[4] よって、氏の引用した資料だけでなく、近年、学術的な考古学調査が行われ、報告されている資料（吉林省文物考古研究所ほか 二〇〇七）も参照しながら、その是非を検討してみたい。

漢字ではないとする文字を検討する図53－1について、氏は、三文字と解し、一文字目と二文字目は、「舎」とは読めないとする。たしかにバランス的に「舎」としてはおかしいが、「舎」という漢字の銘の例（東京城「舎十」図54－1）（東亜考古学会 一九三九、李 一九八四）がある。筆者は一文字目（ヴォヴィン論文では一文字目と二文字目）については、女真文字に付会すべきではないと考える。図53－1の二文字目（ヴォヴィン論文では三文字目）の文字は、ロシア沿海州のシャイギン遺跡出土銀牌の二文字目の文字「*ni」[5]（本書第三章一節図46）とほぼ同一である。この資料は「国之誠」と解読されている（清瀬 一九九七、イブリエフ 二〇〇六）。二文字目は漢字の「之」に対応し、日本語の助詞「の」にあたる文字である。

図53－2は、『東京城　渤海国上京竜泉府址の発掘調査―』（東亜考古学会 一九三九）や三上次男（一九九〇）も、判読しがたい文字としている。李強は「切」の異体字とする（李 一九八二）。同様の字体は、東京城などにもみられる（図54－3）。女真文字かどうかは別にしても、渤海特有の異体字の可能性があると思われる。

図53－3についても、「毛地」（図54－3）と解読されている例が『東京城』で報告されている（東亜考古学会 一九三九）。「毛」は西古城でも報告されており（吉林省文物考古研究所ほか 二〇〇七）、漢字の範疇の中で理解できようか。

ヴォヴィン論文で挙げられた資料の中で、図53－1の1文字目や図53－3は、「舎」や「毛地」といった漢字として解釈できる可能性もあると思われる。確かに文献などにみられる字体とはかなり差があるが、工人の漢字表記の癖や漢字に対する習熟度さらには、瓦に刻まれた文字ということもあって紙の上に書かれたり印刷されたりする文字とは、渤海の例に限らず、もともとかなり様相が異なる。いわゆる墨書土器のような製品に紙に文字を書くのと比較的近い状態で書かれるものと異なり、瓦や土器に押印された文字や銅鏡などの金属器に記された文字は、字書にみられるような文字とはかなり異なる字体（減画など）で書かれることが知られている（森 一九九四、須田・河野編 二〇〇〇）。

4 従来の渤海や女真の文字研究との対比

渤海に独自の文字が存在したかについては、ヴォヴィンが挙げた『旧唐書』や「李謫仙酔草嚇蠻書」以外にも、金在善（一九九六・一九九七）が『李太白全書』所収の『玉塵叢談』の「渤海國有書、於唐擧朝無解之者、李太白能解而答之」との記述などを根拠に渤海文字の存在を指摘する。

また、金在善以前にも稲葉岩吉（一九三五）にも指摘されているが、『江談抄』によれば、延喜年間（九〇一～九二二、『日本紀略』などでは九〇八年）に来朝した渤海国使の持参した牒状に、二人の姓名が書かれた文字が、未知の文字であったが、紀家（紀長谷雄）が「⿰木丸」を「木のつぶり丸」、「⿰石丸」を「石のまぶり丸」と呼んだところ、渤海の使節は応じたという。さらに『江談抄』はこの二文字を「異国作字也」とする。この字体そのものが渤海の出土文字資料の中にみられないことや、この記事の信頼性については、検討の余地がある。しかし渤海に独自の文字があったということについての『江談抄』の記事のソースが、『旧唐書』や『今古奇観』などとは、異なることは注目すべきだろう。

しかし、漢字ではない、周辺民族独自の文字の存在については、こうした断片的な文献の記述だけでなく、考古資料の裏付けが重要である。例えば断片的な記述ではあるが、考古学的には『吾妻鏡』に採録されていた文字が出土資料によって、漢字ではない女真文字であったことが判明した（顔 一九七九）（本書第三章一節図44・46）。文献史学、言語学、考古学などによる多角的な研究が、成果を上げた実例でもある。つまり、現在まで『江談抄』に採録されていた文字が、渤海の遺跡から出土した瓦押印文字にみられないこともあり、無論、『江談抄』の記事だけでは、渤海文字が存在したとは言えない。

一九三三〜三四年、東亜考古学会により渤海の東京城（上京竜泉府）の発掘調査が行われ、文字や記号が押印されたり、線刻されたりした、いわゆる瓦押印文字が出土し、その分析から渤海では広く漢字が用いられていたことが判明している（東亜考古学会 一九三九）。その後、現在に至るまで渤海の遺跡からは、多くの瓦押印文字が出土しており、渤海で漢字が用いられていたことは、間違いない（李 一九八二、魏ほか 二〇〇六）。渤海で、後世の契丹、西夏、女真のような漢字とは異なった文字体系が漢字を除外した形で行われていた可能性はほとんどないだろう。

ただ、東アジアの歴史を通観してみれば、独自の文字（突厥文字など）あるいは漢字から派生した文字によってのみ自国の言語を表記する場合ばかりではなく、ヴォヴィン論文が指摘するように、漢字の表音用法を借用あるいは併用する場合（郷札・万葉仮名）、漢字を改良した文字を併用する場合（チュノム・古壮字）などのケースもある。

出土した瓦押印文字の状況からだけでは、漢字が用いられていたことは言えるが、渤海で、漢文・漢語のみが用いられていたとまでは言えない。瓦押印文字の多くはほとんど一・二文字からなり、漢字ではあっても、漢語に由来する単語とは即断できない。漢字を用いて渤海固有の言語を表記していた可能性（ヴォヴィン氏の言う第一のケース）がある。万葉仮名的用法（漢字の音を利用して日本語を表記する方法）のみならず、「ひらがな」、「カタカナ」も用いられていた日本の平安時代でも、出土する墨書土器の多くは、漢字一・二文字であることが多いが、これらが、はたして漢語を表記しているのか、日本語を表記しているのかは、判断が難しい。我々は、紙ベースによる日本語の古典資料を知っているために、遺跡から出土した墨書土器の文字は、漢語をあらわしたものだけでなく、日本語を漢字で表記したものも多く含まれていることを認識できる（平川 二〇〇〇）。

『東京城』や三上次男（一九九〇）によって指摘されるように日本の国分寺から出土する瓦押印文字のように瓦を

供給している郡などの地名に関する文字が表記されており、その地名が渤海の固有語に由来しているとすれば、あるいは渤海の言語の音を漢字で表記しているのかもしれない。

また、注目すべきは、瓦押印文字の多くは漢字であると認定されているが、実際の報告書ではどのように判読してよいか分からない文字が多い。しかも、漢字と認めにくい文字をどのように解釈するのは、簡単に割り切れない問題を含む。こうした文字は、もともと漢字派生文字である女真文字には漢字の減画文字などから派生したものを多く含んでおり（金編 一九八四、山路 一九五八）、渤海文字も当然、漢字の減画文字や異体字から派生したものが多く含まれることが想定される。全体的な体系として把握できない段階では漢字の異体字なのか、独自の文字なのかを峻別することは困難である。

5 まとめにかえて―ヴォヴィン論文の意義―

（1）渤海の文字文化

古くは、渤海特有の略字や異体字の存在（日本語の国字のようなもの）を示唆する説（金 一九三一、稲葉一九三五）もあったが、渤海の言語や文字に関する多くの研究では、渤海では文字体系としては、漢字による音写の存在は認めるが、漢字のみが用いられたとする説が多い（劉 二〇〇四、馬 二〇一一、葉 二〇一二）。確かに瓦押印文字資料などの考古資料をみる限り、魏国忠らが指摘するように、日本独特の漢字（国字）に相当するものや、仮名や朝鮮の吏読のようなものがあったとしても極めて限定的なものであったのかもしれない（魏ほか 二〇〇六、四五〇～四五七頁、王・魏 二〇〇八）。

ただ、渤海より後代（この場合は女真文字）の資料を用いて、渤海の文字文化に迫ろうとする視点は、資料が限られている中では、斬新な発想と思われる。

（２）女真文字の起源

ここで、ヴォヴィン論文の妥当性について、筆者もヴォヴィン論文と同様の手法、渤海の文字資料と女真文字を比較し、検証してみる。

図54－4は、李強（一九八四）や『西古城』の報告書（吉林省文物考古研究所ほか二〇〇七）では、「羌」の異体字とされるものである。[6]女真文字の中にも、似た字体として、「米」（*tu）[7]がある。この字は類例が多い。

図54－5は、李強（一九八四）や『西古城』の報告書（吉林省文物考古研究所ほか二〇〇七）では、「述」とされるものである。女真文字の中にも、似た字体として「圡」（*çia）「朩」（*tu ŋ）などがある。

筆者の管見の限りという、漢字として読みにくいものや異体字とされるものの中に、現状では、女真文字の字体そのものを見出すことは容易ではない。「他人の空似」の可能性を否定できない。

（３）渤海と女真の文化的な関係の再認識と総合的研究の必要性

しかし、女真文化が渤海文化の多くの影響を受けてきたことを踏まえれば、文字文化においても、研究の対象とすべきことを改めて気づかせてくれたのではないだろうか。

確かに、女真文字の成立にあたって、漢字や契丹文字に倣っていることを示唆する資料、女真文字が漢字や契丹文字の影響を受けてきたとする研究は少なくない（毛 一九三一、山路 一九五八、金編 一九八四）。金に投降した契丹（遼）人が、女真文字成立に関わったことをうかがわせる（山路 一九五八）。前述したように『金史』の「完顔希尹伝」によれば、女真文字（大字）は、契丹字の制度にならったとある。また、『金史』に関して言えば、以下の資料をあげることができる。

『金史』巻百二十五　文藝上

金初未有文字。世祖以來、漸立條教。太祖既興、得遼舊人用之、使介往復、其言已文。

『金史』巻六十六（完顔）勗伝

女直初無文字、及破遼、獲契丹、漢人、始通契丹、漢字、於是諸子皆學之。宗雄能以兩月盡通契丹大小字、而完顔希尹乃依仿契丹字制女直字。

金建国以前の漢字や契丹文字からは、単に字形の問題だけでなく、制字法や体系を含め、影響を受けていることは間違いないだろう（ヴォロビヨフ 一九八三）。

しかし、漢字や契丹文字起源の女真文字もあるとされつつ（山路 一九五八、金編 一九八四）も、共通の字形は少なく、単純に漢字や契丹文字から女真文字を作ったと言えるような状況ではない。

ヴォヴィン論文の指摘以外にも、金在善（一九九六）は、『金史』本紀の冒頭に、「（渤海）有文字」を特筆していることは、単に漢字が使われていた以上の意味があると推測する。(8)

『金志』（「又曰女直、粛慎氏遺種、渤海之別種也。」）や『金史』巻一本紀太祖（「女直、渤海本同一家」）は、とくに後者は政治的なスローガン的色彩も強いかもしれないが、女真における渤海の影響を示している。この関係は、金の建国にあたって、渤海人が多く登用されているだけでなく、建国後しばらく後も、金の第四代皇帝海陵王完顔亮の生母大氏は渤海人であることにみられるように、金に渤海の影響が少なからず存在することは容易に推察される。

渤海の出土文字資料において、漢字の範疇としてとらえにくい文字の評価は今後も慎重にすすめる必要がある。

無論、筆者も、現段階では「渤海文字」が存在したとは言えないと考える。しかし、女真文字が漢字から派生した文字体系だとすれば、渤海がその試行錯誤の時期に相当してはいないだろうか。渤海の文字文化に関して言えば、資料が限られている中で、単純に、渤海独自の異体字の類例や渤海文字の存否を探究するだけにとどまらず、日本の万葉仮名のような漢字を用いた表音システムの存在の可能性の検討、女真文字の起源の解明、さらには渤海と女真の文化的な関係については、ヴォヴィン論文のような通時代的な広い視野で研究をすすめていく必要があると筆者も考える。

ヴォヴィン論文は、渤海が存在していた時代の資料のみならず、女真などの後代の資料を活用することによって、今まで糸口が少なかった渤海の言語や歴史研究していく新たな可能性や必要性を明らかにしたと言えよう。

注

（1）『今古奇観』は『警世通言』から引用したもの。
（2）邦訳は、朱栄憲 一九七九があるが、図版が少し異なる。
（3）図54の文字の＊（アステリスク）は、（ヴォヴィン 二〇一二）による推定音。
（4）主に『東京城 渤海国上京竜泉府址の発掘調査』（東亜考古学会 一九三九）および『間島省の古蹟』（満洲国国務院文教部編 一九七六）などから引用しているとされるが、個別の出土遺跡や地点は不明である（李 一九八四）。
（5）一九七六年にソ連沿海州のシャイギン遺跡で発見された女真文字銀牌と『吾妻鏡』に記載された銀簡の文字がほぼ同一であったことから、後者が女真文字であったことが確認された。なお、『吾妻鏡』では異国船乗員が所持していた銀簡に刻まれた文字は四文字とされているが、後述するシャイギン遺跡出土銀牌の分析から、一文字目とされたものは、文字ではなく花押であったことが判明した（清瀬 一九九七、イブリエフ 二〇〇六）
（6）『康熙字典』に類例がある。
（7）以下の女真文字の推定音価は、金光平（金編 一九八四）による。
（8）『金史』巻一本紀「後爲渤海、稱王、傳十餘世。有文字、禮樂、官府、制度。有五京、十五府、六十二州。」

四　遺跡からみた古代・中世の千曲川の水運

1　はじめに

千曲川は日本最長の川、信濃川の上流域にあたり、越後（新潟県）に入ると信濃川と名前を変える。長さは信濃川が三六七キロ、千曲川が二一四キロ。流域面積は約一二〇〇〇平方キロで全国第三位である。後述するが、河床勾配は非常に緩やかで、水運に向いているとされ、実際古くから水運が発達してきた。

長野県北部を流れる千曲川流域には、古代から多くの遺跡が残されている。近年の大規模道路や新幹線建設に伴う考古学的な調査によって大きな成果があがっているが、これらの古代遺跡は千曲川との関係抜きに語ることはできない。

無論、考古学的にも従来から水系をルートや文化的な分析の単位として認識し、川や水運の役割を軽視していたわけではない。考古学の分析における極めて基礎的な作業である各時代や時期の遺跡、遺構、遺物の分布などは、水系単位を念頭において地理的に把握される(1)（宮下二〇〇一）。

しかし、これらの遺跡・遺構・遺物が水運とどのようにかかわりをもっていたかについては、千曲川水系においてもまだ不明の点が多い。

水運を考える上で、留意すべき点がいくつかあると思う。船が人や荷を揚げ降ろしする場所は一見、どこでもよいようにみえるが、実は、河床勾配や流路の形状といった地理的条件、陸上の交通や拠点との関係からある程度、場所（船着場）が限定されてきたことが、後述する近世の水運研究で認められる。近世以前にも似たような条件であったことが類推されるので、「線」としての「川」の中での「点」としての「船着場」をまずある程度把握する必要がある。

次に水運は、その目的を考えると物資の運送と人間の往来に大別できる。物資の運送は船を使わないで物資そのものを川に流す場合と、船を使って運ぶ場合がある。人間の往来も同様で、人間が川沿いを移動する場合と船を使って移動する場合が考えられる。

また、千曲川を使って全国各地から物資や人間が入ってきたことと、千曲川を使って全国各地へ物資や人間が出て行ったという双方向の水運の利用がある。前者の場合、その分析の対象は広く日本列島およびその周辺の地域の遺跡が対象となるため、まだ筆者は充分に把握していない。よって、ここでは後者の千曲川を通じていかなる物資や人間、さらには文化が入ってきたかを中心に論じる。

後述するように千曲川の水運については、文献史料を中心とした研究の成果が蓄積しているが、年代的には近世以降の研究が中心となる。よって本稿では文献史料にもとづく研究を踏まえた上で、近世以前の水運の様相について遺跡や民間伝承なども参考にして、多少なりとも千曲川の水運の様相を明らかにしたい。

2　文献からみた千曲川水系の水運

遺跡と水運の関係を探る前に、触れておかなければならないのが、近世から近代にかけての千曲川水運の諸研究である。それを網羅して個別に言及することはできないので、遺跡と水運の研究にかかわる部分について、簡単に説明したい。

(1)　木流し

前述したように船を使わないで、直接物資を運送するものとしては木材がある。

木材を川に流す場合、一本一本を流す「管流し」と筏に組んで流す「筏流し」がある。千曲川の木流しで有名なのは、元禄年間（一七世紀末）の善光寺造営材で、南佐久（相木・川上など）から流し村山で揚げたことが記録にみられるほか、同じく南佐久から流した材木を千曲川から犀川、裾花川に廻して九反で揚げたことが知られる。犀川水系では押野渡場（明科）から流して九反で揚げた例がある（関・福島・古川 二〇〇一）。

（2）近世の通船

江戸時代材木以外の物資の輸送は、たいてい船を使ったらしく、日本海側から入ってくる物資は船で運ばれた。千曲川では、安永年間（一八世紀後葉）に太左衛門船が西大滝から福島まで物資を運んだ。その後、文政年間（一九世紀前葉）松代藩が川船を飯山から松代に運航させ、天保年間（一九世紀前葉）には善光寺町の商人厚連《こうれん》による通船（厚連船）が始まった。その後西大滝が開削され、当初は新潟から丹波島、松代まで運航された。しかし、弘化四年（一八四七）善光寺大地震後、西大滝が崩れ、新たに開削することを断念し、西大滝から松代方面への運航となった。

計画としては通船が非常に発達していた越後平野まで連絡したかったようだが、西大滝などの難所の存在、物資を運搬して利益をあげていた中馬業者や旅人を船に奪われることを恐れた宿場筋の反対などがあり、信濃の通船を越後の通船に直結することは難しかった。さらに、松代より上流についても、上田や丸子の住民が通船の運航を願ったことはあったようだが、前述のような街道宿場筋の反対のほかに、上田藩が軍事的な理由から通船を許可しなかったとされる（市川 一九九三、勝山 二〇〇二、田玉 二〇〇三）。

（3）近代の通船

明治時代から昭和初期の通船。江戸時代にみられた宿場筋の反対や上田藩の軍事的な理由による通船の制限が撤廃されたため、商業的な会社組織による通船が行われた。

千曲川では、上田会社（上田～戸倉）、西寺尾会社（戸倉～福島）、押切村会社（布野～腰巻）、飯山会社（腰巻～西大滝）、新町村会社（日名～安庭）、市村会社（安庭～牛島）がある。河川利用は自由化されたといっても、上田より上流は河床勾配がきつく通船には危険で向かなかった（勝山一九九三、関・福島・古川二〇〇一）。

河床勾配は越後平野が一／七〇〇〇、飯山一／三九〇〇、篠ノ井橋一／一〇〇〇、千曲市千曲橋一／九〇〇、戸倉・上山田一／二四〇、上田橋一／二〇〇前後、上田市小牧橋一／一三〇。通船は一／三〇〇以下の勾配が適しているとされ（市川二〇〇四）、宿場筋（中馬業者）、千曲川沿いの農民の反対（田畑が荒れる）、軍事的理由（上田藩）といった江戸時代にみられた制限がなくなっても物理的に通船は上田より上流は難しかったようである。

さらに鉄道（信越線）の開通による競合によって、運航の時間的なダイヤの精密さに問題がある通船は次第に衰退することになる。しかし、島崎藤村『千曲川スケッチ』にもみられるように、旅情を楽しむために小諸から立ヶ花まで鉄道に乗り、その後蟹沢から飯山まで通船で川を下ることも行われた（島崎一九一二、市川一九九三、田玉二〇〇三）。

犀川水系では、犀川通船会社が白板・女鳥羽川合流地点から善光寺まで通船を改行した。明治二十一年に信越線開業すると松本から三水まで通船で、篠ノ井駅から鉄道に乗り換えるようになり、さらに明治三十五年篠ノ井線開業によって明科から信州新町までの運航となり、その後も細々とおこなわれたようだが、鉄道や道路の発達により昭和初期までに姿を消した（市川一九九三、関・福島・古川二〇〇一）。

3　千曲川流域の遺跡

前項で触れたように江戸時代から明治時代が通船の全盛期である。善光寺平は河床勾配が緩やかであり、船着場自体はそれほど大規模な施設を必要とはしないが、陸上交通や集落との関係や通船の接岸しやすい地理的条件から特定の船着場が設けられてきた（図55）。

千曲川の通船の船着場（津）周辺を歩いてみると、大規模な古代遺跡が発達していることに気がつく。近世以前の水運関係の文献史料は非常に少ないので、その実態は不明な点が多いが、これらの古代の大遺跡は、水運と関係があると推測するのが自然だろう。遺跡と水運の問題を考える前に、簡単に千曲川に面した代表的な古代の大遺跡について概観する。

（1）栗林遺跡

中野市の通船の栗林船着場に隣接する縄文時代後期から弥生時代を中心とする大規模な集落遺跡（長野県埋文 一九九三b）。縄文時代後期の水さらし場遺構（ドングリなどの木の実のアクを抜くためのクリ材で構築された水をためる施設）や貯蔵穴で有名である。安曇野市北村遺跡（長野県埋文 一九九二）の出土人骨のコラーゲン分析で推測されていた植物食に依存していた中央高地の縄文人

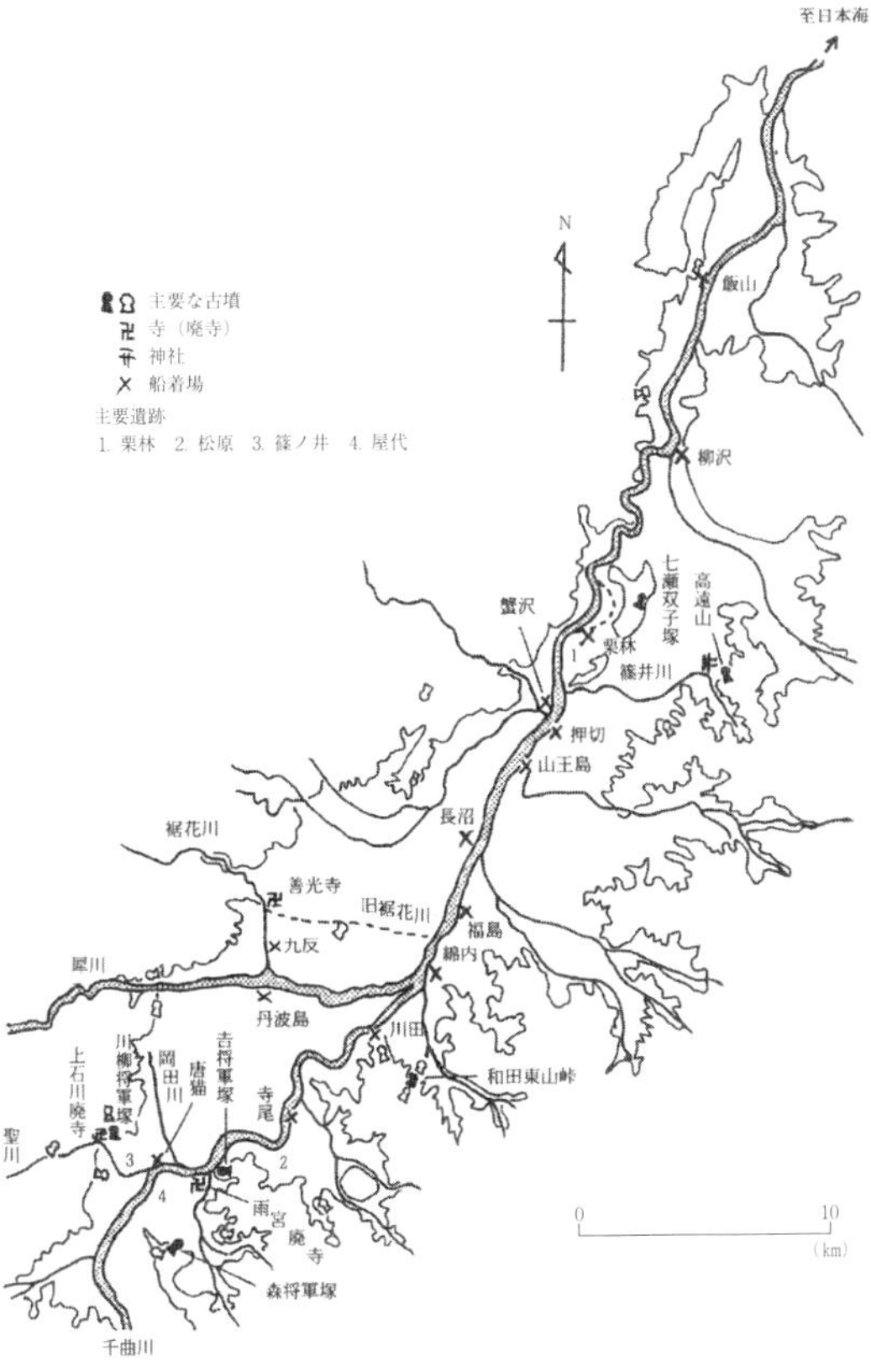

図55　千曲川流域の主要遺跡と船着場

の生活様相を遺構から示すものとして注目される。

弥生時代も中期後葉から発達。弥生時代中期後葉の「栗林式」の標式遺跡でもある。また、長野県埋蔵文化財センターの調査では、通船の船着場跡と思われる遺構が調査範囲から出土している（図56）。

（2） 松原遺跡

長野市松代町寺尾の船着場に隣接する縄文時代前期末から弥生時代の大規模集落遺跡（長野県埋文 一九九七a・一九九八a・一九九九a）。縄文時代には北陸から将来されたと考えられる滑石や蛇紋岩製の装身具が多量に出土している。栗林遺跡同様に弥生時代も中期後葉から後期の土器が多量に出土した集落遺跡で、水路や流路がめぐる（図57）。

（3） 篠ノ井遺跡群

長野市篠ノ井唐猫の船着場に隣接する弥生時代後期から平安時代の大規模集落遺跡。隣接して弥生時代の大規模な水田跡が広がる石川条里遺跡（長野県埋文 一九九七b・c）がある。水田域が石川条里遺跡、集落域が篠ノ井遺跡群にほぼ対応する。石川条里遺跡は、古代から中世にかけて条里的地割が発達した地域であるが、それ以前の弥生時代から水田が発達した遺跡で、弥生時代の農耕用の木製品が出土したほか、古墳時代には、祭祀と関連があると推定される方形区画の溝や石製装飾品が出土している。集落域にあたる篠ノ井遺跡群では、古代は塼仏《せんぶつ》三点、瓦塔が出土している。また墨書土器が非常に多く、とくに則天文字風の墨書土器が注目される（図58）。なお、隣接する塩崎遺跡群では「専司」と印刻された須恵器が出土。これは「船司」の転訛したものとみて、篠ノ井遺跡群や石川条里遺跡と水運の関係が注目される（長野市教委 一九七八、矢口 一九八二、宮下 一九八五）。

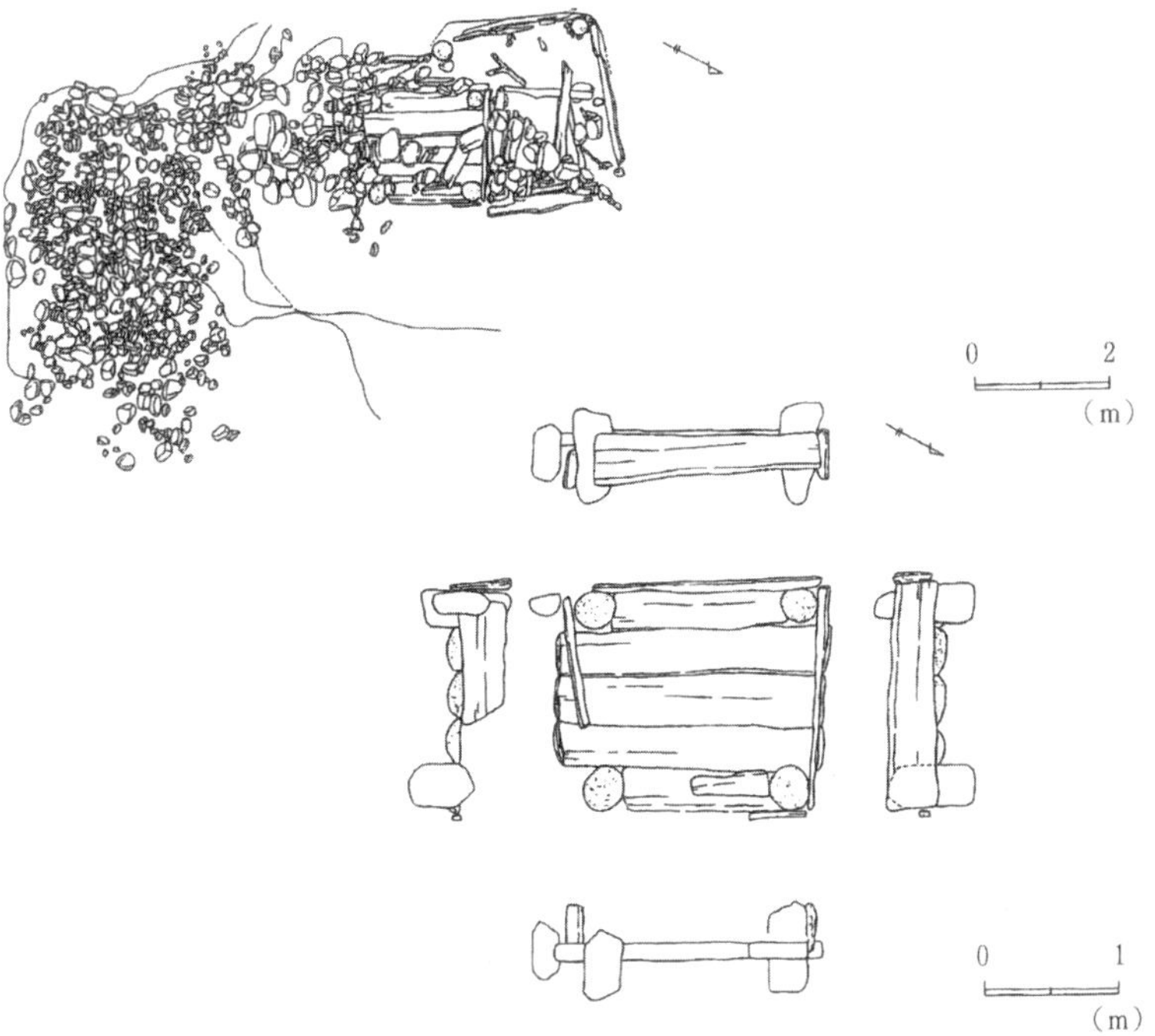

水さらし場遺構

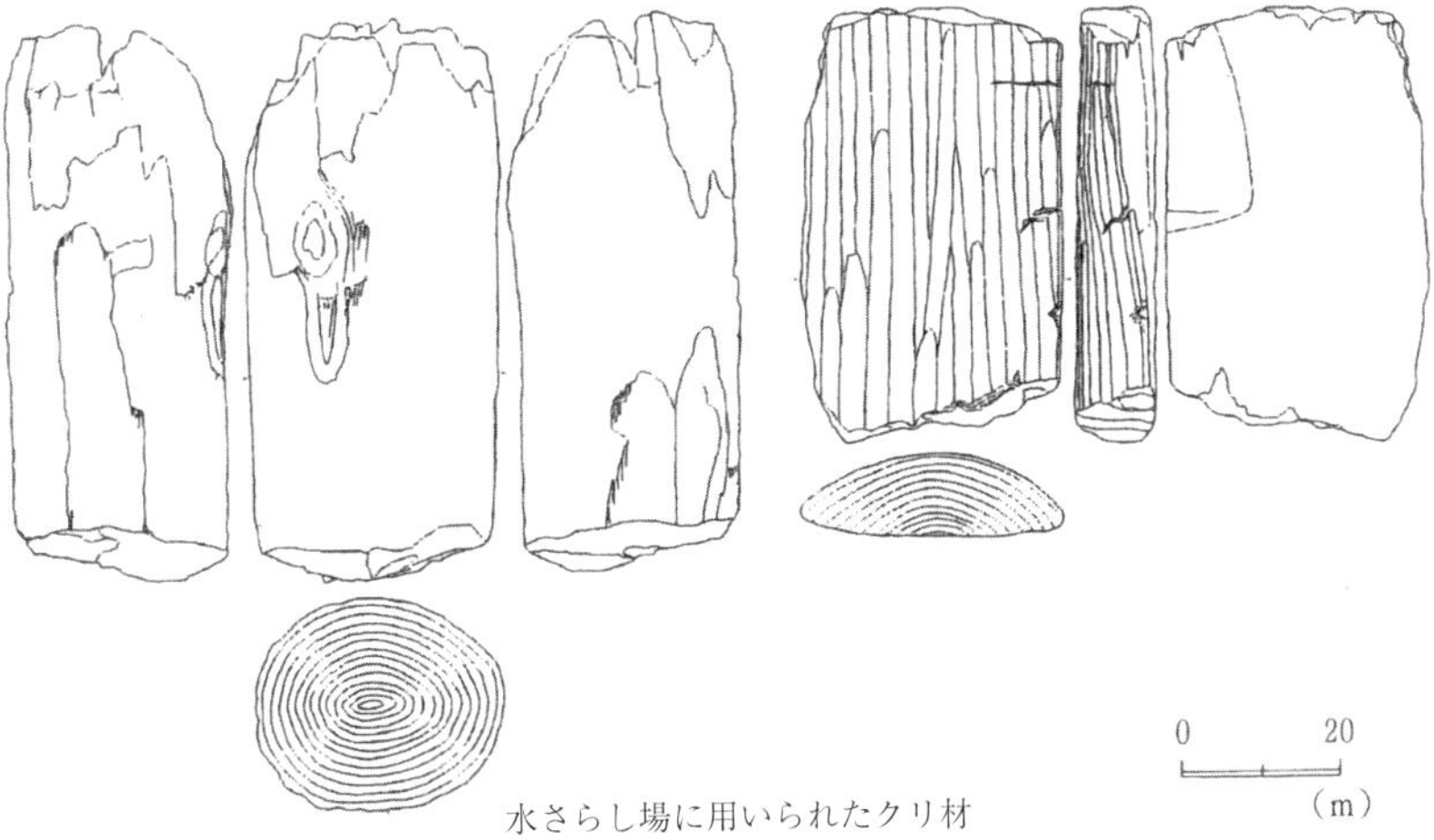

水さらし場に用いられたクリ材

図56　栗林遺跡

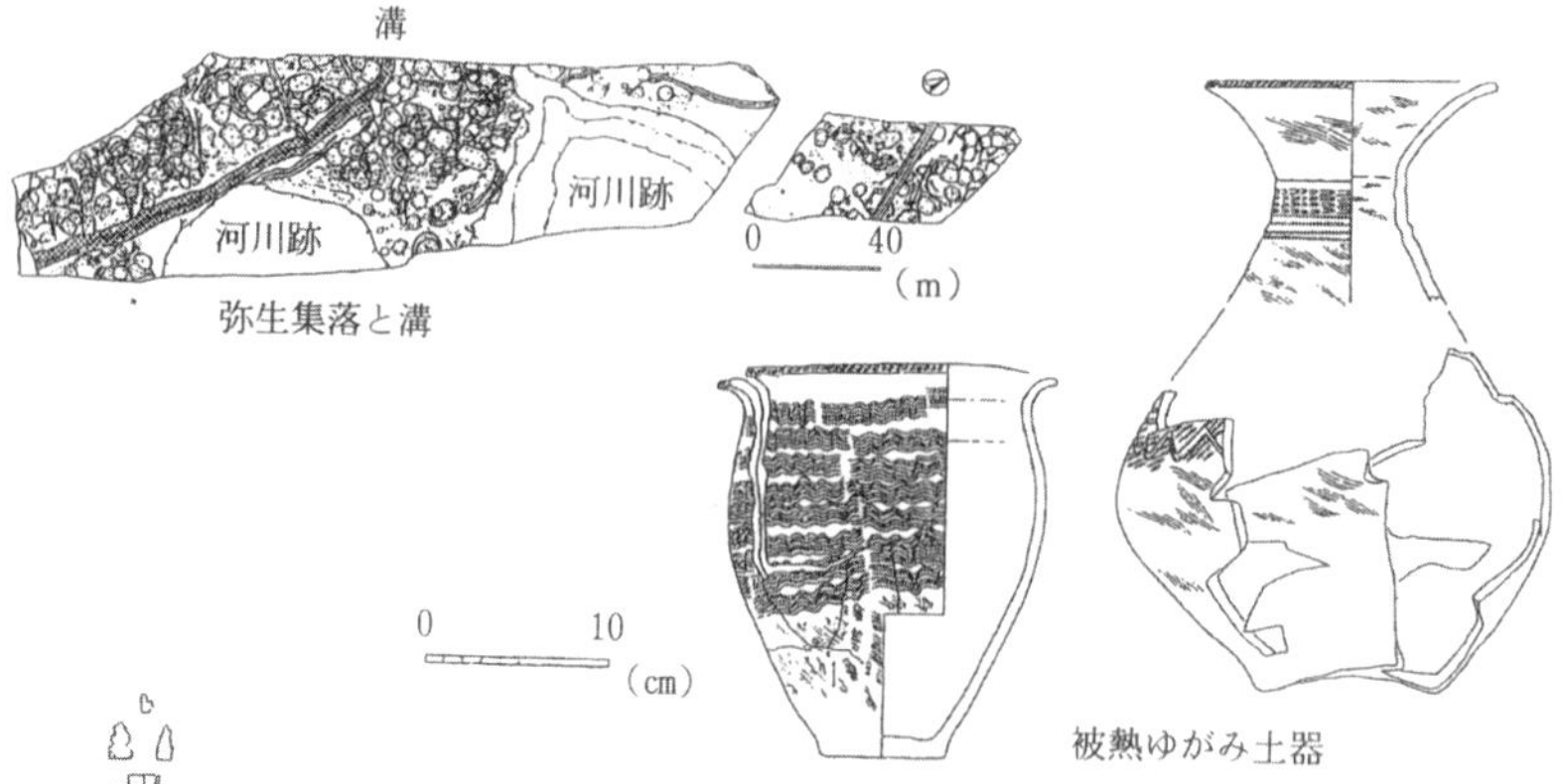

図 57　松原遺跡

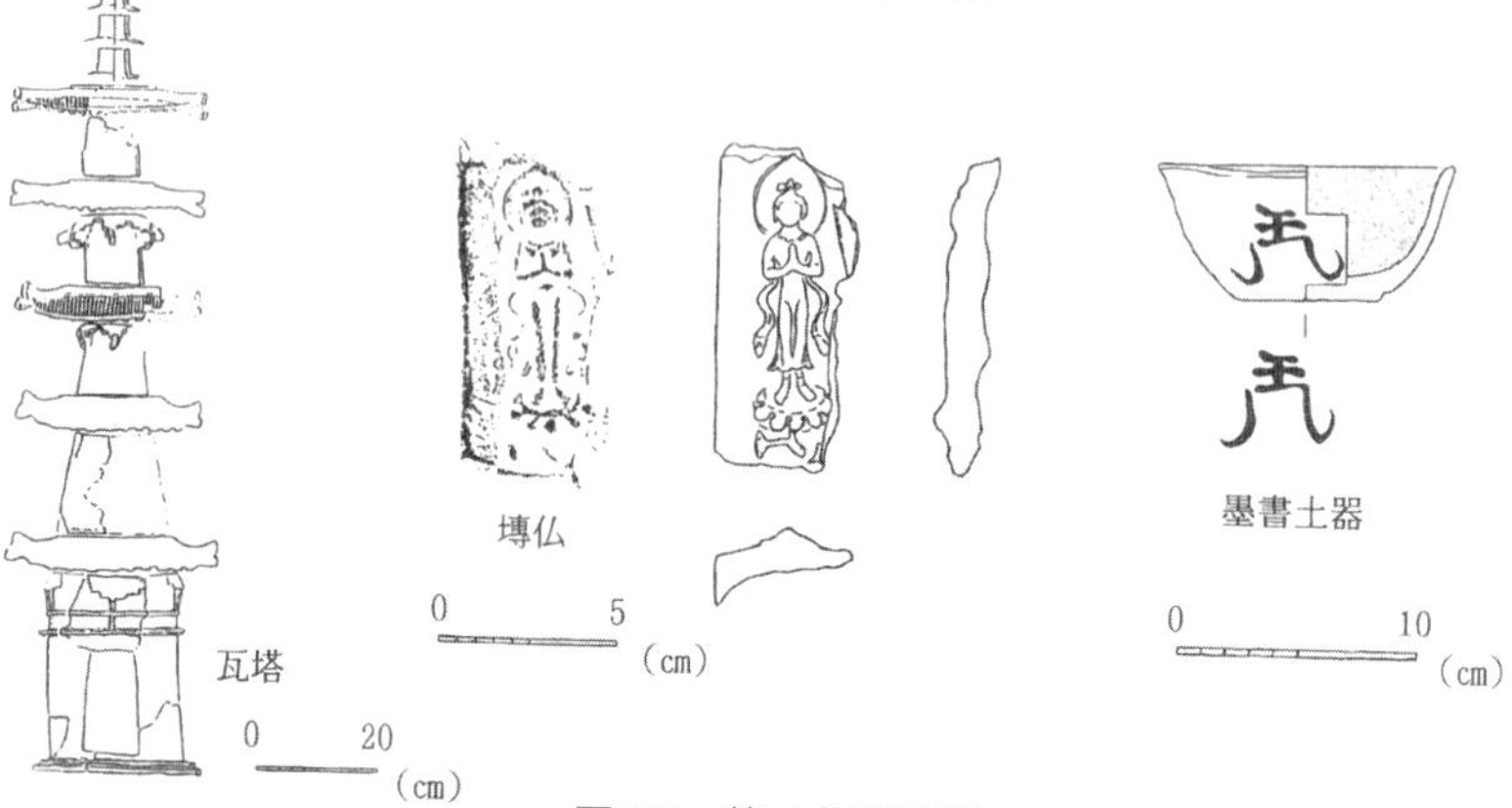

図 58　篠ノ井遺跡群

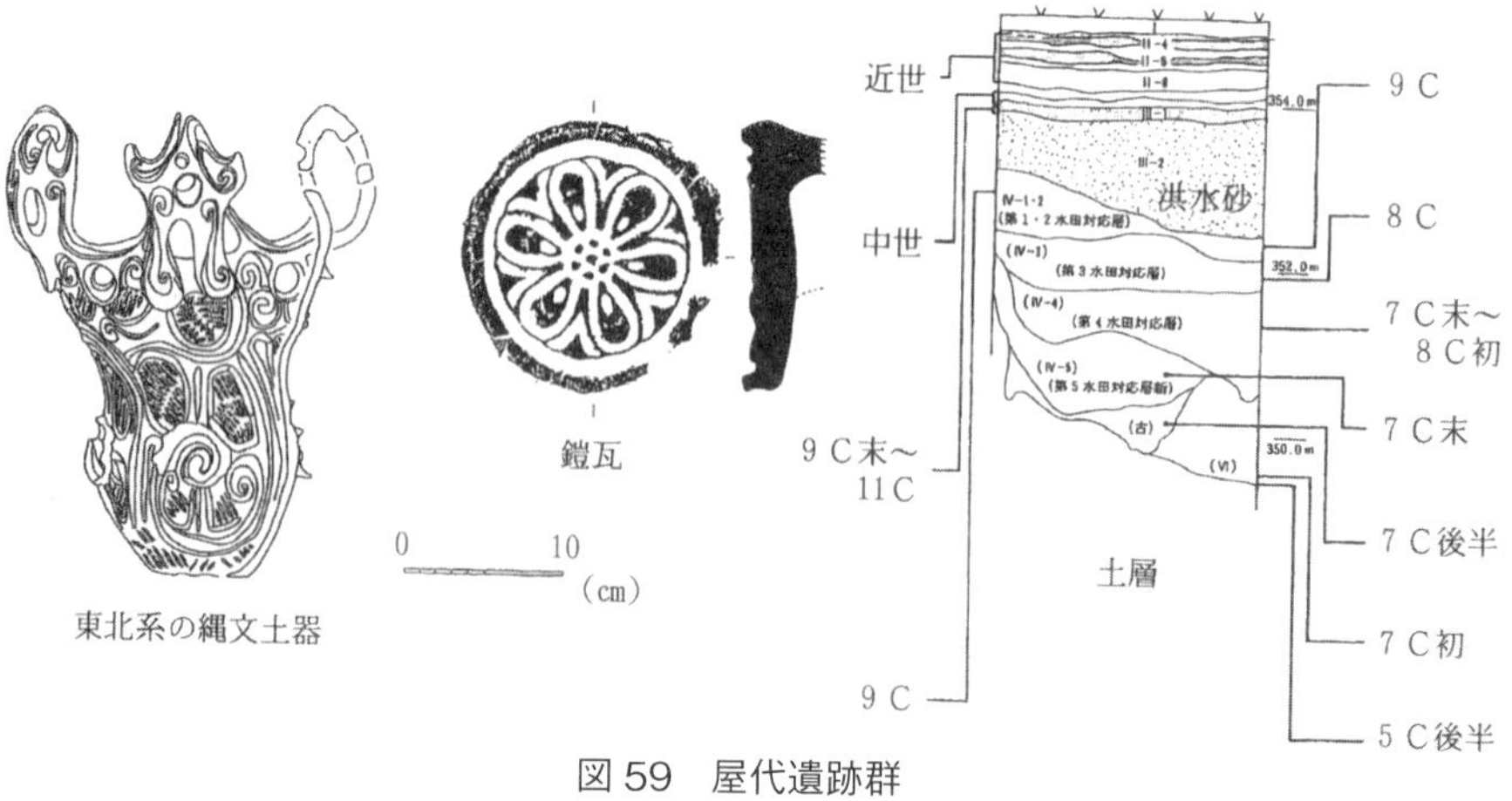

図 59　屋代遺跡群

（4）屋代遺跡群

千曲市屋代に所在する縄文時代中期から古代にかけての大規模な集落遺跡。隣接して古墳時代から古代中世の水田跡が広がる更埴条里遺跡がある（長野県埋文 一九九七a・d・一九九八b・一九九九b・c・d）。近世の恒常的な船着場の存在は不明であるが、雨宮の渡しや石杭池の船つなぎ石など船との関係をうかがわせる場所が隣接する。

縄文時代中期の土器や石器の出土量は善光寺平有数である。内容的にも東北系の大木系土器がまとまって出土しているなど特異な遺跡とされる。隣接した水田域が更埴条里遺跡で、石川条里遺跡同様、古代（いわゆる仁和の洪水前）の条里遺構が発達する。屋代遺跡群では古代（七～八世紀）の木簡が出土し、埴科郡衙あるいは初期国衙の存在が推定されている。定額寺「屋代寺」ではないかと推測される「雨宮廃寺」は屋代遺跡群の東端にあたるほか、屋代遺跡群の住居跡からは雨宮廃寺と同型の鐙瓦が出土している（図59）。

4　何を運搬したか、何が入ってきたか

これらの千曲川に面した古代の大遺跡はいずれも水運と深い関係にあった。すでに述べたが、遺跡と水運を考える上で、本来は①千曲川を通して各地に運ばれたものと②千曲川を通して各地から運ばれてきたものの二種類について考えなくてはいけない。前者の場合、全国各地の遺跡が対象となり、話が非常に複雑なので、紙幅の関係上ここでは千曲川を通して各地から運ばれてきたものについて考えてみたい。

前項で触れた各遺跡での様相を中心に以下のように簡単にまとめる。

（1）人

人間の移動は陸路も使われるが、人間自身が川沿いに移動することは当然考えられる。これは、千曲川水系の山奥

の川沿いにもキャンプ地的な遺跡、例えば北相木村栃原岩陰遺跡、高山村湯倉洞穴遺跡、大町市山の神遺跡があることからも推測される。これらの遺跡は縄文時代草創期から早期で、川がルートとして古くから重視されていたことを示している。

これらの考古学的な証拠として、海産物や海の文化を示すものが、千曲川沿いの遺跡から見つかっている（川崎二〇〇二）。例えば、北相木村栃原岩陰出土の海産貝やそれを素材にした装身具、長野市宮崎遺跡のサメ椎骨耳飾、長野市旭町遺跡のタカラガイ形土製品などがある。この他海産物ではないが、千曲市屋代遺跡群や円光房遺跡から出土したヒスイは、新潟県糸魚川市の姫川や青海町の青海川、富山県朝日町の宮崎海岸などの限られた場所で採取される。これらは、いずれもそれほど大きなものではないので、陸上ルートで往来して遺跡にもたらされたものの可能性もあるが、日本海、千曲川ルートの水運を用いて入ってきた可能性が高いと思われる。

次に陸路で運びにくく、水運で運んだ可能性の高い物資を考えてみる。

（2）木材

陸路では運びにくいものとして木材がある。江戸時代の水運の重要な目的が材木などを管流しや筏に組んで流していたことを考えると、これも古くから行われていたものと考えられる。千曲川に面している栗林遺跡の水さらし場はクリの巨木で作られている。クリの巨木は里山よりは深山で生えているものを切ってきて、水運で運んだことが想定されている（川崎一九九九）。

（3）焼物

縄文や弥生土器は従来どこの集落遺跡でも焼いていると漠然と思われていたが、特定の大規模集落遺跡で焼いている可能性が指摘されている。その根拠として土器製作生産にかかわる道具、台形土器（回転台）、研磨礫（磨き石）、焼成粘土塊の存在や失敗作の焼物が特定の拠点的集落遺跡でしか発見されないことが挙げられる[3]（櫛原ほか二〇〇二）。例えば前述の遺跡例でいえば、屋代遺跡群からは縄文時代の台形土器や焼成粘土塊が出土している。松原遺跡では研磨礫と熱で歪んだ弥生土器が、出土している。

時代は下るが、中世能登半島の先端珠洲《すず》やその周辺で焼かれた甕や擂鉢が千曲川流域の遺跡で出土している。同じ時期に一大焼物生産地であった常滑のものは少ない（鋤柄　一九九六）。やはり中世の比較的大型の焼物の運搬は水運であったと考えられる。このほか貿易陶磁（白磁、青磁）も新潟県十日町市笹山遺跡などで大量に発掘されている[4]（十日町市教委　一九九八）。よって、おそらく長野県内北部の遺跡から出土する青磁や白磁は水運で主に持ち込まれたものではないだろうか。近世の例だが、長野県立歴史館のエントランスに展示してある千曲市稲荷山の信楽焼の茶壺も信楽から水運を利用して運ばれたとされている[5]。焼物は時代を越えて、水運で運ばれたものが多かったと思われる。

（4）銭貨

中世の大量の埋蔵銭が、現在の中野市、長野市、上田市、松本市で多く出土している。この地域は全国的に見ても中世の大量埋蔵銭が集中して出土する地域である。大量埋蔵銭が出土した中野市岩舟、長野市寺尾、上田市塩尻は、いずれも千曲川沿いの遺跡である（中野市教委　一九九七、本書第三章一節）（図60）。

ただし、銭は馬などの陸上交通による運搬も多く行われていた。だから単純に千曲川沿いの中世遺跡で大量埋蔵銭が発見されたといっても、必ずしも水運の運搬のみを、重視するわけにはいかないだろう。しかし、船で運ばれてくる物資の売買にこうした渡来銭が必要だったために、船着場周辺の遺跡には大量の銭が出土すると考えられる。

日本列島の中世銭の多くは、千曲川流域も全国的な傾向と同様に宋銭や明銭が多い。当時の日本人は中国の銭で物

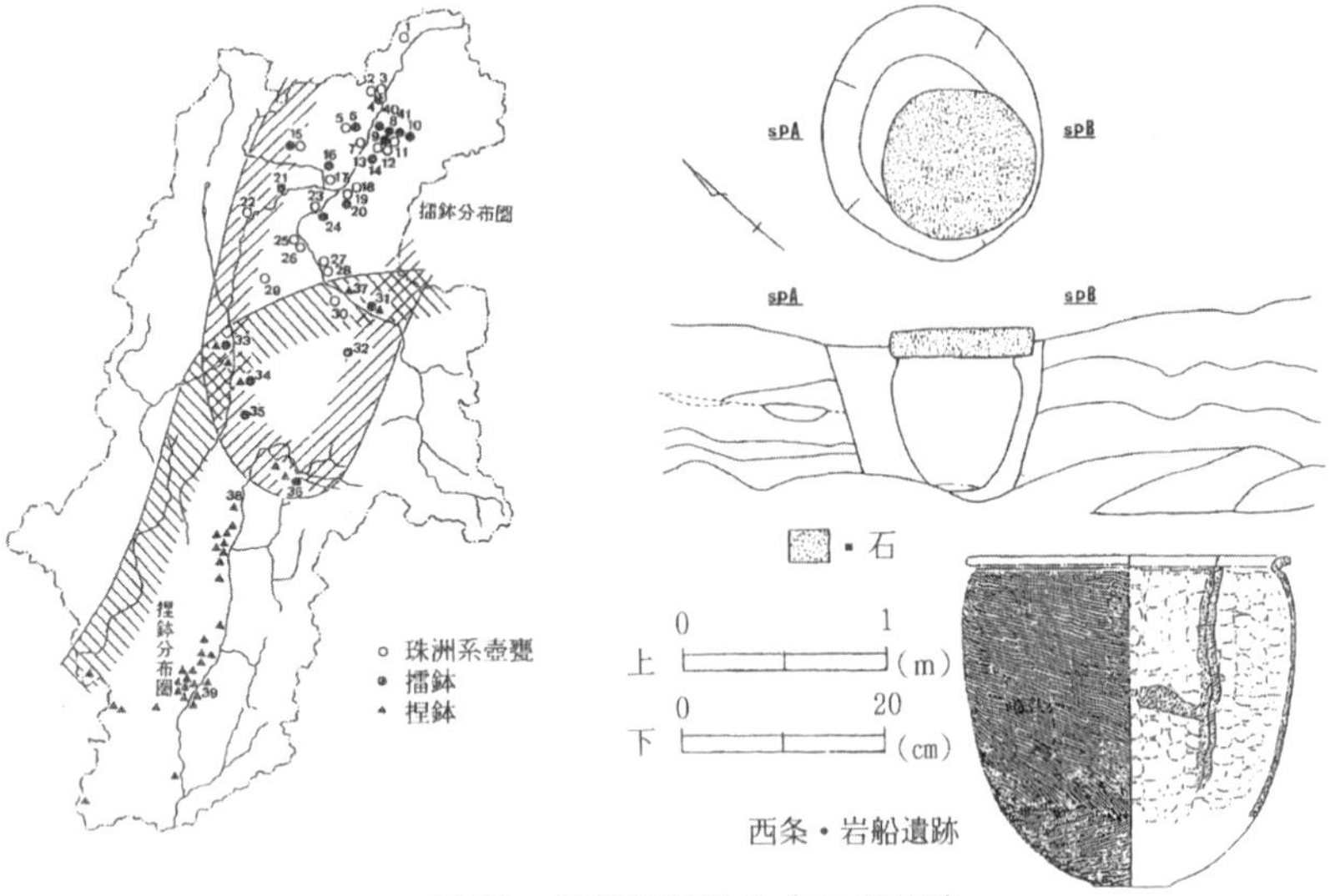

図 60　珠洲系焼物と多量埋蔵銭

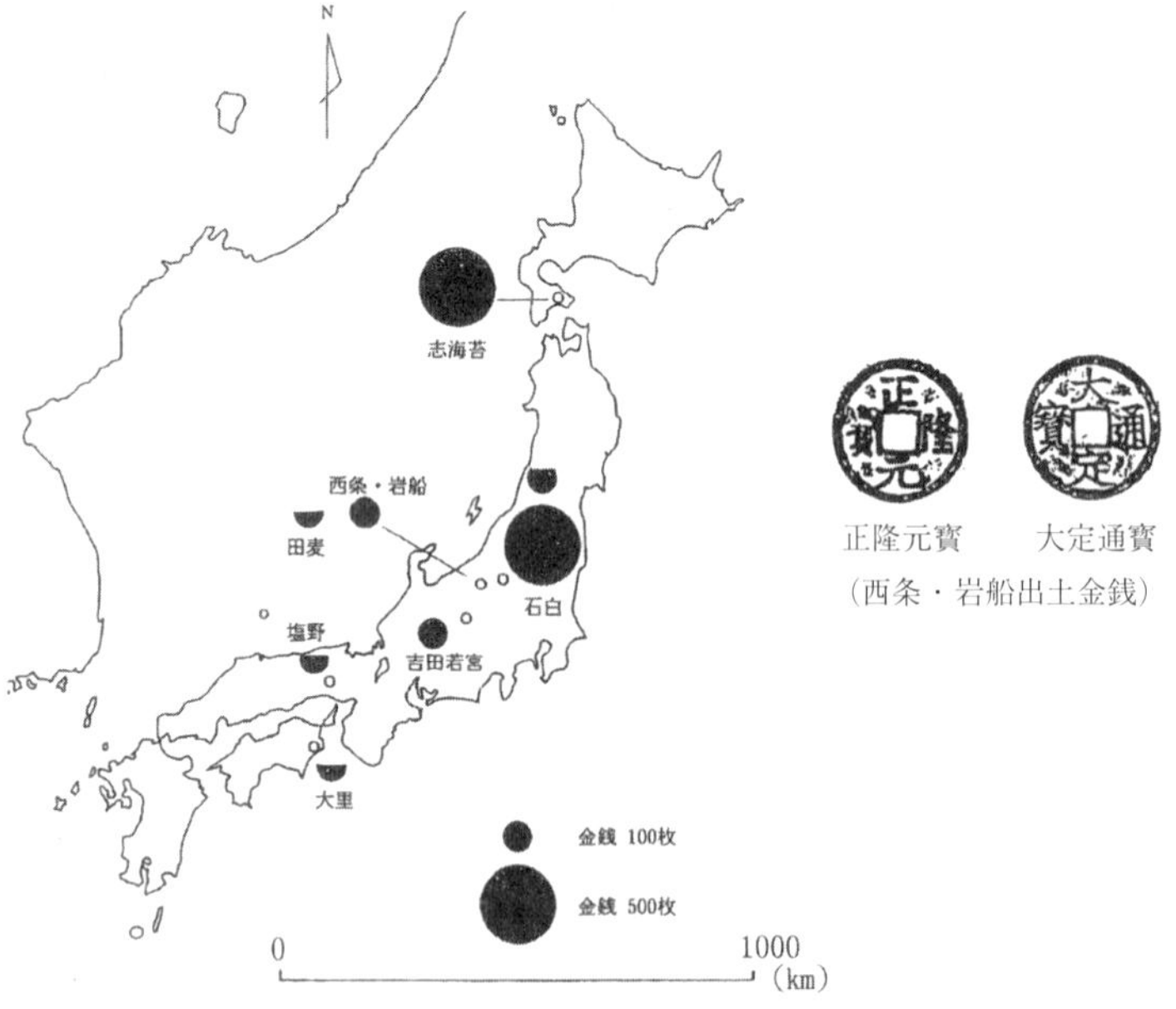

図 61　金銭多量出土遺跡

の売買をしていた。従来東シナ海を経由して、日本列島各地に渡来銭が入ってきたといわれてきたが、渡来銭の内訳を詳しく検討してみると、長野県北部新潟県、北海道、青森県の中世遺跡からは、女真（金）の銭の割合が多い。新潟県寺泊には不思議な文字が記された札を持った異国人が漂着したという記録が鎌倉時代の歴史書『吾妻鏡』にみられる。これは、現在では中国東北地区や沿海州を支配していた女真（金）のパイザ（通行許可証）であることがわかっている（図61）。こうした貿易船が必ずしも南宋ばかりでなく、金帝国の領域である華北地方や沿海州から日本列島に到達したものがあったことがわかる。中世に東シナ海貿易以外の日本海を介した貿易があり、千曲川もかかわっていた可能性がある(6)（本書第三章一節）。

5　遺跡から推測する古代の水運

最後に時代別に簡単にまとめてみたい。

後期旧石器時代にも佐渡島に遺跡が存在し、神津島産の黒曜石が関東平野にもたらされることなどから、当時の人間がなんらかの渡海手段をもっていたことは間違いない（松藤 一九九九）が、直接泳いだのか、筏のようなものを用いたのか、丸木舟があったのかなどのような様相のものかはよくわからない。

具体的な様相が、推測されるのは、縄文時代早期末から前期にかけての頃（約七〜六〇〇〇年前）である。この時期の丸木舟が各地で発見されている。いずれも外洋には続いているが内湾の入り江の遺跡で、長崎県伊木力遺跡、京都府浦入遺跡、福井県鳥浜遺跡（貝塚）などがある。日本海側のこうした丸木舟は、潟湖をつなぐ水運の役割を果たしていたのだろう(23)（森 一九八六、同志社大学考古学研究室 一九九〇、京都府埋文 二〇〇一、福井県立若狭歴史民俗資料館 一九八五）。

八丈島のような遠い島にも縄文遺跡が存在する（八丈町教委 一九八七）。八丈島倉輪遺跡（縄文時代前期末）では、イノシシの骨が見つかっているが、これは人間が連れて行ったものと考えられている。島では取ることのできない石材で作られた装身具や関西系の土器なども舟に積んで運んだのだろう。ということは縄文時代には水運を発達させる条件はすでに整っていた。

問題は、日本列島内部の水運であるが、一般に黒曜石などの石器石材の流通は、水運よりも陸上のルートで運ばれたと想定されているようだ。多くの縄文時代の拠点的な遺跡は、八ヶ岳山麓のように台地上に集落遺跡が発達することが知られてきたので、その推測も無理からぬところである。千曲川流域も例外ではない。浅間山麓や烏帽子山麓の台地上に発達する遺跡も少なくない。ただし、千曲川水系には屋代遺跡群や松原遺跡のように川に隣接する大遺跡がある。

こうした遺跡で出土する東北系の土器や海産貝、ヒスイ・軟玉などの装身具は、各遺跡に少しずつあるのではなく、とくに千曲川の場合は、川沿いの特定の拠点的な遺跡に集中する傾向がある。これは、縄文時代の遠い地域からもたらされる交易品がムラからムラへの陸路による手渡し的な流通ではないことを示唆している。

弥生時代になると水田稲作が本格的に始まり善光寺平でも中期後葉から千曲川に接した大規模な水田遺跡や集落遺跡が発達する。これらの遺跡からは田舟が通れるような溝や水路が発掘されており、実際に長野市春山Ｂ遺跡からは田舟が出土している（長野県埋文　一九九九ｅ）。弥生時代には縄文時代以上に水運を利用していたことがうかがえる。

古墳時代の前期・中期（四世紀～五世紀）には、善光寺平に比較的大きな前方後円墳が集中する。こうした古墳は山の尾根上に作られることが多いことから水運とは一見無関係のようだが、こうした古墳の麓には千曲川から舟が入って来ることができるような小河川があり、舟が入ってきた痕跡が地名などに残っている。例えば、森将軍塚古墳と倉科将軍塚古墳の間にある石杭池・船つなぎ石伝承、森将軍塚古墳の同型墳である中野市の高遠山古墳の麓に高井舟着神社、川柳将軍塚古墳横を流れる聖川にも船つなぎ石伝承などがある（千曲川・犀川治水史研究会編　二〇〇五）。

上田、佐久、松本などの善光寺平より上流には弥生時代の大きな遺跡があったのに、古墳がすくないことは、前期から中期の前方後円墳の立地と水運に関係があることを示唆してはいないだろうか。通船の歴史でも説明したように善光寺平より上流は河川の勾配がきつく、木流し以外の水運には向いていない。善光寺平千曲市周辺が通船の限界である。河床勾配が緩やかで通船が発達している地域に前方後円墳が集中している。ただ、弥生時代と同じように水田が発達した時代であるので、水田とともに水運が発達したことはよく理解できるのだが、古墳の造営とどのように水運が関わったかまではよくわからない。

しかし、上田や佐久といった千曲川上流に古墳時代後期になって古墳が発達したのは、馬の文化が日本列島に導入され、陸路の交通や物資運搬が発達ことと関係があるとすれば、やはり陸上交通と水運との関係の中で古墳の立地が左右された可能性はあると思う。

さて、馬などが広く導入された古墳時代後期（六世紀）以降は、物資の運搬については、水運（船）と陸上交通（牛馬）が競合する歴史でもあるだろう。

しかし、陸路が発達したといっても牛や馬では運ぶものに限界があった。七世紀には東山道以前の道いわゆる古東山道が存在したともいわれるが、やはり材木や瓦といった物資は、水運が中心だった。七世紀代の寺院跡と推定されている千曲市の雨宮廃寺や長野市の上石川廃寺は、千曲川そのものもしくはその支流の川沿いにある。善光寺は、考古学的にその創建を正確にとらえることは難しいが、やはり裾花川のそばに立地しているのは、水運で材木や瓦を運搬する便利がよいからではないか。奈良時代から平安時代にかけて、上田の千曲川に面した信濃国分寺の瓦の一部が坂城町土井ノ入窯跡からもたらされたと推測されている（米山 一九七八a・b）。これらも水運を利用したことは、想像に難くない。

6　まとめにかえて—文化の流入路としての水運—

水運といえば、物資の輸送や人間の移動としての役割を重視しがちだが、当然それにともなう「文化」の流入路（あるいは搬出路）であったことを忘れてはならない。縄文時代の貝やヒスイ・玉文化、弥生時代の稲作や鉄器の文化が千曲川流域に入ってきた背景には当然、水運があったのだろう。

古代においても、外来の文化の導入に水運が大きな役割を果たしたものと考えられる。例えば仏教文化というと寺院の建設に必要だった材木や瓦などの物資の移動という側面だけで捉えがちである。しかし、同時にその思想や教義が入ってきているはずだ。なぜなら、塼仏や瓦塔、さらに現存する県内最古の石塔といった奈良時代から平安時代にかけての仏教関係遺物が水運の発達した篠ノ井に集中するからである。

こうした仏教文化の背景には渡来系氏族の存在があるようだ。『日本後紀』延暦十八年十二月条に篠井という姓を賜った高句麗系渡来系氏族がいたことも出てくる。この記事からだけでは、この篠井が篠ノ井であったとは決め付けられないが、近年の考古学的成果を考えると可能性が高いと判断される（本書第二章一節）。千曲川の津（港）としての篠ノ井唐猫が遠来の文化を受け入れる窓口でもあったことの証拠ではないか。

その「唐猫」という地名だが、唐猫の性格を知る上で大事な民話がある。篠ノ井の歴史的意義を研究する上でも非常に興味深い伝承なので、簡単に紹介する。

昔、千曲川が上田と坂城の境でせき止められていて大きな湖が上田にあった頃、巨大なネズミが大暴れしていて、地元の人たちがたいそう困っていた。中国（唐）からネズミ退治のためにネコをもらってきた。カラネコと大ネズミが争って、大ネズミが苦し紛れに、上田と坂城の境（岩鼻）を食い破ったために、湖が決壊し、ネズミは流されて死に、カラネコも篠ノ井に流されて息絶えたという。そこで岩鼻の坂城側を鼠が、篠ノ井のネコが流れついたところ

（現在の篠ノ井橋附近）を唐猫と呼ぶようになったという（小林 二〇〇三）。

すでに述べたように、近世の物資を運ぶ通船は一般には善光寺平より上流には無かったとされるが、この話には、坂城（鼠）と篠ノ井（唐猫）の間に物を船で運搬したり、人間が船で千曲川を往来したりすることがあったことを示唆しているのではないか。このことが民話に反映しているようである。[7]

さらに注目すべき点だが、現在唐猫は神社の名前になってしまっているが、この「唐猫」という名称は仏教の関係を暗示している。猫といえば中条村法蔵寺の猫檀家の話が有名である（美麻村誌編纂委 一九九九）。猫は仏典を守る役割があったためか、仏教との関係を示す話が多い。さらに鎌倉幕府にとっての貿易港でもあった金沢文庫の称名寺にも猫伝説がある[32]（大木 一九七九、小島 一九九九）。古代から中世の千曲川流域のなかで仏教的な遺物がとくに唐猫周辺・篠ノ井遺跡群に集中していることがこの猫に反映していると思われる。

さらに「唐」であるが、千曲川は遠く日本海に通じていて、さらには日本海を媒介とした日本列島の外の世界、中国や朝鮮、とつながっていたことが示唆されている。すでに述べたように中世の珠洲焼や近世の信楽焼は日本海を通じて千曲川を遡ってきた。さらに海外から輸入された青磁や白磁などの貿易陶磁や宋や明の渡来銭も同じように日本海を経て千曲川に来たのだろう。まさに千曲川は日本列島内のネットワークの一部であり、東アジアのネットワークの一部でもあった。

さて、このようなネットワークを古代や中世の人々とくに政治権力者が見逃すはずもない。例えば、中世の城館の多くが水運の拠点に隣接して作られている。長沼、福島、海津（寺尾・松代）などは皆、船着場に隣接している。船着場に隣接して城館や都市的な集落を作る必要があったのだろう。

余談であるが、海津（貝津）は武田氏が善光寺平支配の拠点として海津城を築いたとされる（角川日本地名大辞典編纂委員会 一九九〇）。ちなみに海津の語源には諸説あり[34]（吉田 一九〇二、大平 一九二七、長野県 一九三六）、定説はないようだが、まさに意味は「海の港」である。あるいは、根拠はないが「甲斐津」の語義をかけているようにも思える。いずれにせよ甲斐と日本海とをつなぐ港という思いが（仮に武田信玄が命名したとすれば、武田氏に）あったのではないか。海津は河川の船着場であるが、内陸の水運のみならず日本海との流通が背景にあったことを示唆しているように思われる。

信州で交通というと古代東山道や近世中仙道といった陸上交通に目が行きがちであるが、それと同じくらい、いや対外的な流通や文化の流入を考えると千曲川の果たした役割は、非常に大きいことを確認しておきたい。

注

（1）千曲川水系の前方後円墳の様相については、田中　一九九六、矢島・北條　一九九二の二論文を参照した。
（2）船着場跡については調査担当の岡村秀雄氏のご教示による。
（3）焼けて歪んだ土器については徳永哲秀氏のご教示による。
（4）笹山遺跡は縄文時代中期の火炎土器が多量に出土したことでも有名な遺跡である。焼物と水運の関係を考える上で示唆的である。
（5）市川健夫氏のご教示による。
（6）北海道の中世遺跡の調査から、東シナ海以外のルートで金銭が渡来した可能性が指摘されている（鈴木　二〇〇一）。
（7）すでに歴史地理学的な見地から坂城の船着場については浅野井の研究がある（浅野井　二〇〇三）。

結　なぜ日本に古代東北アジアの文化がみられるのか

1　はじめに―文化史学的アプローチ―

日本列島は、更新世の終わりころ、大陸から分離し、独自の文化をはぐくんできた。日本列島で人類が発生したのではないから、その住民はいずれも大陸から渡ってきた人々あるいはその子孫である。独自の文化が形成される一方で、列島周辺地域とくに大陸からの影響が絶えることはなかった。

こうした大陸からの文化的な影響も、日本における古代国家形成期においては、「騎馬民族征服王朝説」や「帰化人」などの発想にみられるように、国家形成といった政治的な背景や枠組みへの影響が重視される。もちろん、歴史研究のグランドデザインを考える上で、国家や政治という枠組みは重要である。例えば発展段階説あるいは技術革新論的な視座による時代の段階設定（旧石器時代や鉄器時代など）だけでは、大まか過ぎて、歴史の流れを細かく説明できない。その点、時の政権の所在地に由来するような時代呼称（奈良時代や江戸時代など）は、有効である。

しかし、政治史だけを軸に歴史を考えるのではなく、やはり、文化を基軸として個別具体的な歴史の事象を考える立場もあってよい。なぜなら、一見偶然に発生したかに見える歴史的事象が、文化的な背景の中で位置づけがなされなければ、それこそ、特殊なものなのか、普遍的で繰り返されているものなのかといったことがわからない。そうした背景をとらえたうえで、歴史的事象をはじめて、学術的に研究することができる。

こうした人間の集団的な行動様式を基軸に人類の歴史を考える立場は、文化史学と呼ばれる。文化史学的な立場や対象は広範で、実際の個別具体的な研究の場面で、その理想どおり実践することはなかなか困難であるが、本書の各論に示したように、一つの課題について、文献史料あるいは考古資料だけでなく、周辺の様々な学問的成果を応用し、なるべく立体的な見方を心がけ、研究に取り組んだ。

そうした各論の研究結果から、日本列島に様々な古代東北アジアの文化（の要素）がみられることが明らかになった。これはあくまで文化要素同士を比較分析し、一致したものを抽出するという一つの結果であるが、こうした成果を総合的にとらえるとどうなるのか、つまり、日本列島の社会に古代東北アジア文化がみられることが一体何を示すのかということをここで答えたい。

1　江上波夫の「騎馬民族征服王朝説」

古代東北アジアの文化が日本列島の社会にみられるということについて、とくに文化史学的なアプローチを行う上で、避けることができないのが、江上波夫が提唱した「騎馬民族征服王朝説」である。

戦後まもなく、日本民族学会の機関誌『民族学研究』で、石田英一郎、八幡一郎、岡正雄と日本民族と文化の形成について、座談会が行われ、そこでアウトラインが示された（江上ほか 一九四九）。

骨子は、日本文化の基層に、南方的な要素と北方的な要素が併存しているが、その歴史的な起源が異なるというものである。それぞれの主な起源は、前者が稲作農耕文化である弥生時代の、後者が古墳時代の文化（以下弥生、古墳文化）にある。古墳時代になると、巨大な古墳（前方後円墳）の造営、馬具などをはじめとするウマの文化、埴輪などにみられる北方遊牧民族的な服装などといった弥生文化にはない「北方的な」要素が出てくる。

農耕文化の社会は保守的で、弥生時代の邪馬台国がそのまま単純に、古墳時代の大和朝廷（ヤマト王権）に発展した中で、取り入れられたのではない。弥生時代と古墳時代では支配層が変わったためである。後者の支配層は、北方の遊牧騎馬民族であり、彼らが四世紀初頭に日本列島に侵入し、征服した。具体的には、中国東北部南部から朝鮮半島北部の「夫余」が、朝鮮半島を南下した。そして、夫余の「辰王」という人物が突然出現して、消えてしまう。この辰王が、朝鮮半島南部の「任那」（加羅）を根拠として、騎馬軍団を引き連れ、渡海し、日本列島を征服した。辰王は、初代天皇、崇神天皇となった。

2　主な批判（一九五〇年代から六〇年代前半）

「騎馬民族征服王朝説」に対する批判は、水野祐がわかりやすくまとめている（水野 一九八七）ので、ここで簡単に紹介する。

・日本の水稲稲作や宮廷儀礼は、南方系で、それが広く一般にも受容されている（柳田国男・折口信夫）。
・古代日本語に断絶がない（金田一京助ほか）。
・古墳時代の動向をみると「大和国家」が九州や朝鮮半島に進出・遠征した（藤間生大）。
・大陸文化の影響が強かったのは、弥生時代で、渡海が苦手な騎馬民族が海に囲まれた日本列島を征服したとは考えられない（三上次男）。
・崇神天皇の頃（古墳時代前期）に乗馬の風習があった証拠がない（小林行雄）（小林 一九五一）。

3　「騎馬民族説」の修正

・「日本古代王朝交替論」（水野 一九五二・一九九二）

水野祐は、日本の天皇家は万世一系ではなく、古（崇神天皇〜）、中（応神天皇〜）、新（継体天皇〜）の三つの王朝が交替したとする。そのうち、中王朝が騎馬民族であるとした。

・「騎馬民族征服王朝説」の修正（江上 一九六七）

江上は水野の王朝交替説を受けて、古墳時代を前期（三世紀末～四世紀後半）、後期（四世紀後半～七世紀後半）に分け、前期は弥生文化の延長で、後期は、北東アジア騎馬民族（胡族）と共通する文化がみられると修正した。

①倭人（農耕民）は保守的で、急激に異文化を自発的に受け入れることはない。

②（江上の言う）後期にみられる大陸北方系文化は、選択的に受容されたのではない。

③前期には牛馬が少なかったが、後期に馬匹が飼養される。馬匹だけ渡来したのではなく、騎馬常習の民族も大陸から来たためである。

④後期の古墳文化は、王侯貴族的・騎馬民族的である。広くみられるのは征服を暗示している。

⑤後期の古墳が多いところは軍事的要地でもある。

⑥騎馬民族は、陸上だけでなく、海上を渡っても征服活動を行うことがある（アラブ、ノルマン、蒙古）。

上記の点を根拠に、古代日本征服のシナリオも変更され、一度に騎馬民族が日本列島を征服したのではなく、中国東北部から朝鮮半島を経由して四世紀初めに九州に建国（崇神天皇）、その後、四世紀末から五世紀に北九州から畿内へ東征が行われた（応神天皇）とした。

・水野の再批判（水野 一九八七）

①江上の古墳文化の前期と後期の差は決定的な変革ではなく、発展的とみることもできる。

②農耕民は保守的であるとしても、古墳は首長層のものであり、首長層が渉外関係の進展で、副葬品として大陸の物質文化を取り入れたと解釈可能で、伝統文化の破棄ではない。

③後期古墳文化に、騎馬民族文化がセットで取り入れられたとするが、騎馬戦用武器の発見がほとんどない。

④前期古墳文化に馬具がほとんどない。後期古墳文化にみられる馬具や騎馬習俗（埴輪など）の遺物は、騎馬民族

そのものの渡来ではなくても、文化受容の結果として理解できる。

⑤騎馬民族は海上の征服も行うとする。しかし、島国への海上遠征には、兵員や軍馬を同時に輸送できるだけの船舶や水夫を必要とするはずで、その説明が不十分。

⑥古代日本に騎兵や騎馬戦の武器がない。

⑦血液型からの批判、B型優勢と思われる騎馬民族の形跡は朝鮮半島南部までで、日本列島に及んでいない。

⑧ウマや埴輪馬の出土例が九州や大和には少なく、関東に多い。「騎馬民族征服王朝説」のシナリオのルートとは異なる。

①～⑦は、「騎馬民族征服王朝説」の存立自体への批判で、⑧は、そのシナリオに対する批判である。

4　森浩一の視点

江上説を個別の事例でおかしな部分を荒唐無稽とただ批判するのは容易であるが、江上のスタンス、日本文化の中に、東北アジアの文化がみられるのはなぜかという問いを理解したうえで、議論をすすめないと話がかみ合わない。森浩一は、江上のスタンスを理解した上で、建設的に議論を進めようとした。

森は、鏡、玉（ヒスイ）、石釧、巴形銅器といった副葬品などに弥生時代からの伝統がみられることから、古墳時代前期の文化は弥生文化の延長的なものとした。よって、江上の当初の「騎馬民族征服王朝説」のシナリオ自体は成立し難いと考えていたと思われるが、一方で江上説を完全に否定せず、肯定的に言及することが少なくなかった。

和歌山県井辺八幡山古墳の発掘調査を通じて、馬具だけでなく、人物埴輪に力士や辮髪を模したものがあることにみられるように、（前・中・後期と三区分する）後期古墳に、北方系の可能性がある文化要素を指摘した（森ほか一九七二）。

既に述べたように森は、江上説には、考古学的には認めがたい部分があるとみていたようだが、古代日本文化の中に、中国江南などの南方系の文化要素とは別に、大陸の北方系の文化要素が存在することを考古学や文化史学としてどのようにとらえるべきかという江上の問題意識は、解決すべき大きな課題ととらえ、模索していた。森は江上と対論を行っている（江上・森 一九八二）

森は、ウマの飼養や繁殖はかなりの技術者が必要であることや首長層の副葬品といったレベル以外の服装や習俗にまで北方系の文化要素がみられることに着目している（森・NHK取材班 一九九四）。また、井上光貞が「継体天皇の家は、渡来人かもしれないね」と語った逸話を森は紹介している（森 一九九八・二〇〇〇）。古代日本にみられる北方系の要素は、いわゆる「渡来人」がもたらしたものであるが、渡来人といっても馬匹の飼養者や瓦造りなどの技術者だけでなく、首長層（豪族）や朝鮮半島の王族レベルの人が渡来し、天皇家とも通婚した可能性を考えていた（森二〇〇六）。

水野も指摘しているが、高松塚古墳の壁画の成果から、終末期古墳の段階でも、中国中原王朝の影響だけでなく、朝鮮半島経由ではあろうが、東北アジアに連なる文化要素がみられるという理解が一般にも広がった。考古学研究者は冷ややかであるが、歴史に興味がある市民には、「騎馬民族征服王朝説」が広まるというパラドックスができあがっていく。同じような状況は藤ノ木古墳などの発掘調査でも繰り返されることになる。

5 文化史学的視点から読み解く

江上と森の対論の後に、「騎馬民族征服王朝説」に反対の立場の佐原真が江上と対論している（江上・佐原 一九八九）。江上説に批判的な考古学者が、ウマや乗馬風習の存否や開始時期といった個別具体的な事例にだけこだわって江上に反論しても、江上が文化論をもって反論してくるため、議論がかみ合わない。佐原はこういった事態を打開すべく、騎馬民族と言われる人々の生活風習を概観し、その中の特徴的な文化要素が果たして日本にみられるかという手法を用いた。そして、遊牧騎馬民族にみられる動物犠牲、去勢などが日本にはみられないことから、騎馬民族そのものが古代日本の支配層になったとは考えられないとした。

動物犠牲、去勢などのウマや馬具以外の文化要素に着目した点は斬新であった。しかし、佐原は、騎馬民族と呼ばれるような遊牧民一般を対象としていて（これは江上自身がそうした立論をしているのだからやむを得ないが）、遊牧騎馬民族には様々な性格のものがあり、博識な江上はいくらでも佐原の事例とは異なる事例を持ち出して反証することになり、議論が噛みあって発展するまでは至らなかった。

勿論、「騎馬民族征服王朝説」の個別具体的な問題（例えば、ウマそのものや馬具等）は、今後も考古学的に重要な課題であるが、水野、森や佐原が提示した視座は、日本文化というものの成り立ちを全体としてどう考えるのかという研究として「騎馬民族征服王朝説」を考える重要性を再確認させた。

水野は、仮に「騎馬民族征服王朝説」が成り立たなくても、江上が立論の前提として用いた岡正雄の日本（民族）文化研究、南方系と北方系文化の併存といった問題提起自体がナンセンスなのか、また、朝鮮半島ばかりでなく、中国東北部の影響がみられるとすれば、その理由を考えねばならないことは変わらないと指摘する。

6　日本列島の中の古代東北アジア文化に対する文化史学的アプローチ

冒頭でも述べたように、「騎馬民族征服王朝説」にも、文化史学的な視座はあるが、やはり国家や政治に力点が置かれている。文化を総体的に論じる上で、無論国家の形成や政治史の問題は避けては通れないが、まず虚心に文化を基軸として個別の歴史的事象を考えるべきではないか。なぜなら、そもそも日本文化の要素の分析が、この議論の出発点だからである。また、一見偶然に見える歴史的事象が発生し、記録されたとしても、その背景には集団としての人間に受容する背景なり基盤（つまり文化）がある。こうした人間の集団的な行動様式を基軸に人類の歴史を考える立場は、文化史学である。江上の議論は文化史学的研究とは、密接な関係がある。

石田一良は、政治、経済、宗教などの一分野として、文化があるのではなく、逆に、それらはすべて集団としての人間の文化（行動様式）の要素であり、これらの総体が、文化であるとする。つまり、学問的分野に置き換えてみれば、歴史学の一分野として文化史学があるのではなく、政治史、経済史、宗教学、民族学、民俗学、美術史や考古学などを包括した歴史学とし、文化史学がある（石田 一九五五）。

つまり、水野が指摘したように、江上の「騎馬民族征服王朝説」の意義を認めない考古学者は、各論の部分での批判はしているが、総体としては、仮に江上の言うような中国東北部の古代文化が日本に認められるとすれば、それはどのような歴史的なプロセスでもたらされたのかを考え議論することが、江上説の本質的な検討となる。

7 「騎馬民族征服王朝説」にかかる資料的制約

資料的な制約は、国家組織にまで発達する以前でかつ、非定住的な集団は自分自身のことを記録や歴史として叙述することが極めて少なく、定住で農耕を主な生業とする国家側の記録によることが多い。そして農耕文化の古代帝国側は、自分たちと対峙するステップの遊牧帝国のことに大きな関心を寄せ、両者の接点的な地域を「辺境」すなわち、自分たちあるいは遊牧帝国の亜流とみなして重要視しないことが多い（バーフィールド 一九九二）。

日本列島の社会が古代国家形成へと歩みを進めていた、いわゆる「騎馬民族征服王朝説」の対象となるような時代は、中国東北部も日本列島もまさに「辺境」であり、資料的に恵まれてはいない。よって、こうした時代の資料だけをもとに、文化論まで深化させることは難しい。

8　古代東北アジア文化研究

そもそも個別具体的な歴史学の課題については、同時代資料という枠組みを極めて重視すべきであるとの批判があることも想起されるが、資料的制約があるなかでは、いろいろなリスクや錯誤を含んでいることを覚悟して、「民族」の文化というような課題は、民俗・民族資料や違う時代の歴史資料も参考にして議論を、進めざるを得ない。

考古学的な証拠だけで、王朝の交代や征服などといった歴史的な政治事件を論じることは難しい。しかし、日本社会の文化論として見た時に、中国南方や東南アジアにつながる文化要素以外に、東北アジアにつながるような文化要素が、日本社会にみられるとするならば、なぜそうした現象がみられるのかを、学問的に研究することは、文化史学的な立場から言えば、必ずしも不毛なことではない。

すでに述べたように、江上の立論を文化史学的にとらえるとしても、（とくに過去の歴史的な）「騎馬民族」の実態や文化が不明確では、そうしたアプローチや比較研究が難しくなり、学問的な成果を建設的に構築することができない。日本の国家形成期（いわゆる八世紀の律令国家成立以前）の文献史料や民族誌資料は少ない。よって、文化史学的なアプローチを行うとすれば、不十分であっても、東北アジアとくに日本列島に直接的な影響を与えたであろう地域や隣接する時代の文化にまで対比資料の範囲を拡大し、対比研究する必要がある。

つまり、あまりに同時代資料に拘泥すると、資料を多角的に論じることが難しくなる。文化研究は、より総合的な観点から両者を比較することが欠かせない。北方系の民族（集団）について言えば、靺鞨や渤海の民俗・民族資料は極めて少ないが、契丹や女真となると彼らが長城以南に侵略したこともあって、記録が飛躍的に増加する。

時代が下がる研究を含めた時に、東北アジアの社会や文化を論じたものとして想起されるものとして、ウィットフォーゲルの研究がある（ウィットフォーゲル・馮　一九四九）。戦前ではあるが、北京での実際の生活体験がある江上は、中国社会の実際、マルクスがいうような東洋専制主義的な体制だけでは割り切れない部分が、中国自体に存在していることを体感し、ウィットフォーゲルの業績に触発された（征服王朝という用語はウィットフォーゲルの用語でもある）。しかし、ウィットフォーゲルの視点は、中国社会（とくに契丹のような征服王朝下では）が農耕社会に基づく官僚と皇帝による専制国家だけで割り切れない、遊牧民の文化も併存しているという視点にとどまっていた。つまり、現代中国社会の起源としての遼（契丹）の社会や文化に、様々な資料を用いてアプローチしたものであるから、東北アジアというよりは中国社会研究にウェイトが置かれている。また、遼（契丹）の故地は、東モンゴルであるので、後述するように、のちのモンゴル帝国同様、遊牧に特化した（価値を置く）集団であったので、江上が想定している日本列島に渡来した騎馬民族像とはかなり異なる。

つまり、「騎馬民族」とはいっても、遊牧以外にも比重が大きい集団の歴史（民族・民俗）研究が必要なのである。極めて限定された資料しかない扶余、靺鞨、渤海などに比べると、女真は、年代的には日本で言う平安時代から鎌倉時代に相当する資料が中心であるが、文献や考古資料が充実している。

9　ヴォロビヨフの女真・金研究

ロシアの東洋史学者ヴォロビヨフは、女真をさらに多くの文化からなるハイブリッドなものであるととらえた。氏の視点では、農耕も遊牧も狩猟や漁撈あるいは手工業などと並ぶ女真文化を形成する生業の一要素ととらえる。これは女真の文化や社会の様相が契丹とはかなり異なっていたことにも起因する（ヴォロビヨフ 一九八三）。

氏は、文献、考古そして民族誌を総合的に活用して、一〇世紀から一三世紀の「女真」を様々な文化要素に細分、分析し、総合的に論じた。女真文化が単純に、農耕文化や遊牧文化に起因するものだけでなく、多様な文化要素から成り立っているという見方をしていた。他要素も同様であり、ハイブリッドな形こそが、女真文化の特徴であり、中国支配においても普遍性を有して機能し、後世に引き継がれているという。

突厥やモンゴルのように遊牧に特化したとされる集団は、生業などの観点からでは単純化しやすい。彼らが馬匹の飼養、遊牧やそれにかかわる文化要素や生き方を至上のものとしていたとすれば、彼らを遊牧騎馬民族と呼ぶことは確かに間違いとまでいえない。しかし、生業だけを見ても、遊牧に特化しないで、農耕、漁撈、狩猟採集、手工業などにも携わった女真のような集団を単純に遊牧騎馬民族と呼ぶことに逡巡する。

女真はモンゴル高原という比較的単調なステップを根拠としたのではなく、遼河や黒竜江（アムール川）といった大河が流れる平原、縦断する大興安嶺やシホテ・アリニなどの山地もある中国東北部を根拠地としていた。西側はモンゴル高原に、東側は日本海に接している。長城以南の中国中原に比べれば寒冷、シベリアに比べれば温暖であるという点ではモンゴル高原と共通するが、異なる点も多い。彼らの本拠地、つまり東北アジアでも日本列島寄りの地域、現在の中国東北部からロシア極東沿海地方などの、かつて「満洲」（本来は民族名だが、欧米人や日本人が地名として用いた）と呼ばれた地域の特徴によって、彼らの文化的多様性が育まれた可能性が高い。逆に、そうだとすれば、東北アジアとくに中国東北地区周辺の集団は、当然その地に適応するために多様な文化の担い手であった。

童恩生がいうように自然環境は、機械文明が発達した現代においても人間を大きく制約している。つまり、自然環境と無関係に文化が存在することはありえない。人間集団は自分たちが暮らす自然環境に適応するために文化を発達させる。こうした中、華北平原やモンゴル高原のような比較的単調な世界ではなく、前述のような複雑な地理的要素をもつ中国東北部の人間集団は、より多様な文化を発達させていた（童　一九九四）。

より単純な文化の担い手側（中国やモンゴル）は、ハイブリッドな文化体系を保持している側を、自分たちより劣ったもの、あるいは亜流ととらえるようなことがある。しかし、これはあくまで前者の人々の立場や見方にしかすぎない。後者の立場を肯定的にとらえれば、多種多様な文化要素を保持していたため多種多様な集団に対しての理解を深

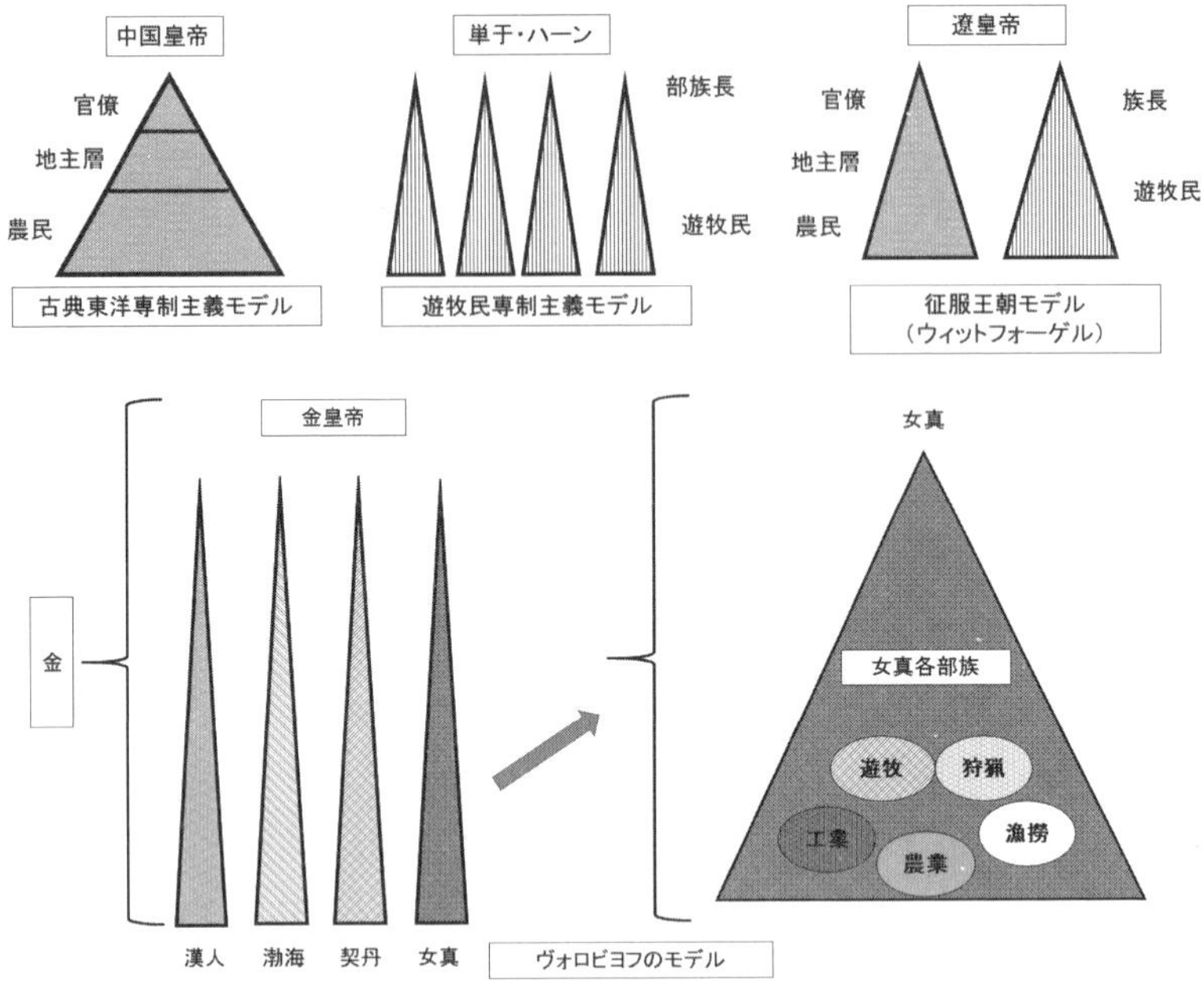

図62　東北アジアの社会構造を示す諸モデル

めることも可能であった。女真や満洲（人）の漢化が非常にスムーズに行われたことや、彼らの王朝が多種多様な集団からなることをあまり苦とせず、その集団ごとの生活様式は、彼らの支配の邪魔とならない限り容認した（図62）。

遊牧に特化している集団は、遊牧以外の生き方を蔑視することがままある。チンギスハンの側近が農地を放牧地にすると考えたが、耶律楚材は、農業による収穫物、産業から生み出される塩や鉄などの富を取り立てたりしたほうがよいとした故事（『元史』）は、遊牧に特化した人々がそれ以外を生業とする人々への蔑視が含まれていることを示している。

ヴォロビヨフの研究を参考にした時、この記事をさらに深読みすることができる。遼の王室の子孫であり、金の官僚であった耶律楚材が、遊牧民を祖とするが、農民などの定住民を統治した経験があったために、チンギスハンをうまく納得させることができたと筆者は読み解く。これは、ウィットフォーゲル風に解釈すれば、遼や金といった征服王朝には、農民と遊牧民を別の政治システムで統治する経験があったからだと言える。

耶律楚材は、利潤の多寡にこだわり、方法は問わないステップに本拠地をもつ遊牧民の思考法を理解しつつ、自分が仕えた金帝国の生業や経済をハイブリッドで行う方が効率よいことを知り尽くした人物であった。つまり、農業あるいは遊牧だけが国の基というような主張はしていない。楚材が伝統的中華思想だけの持ち主だったら、中国の古典的な論理、農本主義などに基づく説明に終始したかもしれない。彼は、ハイブリッドな思考の持ち主であった。

少なくとも、多様な集団からなる国家を運営するには、ハイブリッドな視座を持つことが欠かせないことは容易に理解できるだろう。

古代日本が狩猟採集から稲作農耕社会を経て、その各段階でそれぞれの集団である縄文人や弥生人が環境に適応し、最大限に活用すべく生業にも勤しんでいたことは想像に難くないが、古墳時代以降に、いわゆる中国中原地方以外の生業や文化を積極的に取り入れた理由を考える必要は今もある。これをすべて内在的な原因や、中国本土に求めることは難しい。

既述したように東北アジアの歴史的な「民族」についての文化史学的な研究は、資料的な制約がある。満洲（人）は「扶余」「粛慎」「靺鞨」「渤海」とともに「女真」を自分たちの祖の一つと位置付けている（『満洲源流考』）。こうした系譜概念は彼らの神話や伝承にすぎない可能性もある。しかし、少なくとも同一の地域で、文化を継承している。女真の末裔である満洲は、扶余（江上が想定した騎馬民族）の末裔として、女真を位置づけているのである。江上の説にいう騎馬民族「扶余」の実態を解明するのは、扶余自身に関する資料を多くは望めない（国立歴史民俗博物館二〇〇九）今、女真研究にまず取り組むしかない。

女真研究でも、とくにヴォロビヨフの研究（ヴォロビヨフ　一九八三）は、古代東北アジア民族の数少ない文化史学的視座に基づいている。氏は、建国前の女真の文化要素を、1生業（産業）、2集落（都市）、3住居（建築）、4衣服・装身具、5食物・食器、6親族関係、7風俗・慣習、8宗教・祭祀、9言語・文字、10自然科学の知識、学術など、一〇項目で論じているが、とくに中国華北に進出する以前の女真の文化要素を、本書で述べた日本各地にみられる東北アジア起源の文化要素を含めて対比してみて、上記の筆者の再定義の可否を考えてみたい。

10　文化要素ごとの女真と古代日本の対比

以下、特に引用や断りがないものは（ヴォロビヨフ　一九八三）による。筆者によるコメントは、出典を明示した。

(1)　生業

女真やその祖の一つ、靺鞨が暮らしていた中国東北部は、平原だけでなく、山地、森林や河川も発達し、東と南は海にも面しているため、様々な生業が存在した。ヴォロビヨフによれば、女真の主な生業は、農業、畜産、狩猟採集、鉱工業、窯業、繊維、木工や毛皮などである。

農業は、キビ、オオムギ、コーリャン、南方ではコメやアサの栽培もおこなわれていた。畜産は、ウシ、ウマのほか、ヒツジ（東モンゴル）やブタ（上京）が飼養された。狩猟採集は、ハヤブサ（海東青）を用いた鷹狩、毛皮を取るためのクロテン。また、祭祀との関係もあるが、シカ、ウサギ、ハクチョウなどをとらえていた。この他、朝鮮人参、トリカブト（白附子）、コンブ、サルノコシカケ（茯苓）、オットセイ、ジャコウジカ、シカの袋角（鹿茸）といったものが特産品として知られていた。生産高自体は、農業に及ばなくても、記録の中で充実しているのは、こうした特産品に関する事項である。

鉱工業では、装身具などに用いるために金銀銅（青銅）の加工も行っていたが、とくに盛んだったのが製鉄や鍛冶であった。武器や農具は鉄製品であったことが文献や考古資料からもわかっている。ネフライト（軟玉）、メノウ、コハクといった宝石に準じるような石材の採取も盛んで、装身具などに用いられた。

窯業は、実用的な容器を窯で焼くことが広く行われていた。繊維がアサ、亜麻、葛を織り毛織物（羅紗）を生産していたほか、クワはないという記録もあるが、盛んではなかったがカイコや天蚕による絹も生産していたとヴォロビヨフは推定する。

武器や日用品に木器が発達していることから木工や毛皮が盛んに輸出されているので、こうした生業も盛んであった。

農業がおこなわれていても、狩猟採集文化に高価値を見出すことは、古墳時代の日本にもみられる。この時代の鷹狩は、支配層の習俗（王権の狩猟）であった可能性が高いことが考古資料（タカやハクチョウの埴輪）からも裏づけられている（本書第一章一節・二節・四節）。

稲作農耕がおこなわれていた日本でも、アワやヒエなどの雑穀は寒冷地に適応しやすいことから、広く栽培されていて、重要視されていたことが古代墨書土器からもうかがえる（本書第二章四節）。

製鉄など金属の利用については、古墳時代に朝鮮半島からもたらされたことが知られているが、宝石に準じるような石材、例えばヒスイやネフライトは日本でも信濃と越の境に分布する飛騨変成帯には豊富に存在する。なお、縄文玉製品の起源地は、中国東北地方と考えられている（川崎 二〇一八）。

（２）都市と集落

金建国以前にも、女真には土塁や柵で囲まれた集落があったことが知られる。また、部族や都市の体系として、「五」を単位とした制度があったことも知られる。遼代には、松花江中流域に五国（剖阿里国、盆奴里国、奥里米国、越里篤国、越里吉国）の集落（五国城）あるいは部族（五国部）がいたとされる。

部族を五つに分けるシステム自体は、高句麗の五部制が有名である。高句麗ははっきり東西南北と中央を意識しており、ヴォロビヨフも推測するように五行説に起源があるのかもしれない。

建国後の金は、遼の「五京」制度を受け継ぎ、その後増減があり、五京以上（上京、北京、東京、中都、西京、南京）のこともあったが、制度としては「五京」とみなすようである。金の五京制の直接の起源は遼であろうが、渤海にも存在することから、東北アジアの特徴と言えよう。

古代日本（飛鳥時代～奈良時代）には、宮や京が複数存在することはあったが、五京のように体系として定まってはいない。なお、ヴォロビヨフが城塞都市として位置付けたシャイギンなどの遺跡は「中世城郭」として研究が進められている（臼杵 二〇一五）。

（3） 住居と建築

半地下式の竪穴住居や平地式の掘立柱建物があったことを紹介するが、女真文化に特徴的な建築といって特筆するのが、竈などの火処を熱源とし、熱せられた温風を床に掘り込まれた溝に通す暖房のカン（炕）である。朝鮮半島のオンドルの起源とも考えられているので、オンドル状遺構とも呼ばれる。カンは、高句麗では煙道の平面形がキリル文字のГ（アルファベットのL）字形を呈するが、女真はキリル文字のП（カタカナのコ）字状を呈するとし、起源は女真以前にあり、高句麗以降に変化したと想定する。女真で発達したカンは、その後、周辺地域でも受け入れられ、中国華北にも普及した。

また、金建国後、宮殿を盛んに建設するようになっても、中国式そのものでなく、女真式の建物配置や装飾があり、天幕や絨毯を用いた仮設的な建物が、皇帝の本営などに用いられていた。

近年、女真の住居や建築に関する考古資料は充実してきている（アルテミエバ 二〇一一）ので、発掘調査の成果はそれらの文献に依られたいが、古代日本との関係で言えば、オンドル状遺構（カン）が古墳時代から平安時代にみられる。古墳時代中期から後期にかけて、近畿地方を中心に分布する煙道がL字形のタイプと、奈良時代から平安時代に長野県や関東地方に分布するコ・ロ字形のタイプがある（本書第二章五節、日高二〇一八）。

（4）衣服と装身具

麻製品や毛皮が多く、絹製品は、主に中国（南宋）から送られたもので、宮廷や軍人に限られた。金建国後は毛織物も発達した。長袖の外套など上衣は左衽であった。これらは北方民族の特徴でもある。その他、女真特有の服装に、四帯巾（四つの垂れがある被り物）、ウラ草を使った長靴や青銅製の帯金具や金銀や玉を使った耳飾などの装身具、そして独特の髪型として辮髪がある。

女真の装身具については、北海道のオホーツク文化にもみられる（菊池一九七六）。ヴォロビヨフの指摘どおり耳飾と辮髪は夷狄（北方民族）の特徴とされただけでなく、材質や形態から女真、契丹、渤海などの区別も存在したようである（川崎二〇一五）。辮髪についても、私たちが通常イメージする清朝（満洲）の頭を剃って、後頭部の髪を編んで垂らすものは、黒水靺鞨や生女真以来であるが、前頭部を剃らないで髪を編んで垂らすもの（粟末靺鞨）や剃る位置が異なるものもある（契丹やモンゴル、姜二〇〇五・二〇〇八）。日本でも和歌山県井辺八幡山古墳の人物埴輪に辮髪を表現したものがある（本書第一章二節）。

（5）食物と食器

雑穀の粥（コメは少なく、ヒエが多い）、マメ、マツの実、シロトリカブト、ウシ、ウマ、ヒツジ、ブタ、ニワトリといった家畜、アカシカ、ノロシカ、イノシシ、イヌ（純粋な野生動物かどうか疑問だが）、ウサギ、タルバカン（黄鼠）、カエルといった野生動物やガン、ガチョウ、カモといった水禽が食材としてあがっている。南宋からみれば美味とは言えないのであろうが、蜜糕といったお菓子や茶といった嗜好品も存在した。茶会が大いに催されただけでなく、蒸留酒が作られ、酒宴が盛んであった。金建国後の記録となるが、祭祀には、チョウザメ、コイ、カモ、キジ、ウズラ、ウサギ、ノロジカといった魚や野生獣、マツ、サンザシ、ハシバミ、クリ、ネギ、イチゴ、キノコなどがそのままあるいは料理に用いられており、女真文化の特徴と言えよう。

食器の碗、鉢、皿、匙や杓子には木器が多用されていることや煮沸具には鉄製の鍋（釜）や土器が用いられたほか、大型の甕などには陶器も焼かれている。

女真の食文化を簡単に総括すれば、コメやコムギ、茶や磁器は南方から輸入するとともに、家畜も広く利用しつつも、狩猟による野生動物や採集による植物を重要視する。食器に木器を多用する点では日本の古代から中世にかけての様相と共通するが、女真については、氏は、森林資源が豊富であった点にその特徴を求めるようである。また、食器や煮沸具などの資料については、近年考古学的な研究が著しく進展している（中澤二〇一二）。

（6）親族関係

女真における兄弟相続、女性の高地位（男下女）、指腹婚、略奪婚、持参金（牛馬）、同氏族内の婚姻禁止、嫂婚制（レビレート婚）、家父長的な複婚や、さらに金建国後の漢姓への改姓やそれに伴う親族関係の変化を紹介する。

ヴォロビヨフだけでなくバーフィールドも幼少の指導者より年長の実力者を重視する兄弟相続が、遊牧民社会の特徴だと指摘する（バーフィールド 一九九二）。なお、同氏族内での婚姻禁止や家父長的な複婚については、遊牧民社会だけでなく、大陸では広くみられる。

古代日本との関係で言えば、嫂婚制が注目される。江守五夫は、古代日本の婚姻を、西日本の婿入り婚（妻問い婚）

と東日本の嫁入り婚に大別する。柳田国男は、古代の婿入り婚が、中世に嫁入り婚へと変化したと主張したが、江守は、古代から婿入り婚に併存して嫁入り婚が存在し、とくに、嫂婚制（寡婦がその夫の兄弟と結婚する）も存在していたとする（江守 一九八六）。

（7）風俗・慣習

シカの声をまねて（鹿笛）おびき寄せる狩猟法、とくにハヤブサ（海東青）を用いてハクチョウなどをとらえる「鷹狩」、初物の魚やカモをとらえる狩猟儀礼（頭魚宴、頭鵝宴）、貴賤老若が入り混じった宴会、季節の狩猟、春の訪れを祝って土製の牛を壊す儀礼（打土牛）、射柳、ポロ（打毬）、馬崇拝、騎射、（渤海の風習の紹介であるが）集会での男女唱和、放偸（窃盗の自由）、女真の挨拶（撒速）、音楽、年中行事、建国後の国家的祭祀や宮中儀礼、己を罪する詔を紹介する。

騎射、ポロ、馬崇拝、鷹狩は、広くみられる風習であり、打土牛、射柳、放偸、頭魚宴、頭鵝宴は契丹にもみられる。女真特有あるいは強調すべき風俗としては、鹿笛を用いた狩猟法や海東青による鷹狩に象徴されるように、契丹同様に遊牧民の風習を多く取り入れているが、野生獣に対する独自の狩猟法、シカのおびき寄せ猟、海東青という特定のハヤブサの種類にこだわる鷹狩といったものが女真文化の特徴と言える。

日本でも長崎県佐賀貝塚で縄文時代後期とされた鹿笛が出土している（正林 一九八九）。縄文時代まで遡るかは疑問であるが、少なくとも鹿角製の鹿笛が民俗資料として存在することは確かである（千葉 一九七五）。

（8）宗教と祭祀

女真の祭祀にかかる儀礼には、猛禽（ハヤブサ、ワシ）やウマ（白馬）に関する儀礼、焼飯（追善供養のため酒杯や食物を焼く儀礼）、送血涙（葬送の追悼として自分の顔を傷つける儀礼）、野生動物の生贄（犠牲）がある。射柳（柳を射ることによって邪気を払う）や白馬の犠牲といった契丹と共通する儀礼もある。

女真の宗教としては、独自なものとしてシャーマニズムがある。万物に精霊が宿ると信じる彼らの信仰が多く記録されていて、女真文化の一大特徴である。そもそも、シャーマン（珊蛮・薩満）は、巫覡を示す女真語である。シャーマンは、女真社会には非常に広汎に存在し、医療や夢占いも行い、一般人だけでなく、政治的指導者もこれに従ったり、本人がシャーマン同様の行為を行ったりする（天に祈り、雨乞いをするなど）。シャーマンは男女ともに存在し、手に持った太鼓を打ち鳴らすことが知られているが、とくに女性のシャーマンの所作は特徴的で、腰に鈴をつけ、鏡を手に持つ踊りのことが記録されている。

仏教も比較的早く受容したようで、女真の建国神話の中に、完顔氏の伝説的始祖の兄は、仏教に傾倒していたとされ、金建国初期に宮廷に仏像があったことも知られている。契丹から伝わった可能性も否定できないが、ヴォロビヨフは高麗から伝わったとする。

金建国後の状況であるが、儒教や道教にも非常に寛大で関心を示し、仏儒道を混淆した宗教「全真教」が盛んであったが、シャーマニズムが女真文化の基層にあり、これらと矛盾しない限り、その他の宗教も受け入れるのが、女真文化の特徴である。

ただし、儒教をはじめとする中国本土の文化と相いれない点もあった。たとえば、儒教に基づく中国中原王朝の儀礼では、犠牲獣は、ヒツジ、ウシ、ブタといった家畜で行うのに対し、女真では、家畜はせいぜいウマぐらいで、本質的にはシカ、イノシシ、ウサギなどの野生獣が用いられた。漢化が進んだとされる金・女真であったが、海陵王のように宋と同じようなヒツジなどの家畜の犠牲を推進する皇帝もいたが、多くの金皇帝は、伝統的な儒教的価値観に基づいている漢人官僚と議論してまでも、野生獣こそが犠牲にふさわしいと主張した。

古代日本においても、ウシ・ウマといった家畜犠牲はすたれていくが、魚の生贄（柳田 一九二九）は行われ、シカ、イノシシ、ウサギといった野生動物の生贄は、諏訪や阿蘇などで続けられていた（櫻井 一九九六、原田 二〇一二、第二章六節）。これは、儒教とシャーマニズムの対立というより、文明の産物である家畜に高い価値を見出す中国本土の文化と狩猟によって得られる自然の恵みである野生獣を貴ぶ女真や日本の文化の相違に根差していると言えよう。また、シャーマンの祭祀具としてみられる鏡、鈴は、日本古代においても諏訪信仰の中で、鏡と鉄鐸がセットとなっている。現在では、それぞれ神社の宝物としての扱いであるが、古代信濃においては、個人（巫女的人物）の持ち物であった可能性が高い（本書第二章六節）。

これ以外に、女真には、山岳（五山）や河川への祭祀（嶽鎮海瀆）もある。その起源自体は、中国本土に由来するものとされるが、長白山、混同江、護国林といった女真独特のものが加えられたり、置換されたりしている。

（9）言語と文字

金建国以前の女真には、文字がなかったことが知られる。詳細はわからないが、矢（鞘）や木片に付けられた傷（印）が代替的役割を果たしていたとされる。ただ、建国直前には、契丹語や漢語を理解する人物が少なからずいた。金建国（一一一五年）前後に金太祖が完顔希尹に文字の作成を命じ、一一一九年に完成したという。この短期間に希尹が、漢字、契丹文字などを参考にして作ったとされるのが女真大字である。さらに、金の熙宗が一一三八年に女真小字を作成、施行した。

女真語は、満洲語などのツングース系の言語とされる。一方で、漢語はもとより契丹語やモンゴル語との関係は借用語が少しみられる程度であるという。

女真文字は資料が非常に少ないが、近年研究が進んでいる（ケーン 一九八九、愛新覚羅 二〇〇九）。日本語と同じく、膠着語で、ＳＯＶ文型（主語＋目的語＋述語の語順）をとるが、日本語の中に、女真語起源とわかる言葉は極めて少ないようである（シャーマンは女真語起源であるが、近代に入ってきた。古くは鳥居が指摘したが、「寺院」を示す日本語が「テラ」、女真語が「タイヨーラ」と近似しているが、朝鮮語「チョル」などと同祖であるということを示すだけなのかもしれない）。

ただ、女真語研究と日本は浅からぬ関係がある。そもそも女真文字研究初期に日本の『吾妻鏡』掲載の銀簡の文字の解読が議論の中心になり、清瀬義三郎らによって解読された（本書第三章一節）。

また、歴史言語学者のアレキサンダー・ヴォヴィンは、完顔希尹がごく短期間に体系的な文字を創出したとは考えにくく、言語的に近かった渤海の文字システムを援用して女真文字を作成したのではないかという仮説を発表している（ヴォヴィン 二〇一二、本書第三章三節）。渤海の文字（体系）については、独自の文字があったということ自体は不明だが、独自の字体の「漢字」らしいものの中には、女真文字と似ているものもあることや、渤海語が膠着語であれば、漢字の字音を利用して万葉仮名のようなシステムを用いていた可能性がある。渤海や女真の言語学的研究は、契丹などに比べ資料的制約が著しいが、日本列島にそれらの研究に寄与する考古資料も今後期待される。

(10) その他

満洲（族）は、「粛慎、挹婁、勿吉、靺鞨、女真、満洲」という古代から連なる系列を主張していた。それ以外にも「夫餘、三韓、百済、新羅、渤海」などもみずからと関連する集団として記載する（いずれも『満洲源流考』）。

とくに、生女真は黒水靺鞨の系統を引くとされるだけあって、ブタの飼養、半地下式住居、服装、狩猟、耳飾、土器、辮髪、長白山への崇拝、墓前でのウマの犠牲、死者への儀式などで、靺鞨との共通点が多いことが知られている。

11　日本、とくに地域社会に古代東北アジア文化がみられる意味

(1) 建国以前の女真文化との共通性

女真の金建国後の文化要素については、女真文字のように、物質資料が交易あるいは政治的な目的でもたらされたことがある（本書第三章二節）が、女真文字の体系や五京制といった都城の体系などを日本文化の中に見出すことは難しい。

金建国以前の女真の文化の中では、すでに指摘したように、いくつか対比可能な要素がある。ブタの飼養、半地下式住居など東アジア全体にみられるものもあるが、生業や祭祀としては、野生獣（シカ、イノシシ、ウサギなど）狩猟や犠牲の重視、シカのおびき寄せ猟、鷹狩、コメ以外の雑穀（ヒエ、コーリャンなど）の農業、祭祀具としての鉄鈴（鐸）、カン（オンドル状遺構）、嫂婚制などは女真と列島全体というよりは、日本の地域文化と共通する要素である。

つまり、当然のことながら女真が国家形成期に生み出した文化要素、都城の制度や女真文字自体は、日本には直接的な影響はみられない。また、女真が契丹と共有する文化要素、射柳、打土牛が見当たらない。

女真の国家形成期一〇世紀以降はもとより、女真が契丹と共有する文化を育んだ時期の九世紀に、祭祀や生活レベルに至るような影響が日本列島に及んだ可能性は低いことを示していよう。

(2) 文化の再発見と再評価

八世紀に交流のあった渤海からの影響はどうだろうか。日本とも国交があった渤海は女真の祖の一つ粟末靺鞨と高句麗の遺民が建設した国家で、東北アジア文化の重要な担い手ではある。筆者もカンや鉄鐸は、渤海の影響の可能性を考えている（本書第二章五・六節）。ただし、渤海からの文化的な影響は、断片的で汎列島的に見出すのは難しい。

結論から言うと渤海の文化的な影響は限定的であった。古代のオンドル状遺構や鉄鐸が、九世紀以降の信濃を中心に分布することを筆者は渤海の影響があったと考えるが、それは、高句麗系氏族に関係する地域や集団が、当地にあったため積極的に受容できた（本書第二章三節）。不思議なことに古墳時代に一度は受容した近畿地方を中心とした西日本では、古代には認められない。

この現象をどのように解釈するかは非常に難しいが、筆者は以下のようなモデルを考えている。いわゆる律令国家建設が進展する中で、近畿地方では、伝統的な中国の価値観も受容されたが、制度としての律令制はともかく、それに付随する中国的な価値観の受容に積極的でない地域もあった。これには、ちょうど女真がそうであったように水田稲作や中国的な都市文化とは異質な弥生時代以前の狩猟採集文化の伝統に高い価値を見出す人々や馬匹生産にかかわる人々は、律令期にも存在していた。つまり、こうした地域や人々が積極的に受け入れる素地があったと思われる。逆に言えば、都城や水田稲作を推進している地域には、東北アジア文化を積極的に受け入れる素地がない。

その中で、渤海と文化を共有する人々がいた地域、例えば信濃などでは、渤海の文化に触発され、おそらく埋もれ火のようにわずかに残っていた文化が再発見され、さらに再評価されることになり、地域社会で平安時代になって新たな展開を見せたのだろう。

文化の再発見や再評価については、多くの仮説を含むので、さらにこうした事例を積みかさねる必要があるが、こうした事例は民俗資料にも援用できないかと考える。その一つが嫂婚制や火を跨ぐ入家儀礼である。

嫂婚制については、女真を含む東北アジアに存在する特徴的な婚姻習俗であるが、伝統的な中国の倫理観では、一種の近親相姦とみなされ忌避される。江守五夫は、日本にも婿入り婚の西日本に対し、長野県を含む東日本にも嫂婚制が色濃く存在していることを指摘し、森浩一の馬匹文化が高句麗系氏族の北陸経由で中央高地を経て、関東地方へ流入したという仮説をもとに、嫂婚姻制を有する集団の移住があったためと想定する（江守 一九八六）。江守説が公にされた段階では、長野県に至るまでの、肝心の新潟県に関する情報が少し弱かったが、石塚正英は、江守の研究を踏まえた上で、新潟県でもこうした要素を抽出できることを明らかにして、江守や森の説を補強する（石塚二〇一八）。

ただし、婚姻のシステム自体を考古学的に証明することは極めて難しい。また文献史料から、七世紀までの天皇家などで、はっきりと嫂婚が行われたという事例は見いだせない。しかし、モンゴルのような制度化した嫂婚は、女真でもみられない。女真でも、完顔王室では嫂婚とされるのは完顔阿骨打の次男縄果の未亡人蒲察氏（恵昭皇后）が、異母兄（庶長子）の斡本に再嫁したとされる例や完顔宗磐（金太宗の子）の次婦趙玉盤（宋徽宗の長女）が、宗磐処刑後、熙宗に献じられた例があるが、これを嫂婚の結果とみなしてよいか検討を要する。嫂婚制は、一般社会の動態や特徴を論じるには一つの指標となりうるが、王家などの一部の特権支配層については、政治といった他の要因もあることが考えられ、単純にその存否を一般化できないので、注意が必要である。

しかし、一般社会の様相は逆に民俗資料から補強することができる。嫂婚制の多い地域には、火に関する入家（入嫁）儀礼が色濃く分布することが知られ、江守はこれを嫂婚制の一種のメルクマールと考えている。嫁である女性が火を跨ぐ入家儀礼は、『隋書倭国伝』「婦入夫家、必先跨火、乃與夫相見。」記事にもみられるが、北方民族にもよくみられることが知られている（江守　一九八六）。

『魏志倭人伝』にこうした儀礼の存在を見出すことが難しいが、『隋書倭国伝』にみられるので、おそらく裴世清ら隋の使節が見聞したとすれば、当時は一般的であったかは別にして西日本でもみられたのだろう。

嫂婚制や火を跨ぐ入家儀礼についても、西日本に存在していたものが、律令国家建設の段階で、中国的な価値観が受容されるに従い廃れたが、東北アジア的な価値観が色濃く残る信濃などの東日本で発達したとすれば、すでに述べたオンドル状遺構や鉄鐸のようなケースと調和的である。

考古資料だけではなく、文献史料にも東北アジア民族の価値観が日本に伝わっていたことが垣間見える。例えば、一族の内紛が拡大し、国衙を襲撃した結果、京都朝廷に対抗せざるを得なかった平将門は天慶二年（九三九）十二月に「新皇」と称した。『将門記』は以下のような将門の言葉を伝える。

武弓之術、既助両朝、還箭成功、且救短命。将門苟揚名於坂東、振合戦於花夷。今世之人、必以撃勝為君。縦非我朝、僉在人国。如去延長年中（九二三〜九三一）大赦契（契丹）王、以正月一日、討取渤海国、改東丹国領掌也。盍以力虜領哉。加以、衆力之上、戦討経功也。欲越山之心不憚、欲破巖之力不弱。勝閂之、念可凌高祖之軍。凡領八国之程、一朝之君、攻來者、足柄、碓氷固二関、当禦坂東。然則汝曹所申甚迂誕也者。

契丹が延長四年（九二六）に渤海を滅ぼしたことを踏まえ、戦いに勝利したものが君主となるべきことを主張している。ここには、伝統的儒教（孟子）の失徳の天子は放伐されるべきという易姓革命の理論はない。興味深いことに、そもそも昌伎（娼妓、巫女か）による八幡大菩薩の神託によって、皇位につくことを正当化した。『将門記』は、平将門の乱終了後に編纂されたのであり、最終的な成立は鎌倉時代まで下るという見方もあるが、同時代の人たちの息吹を比較的正確に伝えていることで知られる。この将門の言葉が、当時の発言そのものであったとしたら、渤海が契丹に滅ぼされたことを知っていたことになる。杉山正明によれば、最後の「渤海使」は、実は渤海滅亡後の延長七年（九二七）に日本に来ており、「渤海使」（実際は東丹使であった）裴璆は、渤海が契丹に滅ぼされ、自分は降伏し、東丹（契丹が渤海の故地に建設した国）の家臣となったことが日本側に伝わっている（『扶桑略記』延長八年四月一日条）（杉山 二〇〇五）。第二章六節でみたように、奈良時代の例であるが、渤海使の信物（友好の証を示す贈物）は諸国の名神社（延喜式神名帳に載るような各地の霊験あらたかな神を祀る神社）に配布したことが知られている

（『続日本紀』天平二年十月庚戌条）。これらは国衙を通じて行ったことが想定され、渤海使の情報は、諸国の国衙レベルまでは伝達されたこともあるだろう。つまり、『将門記』の作者の潤色というよりは、こうした国際情勢が、日本国内にも伝わっていたことを示していよう。

この記事は、筆者のいう文化の再発見と再評価の実態をよく伝えている。つまり、契丹の文化、社会や風俗などは詳しく伝わらなくても、契丹による渤海の滅亡といった情報はいち早く伝達され、彼らの伝統的中国統一王朝の秩序に対する挑戦的な態度は知られることになり、律令国家全盛時代は光が当たらなかったが、彼らの価値観や文化と共通するものを自らの文化の中に見出した時に改めて価値があるものと考えるようになることは極めて自然である。実力者こそ王たるべきであるとか、巫女の神託を正当性の根拠とするなどといった将門らの価値観は、さすがに契丹だけの影響というのではなく、古墳時代からすでに倭国と東北アジアが共有する文化であったことを改めて再認識したものである。こうしたものが、律令制の衰退とともに、渤海や契丹あるいは女真と接触することによって、再発見され、再評価されたのである。こうした現象は信濃以東の地域社会で主にみられることと関係がある。

ただし、地域社会からなる日本列島の中で、東北アジア文化が重視される局面は、日本国内の事情ばかりではない。東アジア全体の情勢もかかわっている。

（3）東アジアの情勢

「騎馬民族征服王朝説」は当然のことながら、渡来人（帰化人）の問題も、当時の東アジアの情勢と密接に関係がある。世界史的な話となるが、ヨーロッパでローマ帝国が崩壊した後の四世紀にいわゆる「民族大移動」と呼ばれる混乱があった。ほぼ期を一にして、東アジアでは、紀元前から続いていた中国の統一王朝である漢が崩壊し、三国時代を経て、おもに北方から五つの夷狄が華北へ侵入した。いわゆる五胡十六国時代（三〇四～四三九年）の始まりである。

江上説は当然こうした歴史的背景を踏まえており、四世紀以降東アジアは遊牧騎馬民族が優勢になったととらえた。ある意味間違っていないが、これらの民族が、単に遊牧に特化していったというわけではない。

内陸アジア史を専門とするアメリカの歴史学者トーマス・バーフィールドは東アジアの歴史的国際情勢について、明確に論じる。

バーフィールドは、匈奴や突厥といった強力な遊牧帝国は、中国本土に強力な中央集権的な帝国が成立しているからこそ存在できるのであって、中国とくに中原が混乱していれば、ステップを本拠とする強力な遊牧帝国は存在しえないとする。遊牧帝国自身もそれをよく理解していて、脅しの侵略はするけれども、中国本土の崩壊を望んでいない。彼らは自分自身の生き方、農業は高い生産性を誇るが自らそれに従事せず、そこから富を収奪すればよいという価値観を持っている。だから、匈奴は漢を、突厥は唐を攻めることはあっても、システム自体を崩壊させたり、彼らにとって代わって中原を支配したりしようとは夢にも思わない。漢や唐も、後の宋のような歳幣といった露骨な形ではないが、遊牧民側に利益が上がるような貿易システムを維持し、場合によっては、王族の娘（公主）を降嫁させ、婚姻関係を結ぶようなことまでしたが、逆にこれによって平和が維持できれば、両者が接する長城地帯の安全保障費用は非常に廉価に済ませることができる。偶発的あるいは気まぐれ的な遊牧民の略奪やそれに対する警察行動を行わなくてよい。両者は依存しあった相互補完的な立場であったのだ。

しかし、漢帝国は、当時としては生産性が高かった農業に依存し、商工業、都市、官僚、軍隊を運営していくという方針であったが、環境の悪化や官僚・支配層の腐敗などによって農村社会が疲弊し、そのシステムが崩壊していった時に、軍事力では立て直すことができなかった。

漢が弱体化すると表面的には、遊牧民の活動は活発化するが、搾取の対象が分散し、匈奴単于のような絶対的な王者が、搾取して富を分配するシステムが崩壊し、匈奴も弱体化した。中国本土もステップも不安定化は連動する

（バーフィールド 一九九二）。

現代、私たちは、漢と匈奴といった中国とステップの二極による専制支配が崩壊していったこと、さらに分裂した地域国家が再統合され、以前より強大な統一国家である隋や唐が建設されたという歴史的事実を知っているから、中国史あるいは東アジア史の一コマとしてとらえがちである。しかし、当時の社会やとくに支配層にとっては、数百年続いた強力な二大王朝が衰退していったという事実は、現代史での安易な比喩は慎むべきかもしれないが、米ソ二大超大国による支配が崩壊し、片方は複数の地域国家に分裂し、もう一方は消滅したぐらいの意味を持っていたのではないか。現代の冷戦の終了やソ連崩壊以上の衝撃が東アジアにあったと考える。

こうした事態に対して、二極の辺境地帯では、秩序の崩壊に伴う混乱とそれを収拾するための素朴なイノベーションが発生した。イノベーションというと技術革新と訳されることが多いが、既存の技術や生業を新たな組み合わせで革新していくことである。これが四世紀以降の東アジアでも発生した。おそらくは、漢帝国の統治理念であった儒教のような農本主義でもないし、匈奴のような遊牧民至上主義とでも言えるようなものに従順に追従するわけにいかないので、秩序崩壊後のやむにやまれぬ選択であったのだろう。

とくに、日本列島に隣接する中国東北部は、環境的にすでに述べたように遊牧に特化することも、農業を発展させるのも非常に難しいため、狩猟採集、工業はたまた漁撈まで活用しなくてはならない地域であった。

ステップではなく中国東北部を根拠地とした鮮卑（檀石槐）に関する記事に、彼らの志向を見てとることができる（杉本 一九八五）。

『後漢書』巻九十烏桓鮮卑伝鮮卑条

光和元年（後漢霊帝一七八年）冬、又寇酒泉、縁辺莫不被毒。種衆日多、田畜射猟不足給食、檀石槐乃自徇行、見烏侯秦水広従数百里、水停不流、其中有魚、不能得之。聞倭人善網捕、於是東撃倭人国、得千余家、徙置秦水上、令捕魚以助糧食。

鮮卑が不猟によって飢え、本来の勢力内ではない長城以南にあった「烏侯秦水」へ遠征した。そこに魚がいたが、自分たちには漁撈の技術がないので、倭人を拉致して、魚を捕まえさせて食糧とした（飢えをしのいだ）という主旨である。

『三国志』魏書三十烏丸鮮卑東夷伝鮮卑条では、「汙人」とあるので、いわゆる日本列島の倭人ではない可能性もある。江上や森は倭人と汙人は同じ集団、日本列島の住民の可能性もあるとする（森一九八五）。だとすれば、騎馬民族と倭人の記録された最初の出会いとなる。

筆者は倭人と汙人を中国側が混同したのであって、鮮卑が列島の倭人を、中国内陸部まで拉致したとは考えにくいが、鮮卑のハイブリッド志向を示すものと考える。

漢と匈奴による東アジアの二極支配の秩序は崩壊し、新しい秩序が求められた。鮮卑は、中国本土との関与を深め、北魏王朝を建設する（三八六年）。北魏は四三九年に華北を統一し、五胡十六国時代の混乱を収束させた。以後、南北朝時代（四三九～五八九年）と呼ばれる。

（4）ボーダーレスな人々

五胡十六国の王家には、「民族」を超えた縁戚関係が認められる。例えば、鮮卑の後燕昭文帝（慕容熙）は、氐の前秦天王苻堅の従兄弟の娘、訓英を皇后とし、後燕昭文帝の兄、恵愍帝慕容宝は、高句麗の王族高雲を養子とした。高雲は、のちに北燕恵懿帝となるが、高雲の跡を継いだ漢人の北燕文成帝馮跋の一族馮氏は、北魏王室の拓跋氏の皇后（文成文明皇后、孝文帝の馮皇后姉妹）となっている。北魏の皇帝は、馮氏を単に後宮に入れただけではなく、后妃としている。これを遊牧民の特徴とみることもできようが、すでに述べたように、漢と匈奴、唐と突厥の間やヨーロッパでも同様で、これは、王族という支配者層の国際的な連携であろう。一つには、前近代においては、今日のような国民国家は成立していない。中華と夷狄の区別はあっても、「民族」意識は、薄弱である。

政治的に国内が統一されてくると、王家が通婚できる相手は、限られている。仮に身分が低く、実態としては婚姻関係にあっても、政治的な理由もあって正式な「結婚」と認められない例は、枚挙にいとまがない。徳川将軍家がどんなに権力があっても、正室（御台所）は皇室や摂関家出身者であって、側室が将軍生母となったからといって正室に簡単になれるわけではない。

王家と国民の「民族」が一致していない例は珍しくない。そもそも、出自や血筋が一般とは異なるからこそ、王として推戴される。アジアでは、モンゴルのように神話的な動物（蒼き狼と白い鹿）の子孫を称する場合もあるが、朝鮮朝の太祖李成桂は、女真出身、少なくとも深い関係があるともいわれる（池内一九七二）。その女真の伝説的な祖先函普は、高麗（高句麗か）から来て、老齢の女真の娘と結婚した（『金史』、三上一九七三）。同様な話は、『高麗史』、『松漠紀聞』、『三朝北盟会編』にもみられるので、『金史』編纂者がねつ造したのではない。

『金史』によれば、金の王室完顔氏の始祖函普をはじめとする三兄弟は高麗にいたが、長兄阿古廼は「好仏」の人であり、高麗にとどまったが、次兄の函普は女真の地にきて、女真の娘を娶り、その子孫が完顔氏となったという。『高麗史』には函普と思われる女真の祖は、もともとは高麗平州の「僧」で女真の村に来て、女真の娘を娶り、その子孫が完顔氏となったという伝説がある。僧とはいっても、受戒した僧ではなく、流浪するシャーマン的な人物がイメージされる。扶余や高句麗の始祖である東明や朱蒙のように、不思議な生まれ方をした異能の人物が指導者になっていく説話とは異なるが、自分たちの同輩から王が擁立されるのではなく、外部から王が来たということを強調する点は共通する。

函普の伝説は、東明や朱蒙より、大久保忠教（彦左衛門）の『三河物語』に描かれた徳川家の祖先、徳阿弥（松平親氏）を彷彿とさせる。宗教的なマレビト（遊行僧）が、地域の支配者として受入れられることがあるという事実を伝えているのだろう。

『魏志倭人伝』によれば、卑弥呼の死後、男王が擁立されたが、混乱が続いた（倭国大乱）という。『記紀』によれば、武烈天皇の死後、政治的な混乱が続いたが、ヤマトの豪族たちは、わざわざコシの継体天皇を迎えた。いずれも同輩の中から王を擁立する難しさを示している。支配者を外部から連れてくることも十分ありうるのだ。当時の政治的な混乱は、ボーダーレスな支配者が必要とされた。

これは、なにも支配者だけでない。渡来人と呼ばれる人々も実は様々な要因によって、非常に複雑な動きをしている。一般的に列島外との交流というとルートはともかく列島外から移住してきたというスタンスだけが説明さがちである（樋口 一九七一）。実態は複雑で、双方向性がある。

例えば、『万葉集』『懐風藻』にも名前が見える吉宣（吉田連宣）や興世朝臣書主とその一族の歴史は、双方向性を示している。


『続日本紀』神亀元年（七〇〇）八月乙丑条「勅僧通徳。恵俊並還俗。代度各一人。賜通徳姓陽侯史。名久爾曽。授勤広肆。賜恵俊姓吉。名宜。授務広肆。為用其芸也。」

『続日本紀』神亀元年（七二四）五月辛未条「（賜姓）従五位上吉宜。従五位下吉智首並吉田連。」

『続日本後紀』承和四年（八三七）六月己未条「右京人左京亮従五位上吉田宿禰書主。越中介従五位下同姓高世等。賜姓興世朝臣。始祖塩乗津。大倭人也。後順国命。往居三己汶地。其地遂隷百済。塩乗津八世孫。達率吉大尚。其弟少尚等。有懐土心。相尋来朝。世伝医術。兼通文芸。子孫家奈良京田村里。仍元賜姓吉田連。」

『日本文徳天皇実録』嘉祥三年（八五〇）十一月

「従四位下治部大輔興世朝臣書主卒。書主右京人也。本姓吉田連。其先出自百済。祖正五位上図書頭兼内薬正相模介吉田連宜。」（傍線は筆者による）

つまり、古墳時代にシオノリツ（塩乗津）という皇別の豪族（『新撰姓氏録』）が、任那（伽耶）の三己汶に赴いた。三己汶はのちに百済に併合され、シオノリツの子孫は、百済の官人となったが、その八世孫の子孫（吉大尚と弟少尚など）が故郷を懐かしみ帰国した。その一族で出家していた恵俊という僧が医術や文芸に通じている才能を惜しまれ、還俗し、「宜」の名を賜り、のちに「吉田連」という日本風の名前を奈良時代に賜っている。吉田連宣の子孫、吉田宿禰書主は功があったのか、さらに興世朝臣姓を平安時代に賜っているが、その時もシオノリツ以来の氏族の伝承は記憶されていた。

広い意味でいえば、こうした人々も渡来系氏族であるが、同時に伽耶や百済では倭人系の人と認識されていたのだろう。とくに、百済の滅亡とは関係なく日本に帰朝していることがわかる。吉田連宜は、『万葉集』に歌を残すとともに、『懐風藻』では、新羅使を送る詩を詠んでいる。彼の心の中を何が去来していたであろうか。

例えば、第二章二節などでもふれたが、坂本太郎は、科野国造家出身者が、百済に仕えていた可能性を指摘する（坂本 一九六六）。

坂本は、『日本書紀』継体天皇十年九月条「斯那奴阿比多」、欽明天皇五年二月条「斯那奴次酒」、欽明十四年正月条「科野次酒」、同年八月「上部奈率科野新羅」は、いわゆる百済に仕えた「日系百済人」（日系百済官僚）であった。斯那奴阿比多、斯那奴次酒という段階では、日本（倭国）出身者であることが強調されていたが、科野次酒、上部奈率科野新羅という段階では、百済の官人であることが強調されている（次酒も上部奈率も百済の官名）。さらに、こうした日系百済官僚が百済に多くみられるという（河内部阿斯比多、竹斯物部莫奇委沙奇など）。

坂本はこのシナノ（斯那奴・科野）をウジ名とは考えないが、興味深いことに、『続日本紀』天平宝字五年（七六一）五年三月条「百済人余民善女等四人賜姓百済公」以下に、「竹志麻呂等四人坂原連」「科野友麻呂等二人清田造」と見え、『続日本紀』天平神護二年（七六六）三月条にやはり「右京人正七位上四比河守賜姓椎野連。従七位上科野石弓石橋連。」とある。両者ともに賜姓されているのが渡来系氏族であるので、科野や竹志（筑紫）は、先祖は倭国出身者であったが、百済など朝鮮半島にいたものは、奈良時代には、渡来人と同様の対応がなされた。朝鮮半島から一方的に渡来したのではなく、双方向であったことがわかる。

坂本は科野という人名は『正倉院文書』に「信濃浜足」「科野（信濃）虫麻呂」しかなく、ウジ名ではなく、出身地を示すとするが、平川南によれば、埴科郡衙周辺遺跡とも推測され、渡来系の王姓の人物の私印（「王強私印」）が出土する屋代遺跡群（平川 二〇〇二a）の六〇号木簡「信濃国道更科郡□□□」（奈良時代）は、「信濃国道」という人名に解することもできるという（平川 二〇〇〇）。筆者も科野（信濃）は、ウジ名と考える。

奈良時代に郡司などの名前にみられる他田舎人や金刺舎人の祖は、信濃国造とされており、その配下に渡来系氏族とくに「科野（信濃）氏」がいたとすれば、世代を超えた交流が存在していたことになる。

（5）騎馬民族が日本を征服したのか

日本列島の社会状況は、紀元前後には、倭人の諸国が、朝鮮半島の楽浪郡へ朝貢を開始し、三世紀には邪馬台国の女王卑弥呼は、親魏倭王に冊封されるに至る。直接的ではないが、漢・匈奴の二極支配秩序の延長の中にいたが、三国時代が終焉し、西晋の統一も長続きせず、その崩壊から来た混乱に伴って、倭国の指導者は、新たな道を模索せざるを得なかった。それは、好むと好まざるとにかかわらず、倭国が、対外関係を持とうとする時に、朝鮮半島の動向は無視できない。その朝鮮半島はそれ以前から北方の民族の圧迫や直接的な侵入を受けていたわけであるから、当然倭国は漢以来の伝統を引く南朝だけでなく、五胡やその流れを汲む北朝とも通じなければならなかった。

ただ単に農業に特化して儒教などの中国的な価値観を最優先して文明化するだけの時代は終わりを告げた。漢帝国が衰退し、これに依存することで成り立っていた遊牧帝国匈奴も自らの国家建設のモデルにはできないので、ハイブリッド志向、言葉を変えて言えばイノベーションによる新たな国家建設の道も考えなくてはならなかったはずである。東北アジア側だけではない、倭人側にも列島外の文化や技術を取り入れる背景があった。

今一度、バーフィールドの研究をもとに東アジアの情勢を振り返ってみると、江上説は、大陸側（日本列島外）、従来の帰化人（渡来人）説は、倭人（日本列島内）視点で語られていることがわかる。

ここで、一般に誤解されているかもしれないので、確認しておくが、江上は騎馬民族が日本列島を「征服」した、天皇家の祖先は騎馬民族であったと主張してはいるが、「征服王朝」（conquest dynasties）というのは、あくまでウィットフォーゲルの考えた歴史用語である。農耕民と遊牧民を同じ理念や体系で支配するのではなく、異なった二つのシステム（dual system）を用いた王朝を意味する。中国の五胡十六国や北朝の王家の出自が長城以北にあっても、遊牧民の文化や社会の仕組みは取り入れたが原則的には中国の伝統王朝的なシステムを用いており（漢化）、これらを征服王朝にはいれない（征服の有無は関係ない）。

遼や金は、中国本土を支配する時に、中国的な州県制を採用し、一方で旧来の部族制も維持した。こうした王朝を征服王朝と呼ぶ。日本の古墳時代や律令国家には、こうした制度として明確な二重構造はみられないので、「征服王朝」と呼ぶのは適当ではない。律令国家は、あくまで広い意味であるが、漢化を志向していた。一方、律令国家以前の倭国は部族（氏族）社会的であったが、これらが明確にシステムとして並存していたわけではない。

律令国家成立以前は、端的に言えば、特定の生業に特化することがない（できなかった）文化であり社会であった（水田稲作も行われたが、極端な農本主義ではなかった）。こうした文化の社会は、しばしば、特別な生業に特化した側からみると、純粋性に欠ける一段低いものとみなされがちであるが、単純なものより雑多なものの方が、環境の激変に適応しやすい。

古墳時代の日本列島の支配層が、激変した東アジア情勢に対応するために、列島外の出自の支配者や支配者の正式な通婚相手が招聘されること、少なくとも、東アジアの激動の時代に、そうした選択肢をまるで考えもしなかったとは思えない。のちの百済の武寧王（斯麻王）が、倭国で出生したという事実や、最後の豊璋王やその弟善光（禅広とも）が倭国にいたのは、人質という要素もあっただけでなく、自らの王朝を絶やさないための担保でもあった。武寧王や豊璋王については、文献史料があるので、こうした事情が推察できるが、考古学だけで論証することはほとんど不可能である。しかし、埴輪などに表現される鷹狩や辮髪、衣服などの習俗は、東北アジアの王侯貴族の文化であり、その担い手（つまり、王侯貴族）が倭国の支配層と文化を共有した、よって、倭国の国家建設に益する「お雇い外国人」的な渡来人だけではなく、倭王家を含めた倭国支配層の通婚の対象とみなされるようなレベルであったと筆者は考える。

（6）地域社会に東北アジア文化がみられることの意味

ただ、本書のもう一つのテーマである一部の地域社会に東北アジア文化が色濃く残っていることは何を意味しているのだろうか。

単純に言えば、日本列島の地域社会の文化は一律ではなく、モザイク状であったことの証である。つまり、歴史的な背景が異なることを示している（河野 二〇一五）。ただ、それが、従来の渡来人的な発想で、馬匹の飼養に携わるような職人などの技術者階層の人間が多量に移住してきたということだけによるものではないことも強調しておきたい。

既述したように、科野氏は日系（倭系）百済官僚であったが、百済滅亡後なのか、祖国に帰還し、その一部が信濃の在庁官人として戻ったとしたら、一面からみれば、律令国家に奉仕する知識人にも見えるが、地域同士の世代を超えた交流の存在をうかがわせる。よく言われることであるが、氏族の名称なども文献史料はあくまでほんの一部を伝えているにすぎない。

第二章一節で述べたように渡来系氏族の存在が文献ではうかがえるが、考古資料の手がかりが多いとは言えなかった篠ノ井遺跡群でも、「吉木連印」という文献史料には名前が見えないが、渡来系氏族の存在が示唆される資料が発見された（柳澤ほか 二〇一八）。第二章五節で述べた古代のオンドル状遺構や本書ではふれることができなかったが、やはり古代の壁立建物跡（長野市小島・柳原遺跡群から正倉院御物や日光男体山に類例がみられる塔鋺形合子が出土している、寺内 二〇一七・二〇一八）などもまだ知られていない古墳時代の基礎をベースに、奈良時代以降も続く古代の地域社会に対外交流があったことを示唆している。

日本側の都合だけで当時の先端技術の担い手が導入されたのではなく、国の滅亡といった列島外の政治情勢や各氏族の思惑も抱きながら、自分たちの文化を維持しつつ、集団で秩序だって渡ってきたということである。これらの文化の担い手である王族などの支配層から技術者、庶民までがまとまって来た。

このことは、古代東北アジアの文化が、近畿地方に限定されず、中央高地（信濃）や関東地方にも多くみられることからもうかがえる。いわゆる古代国家形成期の古墳時代から飛鳥時代にかけて、国家形成にかかわる人ばかり、つまり、日本側（倭王権）の都合ばかりが優先されたわけではなかった。無論、近畿地方の渡来人が、古代日本国家建設のために、国内に再配置されるようなこともあったかもしれないが、それはあくまで日本の中央政権（倭王権や律令国家）の都合でしかない。渡来する側の都合による場合、九州や近畿地方を経由しないで、直接、日本海を経由して列島の地域社会に入ってきた可能性を考える必要がある。

これを明示する資料は多くはないが、示唆するものは少なくない。第二章五節でもふれたが、渤海国帰化人船代像とされるものが、滋野氏の祖とされる貞保親王（あるいは善淵王）像とともに長野県東御市の両羽神社に伝わる（『信濃奇勝録』井出道貞著　一八三四年成立）。この船代は遣渤海使として延暦十八年（七九九）四月に渤海に渡り、九月に帰国している滋野宿禰船代（船白）と考えられる（『北御牧村誌』）。

今まで滋野氏自体は、平安時代に信濃国司などにみられ（『日本三代実録』貞観十年〔八六八〕正月条信濃介滋野恒蔭、貞観十二年〔八七〇〕正月条信濃守滋野善根）、信濃とかかわりができた九世紀以降、東信濃の在地の氏族（海野氏、祢津氏、望月氏）と婚姻関係を結び在地化したと考えられていた（黒坂　一九七六）。しかし、東信濃では、平安時代に御牧を統括する牧監の一つ（信濃には牧監が二か所設置されていた）が望月牧に設置されていることがうかがえるが、望月牧以前は周辺に古墳時代以来の須恵器窯などの遺跡がみられ、望月牧自体は当然平安時代以前にさかのぼり、かつ当地周辺が大陸文化を積極的に取り入れていた可能性は高い（『北御牧村誌』）。地域社会における対外的な交流の存在を示唆する資料と筆者は考える。

ほかにも、本書でも取り上げたが、中世の女真船漂着記事にみられるように、鎌倉時代の対外交渉は東シナ海を中心とした中国南部との貿易ばかりではなかった。また、一見、偶然の漂着にも見えるが、中央政府（この場合は鎌倉幕府）以外の勢力（京都朝廷）ともコンタクトをとろうとしていることを勘案すると地方の勢力同士の、交流（私貿易）は文献史料に出てこないだけで無数存在していたと筆者は考える。

その時、直接的な系譜はつながらないが、かつて朝鮮半島を含む東北アジア出身者がいるような地域には故地の文化が残っており、一旦断絶したように見えても、交流が全くなくなったわけではなく、再発見あるいは再評価されたことがあるのだろう。

(7) まとめ

倭国は「征服王朝」ではなかったし、おそらく征服はされることもなかった。ノルマン・コンクエストのような事実を見出すことはできない。しかし、当時の東アジア及び日本列島の情勢の中で、倭国は、東北アジアに起源をもつハイブリッド志向の集団とも積極的に連携し、その文化や価値観を受容した。単に倭国に都合の良い先進技術者を受け入れるだけでなく、様々な人、とくに倭国の王室や豪族との通婚を目的としたり、支配者自身の渡来もあったのだろう。

隋唐の中国統一を経て、八世紀には、東アジア情勢が落ち着き、日本でも、中国中原王朝を範とする律令国家建設が志向された。しかし、律令制度にほころびが見え始めた時に、律令国家以前の、「地域社会」に残っていたハイブリッド志向の文化が、再発見、再評価されたのである。

いずれにせよ、東北アジア文化が日本列島で受容されたため、中国中原文化だけを至高の存在ととらえない、独自の日本文化の形成が促進されたことは間違いない。

引用・参考文献

＊日本語以外の文献は末尾に（英文）（中文）（ハングル）（露文）などと明示。
＊中国・韓国・朝鮮の著者名はいずれも日本漢字音読みの五十音順で配列。
＊『信濃』のⅠ・Ⅱ・Ⅲはそれぞれ第一次・第二次・第三次の略。

【あ】

愛新覚羅烏拉熙春 二〇〇九「女真小字金牌、銀牌、木牌考」『愛新覚羅烏拉熙春女真契丹学研究』松香堂書店
会田 進ほか 一九八一『橋原遺跡』岡谷市教育委員会
愛知県埋蔵文化財センター 一九九七『田所遺跡』
会津坂下町教育委員会 一九九〇『若宮地区遺跡発掘調査報告書 樋渡第畑遺跡』
相原秀郎 一九八六「福島県内出土の古銭（その一）―いわゆる「出土銭」を中心にして―」『福島考古』二七
青村光夫 一九八七「栃木県佐野市出土の鬼面文軒丸瓦について―大日堂廃寺と堀の内遺跡を中心に―」『唐澤考古』七、唐澤考古会
青森県教育委員会 一九九八『新町野遺跡・野木遺跡』
青森市教育委員会 一九九二『埋蔵文化財出土遺物調査報告書 青森市埋蔵文化財調査報告書第一七集』
青柳清作 一九七九『寺泊の歴史』歴史図書社
秋田県教育委員会 一九六五～一九八二『脇本埋没家屋第一～四次調査概報』
秋田県埋蔵文化財センター 二〇〇〇『館の上遺跡』
秋本吉郎校注 一九九三『日本古典文学大系新装版 風土記』岩波書店
秋山謙蔵 一九三五a「鎌倉時代に於ける女真船の来航―『吾妻鏡』の女真文字と『華夷譯語』の女真文字との比較研究―」『歴史地理』六五―一（日本歴史地理学会編）、吉川弘文館
秋山謙蔵 一九三五b『日支交渉史話』内外書籍
秋吉正博 二〇〇四『日本古代養鷹の研究』思文閣出版
明野村教育委員会 二〇〇二『梅之木遺跡』Ⅰ
朝倉一二三 一九七九『中国古銭出土のこと』朝倉教育・文化研究所
浅田博造 二〇〇四『味美二子山古墳』春日井市教育委員会
浅野井坦 二〇〇三「坂城町（村上地区）舟着場について」『第八回千曲塾』国土交通省北陸地方整備局千曲川工事事務所

東潮・田中俊明　一九九五『高句麗の歴史と遺跡』中央公論社
我孫子市教育委員会　一九八一『布佐・余間戸遺跡発掘調査報告書』
安部健夫　一九七二「元代通貨政策の発展」『元代史の研究』創文社
阿部照子・大堀　勇・山野憲雄・生江芳徳　一九九〇「史跡慧日寺関係資料Ⅵ　伝徳一石造五重塔」『福島考古』三一、福島県考古学会
網干善教　一九七四「石造遺物」『明日香村史上巻』明日香村史刊行会
天野末喜ほか　一九九五『倭の五王（讃、珍、済、興、武）の時代』藤井寺市教育委員会
天野元之助　一九六二『中国農業史研究』お茶の水書房
網野善彦　一九九一『日本論の視座：列島の社会と国家』小学館
網野善彦　一九九四「貨幣と資本」『岩波講座　日本歴史』第九巻（中世三）岩波書店
新井市教育委員会　一九八七『新井市高柳字前田出土渡来銭報告書』
アルテミエバ、Ｎ・Ｇ（チョンソクベ訳）二〇一一『沿海州女真の住居建築』学研文化社（ハングル）
安　志敏　一九八三「長江下遊史前文化対海東的影響」『考古』一九八三－五、考古出版社（中文）

【い】

飯田　孝　一九八五「神奈川県内の埋蔵出土古銭について」『厚木の埋蔵古銭』厚木市役所秘書部市史編纂室
飯山市教育委員会　一九九五『柳町遺跡』
井内　功編　一九六八『鬼面紋瓦の研究』井内古文化研究室
井内　功　一九六八「高句麗の鬼面紋屋瓦」『鬼面紋瓦の研究』（井内功編）井内古文化研究室
井川祥子　一九九四「古代美濃国における軒瓦の様相」『岐阜市歴史博物館研究紀要』八
井川町　一九八六「今戸出土の中国古銭」『井川町史』
井黒　忍　二〇〇八「官印資料に見る金代北東アジアの『周辺』『南船北馬』と女真の水軍」『アジア遊学』勉誠出版
池内　宏　一九七二『満鮮史研究　近世編』中央公論美術出版
池内　宏・梅原末治　一九四〇『通溝』巻下、日満文化協会
石川県埋蔵文化財センター二〇〇六『矢田野遺跡群　県営ほ場整備事業（矢田野台地地区）に係る埋蔵文化財発掘調査報告書』
石川県埋蔵文化財センター　二〇〇八『七尾市小島西遺跡発掘調査報告書』
石川県立埋蔵文化財センター　一九八八『寺家遺跡発掘調査報告』Ⅱ

石田一良　一九五五『文化史学—理論と方法』洋々社（一九九〇、ペリカン社再刊）
石田茂作　一九三六「近江石塔寺の調査」『大崎学報』八八、日蓮宗大学林同窓会（一九七七『仏教考古学論攷四　仏塔編』思文閣出版、再収）
石田茂作　一九六九『日本仏塔の研究』（一九七七「日本仏塔の研究」『仏教考古学論攷四　仏塔編』思文閣出版、再録）
石塚正英　二〇一八『地域文化の沃土　頸城野往還』社会評論社
板橋　源・菊池郁夫　一九六三「水沢市佐倉河出土古銭調査報告概報」『岩手史学研究』四一、岩手史学会
板橋　源・佐々木博康　一九五八「岩手県紫波郡紫波町出土古銭調査概報」『岩手史学研究』二八、岩手史学会
市川健夫　一九九三「千曲川と地域社会」『信濃の巨流　千曲川』河川情報センター
市川健夫　一九九八『日本の食風土記』白水社
市川健夫　二〇〇四『信州学大全』信濃毎日新聞社
市川健夫　二〇〇六「信州の古墳文化と稲作・馬産」『シナノの王墓の考古学』雄山閣
市毛　勲　一九六四「人物埴輪顔面の赤彩について」『考古学雑誌』五〇巻一号、日本考古学会
市毛　勲　一九六八「赤い埴輪（茨城編）—人物埴輪面の赤彩色についてⅡ—」『茨城考古学』一、茨城考古学会
一宮町教育委員会　一九九〇『大原遺跡発掘調査概報』
一宮町教育委員会　二〇〇四『松原遺跡』（第五統合果実共選場地点）
市村咸人　一九三五「早稲田発掘の古銭について」『信濃』Ⅰ四-三、信濃郷土史研究会
市村咸人　一九五二「長野県下伊那郡山本村箱川発掘の古銭」『信濃』Ⅲ四-四、信濃史学会
井出道貞ほか　一八八六「信濃奇勝録」巻之四（一九七六『新編信濃史料叢書』第一三巻、信濃史料刊行会所収）
出河裕典　一九九八「瓦塔」『北陸新幹線篠ノ井遺跡群ほか』長野県埋蔵文化財センター
伊藤裕偉　一九九五「三重県下の埋蔵蓄銭—中世を中心として—」『摂河泉文化資料』四四、摂河泉文庫
稲垣晋也　一九七〇「飛鳥白鳳の古瓦」『飛鳥白鳳の古瓦』奈良国立博物館
稲葉岩吉　一九三二「吾妻鏡女直字の新研究」『青丘学叢』九（青丘学会編）、青丘学会
稲葉岩吉　一九三五『増訂満洲発達史』日本評論社
井上雅孝　二〇〇六「古代鉄製祭祀具から見た蝦夷の信仰と儀礼—錫杖・三鈷鐃・鉄鐸・錫杖状鉄製品」『立正史学』九九、立正大学史学会
井上光貞　一九八六「王仁の後裔氏族と其の仏教—上代仏教と帰化人の関係に就ての一考察—」『井上光貞著作集第二巻』（原論文一九四三

『史学雑誌』五四－九）
井上義光　二〇〇四a「出島状遺構をそなえた前方後円墳―奈良県巣山古墳」『季刊考古学』八七、雄山閣
井上義光　二〇〇四b「巣山古墳の調査成果」『日本考古学』一八、日本考古学協会
井原今朝男　一九八八「中世善光寺の一考察」『信濃』Ⅲ四〇－三、信濃史学会（一九九九『中世のいくさ・祭り・外国との交わり』校倉書房、再収）
井原今朝男　一九九八「貨幣から中世社会を探る」『平出博物館ノート一二　人の往来・物の往来』塩尻市立平出博物館
井原今朝男　二〇〇〇「北信濃の社会と生活」『長野市誌第二巻歴史編原始・古代・中世』（長野市誌編さん委員会）
茨城県教育財団　一九九五『（仮称）北条住宅団地建設工事内埋蔵文化財報告書　中台遺跡』
茨城県立歴史館　二〇〇四『茨城の形象埴輪』
イブリエフ（イブリイェフ）、A・Л（川崎保・川崎輝美訳）二〇〇六「日本の文献史料から見たシャイギンのパイザ」『古代学研究』一七五号、古代学研究会
イブリエフ、A・Л　二〇〇七「ロシアにおける渤海史研究」『Journal of Northeast Asian History』（日文版）四－二、東北亜歴史財団
今井啓一　一九八五『百済王敬福　東北経営の先駆者東大寺大仏造立の殊勲者』綜芸舎
今井淳一　二〇〇六『古代能登の神々とまつり』羽咋市歴史民俗資料館
入田整三　一九三五「鎌倉小学校庭発掘の古銭調査報告」『考古学雑誌』二五－九、日本考古学会
岩井武俊　一九一四「南河内発見の一銅鐸と鹿谷寺址十三重塔石塔婆」『考古学雑誌』四－六、日本考古学会
岩戸晶子　二〇〇一「奈良時代の鬼面文瓦―瓦葺技術から見た平城宮式鬼瓦と南都七大寺式鬼瓦の変遷―」『史林』八四－三
岩永省三　二〇〇一「凝灰岩製六角屋蓋石塔の復原」『史跡頭塔発掘調査報告』奈良国立文化財研究所
尹　郁山　一九八八「吉林永吉県出土窖：蔵銅幣」『考古』一九八八－一、考古雑誌社（中文）
尹　載云（濱田耕作ほか訳）二〇〇九「渤海の水産業と狩猟」『渤海の歴史と文化』明石書店

【う】

禹　在勇・田中法博　二〇〇八「韓国における住居と台所の原初的概念―朝鮮時代以前の住居と台所の変遷を通して」『長野大学紀要』三〇－二、長野大学
ウィットフォーゲル、K・A／馮家昇　一九四九『中国社会の歴史―遼（九〇七－一一二五）』アメリカ哲学学会（英文）
ヴェアシュア、C・V　二〇〇五「水銀と虎の皮―日渤関係における特産品」『古代日本と渤海』大巧社

上垣幸徳・松室孝樹　一九九六「石組み煙道を持つカマド―古代の暖房施設試論―」『紀要』九、滋賀県文化財保護協会
上田正昭　二〇一三『渡来の古代史 国のかたちをつくったのは誰か』角川書店
上田正昭ほか　一九八七『御柱祭と諏訪大社』筑摩書房
上田　雄　二〇〇一『渤海使の研究』明石書店
上野市遺跡調査会　一九九〇『森脇遺跡発掘調査報告（第二次）』
上野竹次郎編　一九二五『山陵』（初版）山陵崇敬会（一九八九、新訂版、名著出版）
上原真人　一九九七『歴史発掘一一　瓦を読む』講談社
ヴォヴィン、アレキサンダー　二〇一二「完顏希尹は女真文字を創造したのか？」『ツングース系言語における近年の進歩』ハラソビツ出版社（英文）
ヴォロビヨフ、M・B　一九八三『女真と金国の文化：一〇世紀―一二三四年』ナウカ（露文）（邦訳：川崎保・川崎輝美　二〇一八、ボロンテ刊行）
宇賀神恵・百瀬忠幸　一九九〇『四日市遺跡』真田町教育委員会
宇佐美隆憲　二〇〇二『草相撲のスポーツ人類学―東アジアを事例とする動態的民族誌―』岩田書店
牛山佳幸　一九九二「善光寺の創建と善光寺信仰の発展」『善光寺　心とかたち』
臼杵　勲　一九九六「ロシア極東の中世考古学における「文化」」『考古学雑渉・西野元先生退官記念論文集』西野元先生退官記念会
臼杵　勲　二〇〇六「北東アジアの中世―靺鞨・女真の考古学」『北方世界の交流と変容』（天野哲也・臼杵勲・菊池俊彦編）山川出版社
臼杵　勲　二〇〇九「女真の水運」『中世東アジアの周縁世界』（天野哲也・池田榮史・臼杵勲編）同成社
臼杵　勲　二〇一五『東アジアの中世城郭：女真の山城と平城（城を極める）』吉川弘文館
内田　樹　二〇〇九『日本辺境論』（新潮新書）新潮社
梅田義彦　一九七四「名神考」『神道の思想　第二巻　神祇制度篇』雄山閣
梅原末治　一九一四「河内踏査報告（四）」『考古学雑誌』四―六、日本考古学会

【え】

江上波夫　一九五一「ユウラシア北方文化の葬礼における剺面、截耳、剪髪について」『ユウラシア北方文化の研究』山川出版社
江上波夫　一九六七『騎馬民族国家　日本古代史へのアプローチ』（中公新書）中央公論社
江上波夫・岡　正雄・八幡一郎・石田英一郎　一九四九「日本民族＝文化の源流と日本の国家の形成」『民族学研究』一三―三、日本民族

学会（一九九五『日本民族の源流』〔講談社学術文庫〕講談社、再収）
江上波夫・佐原　真　一九八九『騎馬民族は来た!?来ない!?―激論 江上波夫vs佐原真』小学館
江上波夫・森　浩一　一九八二『対論 騎馬民族説』徳間書店
江守五夫　一九八六『日本の婚姻―その歴史と民俗（日本基層文化の民族学的研究）』弘文堂
遠藤鎮雄　一九七四『史料天皇陵―山陵志・前王廟陵記・山陵図絵―』新人物往来社
延辺博物館　一九八二「渤海貞孝公主墓発掘簡報」『社会科学戦線』一九八二―一、吉林省社会科学院（中文）

【お】

王　禹浪　一九九二「『女真』称号的含義與民族精神」『北方文物』一九九二―三、北方文物雑誌社（中文）
王　禹浪　二〇〇一『哈爾濱地名含義掲秘』哈爾濱出版社（中文）
王　禹浪・魏　国忠　二〇〇八「黒龍江流域渤海国的歴史遺迹與遺物」『渤海史新考』哈爾浜出版社（中文）
王　其鈞　二〇一一『図説民居』科学出版社東京
王　大方　二〇〇六「内蒙古出土北魏童子角抵瓦当」『中国歴史文物』二〇〇六―五、中国国家博物館（中文）
王　頲　二〇〇一「遼、金、元猟鷹『海東青』考」『文史』二〇〇一―一、中華書局（中文）
近江昌司　一九六四「獣身紋鬼板通考前・後」『大和文化研究』九―二・六、大和文化研究会
大川　清　一九六八「長野市信濃国分寺瓦窯跡探訪記」『考古学ジャーナル』一六、ニュー・サイエンス社
大木　卓　一九七九『猫の民俗学増補』田畑書店
大阪市立博物館　一九八七『第一〇八回特別展　動物の考古学』
大田由起夫　一九九五「一二―一五世紀初頭東アジアにおける銅銭の流布―日本・中国を中心として―」『社会経済史学』六一―二、社会経済史学会
大塚活美　一九九三「石塔寺三重石塔再考」『近江地方史研究』二八号、近江地方史研究会
大津市教育委員会　一九八九『穴太遺跡（弥生町地区）発掘調査報告書―一般国道一六一号線（西大津バイパス）建設に伴う―』大津市教育委員会
大貫静夫　一九八九「極東における平地住居の普及とその周辺」『考古学と民族誌　渡辺仁教授古稀記念論文集』六興出版
大貫静夫　一九九八『東北アジアの考古学』同成社
大場磐雄　一九三三「小野神社蔵鉄鐸」『考古学雑誌』二三―四、日本考古学会

大場磐雄 一九四四「信濃国の銅鐸と鉄鐸」『信濃』Ⅱ 二八、信濃郷土史研究会
大場磐雄 一九七二「続鉄鐸考」『信濃』Ⅲ 二四-四、信濃史学会
大場磐雄・原嘉藤・寺村光晴・桐原健 一九六四「長野県東筑摩郡坂井村安坂積石塚の調査（一）」『信濃』Ⅲ 一六-四・六、信濃史学会
大林太良 一九七〇「哀悼傷身の風俗について」『岡正雄教授古稀記念論文集 民族学からみた日本』河出書房新社
大林太良 一九七六「哀悼傷身の風俗について」『現代のエスプリ』一一一、至文堂
大日方克己 二〇〇八『古代国家と年中行事』（講談社学術文庫）講談社
大平喜間多 一九二七『松代町史上巻』松代町
大脇 潔 一九九五「瓦塔にまつられた仏像」『富山県福岡町石名田船木遺跡発掘調査報告書』福岡町教育委員会
大和久震平 一九九〇『古代山岳信仰遺跡の研究』名著出版
岡内三真 一九八六「新安沈船を通じてみた東アジアの貿易」『朝鮮史研究会論文集』二三、緑蔭書房
岡崎 敬・小田富士雄・弓場紀知 一九七二「沖ノ島」『神道考古学講座 第五巻 祭祀遺跡特説』雄山閣
岡村秀雄ほか 一九九三『栗林遺跡』長野県埋蔵文化財センター
岡村秀典 二〇〇五『中国古代王権と祭祀』学生社
岡本東三 一九九六『東国の古代寺院と瓦』吉川弘文館
尾崎喜左雄 一九七三「上野三碑を中心とした古墳」『論集終末期古墳』塙書房
小田富士雄 一九八八「海北道中―大陸と沖ノ島祭祀」『古代を考える 沖ノ島と古代祭祀』吉川弘文館
小野寺哉志子 一九九八「大明神遺跡」『発掘された日本列島98'新発見考古速報』朝日新聞社
小野寺哉志子 二〇〇〇「大原大明神一括出土銭」『出土銭貨』一四、出土銭貨研究会
尾上 実 一九九三「備蓄銭特集に当って」『摂河泉文化資料』四二・四三、摂河泉文庫
小畑弘己 一九九九「博多駅前出土銭の再検討」『法洽嗹』七、博多研究会

【か】

海邉博史ほか 二〇〇六「藤井寺市道明寺天満宮所蔵考古資料について（二）」『関西大学博物館紀要』一二、関西大学博物館
海保嶺夫 一九八七『中世の蝦夷地』吉川弘文館
加賀市片野鴨池坂網猟保存会 二〇〇一『片野鴨池と坂網猟』
加賀市史編纂室 一九七五「加賀江沼志稿巻二十三」『加賀市史資料編第一巻』

賀来孝代 一九九七「銅鐸の鳥―サギもいるし、ツルもいる」『考古学研究』四四－一、考古学研究会
賀来孝代 一九九九「埴輪の鳥はどんな鳥」『鳥の考古学』かみつけの里博物館
賀来孝代 二〇〇二「埴輪の鳥」『日本考古学』一一号、日本考古学協会
賀来孝代 二〇〇四「鵜飼・鷹狩を表す埴輪」『古代』一一七、早稲田大学考古学会
風間栄一 一九九九「篠ノ井遺跡群」『長野市埋蔵文化財センター所報』一〇、長野市埋蔵文化財センター
柏瀬和彦 一九八八「山上多重塔の基礎的研究」『群馬県史研究』二七（群馬県史編さん委員会）
梶原義実 二〇一七「信越地方の国分寺瓦」『史学』六三－二、名古屋大学文学部
春日井市教育委員会 二〇〇四『味美二子山古墳』
春日井市教育委員会 二〇〇六『下原古窯跡群』
春日真実 二〇〇三「越後出土の円筒形土製品・板状土製品について」『富山大学考古学研究室論集 蜃気楼―秋山進午先生古稀紀念―』六一書房
春日真実 二〇一〇「奈良県明日香村紀寺出土の円筒型土製品」『三面川流域の考古学』八、奥三面を考える会
春日 学 一九八三「方田の石造多層塔」『千曲』三八、東信史学会
葛飾区郷土と天文の博物館 二〇〇〇a『埋められた渡来銭』葛飾区郷土と天文の博物館
葛飾区郷土と天文の博物館 二〇〇〇b『中世の出土渡来銭を探る』葛飾区郷土と天文の博物館
勝山一男 一九九三「川の博物学千曲川・犀川を通った船」『千曲川犀川の本』千曲川・犀川河川緑地連絡会
勝山一男 二〇〇三「もう一つの街道」『定本千曲川』郷土出版社
加藤秀幸 一九七六「鷹・鷹匠、鵜・鵜匠埴輪試論」『日本歴史』五（三三六）
加藤義成 一九九二『修訂出雲国風土記参究』松江今井書店
角川日本地名大辞典編纂委員会 一九九〇『角川日本地名大辞典二〇長野県』角川書店
金井汲次 一九六〇「長野県中野市出土の古銭」『信濃』Ⅲ 一二－五、信濃史学会
金井塚良一 一九八四「小埼の沼と埼玉の津」「鵈鳥と水鳥を冠した人物埴輪」『万葉集の考古学』筑摩書房
鐘ヶ江一朗ほか 二〇〇四『発掘された埴輪群と今城塚古墳』高槻市立しろあと歴史館
金子修一 二〇〇六『中国古代皇帝祭祀の研究』岩波書店
金子裕之 一九八八「都城と祭祀」『古代を考える 沖ノ島と古代祭祀』吉川弘文館

加部二生　二〇〇一「多重塔周辺部分の調査―歯仏様遺跡の発掘調査から―」『国指定重要文化財　山上多重塔　建立一二〇〇年記念歴史講演会』新里村教育委員会
神木哲男　一九八五「中世における貨幣使用―日本中世貨幣史の構成に際して―」『国民経済雑誌』一五二－五、神戸大学経済経営学会
上村俊雄　一九八〇「隼人の城と隼人塚」『古代学研究』九四、古代学研究会
神谷佳明　一九九三「採掘坑出土の銭貨（渡来銭）」『白井遺跡群―中世編―』群馬県埋蔵文化財調査事業団
亀井正道　一九九五『人物・動物埴輪』日本の美術三四六、至文堂
加用信文監修　一九八三『都道府県農業基礎統計』農林統計協会
川勝政太郎　一九四四「石塔寺三重石塔と層塔の階調」『史迹と美術』八二、史迹と美術同攷会
川勝政太郎　一九七八『日本石造美術辞典』東京堂出版
川崎　保　一九九九「食用のクリと木材用のクリに関するメモ」『古代学研究』一四八、古代学研究会
川崎　保　二〇〇〇「ロシアハバロフスク・ウラジオストック考古学の旅」『博古研究』一九、博古研究会
川崎　保　二〇〇二「古代人のオシャレの意義―千曲川流域の縄文時代装身具について―」『千曲』一一五、東信史学会
川崎　保　二〇〇五「三岳村小島遺跡の「芳蘭」墨書土器について」『長野県立歴史館紀要』一一、長野県立歴史館
川崎　保　二〇〇九『文化としての縄文土器型式』雄山閣
川崎　保　二〇一一「契丹・女真と古代日本との交流」『二〇一一遼金史国際学術研討会会議論文』吉林大学
川崎　保　二〇一五「民族誌における玦状耳飾」『森浩一先生に学ぶ　森浩一先生追悼論集』同志社大学考古学シリーズⅪ（松藤和人編）同志社大学考古学研究室
川崎　保　二〇一八『「縄文玉製品」の起源の研究』雄山閣
川崎　保・川崎輝美　二〇〇六「A・Л・イブリエフ著『日本の文献史料から見たシャイギンのパイザ』訳者あとがき」『古代学研究』一七五、古代学研究会
川島芙美子　一九九三「古事記・出雲国風土記・万葉集に表わされた鳥たち」『研究紀要』二九、島根県立高等学校教育研究連合会
川添昭二　一九七五「鎌倉時代の対外関係と文物の移入」『岩波講座日本歴史六　中世二』岩波書店
顔　華　一九七九「女真文国信牌的発現」『社会科学戦線』一九七九－二（吉林省社会科学院編）社会科学戦線雑誌社（中文）
神澤昌二郎　一九八六「鉄鐸の新資料について」『長野県考古学会誌』五〇、長野県考古学会

【き】
魏　国忠・朱　国忱・郝　慶雲　二〇〇六『渤海国史』中国社会科学出版社（中文）
菊池俊彦　一九七六「オホーツク文化に見られる靺鞨・女真系遺物」『北方文化研究』一〇、北海道大学文学部附属北方文化研究施設（一九九五『北東アジア古代文化の研究』北海道大学図書刊行会、再収）
菊池俊彦　一九八六「北アジア　青銅器時代以降」『岩波講座日本考古学別巻二』岩波書店
菊池俊彦　一九九五『北東アジア古代文化の研究』北海道大学図書刊行会
岸　熊吉・末永雅雄　一九五五「宇陀郡室生寺如意峯出土遺物」『奈良県史蹟名勝天然記念物調査抄報』五、奈良県教育委員会
北上市立博物館　一九八三『岩手における出土古銭展』
木立雅朗　二〇〇二「池崎窯跡」『新修七尾市史一　考古編』（七尾市史編さん委員会）
北御牧村誌編纂委員会編　一九九七『北御牧村誌歴史編Ⅰ』北御牧村誌刊行会
吉林省文物考古研究所・延辺朝鮮族自治州文化局・延辺朝鮮族自治州博物館・和龍市博物館　二〇〇七『西古城―二〇〇〇～二〇〇五年度渤海国中京顕徳府故址田野考古報告』文物出版社（中文）
木村茂光　一九九二『日本古代・中世畠作物史の研究』校倉書房
姜　念思　二〇〇五「遼寧朝陽市黄河路唐墓出土靺鞨石俑考」『考古』二〇〇五－一〇、考古雑誌社（中文）
姜　念思（川崎保訳）二〇〇八「朝陽市黄河路唐墓出土靺鞨石俑考」『博古研究』三六
姜　萬吉　一九七五「外国貿易」『韓国史五　高麗貴族国家の社会構造』（大韓民国文教部国史編纂委員会）（ハングル）
京都史蹟会　一九七九『林羅山文集下巻』ぺりかん社
京都府埋蔵文化財調査研究センター　二〇〇一『浦入遺跡』
清棲幸保　一九八八「越ヶ谷鴨場」『増補改訂版　日本鳥類大図鑑Ⅱ』講談社
清瀬義三郎則府　一九九一「契丹女真新資料の言語学的寄与」『日本語學とアルタイ語學』明治書院（英文）
清瀬義三郎則府　一九九七「女真文字」『月刊しにか』八－六、大修館書店
桐原　健　一九八〇「鐸の系譜」『古代文化』三二巻二号
桐原　健　一九八五「編年資料としての銭貨の限界」『信濃』Ⅲ　三七－五、信濃史学会
桐原　健　一九八九『積石塚と渡来人』東京大学出版会
桐原　健　一九九二「信濃国渡来氏族への賜姓」『点描・信濃の古代』信毎書籍出版センター（原論文：一九八八『高井』八二、高井地方

史研究会、所収）
桐原　健　二〇〇三「古代信濃の私印所有者」『信濃』Ⅲ　五五－一一、信濃史学会
桐原　健　二〇〇九「諏訪大社の鉄鐸と薙鎌」『東アジアの古代文化』一三七、大和書房
桐原　健　二〇一〇「信濃における八稜鏡の所有者」『信濃』Ⅲ　六二－九、信濃史学会
桐原　健　二〇一二「鉄鐸学習」『長野県考古学会誌』一四〇、長野県考古学会
金　毓黻　一九三一『渤海国志長編』巻二十（中文）
金　啓孮編　一九八四『女真文辞典』文物出版社（中文）
金　正基　一九八七「韓国石塔様式の系列考」『三仏金元龍教授停年退任紀念論叢』第二（同紀念論叢刊行委員会編）一志社（ハングル）
金　正基　一九八九「古代寺院」『韓国の考古学』講談社
金　在善　一九九六「浅談渤海国的語言文字」『中央民族大学学報』一九九六－六、中央民族学院（中文）
金　在善　一九九七「李太白與渤海文字」『成都大学学報』一九九七－一、成都大学（中文）
金　東淑（高　慶秀訳）二〇〇九「嶺南地方の六～七世紀代墳墓出土鉄鐸に関する研究」『「祭祀遺跡に見るモノと心」プロジェクト　國學院大學伝統文化リサーチセンター研究紀要』一号、國學院大學研究開発推進機構伝統文化リサーチセンター（原論文：金　東淑　二〇〇〇『慶北大学校考古人類学科　二十周年記念論叢』慶北大学校人文大学考古学科、所収）
金原　正　一九九五「長野県内の古代集落遺跡と墨書土器」『信濃』Ⅲ　四三－四、信濃史学会

【く】

櫛原功一ほか　二〇〇二『土器から探る縄文社会』山梨県考古学協会
工藤　正・八木沢誠次　一九六一『猿賀出土古銭について』
葛原克人・古瀬清秀　二〇〇〇『吉備の古墳　下』吉備人出版
宮内庁式部職編　一九三一『放鷹』吉川弘文館
国松俊英　二〇〇一『鳥の博物誌』河出書房新社
熊本県教育委員会　一九八〇『興善寺Ⅰ・Ⅱ』
倉澤正幸　二〇〇七『古代信濃の文字』（展示図録）上田市立信濃国分寺資料館
倉澤正幸　二〇一四「遺構・遺物から考察した信濃の古代寺院跡」『法政考古学』四〇、法政考古学会
倉澤正幸　二〇一六「信濃地域の東大寺式軒瓦」『八世紀の瓦づくり五―東大寺式軒瓦の展開―』奈良国立文化財研究所

倉澤正幸・鳥羽英継 二〇一四「改作された国分寺―信濃国分寺跡の近年の研究成果から―」『季刊考古学』一二九、雄山閣
栗岩英治 一九一七『善光寺物語』信濃郷土史研究会
栗岩英治（酔古生）一九三八「大化前後の信濃と高句麗遺跡」『信濃』Ⅰ七―五・六、信濃郷土史研究会
栗原益男・山口 修・護 雅夫 一九七四『世界の歴史 第六巻 宋朝とモンゴル』社会思想社
黒板勝美編 一九三三『新訂増補国史大系吾妻鏡』吉川弘文館
黒板勝美編 一九六五『新訂増補国史大系交替式弘仁式延喜式』吉川弘文館
黒板勝美編 一九八三『新訂増補国史大系百錬抄』吉川弘文館
黒尾和久・高瀬克範 二〇〇三「縄文・弥生時代の雑穀栽培」『雑穀』青木書店
黒坂周平 一九七六「滋野氏考―とくにいわゆる〝滋野三氏〟との関係について―」『千曲』一〇号、東信史学会
黒坂周平 一九九〇「帰化人と信濃の古代文化―信濃国府移転と関連して―」『信濃の歴史と文化の研究（一）黒坂周平先生論文集』（原論文：一九八三『千曲』東信史学会、所収）
桑原隲蔵 一九一三「支那人辮髪の歴史」『藝文』四―一二（一九六八『桑原隲蔵全集』第一巻、岩波書店、再録）
群馬県教育委員会 一九九五『舞台遺跡』
群馬県埋蔵文化財調査事業団 一九九七『白倉下原・天引向原遺跡五』
群馬県埋蔵文化財調査事業団 一九九八『綿貫観音山古墳一 墳丘・埴輪編』
ケーン、ダニエル 一九八九『華夷訳語』インディアナ大学内陸アジア調査研究所（英文）
荊 其敏 一九九二『絵で見る中国の伝統民居』学芸出版社

【け】

【こ】

高 慶秀 二〇〇九「韓国と日本の鉄鐸に関する一考察」『「祭祀遺跡に見るモノと心」プロジェクト 國學院大學伝統文化リサーチセンター研究紀要』一号、國學院大學研究開発推進機構伝統文化リサーチセンター
耿 鉄華 二〇〇八『高句麗古墓壁画研究』吉林大学出版社（中文）
高 裕燮 一九七八『朝鮮塔婆の研究』吉川弘文館
皇學館大學 一九八六『式内社調査報告』一三
合志憲章 一九六二「鹿屋市田崎町の出土銭について」『貨幣』五―一六、東洋貨幣協会

河野通明　二〇一五『大化の改新は身近にあった』和泉書院
谷　潜　一九八五「吉林九台卡倫金代窖蔵銅銭」『文物』一九八五－一、文物出版社（中文）
国史大辞典編集委員会編一九七九―一九九七『国史大辞典』吉川弘文館
国立金海博物館　二〇〇四『企画展図録　霊魂の伝達者』（ハングル）
国立全州博物館　一九九四『扶安竹幕洞祭祀遺蹟』（ハングル）
国立歴史民俗博物館　二〇〇九『研究報告第一五一集［共同研究］「三国志」魏書東夷伝の国際環境』
黒竜江省文物工作隊　一九七七「従出土文物看黒竜江地区的金代社会」『文物』一九七七－四、文物出版社（中文）
児島隆人　一九六七「福岡県かつて塚古墳調査報告」『考古学雑誌』五二－一号、日本考古学会
小島憲之ほか校注　一九九四～一九九八『新編日本古典文学全集　日本書紀一～三』小学館
小嶋芳孝　一九九五「日本海を越えてきた渤海使節」『日本の古代三　海を越えての交流』中央公論社
小嶋芳孝　一九九七a「古代　金属製品」『石川県考古資料調査・集成事業報告書　祭祀具Ⅱ』石川考古学研究会
小嶋芳孝　一九九七b「日本海の島々と靺鞨・渤海の交流」『境界の日本史』（村井章介・佐藤信・吉田伸之編）山川出版社
小嶋芳孝　一九九九「オンドルと蝦夷」『市史研究あおもり』二、青森市
小嶋芳孝　二〇〇二「加賀・能登における渡来人の足跡」『石川県立歴史博物館紀要』一四
小嶋芳孝　二〇〇四「錫杖状鉄製品と蝦夷の宗教」『アイヌ文化の成立：宇田川洋先生華甲記念論文集』北海道出版企画センター
小嶋芳孝　二〇〇五a「日渤交流と能登国福良津」『古代日本と渤海』大巧社
小嶋芳孝　二〇〇五b「日本海対岸世界との交通―七世紀の越と日本海対岸世界―」『日本海域歴史体系第一巻古代編Ⅰ』清文堂出版
小嶋芳孝　二〇〇七「環日本海交流史の様相」『北東アジア交流史研究』（前川要編）塙書房
小島瓔礼　一九九九『猫の王』小学館
古事類苑刊行会編　一九三〇『古事類苑』
木場幸弘　二〇〇八「高取町周辺の渡来系氏族の遺跡」『ヤマトの開発史（二）』奈良女子大学二一世紀ＣＯＥプログラム報告書一九
小林計一郎　二〇〇〇『善光寺史研究』信濃毎日新聞社
小林繁雄　一九九二「与板の蓄蔵銭の考察」『長岡郷土史』二九、長岡郷土史研究会
小林昌二・相沢　央　二〇〇四「新潟県内出土墨書土器の基礎的考察」『新潟県内出土古代文字資料集成』新潟墨書土器検討会
小林尚子　二〇〇三「千曲川にまつわる民話」『定本千曲川』郷土出版社

小林行雄　一九五一「上代日本における乗馬の風習」『史林』三四－三、史学研究会
小林義孝　一九九三「『大伴備蓄銭』とその周辺」『摂河泉文化資料』四一・四二、摂河泉文庫
駒形敏朗　一九九六「下道遺跡」『長岡市内遺跡発掘調査報告書舞台B遺跡・徳平遺跡・下道遺跡』長岡市教育委員会
小松市教育委員会　二〇〇七a『額見町遺跡Ⅱ（B地区及びC地区一部区域の調査）串・額見地区産業団地造成に伴う埋蔵文化財発掘調査報告書二』
小松市教育委員会　二〇〇七b『小松市内遺跡発掘調査報告書Ⅲ　高堂遺跡　千代オオキダ遺跡　矢田野遺跡　符津C遺跡　漆町遺跡　薬師遺跡』
五味文彦　一九九二『武士と文士の中世史』東京大学出版会
五来　重　一九八八『善光寺まいり』平凡社
是光吉基　一九八六「出土渡来銭の埋没年代」『出土渡来銭―中世』ニューサイエンス社

【さ】

崔　恩永　二〇一七『百済王氏の成立と動向に関する研究』（滋賀県立大学大学院人間文化研究科博士論文）
崔　成実・衢州市文管会　一九八三「浙江衢州市発現南宋窖蔵」『考古』一九八三－九、考古雑誌社（中文）
崔　楽泉　二〇〇八「従角力至摔跤」『中華文化画報』八
斎藤　忠ほか　一九六三『日光男体山　山頂遺跡発掘調査報告書』（日光二荒山神社編）角川書店
斎藤　優・青木豊昭　一九七四『北陸自動車道関係遺跡調査報告書第五集　下河端遺跡』福井県教育委員会
佐伯有清　一九八三『新撰姓氏録の研究』吉川弘文館
坂井衡平　一九六九『善光寺史』東京美術
坂井秀弥　一九八七「栗原遺跡」『北陸の古代寺院―その源流と古瓦』桂書房
坂城町誌刊行会　一九七九『坂城町誌上巻』
坂詰秀一編　一九八六『出土渡来銭―中世―』ニューサイエンス社
酒詰仲男　一九六一『日本縄文石器時代食料総説』土曜会
坂梨祐子ほか　二〇一一『塔田琵琶田遺跡』豊前市教育委員会
坂本和俊　一九九九「鳥に託された古代人の心」『鳥の考古学』かみつけの里博物館
坂本太郎　一九六六「古代信濃人の百済における活躍」『信濃』Ⅲ　一八－八、信濃史学会

坂本太郎校注　一九六七『日本古典文学大系　日本書紀（上）』岩波書店
酒寄雅志　一九九七「日本と渤海・靺鞨との交流―日本海・オホーツク海域圏と船」『境界の日本史』山川出版社
佐久市教育委員会　一九八四『北西の久保』（第一次）
櫻井敬夫・佐野喜美・野島稔　二〇一〇『歴史とみどりのまち　ふるさと四條畷』四條畷市教育委員会
櫻井秀雄　一九九六「牛と馬と猪と鹿と」『長野県の考古学』長野県埋蔵文化財センター
櫻木晋一　一九九一「九州地域における中・近世の銭貨流通―出土備蓄銭・六道銭からの考察―」『九州文化史研究所紀要』三六、九州大学文学部九州文化史研究施設
櫻木晋一　一九九二「北九州市八幡西区本城出土の備蓄銭」『古文化談叢』二七、九州古文化研究会
佐倉市大崎台B地区遺跡調査会　一九八五・一九八六・一九八七『大崎台遺跡発掘調査報告』Ⅰ・Ⅱ・Ⅲ
佐々木正雄　一九八八「中国古銭の出土」『八森町誌』八森町
笹本正治　一九九〇『中世の音　近世の音―鐘の音の結ぶ世界―』名著出版
笹本正治　二〇〇八『戦国時代の諏訪信仰 失われた感性・習俗』新典社
佐田　茂　一九八八「沖ノ島祭祀の変遷　祭祀遺跡の形態」『古代を考える　沖ノ島と古代祭祀』吉川弘文館
佐田　茂　一九九一『沖ノ島祭祀遺跡』ニューサイエンス社
佐竹昭広ほか校注　一九九九～二〇〇三『新日本古典文学大系　万葉集一～四』岩波書店
佐藤小吉　一九一四「竹野王碑」『奈良県史蹟勝地調査会報告書第二回』大和古文化財保存会（一九七四、綜芸舎復刻）
佐藤禎宏　一九七九「安沢と長沼の古銭」『山形考古』三―一、山形考古友の会
佐藤禎宏・矢口　勲　一九七六「庄内地方出土の古銭」『庄内考古学』一四、庄内考古学談話会
真田町教育委員会　一九九〇『四日市遺跡』
真田町誌刊行会　一九九八『真田町誌歴史編上』
佐野大和　一九七二「二荒山」『神道考古学講座　第五巻　祭祀遺跡特説』雄山閣
佐野大和　一九九二「佐奈伎・奴利弖考」『呪術世界と考古学』続群書類従完成会（原論文：一九六二「佐奈伎・奴利弖私考」『國學院雑誌』六三―二・三、國學院大學、所収）
三水村教育委員会　二〇〇四『田中下土浮遺跡・芋川氏館跡（第三次）発掘調査報告書』
寒川恒夫　一九九五『相撲の人類学』大修館書店

山武郡市文化財センター　一九九五『油井古塚原遺跡群』

【し】

塩沢町　一九九七『塩沢町史資料編上巻』
塩尻市教育委員会　一九九一『菖蒲沢窯跡発掘調査報告書』長野県塩尻市教育委員会
塩尻市教育委員会　一九九七『和手遺跡』
重信町　一九八八『重信町誌』
宍戸信悟・石郷岡真・山岸　豊・岩崎　修・田村裕司・松本靖史・伊藤宏憲　一九九四「神奈川県下出土の中世銭貨について」『かながわの考古学　第四集　神奈川の考古学の諸問題』神奈川県立埋蔵文化財センター
静岡県埋蔵文化財調査研究所　一九九七『曲金北遺跡（遺物・考察編）—平成六年度東静岡都市拠点総合整備事業に伴う埋蔵文化財発掘調査報告書』
品川知彦　二〇〇九『どすこい　出雲と相撲』（展示解説図録）島根県立古代出雲歴史博物館
信濃史料刊行会編　一九五二『信濃史料』巻二
信濃史料刊行会編　一九七一（諏訪円忠著）「諏訪大明神画詞」『新編信濃史料叢書』第三巻
信濃毎日新聞社　一九八〇『諏訪大社』
信濃毎日新聞社編　一九九九『善光寺さん』
篠原　祐一　二〇〇四「仏教関連の古代祭祀」『季刊考古学』八七、雄山閣
柴垣勇夫　一九八六「愛知県における銭貨埋納容器の諸例—埋納容器の変遷と蓄銭貨幣—」『研究紀要』五、愛知県陶磁資料館
柴垣勇夫　一九九三「須恵器・瓷器の生産と流通」『新版古代の日本七　中部』角川書店
柴田圭子　一九九九「伊予の出土銭」『中村岡の久保出土銭—中世期大量出土埋蔵銭の調査報告書—』新居浜市教育委員会
芝田　悟　一九八三「能登・加賀における古銭（備蓄銭）出土遺跡—津幡町田屋森山遺跡を中心にして—」『北陸の考古学　石川考古学研究会々誌』二六、石川県考古学研究会
柴田博子　二〇〇六「日向国出土墨書土器資料集成」『宮崎考古』二〇、宮崎考古学会
島崎藤村　一九一二『千曲川のスケッチ』（一九六七『藤村全集第五巻』筑摩書房、再収）
島田哲男　一九九二『南入日向　山間地・旧石器時代—中世遺跡の調査』大町市教育委員会
嶋谷和彦　一九九七「中世出土銭貨研究の現状—国内模鋳銭を中心に—」『帝京大学山梨文化財研究所研究報告第八集』帝京大学山梨文化

財研究所
島根県庁埋蔵文化財調査センター 二〇〇九『六重城南遺跡ほか』
清水真一 二〇〇四『古代人たちが見た鳥展』桜井市文化財協会
清水俊明 一九八四『奈良県史第七巻石造美術』名著出版
清水 豊 二〇〇八『力士の考古学』（展示解説図録）かみつけの里博物館
遮那真周・遮那藤麻呂 一九八四「伊那谷南部における初期仏教文化とその歴史的背景」『長野県考古学会誌』四九、長野県考古学会
シャフクノフ、Э・В 一九五八「渤海文字に関する問題について」『ソビエト東洋研究』一九五八－六、ソ連邦科学アカデミー東洋研究所（露文）
シャフクノフ、Э・В 一九七七「シャイギン調査団の成果」『一九七六年の考古学的発見』モスクワ（露文）
シャフクノフ、Э・В（中村嘉男訳）一九八二「沿海州地方の中世貨幣の新しい発見」『シベリア極東の考古学二 沿海州篇』河出書房新社
シャフクノフ、Э・В／ペプノフ、А・М／イブリエフ、А・Л 一九七八「シャイギン城跡出土の女真銀製委任証明牌」『ソビエト極東の遠古の歴史における考古資料』ウラジオストック（露文）
朱 栄憲 一九七一『渤海文化』社会科学出版社、平壌（朝鮮文）
朱 栄憲（在日本朝鮮人科学者協会歴史部会訳）一九七九『渤海文化』雄山閣
朱 国忱・魏 国忠（浜田耕策訳）一九九六『渤海史』東方書店
朱 南哲 一九九六「温突の起源と変遷」『韓国民俗文化の探求 開館五〇周年学術セミナー論文集』国立民俗博物館（ハングル）
出土銭貨研究会 一九九九『大量出土銭とその容器』（資料集）
邵 国田 一九九四「敖漢旗娘娘廟遼代壁画墓」『内蒙古文物考古』一九九四－一、内蒙古考古博物館（中文）
正林 護 一九八九『佐賀貝塚』長崎県峰町教育委員会
白鳥庫吉 一八九八「契丹女真西夏文字考」『史学雑誌』九－一一、史学会
白鳥庫吉 一九三八「亜細亜北族の辮髪に就いて」『史学雑誌』四九－七、史学会（一九八八『塞外民族史研究』下、岩波書店、再収）
市立函館博物館 一九七三『函館志海苔古銭』
秦 弘燮 一九八四『国宝韓国七〇〇〇年美術大系巻六塔婆』竹書房
沈 従文・王 孖 一九九五『中国古代の服飾研究増補版』京都書院（『中国古代服飾研究』商務印書館、中文の邦訳）
新開義夫 二〇〇二「津堂城山古墳の発掘調査」『津堂城山古墳』（藤井寺の遺跡ガイドブック№一二）藤井寺市教育委員会

【す】
須賀正美ほか　二〇〇一『ふるきいしぶみ―多賀城碑と日本古代の碑―』東北歴史博物館
菅原　浩・柿沢亮三編著　二〇〇五『鳥名の由来辞典』柏書房
菅原征子　一九八二「両毛地方の仏教と最澄」『群馬県史研究』一五
鋤柄俊夫　一九九五「容器からみた備蓄埋納―土器・陶器を中心に」『摂河泉文化資料』四四、摂河泉文庫
鋤柄俊夫　一九九六「中世信濃における陶磁器の産地構成と流通」『信濃』Ⅲ　三八－四、信濃史学会
鋤柄俊夫　一九九九『中世村落と地域性の考古学的研究』大巧社
杉原和雄・森島康雄　一九九三「京都府出土の備蓄古銭」『摂河泉文化資料』四二・四三、摂河泉文庫
杉本憲司　一九八五「『三国志』時代の歴史情勢」『日本の古代第一巻　倭人の登場』中央公論社
杉山信三　一九三七『朝鮮の石塔』彰国社
杉山正明　二〇〇五『中国の歴史八　疾駆する草原の征服者』講談社
鈴木公雄　一九九五「出土銭貨研究の諸問題（二）」『出土銭貨』出土銭貨研究会
鈴木公雄　一九九九『出土銭貨の研究』東京大学出版会
鈴木　信　二〇〇一「北海道の中世銭」『ユカンボシC15遺跡（四）』北海道埋蔵文化財センター
鈴木靖民　二〇〇五「東北アジア史のなかの渤海の国家と交流」『古代日本と渤海』大巧社
須田　勉・河野一也編　二〇〇〇『瓦押印文字と考古学』国士舘大学実行委員会
須藤　宏　一九九三「古墳出土の土製品と土製小像―人物埴輪の成立に関連して―」『後二子古墳・小二子古墳』前橋市教育委員会
住田正一・内藤政恒　一九六八『古瓦』学生社
諏訪市史編纂委員会　一九九五『諏訪市史』諏訪市
【せ】
関　敬吾　一九七七『日本の昔話　比較研究序説』日本放送出版協会
関　孝一　一九六九「長野県上田市塩尻出土の古銭」『長野県考古学会誌』七、長野県考古学会
関　保男・福島紀子・古川貞雄　二〇〇一「木流しと通船」『千曲川の今昔』北陸建設弘済会
関野　貞　一九二八「瓦」『考古学講座』四（国史講習会編）雄山閣
泉州湾宋代海船発掘報告編写組　一九七五「泉州湾宋代海船発掘簡報」『文物』一九七五－一〇、文物出版社（中文）

【そ】
宋　浣範　二〇〇五『日本律令国家と百済王氏』（東京大学文学部日本文化課程博士論文二〇〇四年度）
宋　徳金　二〇〇六『中国歴史九　金史』人民出版社（中文）
曽我部静雄　一九四九『日宋金貨幣交流史』寶文館
園田一亀　一九五四「金代・満洲の交通路について」『東洋学報』三七―三、東洋学術協会
薗田香融　一九五四「最澄の東国伝道について」『仏教史学』三―三、仏教史学会
曽和宗雄　一九八一「近江・石塔寺層塔考」『月刊韓国文化』三―五、韓国文化院
ソンキホ　二〇〇八『韓国古代のオンドル』ソウル大学校出版部（ハングル）
孫　進己・于　志耿　一九八二「我国古代北方各族髪式之比較研究」『博物館研究』一九八二―二、吉林省博物館学会（中文）

【た】
第三次沖ノ島学術調査隊　一九七九『宗像沖ノ島』宗像大社復興期成会
台湾省立鳳凰台鳥園　一九九二『鳥與史料』（中文）
高崎光司　一九八九「瓦塔小考」『考古学雑誌』七三―三、日本考古学会
高崎市遺跡調査会　一九九七『高崎情報団地』
高槻市立しろあと歴史館　二〇〇四『発掘された埴輪群と今城塚古墳』
高取町教育委員会　二〇〇五『観覚寺遺跡発掘調査報告書』
高野伸二　一九九六『増補版フィールドガイド日本の野鳥』日本野鳥の会
高橋学而　二〇〇〇「ロシア共和国沿海州地方パルチザン区フロロフカ村シャイガ山城出土銀牌考」『古文化談叢』30上、九州古文化研究会
高橋忠彦　二〇〇一『新釈漢文大系第八一巻　文選（賦篇）下』明治書院
高橋　裕・戸潤幹夫・石田文一・小西洋子　一九九七「海洋祭祀遺跡と「島」「岬」「半島」」『境界の日本史』（村井章介・佐藤　信・吉田伸之編）山川出版社
高橋　学　一九八六「秋田県内出土の墨書土器集成」『秋田県埋蔵文化財センター研究紀要』一、秋田県埋蔵文化財センター
高橋　学　一九九六「秋田県出土の銭貨資料集成」『秋田県埋蔵文化財センター研究紀要』一一、秋田県埋蔵文化財センター
高橋義彦編　一九七一『越佐史料巻一』名著出版
滝沢敬一・綿田弘実　一九九二『丸子町誌　歴史資料編　考古』丸子町誌刊行会

竹内理三・角川書店地名大辞典編纂委員会　一九八九『角川日本地名大辞典一五　新潟県』角川書店
竹尾　進　一九九六「南関東における大量出土銭について」『東京都町田市能ケ谷出土銭調査報告書』能ケ谷出土銭調査会・町田市教育委員会
田幸俊宣　一九九三「石造」『長野県史美術建築資料編全一巻（一）美術工芸』長野県史刊行会
田玉徳明　二〇〇三「上田・小牧」「長丘・豊田」『千曲川一世紀の流れ』千曲川・犀川治水史研究会
辰巳和弘　一九九二『埴輪と絵画の考古学』白水社
辰巳和弘　一九九九『風土記の考古学―古代人の自然観』白水社
辰巳和弘　二〇〇一『古墳の思想』白水社
舘野和己　一九九三「越の国々と豪族たち」『新版古代の日本七　中部』角川書店
田中健夫　一九五九『中世海外交渉史の研究』東京大学出版会
田中健夫　一九六五「第六章　中世海外貿易の性格」『日本経済史大系二』東京大学出版会
田中健夫　一九七五『中世対外関係史』東京大学出版会
田中辰明・劉　福姫　二〇〇〇「韓国におけるオンドルの発展史及び日本の受容」『生活工学研究』二―二、お茶の水女子大学
田中俊明・申　光燮・桜井信也・小笠原好彦・兼康保明・鄭　永縞・西谷　正　二〇〇〇『石塔寺三重石塔のルーツを探る』（蒲生町国際親善協会編）サンライズ出版
田中　裕　一九九六「前方後円墳の企画と地域社会」『考古学雑渉・西野元先生退官記念論文集』西野元先生退官記念会
谷　憲　一九八四「内陸アジアの傷身行為に関する一試論」『史学雑誌』九三―六、史学会
谷口高司・安西英明　一九九八『新　水辺の鳥』（日本野鳥の会編）
玉川村教育委員会　一九八〇『玉川村史』
譚　其驤編　一九八二『中国歴史地図集　宋・遼・金時期』地図出版社（中文）

【ち】

千賀　久　一九九四『埴輪の動物園』保育社
千曲川・犀川治水史研究会編　二〇〇五『千曲川石に刻まれた願い』信濃毎日新聞社
千々和　實　一九三四「上野国山上多重石塔の研究―上野上代に於ける仏教精神史の展開―」『群師紀要』群馬県師範学校
千葉県文化財センター　一九八三『佐倉市立山遺跡―佐倉第三工業団地造成に伴う埋蔵文化財発掘調査報告書』二

千葉県文化財センター　一九八四『八千代市権現後遺跡』
千葉県文化財センター　一九八七『東関東自動車道埋蔵文化財調査報告書三』
千葉県文化財センター　一九九〇a『大栄栗源干潟線埋蔵文化財調査報告書』
千葉県文化財センター　一九九〇b『東関東自動車道埋蔵文化財調査報告書五』
千葉徳爾　一九七五『狩猟伝承』法政大学出版会
中国社会科学院考古研究所　一九六二『灃西発掘報告』文物出版社（中文）
中国社会科学院考古研究所　一九八〇『殷虚婦好墓』文物出版社（中文）
張　松柏　一九九七「遼代的捽跤運動―従敖漢旗娘娘廟遼墓捽跤壁画談起」『内蒙古文物考古』一九九七―一、内蒙古考古博物館（中文）
張　文献・崔　楽泉　二〇〇八「従角力至捽跤」『中華文化画報』二〇〇八―八、中国芸術研究院（中文）
張　保雄　一九八九『韓国の民家』古今書院
張　立明・吉林市博物館　一九八五「吉林樺甸出土金代窖蔵銅銭」『文物』一九八五―一、文物出版社（中文）
鳥海町　一九八五『鳥海町史』
朝鮮遺跡遺物図鑑編纂委員会　一九九〇『朝鮮遺跡遺物図鑑（四）高句麗編（二）』（朝鮮文）
チョンリョンへ　一九八八「高麗石塔の変遷に関する研究」『考古民俗論文集』一一（歴史編集部）科学百科事典出版社（朝鮮文）
陳　大遠　一九九二「広東羅定県発現窖蔵銅銭」『考古』一九九二―三、考古雑誌社（中文）

【つ】

塚田良道　一九九二「「鷹匠」と「馬飼」」『考古学と生活文化』同志社大学考古学シリーズⅤ（森浩一編）同志社大学考古学研究室
塚田良道　二〇〇七『人物埴輪の文化的研究』雄山閣
辻本　武　一九九五『吉野遺跡調査概要Ⅲ』大阪府教育委員会
筒井崇史　二〇一一「木津川市上狛北遺跡（第二次）の発掘調査」『京都府埋蔵文化財情報』一一五、京都府埋蔵文化財調査研究センター
堤　隆　二〇一三『長野県南佐久郡南相木村大師遺跡発掘調査報告書 平安時代編』南相木村教育委員会
角田七郎　一九七九「栃木県の発掘銭について」『貨幣』二三一―三、東洋貨幣協会
坪井良平・藤沢一夫　一九三七「近江石塔寺の阿育王塔」『考古学』八―六、東京考古学会
鶴田多々穂・櫻木晋一　一九九三「福岡県朝倉町出土の備蓄銭」『九州帝京短期大学紀要』五、九州帝京短期大学

【て】
鄭　紹宗　一九七四「承徳発現的契丹符牌」『文物』一九七四－一〇、文物出版社（中文）
程　迺洛　一九四七「女真辮髪考」『史学月刊』一九四七－五、河南大学歴史学会（中文）
寺内貴美子　二〇一七「小島・柳原遺跡群」『長野県埋蔵文化財センター年報三三　二〇一六』長野県埋蔵文化財センター
寺内貴美子　二〇一八「小島・柳原遺跡群」『長野県埋蔵文化財センター年報三四　二〇一七』長野県埋蔵文化財センター
寺内隆夫ほか　二〇〇〇『上信越道　更埴条里遺跡・屋代遺跡群総論編』長野県埋蔵文化財センター
寺泊町　一九九二『寺泊町通史編上巻』
天理市教育委員会　一九九二『天理市埋蔵文化財調査概報　昭和六三・平成元年度』

【と】
土肥富士夫・近間　強　一九八五『池崎窯跡』石川県七尾市教育委員会
土井　實　一九六六「室生寺」『室生村史』（室生村史編集委員会）
東亜考古学会　一九三九『東京城　渤海国上京竜泉府址の発掘調査』
童　恩正（川崎　保・竹原伸仁訳）一九九四「中国東北から西南に至る辺地半月形文化伝播帯試論」『博古研究』七、博古研究会
童　恩生（川崎　保訳）一九九八「中国古代の巫、巫術、巫術崇拝と関連する問題」『博古研究』一五、博古研究会
同志社大学考古学研究室　一九九〇『伊木力遺跡』
十日町市教育委員会　一九九八『笹山遺跡発掘調査報告書』
東北中世考古学会　一九九九『東北地方の中世出土貨幣—東北中世考古学会第五回研究集会資料集—』
時枝　務　二〇一〇『山岳信仰と考古学』同成社
徳網克己　二〇〇五「カマドに伴う円筒形土製品について」『龍谷大学考古学論集』一
栃木県考古学会編　一九九五『東日本における奈良・平安時代の墓制：墓制をめぐる諸問題』
栃木県文化振興事業団埋蔵文化財センター　一九九九『多功南原遺跡』
鳥取県教育文化財団鳥取県埋蔵文化財センター　二〇〇二『青谷上寺地遺跡四』
鳥羽嘉彦　一九九三「塩尻市菖蒲沢窯跡出土の瓦塔」『新版古代の日本七　中部』角川書店
富岡聖子　一九九七「住居における女性の場（一）—日韓住文化比較の試み—」『清泉女学院短期大学研究紀要』一五、清泉女学院短期大学
豊浦町教育委員会　一九九七『曽根遺跡』Ⅲ

豊国覚堂　一九二九「延暦の紀年のある山上の多重塔に就て」『上毛及上毛人』一四三、上毛郷土史研究会
豊田庸園著・小田切春江画　一八四九『善光寺道名所図会』巻三（一九七八『新編信濃史料叢書』第二一巻、信濃史料刊行会、再収）
鳥居龍蔵　一九七五「人類学上より見たる我が上代の文化」『鳥居龍蔵全集』第一巻、朝日新聞社
鳥居龍蔵　一九七六a「金の上京城及びその文化」『鳥居龍蔵全集』第六巻、朝日新聞社
鳥居龍蔵　一九七六b「金上京城仏寺考」『鳥居龍蔵全集』第六巻、朝日新聞社
鳥居龍蔵　一九七六c「契丹の角觝」『鳥居龍蔵全集』第六巻、朝日新聞社
鳥居龍蔵　一九七六d「日本周囲民族の原始宗教」『鳥居龍蔵全集』第七巻、朝日新聞社
鳥山石燕（稲田篤信・田中直日校注）一九九二『画図百鬼夜行』国書刊行会

【な】

内藤湖南（虎次郎）一九〇七「日本満洲交通略説」『大阪朝日新聞社叡山講演集』（一九六九『内藤湖南全集第八巻』筑摩書房、再録）
ナウマン、ネリー　一九九八「古代日本における人物像」『法輪：日本文化比較研究』五、恵光日本文化センター（独文）
永井久美男編　一九九四『中世の出土銭─出土銭の調査と分類─』兵庫埋蔵銭調査会
永井久美男編　一九九六『中世の出土銭　補遺Ⅰ』兵庫埋蔵銭調査会
永井久美男・神野洋行・古川久雄・柴田圭子　一九九九『中村岡の久保出土銭─中世期大量出土埋蔵銭の調査報告書─』新居浜市育委員会
長岡克衛　一九九〇「歩き巫女」『東部町誌歴史編下』東部町誌編纂委員会
長岡京市教育委員会　二〇一二『長岡京市埋蔵文化財調査報告書　国史跡恵解山古墳の調査』
中川和哉　二〇〇七「城谷口二号墳出土の特殊な鉄製品類について」『京都府埋蔵文化財情報』一〇三、京都府埋蔵文化財調査研究センター
中澤寛将　二〇一一「金代女真の地域構造に関する考古学的研究─ロシア沿海地方を中心として─」『公益財団法人三島海雲記念財団研究報告書』
中澤寛将　二〇一二『北東アジア中世考古学の研究　靺鞨・渤海・女真』六一書房
長野県　一九三六『長野県町村誌』長野県町村誌刊行会（一九八五、郷土出版社復刻）
長野県教育委員会　一九七二『諏訪信仰習俗』
長野県教育委員会　一九七六『長野県中央道埋蔵文化財包蔵地発掘調査報告書─茅野市・原村その一・富士見町その二─昭和五〇年度』

（御狩野遺跡）
長野県史刊行会編　一九八八『長野県史　考古資料編　全一巻（四）遺構・遺物』
長野県史刊行会編　一九八九『長野県史　通史編　第一巻』
長野県埋蔵文化財センター　一九八九『中央自動車道長野線　吉田川西遺跡』
長野県埋蔵文化財センター　一九九〇『中央自動車道長野線　下神遺跡』
長野県埋蔵文化財センター　一九九二『中央自動車道長野線　北村遺跡』
長野県埋蔵文化財センター　一九九三ａ『中央自動車道長野線　向六工遺跡・野口遺跡ほか』
長野県埋蔵文化財センター　一九九三ｂ『栗林遺跡七瀬遺跡』
長野県埋蔵文化財センター　一九九六『上信越道　屋代遺跡群出土木簡』
長野県埋蔵文化財センター　一九九七ａ『上信越道　松原遺跡縄文時代編』
長野県埋蔵文化財センター　一九九七ｂ『中央自動車道長野線　石川条里遺跡』
長野県埋蔵文化財センター　一九九七ｃ『北陸新幹線　篠ノ井遺跡群・石川条里遺跡ほか』
長野県埋蔵文化財センター　一九九七ｄ『上信越道　更埴条里遺跡・屋代遺跡群ほか弥生・古墳』
長野県埋蔵文化財センター　一九九七ｅ『中央自動車道長野線　篠ノ井遺跡群』
長野県埋蔵文化財センター　一九九七ｆ『上信越道　牛出遺跡ほか』
長野県埋蔵文化財センター　一九九八ａ『上信越道　松原遺跡弥生時代後期・古墳前期』
長野県埋蔵文化財センター　一九九八ｂ『上信越道　更埴条里遺跡・屋代遺跡群ほか古代一』
長野県埋蔵文化財センター　一九九九ａ『上信越道　松原遺跡弥生時代中期』
長野県埋蔵文化財センター　一九九九ｂ『上信越道　更埴条里遺跡・屋代遺跡群ほか縄文』
長野県埋蔵文化財センター　一九九九ｃ『上信越道　更埴条里・屋代遺跡群ほか古代二・中世』
長野県埋蔵文化財センター　一九九九ｄ『上信越道　更埴条里・屋代遺跡群ほか総論編』
長野県埋蔵文化財センター　一九九九ｅ『上信越道　春山Ｂ遺跡ほか』
長野県埋蔵文化財センター　二〇〇〇ａ『上信越道　更埴条里・屋代遺跡群総論編』
長野県埋蔵文化財センター　二〇〇〇ｂ『上信越道　松原遺跡　古代・中世本文編』
長野県埋蔵文化財センター　二〇〇六『社宮司遺跡ほか』

長野県埋蔵文化財センター　二〇〇八ａ『速報展長野県の遺跡発掘二〇〇八解説資料』
長野県埋蔵文化財センター　二〇〇八ｂ『年報二四　二〇〇七』
長野県埋蔵文化財センター　二〇〇九『御社宮司遺跡　中村・外垣外遺跡』
長野県埋蔵文化財センター　二〇一一『上五明条里水田址』
長野県埋蔵文化財センター　二〇一三『北陸新幹線　沢田鍋土遺跡・立ヶ花表遺跡・立ヶ花城跡』
長野県埋蔵文化財センター　二〇一五『中部横断自動車道　西近津遺跡群』
中野市教育委員会　一九九七『西条・岩船遺跡群発掘調査報告』
長野市教育委員会　一九七八『塩崎遺跡群―塩崎小学校地点の第一次調査報告』
長野市教育委員会　一九八一『湯谷古墳群・長礼山古墳群・駒沢新町遺跡』
長野市教育委員会　一九九四『猪平遺跡・宮の下遺跡』
長野市教育委員会　二〇〇〇『南宮遺跡Ⅱ』
長野市教育委員会二〇〇二『篠ノ井遺跡群（五）』
長野市誌編さん委員会　一九九七『長野市誌旧市町村誌編旧上水内郡旧上高井郡』東京法令出版
中村栄孝　一九六三「十三・四世紀の東亜情勢とモンゴルの襲来」『岩波講座日本歴史』六、岩波書店
中村栄孝　一九六五『日鮮関係史の研究』上、吉川弘文館
中山清隆　二〇〇二「極東・東アジアの炕・オンドル状遺構について」『東アジアにおける渼沙洞遺蹟の位置』世宗大学校博物館
七尾市教育委員会　一九八九『史跡能登国分寺跡―第五・六・七次発掘調査報告書―』
奈良県広陵町教育委員会編　二〇〇五『出島状遺構　巣山古墳　調査概報』
奈良県　二〇〇九『奈良公園に生息する鳥類一覧表』
奈良国立博物館　二〇〇五『古密教　日本密教の胎動』
奈良県文化財保存事務所　一九七〇『重要文化財於美阿志神社石塔婆修理工事報告書』
奈良国立文化財研究所　二〇〇一『史跡頭塔発掘調査報告』
奈良俊哉　一九九四「滋賀県日野町野田遺跡のオンドル状遺構」『韓式系土器研究』五、韓式系土器研究会
奈良文化財研究所　二〇〇四『川原寺寺域北限の調査　飛鳥藤原第一一九－五次発掘調査報告』
成田市教育委員会　一九七四『成田市の文化財第五輯―昭和四八年度―』

成田末五郎　一九五八「乳井出土古銭について」『東奥文化』一一、青森県文化財保護協会

【に】

西崎辰之助　一九一七「塔の森の石塔婆」『奈良県史蹟勝地調査会報告書第四回』大和文化財保存会（一九七八、綜芸舎復刻）
西谷真治・鎌木義昌　一九五九『金蔵山古墳　倉敷考古館研究報告一』
西野善勝　二〇一〇「古代武蔵国のL字カマド　出現の背景をめぐって」『東京考古』二八、東京考古談話会同人
西牟田崇生　一九九六『延喜式神名帳の研究』国書刊行会
西山克己　一九九六「七世紀代に信濃で用いられた円筒形土器」『長野県考古学会誌』七九、長野県考古学会誌
西山克己　一九九八「長野県内出土の皇朝十二銭」『研究紀要』六、長野県埋蔵文化財センター
西山克己　二〇〇一「積石塚の系譜」『長野』二一六、長野郷土史研究会
西山克己ほか　一九九七『中央自動車道長野線　篠ノ井遺跡群』長野県埋蔵文化財センター
西山町教育委員会　二〇〇一『井ノ町遺跡発掘調査報告書』
新田一郎　一九九四『相撲の歴史』山川出版社
日本国語大辞典第二版編集委員会・小学館国語辞典編集部編　二〇〇一「ササギ」『日本国語大辞典』（第二版）第一二巻、小学館
日本大辞典刊行会編　一九七五「ミササギ」『日本国語大辞典』（第一版）第一八巻、小学館
日本野鳥の会編　一九九七『新　水辺の鳥』

【ね】

根木　修　一九九一「銅鐸絵画に登場する長頸・長脚鳥」『考古学研究』三八－三、考古学研究会
寝屋川市教育委員会　二〇〇二『太秦高塚古墳とその時代：北河内の古墳時代を考える：歴史シンポジウム資料』
寝屋川市史編纂委員会　一九九八『寝屋川市史　第一巻』

【の】

野村　隆　一九八五「近江石塔寺三重石塔の造立年代」『史迹と美術』五五八、史迹・美術同攷会

【は】

馬　洪　二〇一一「渤海圧印「仏」字的構形来源」『北方文物』二〇一一－一、北方文物雑誌社（中文）
バイコフ、N・A（中田甫訳）一九九五『バイコフの森』集英社
羽咋市教育委員会　二〇一三『寺家遺跡発掘調査報告書総括編』

橋本澄朗 一九九八「日光男体山」『季刊考古学』六三、雄山閣
橋本文雄 一九六二「室生寺納経塔」『奈良県文化財全集一 室生寺』奈良県教育委員会文化財保護課
長谷川明 一九九三『相撲の誕生』新潮選書
波多野鷹 一九九七『鷹狩りへの招待』筑摩書房
八賀 晋 一九七九「長良廃寺」『岐阜市史資料編考古・文化財』岐阜市
八賀 晋 一九九五「白鳥伝説と古墳」『ヤマトタケル』（森 浩一・門脇禎二編）大巧社
八丈町教育委員会 一九八七『倉輪遺跡』
鳩山町教育委員会 一九九一『埼玉県比企郡 鳩山窯跡群 Ⅲ―工人集落編（一）』
花見 薫 二〇〇二『天皇の鷹匠』草思社
林 大智 二〇〇四「矢田野遺跡・矢田借屋古墳群」『石川県埋蔵文化財情報』一一、石川県埋蔵文化財センター
林 博通 一九九二「オンドルについて」『高句麗の都城と古墳―日本都城制の源流を探る』同朋舎出版
林 博通 二〇〇一「大津北郊の渡来系集団」『大津京跡の研究』思文閣出版
バーフィールド、T・J 一九九二『危険な辺境 遊牧帝国と中国、紀元前二二一年から紀元一七五七年まで』ジョン・ワイリー・アンド・サンズ（英文）
林巳奈夫 一九九二『中国古代の生活史』吉川弘文館
林巳奈夫 一九九五『中国文明の誕生』吉川弘文館
林 陸朗・鈴木靖民編 一九八五『天平諸国正税帳』現代思潮社
早野浩二 二〇〇八「古墳時代の鉄鐸について」『研究紀要』九、愛知県教育・スポーツ振興財団愛知県埋蔵文化財センター
原 明芳 一九八六「銅鋺考―長野県の奈良・平安時代を中心として―」『長野県の考古学』長野県埋蔵文化財センター
原 明芳 一九九六「信濃の鉄鐸」『信州の人と鉄』（北野進編）信濃毎日新聞社
原 明芳 一九九八「信濃の古代墳墓」『長野県考古学会誌』八六、長野県考古学会
原 明芳 二〇〇九「平安時代に出現する木棺墓から見える信濃の在地社会」『信濃』Ⅲ 六一－四、信濃史学会
原 明芳 二〇一四「塩尻市野辺沢出土の毛抜形太刀と八稜鏡をめぐって」『研究紀要』二〇、長野県立歴史館
原 明芳 二〇一七「鉄鐸からみえる信濃と北東北」『「俘囚・夷俘」とよばれたエミシの移配と東国社会』帝京大学文化財研究所・山梨県考古学協会

原田和彦 一九九四「千曲川流域における古代寺院～研究の前提として～」『長野市立博物館紀要』二
原田和彦ほか 一九九七「長野県」『古代寺院の出現とその背景』第四二回埋蔵文化財研究集会
原田信男 二〇一二『なぜ生命は捧げられるか 日本の動物供犠』御茶ノ水書房
原田信男 二〇一四『神と肉：日本の動物供犠』平凡社
原田淑人 一九五六「サナギ（鐸・鐵鐸）というもの」『聖心女子大学論叢』八、聖心女子大学
原町市 二〇〇三『原町市史四 資料編Ⅱ 古代 出土文字資料』
坂 靖 二〇一八『蘇我氏の古代学』新泉社
坂 靖・青柳泰介 二〇一一『葛城の王都 南郷遺跡群』新泉社
磐梯町教育委員会 一九八三『伝徳一廟保存修理工事報告書』

【ひ】

樋口隆康 一九七一『日本人はどこからきたか』（講談社現代新書）講談社
日高 慎二〇一八『渡来系資料からみた東国古墳時代の交流ルートの解明』（平成二六～二九年度科学研究費助成事業研究成果報告書）
　東京学芸大学自然科学系
ピッキオ編著 一九九七『鳥のおもしろ私生活』主婦と生活社
日比野丈夫 一九五〇「宋代銅銭問題に関する新見解―わが国における発掘銭より出発して―」『東方学報』一九冊、京都大学人文科学研究所
馮 恩学 一九九八「考古所見薩満之腰鈴與飾牌」『北方文物』一九九八―二、北方文物雑誌社（中文）
兵庫県教育委員会 二〇一五『池田古墳―一般国道九号池田橋盛土化事業（平野地区）に伴う埋蔵文化財発掘調査報告書一』
兵庫県立考古博物館 二〇一二『伊勢貝遺跡（主）三田篠山線道路改良事業に伴う埋蔵文化財調査報告書』兵庫県教育委員会
平川 南 二〇〇〇a「屋代遺跡群出土木簡補遺」『上信越自動車道 更埴条里遺跡・屋代遺跡群総論編』長野県埋蔵文化財センター
平川 南 二〇〇〇b『墨書土器の研究』吉川弘文館
平川 南 二〇〇二「長野県内出土・伝世の古代印の再検討」『長野県考古学会誌』九九・一〇〇、長野県考古学会
平勢隆郎 一九九八『中華文明の誕生』中央公論社
平野邦雄・瀬野精一郎編 二〇〇六『日本古代中世人名事典』吉川弘文館
平林章仁 一九九二『鹿と鳥の文化史―古代日本の儀礼と呪術』白水社

平林章仁 二〇〇七『神々と肉食の古代史』吉川弘文館
平林 彰 一九九六「長野県屋代高等学校所蔵の革袋形瓶」『長野県立歴史館研究紀要』二、長野県立歴史館
広島県教育事業団 二〇一三『三重一号遺跡 中国横断自動車道尾道松江線建設に伴う埋蔵文化財発掘調査報告』
広田典夫 一九九一『土佐の須恵器』

【ふ】

福井県立若狭歴史民俗資料館 一九八五『いま甦る丸木舟』
福岡県教育委員会 二〇〇〇『上別府沖代遺跡・上別府園田遺跡』
福岡市教育委員会 一九九五a『有田・小田部二二』
福岡市教育委員会 一九九五b『比恵遺跡群一』
福沢邦夫 二〇〇二「篠井所在古石塔の様式」『藤澤一夫先生卒寿記念論文集』藤澤一夫先生卒寿記念論文集刊行会
福島県教育委員会 一九八九『福島県の文化財—国指定文化財要録—』
福島県文化振興事業団 二〇〇五『荒屋敷遺跡(四次)・桜町遺跡(一次)』
福島正樹 二〇〇二「古代における善光寺平の開発について」『国立歴史民俗博物館研究報告』九六
福島政文 一九九四「一括出土銭について」『草戸千軒町遺跡発掘調査報告Ⅱ 北部地域南半部の調査』(広島県草戸千軒町遺跡調査研究所編)
藤井幸司 二〇〇五「大日山三五号墳の調査成果」『日本考古学』一九号
藤井寺市教育委員会 二〇〇七『石川流域遺跡群発掘調査報告 二二』
藤沢一夫 一九六八「日本の鬼面文屋瓦」『鬼面紋瓦の研究』(井内功編)井内古文化研究室
藤沢高広 一九九七「長野県中野市西条・岩船遺跡群出土の備蓄銭」『出土銭貨』八、出土銭貨研究会
藤田明良 二〇〇七「文献資料から見た日本海交流と女真」『北東アジア交流史研究』(前川要編)塙書房
藤沼邦彦・神宮寺千恵 一九九二「宮城県における一括出土の渡来銭—女川町御前浜出土の古銭を中心にして—」『研究紀要』一八、東北歴史資料館
藤原直人ほか 一九九九『上信越道 芝宮遺跡群中原遺跡群』長野県埋蔵文化財センター
藤原直人ほか 二〇〇九『中村・外垣外遺跡ほか』長野県埋蔵文化財センター
藤森栄一 一九八五『諏訪大社』中央公論美術

藤森栄一　一九八六「鉄鐸・ナギガマ考」『藤森栄一全集』一四、学生社

ブレイ、フランチェスカ（古川久雄訳・解説）二〇〇七『中国農業史』京都大学学術出版会

古川久雄　一九九九「収納容器（常滑）」『中村岡の久保出土銭—中世期大量出土埋蔵銭の調査報告書—』新居浜市教育委員会

【へ】

ペプノフ、A・M　一九八九「沿海州シャイギン城跡出土の銀製牌子における女真文字銘文について」『極東考古学における新発見（中世史学者資料）』ユジノ・サハリンスク（露文）

【ほ】

鮑　海春・王　禹浪・伊　葆力・都　永浩　二〇〇一『金源文物図集』哈爾浜出版社（中文）

彭　善国　二〇〇二「遼金元時期的海東青及鷹猟」『北方文物』二〇〇二-四、北方文物雑誌社（中文）

坊城俊良　一九六〇「鷹狩の今昔」『野鳥』二〇〇、日本野鳥の会

卜　鍵　二〇〇〇「角抵考」『文学遺産』二〇〇〇-二、中国社会科学院文学研究所（中文）

保角里志　一九八二「山形市大森山出土の古銭」『山形考古』三-三、山形考古友の会

北海道開拓記念館　一九九四『ロシア極東諸民族の歴史と文化—ロシア科学アカデミー極東支部所蔵資料—』市立函館博物館

堀場義馨　一九三六『本合海の古銭に就いて』

本田道輝　一九八八「鹿児島県下出土の銭貨集成」『鹿大史学』三五、鹿児島大学文理学部教養史学科

【ま】

埋蔵文化財研究会　一九九七『古代寺院の出現とその背景』

増井寛也　一九九一「金代女真族の「傷身」行為とその周辺」『大垣女子短大紀要』三二、大垣女子短期大学

枡本　哲　一九九五「北アジア出土の銭貨」『出土銭貨』三、出土銭貨研究会

松江市教育委員会　一九九三『伝宇牟加比売命御陵古墳』

松尾　聰・永井和子（校注）一九九七『新編日本古典文学全集　枕草子』小学館

松下　彰　一九九三「和歌山県出土の埋銭」『摂河泉文化資料』四二・四三、摂河泉文庫

松谷暁子　一九八八「長野県の縄文中期諸遺跡から出土したエゴマ・シソ」『長野県史考古資料編遺構・遺物』長野県史刊行会

松永満夫　一九七八「鉄鐸を出土した土壙墓」『信濃』（Ⅲ）三〇-一一、信濃史学会

松藤和人　一九九九「海を渡った旧石器人」『文化学年報』四八、同志社大学文化学会

松室孝樹　一九九六「竪穴住居に設置されるL字形カマドについて―日本国内検出例の集成―」『韓式系土器研究』六、韓式系土器研究会
松本市教育委員会　一九九三『松本市小原遺跡Ⅱ』
松本市教育委員会　一九九四『松本市出川南遺跡四　平田里古墳群緊急発掘調査報告書』
松本市教育委員会　一九九五『松本市岡田町遺跡Ⅱ緊急発掘調査報告書』
松本市教育委員会　二〇〇二『長野県松本市新村遺跡緊急発掘調査報告書』
丸山久子　一九七七「鶺鴒は鳥の王」「継子と鳥」『日本昔話事典』弘文堂
満洲国国務院文教部　一九七六『間島省の古蹟　満洲国古蹟古物調査報告書（三）』国書刊行会（復刻版、一九四二初版）

【み】

美麻村誌編纂委員会　一九九九『美麻村誌民俗編』
三浦浄心　一九六九『江戸史料叢書―慶長見聞集―』新人物往来社（一六一四、初版）
三上次男　一九七二『金史研究一　金代女真社会の研究』中央公論美術出版
三上次男　一九七三『金史研究三　金代政治・社会の研究』中央公論美術出版
三上次男　一九九〇「渤海の押字瓦とその歴史的性格」『高句麗と渤海』吉川弘文館
三嶋隆儀・庄内昭男　一九八六「男鹿市小谷地遺跡の墨書土器」秋田県立博物館研究報告一一
水沢市埋蔵文化財調査センター　二〇〇三『林前南館跡』
水野正好ほか　二〇〇四『「天皇陵」総覧』新人物往来社
水野　祐　一九八七「騎馬民族論」『論争・学説　日本の考古学』雄山閣
水野　祐　一九九二『新版　日本古代王朝史論序説』（水野祐著作集一）早稲田大学出版部（一九五二、発表段階、謄写版非売品）
三松みよ子　二〇〇二「百済王氏凋落についての一考察」『藤澤一夫先生卒寿記念論文集』藤澤一夫先生卒寿記念論文集刊行会
三村邦雄　一九六六「長野県東筑摩郡朝日村五社神社の鉄鉾と鉄鐸」『信濃』Ⅲ　一八-三、信濃史学会
宮川勝次　二〇〇三「矢田野遺跡」『石川県埋蔵文化財情報』一〇、石川県埋蔵文化財センター
宮城栄昌　一九五七『延喜式の研究　論述編』大修館書店
三宅俊彦　二〇〇〇「唐・宋代の窖蔵銭」『博望』創刊号、東北アジア古文化研究会
三宅俊彦　二〇〇一「中国唐・宋代の出土銭」『出土銭貨』一五、出土銭貨研究会
宮坂光昭　一九八二「出土古銭研究への試論」『中部高地の考古学Ⅱ』長野県考古学会

宮崎県総合博物館 二〇〇二『南九州の古代文字資料』
宮崎市教育委員会 二〇〇一『深田遺跡』
宮下健司 一九八五「長野市石川条里周辺における原始・古代の空間構造」『信濃』Ⅲ 三七－九、信濃史学会
宮下健司 一九八九「古代の麻績」『麻績村誌上巻』麻績村誌編纂会
宮下健司 一九九二「古代の坂井村」『坂井村誌』坂井村誌刊行会
宮下健司 二〇〇一「流域の遺跡」『千曲川の今昔』北陸建設弘済会
宮地直一 一九三七『諏訪史第二巻後編』信濃教育会諏訪部会

【む】

村上和夫 一九八五「信濃国分寺址出土の蕨手文鐙瓦の研究」『信濃』Ⅲ 三七－一二、信濃史学会
村田治郎 一九六八「中国建築に用いられた鬼面紋史概説」『鬼面紋瓦の研究』（井内功編）井内古文化研究室
村山七郎 一九五一「吾妻鏡に見える女真語について」『東洋学報』三三－三・四、東洋学術協会

【め】

メドベージェフ、M・B 一九九七『アムール女真の文化』ナウカ社（露文）
メドベージェフ、M・B 一九八二『ウスリー島の中世の遺跡』ナウカ社（露文）

【も】

毛 汶 一九三一「女真文字之起源」『史学年報』一－三、燕京大学歴史学会（中文）
茂木雅博 一九九〇『天皇陵の研究』同成社
茂木雅博 二〇〇二『日本史の中の古代天皇陵』慶友社
木簡学会 一九八九「一九八八年出土の木簡」『木簡研究』一一号、木簡学会
木簡学会（馬場基）二〇〇一「一九七七年以前出土の木簡（二三）奈良・平城宮跡（七七次）」『木簡研究』二三、木簡学会
木簡学会（市大樹）二〇〇二「一九七七年以前出土の木簡（二四）奈良・平城宮跡」『木簡研究』二四、木簡学会
望月精司 二〇〇二「小松市額見町遺跡と飛鳥時代の渡来人」『石川県立博物館紀要』一四、石川県立博物館
森 郁夫 一九八六a「古代信濃の畿内系軒瓦」『信濃』Ⅲ 三八－九、信濃史学会
森 郁夫 一九八六b『考古学ライブラリー四三 瓦』ニュー・サイエンス社
森 郁夫 二〇〇一『ものと人間の文化史一〇〇 瓦』法政大学出版会

森　克己　一九五〇「宋銅銭の我が国流入の端初」『史淵』四三、九大史学会
森　浩一　一九六三「人物鳥獣文鏡」『大和天神山古墳　奈良県史跡名勝天然記念物調査報告二二』（伊達宗泰・小島俊次・森浩一編）奈良県教育委員会
森　浩一　一九七〇『古墳：石と土の造形』保育社
森　浩一　一九七一『黄金塚古墳』中央公論美術出版
森　浩一　一九七九『古墳の旅』芸艸堂
森　浩一　一九八一『巨大古墳の世紀』岩波新書
森　浩一　一九八五「前倭人の活躍」『日本の古代』一中央公論社
森　浩一　一九八六「潟と港を発掘する」『日本の古代』三、中央公論社
森　浩一　一九九〇a『交錯の日本史』朝日新聞社
森　浩一　一九九〇b「能登の石塔と韓国の石塔」『交錯の日本史』朝日新聞社
森　浩一　一九九四『考古学と古代日本』中央公論社
森　浩一　一九九六「考古学と天皇陵」『天皇陵古墳』大巧社
森　浩一　一九九八「継体大王と樟葉宮」『継体大王と渡来人』大巧社
森　浩一　二〇〇〇「継体・欽明王朝と考古学の諸問題」『継体王朝』大巧社
森　浩一　二〇〇六「信濃の馬、積石塚と渡来人」『「シナノ」の王墓の考古学』雄山閣
森　浩一　二〇〇七a「山・野・里・海・川の食の見直し　日本文化の深層を探る」『第一五回春日井シンポジウム資料集　日本の食文化に歴史を読む』春日井市教育委員会
森　浩一　二〇〇七b『古代史おさらい帖』筑摩書房
森　浩一　二〇〇九『日本の深層文化』（ちくま新書）筑摩書房
森　浩一・伊藤勇輔・辰巳和弘・大野左千夫・広瀬常雄　一九七二『井辺八幡山古墳』（同志社大学文学部考古学調査報告第五冊）同志社大学文学部文化学科
森　浩一・NHK取材班　一九九四『考古紀行　騎馬民族の道はるか―高句麗古墳がいま語るもの』日本放送出版協会
森　浩一・大林太良ほか　一九七四『シンポジウム日本の神話四　日向神話』学生社
森　浩一・門脇禎二編　一九九五『ヤマトタケル』大巧社

森　浩一・中尾佐助ほか　一九八七『古代技術の復権　技術から見た古代人の生活と知恵』小学館
森泉かよ子・小林真寿　二〇〇四『東近津遺跡』佐久市教育委員会
盛岡市教育委員会　一九九八『乙部遺跡群乙部八丁遺跡―平成六・七・九年度発掘調査概報―』
森田　悌　一九九七「古代東国の火葬墓」『群馬大学教育学部紀要　人文・社会科学編』四六、群馬大学教育学部
森田　悌　一九九九「道輪と勝道」『天皇と須弥山』高科書店
森田　悌　二〇〇一「道輪の信仰と宗教活動―山上多重塔の史的位置づけ―」『国指定重要文化財　山上多重塔　建立一二〇〇年記念歴史講演会』新里村教育委員会
毛利光俊彦　一九八〇「日本古代の鬼面文鬼瓦―八世紀を中心として―」『研究論集』六、奈良国立文化財研究所
門田誠一　一九九四「角杯と牛殺しの盟誓―新羅の祭天儀礼とその周辺―」『考古学と信仰』同志社大学考古学シリーズⅥ（森浩一編）同志社大学考古学研究室

【や】

八百枝　茂　一九八五「加茂市岡の町（清水邸）の出土銭（第一報）」『加茂郷土誌』八、加茂郷土調査研究会
矢口忠良　一九八二「塩崎小学校地点の遺跡」『長野県史考古資料編主要遺跡（北・東信）』長野県史刊行会
安富町教育委員会　一九九一『塩野出土銭報告書―安富町中世備蓄銭の報告書―』
矢島恭介　一九五六「貨幣―本邦に於ける出土貨幣―」『日本考古学講座』七、河出書房
矢島恭介　一九六二「日本出土銭貨一覧」『日本考古学辞典』日本考古学協会、東京堂出版
矢島恭介　一九六九「出土資料によるわが国貨幣の考察」『歴史教育』一七―七、日本書院
矢島宏雄・北條芳隆　一九九二「信濃」『前方後円墳集成　中部編』山川出版社
柳内壽彦　一九九五「一〇　根小屋出土古銭」『喜多方市史四　考古・古代・中世・資料編Ⅰ』喜多方市史編纂委員会・喜多方市
柳澤　亮・川崎　保・高津希望・近藤尚義　二〇一八「長野市篠ノ井遺跡群出土の古代印について」『長野県考古学会誌』一五六、長野県考古学会
柳田國男　一九二九『日本の伝説』アルス社（一九九七年、新潮文庫、再録）
柳田國男　一九三〇『蝸牛考』刀江書院（一九六九『定本　柳田國男集』一八巻、筑摩書房等収録）
柳田國男　一九六二「巫女考」『定本柳田國男全集第九巻』筑摩書房
矢野建一　二〇〇三「アメノワカヒコ物語と古代の葬送儀礼」『日本全国古墳学入門』学生社

矢部　治　一九九三『万葉の鳥、万葉の歌人』東京経済
山形県教育委員会　一九八二『農林土木事業関係遺跡発掘調査報告書』
山形県埋蔵文化財センター　一九九三『木原遺跡発掘調査報告書』
山形県埋蔵文化財センター　一九九四『木原遺跡第二次発掘調査報告書』
山形県埋蔵文化財センター　一九九五『上高田・木戸下遺跡発掘調査報告書』、
山形県埋蔵文化財センター　一九九八『上高田遺跡発掘調査報告書（二・三次）』
山川　均　二〇〇四「武烈天皇陵」『「天皇陵」総覧』新人物往来社
山口佳紀・神志野隆光（校注）一九九七『新編日本古典文学全集　古事記』小学館
山崎信二　二〇〇三『古代瓦と横穴式石室の研究』同成社
山崎信二　二〇〇六「平城京内出土軒瓦と信濃国分寺出土軒瓦」『古代信濃と東山道諸国の国分寺』上田市立信濃国分寺資料館
山崎龍教　一九九六『寺泊町史あれこれ』北洋印刷
山路廣明　一九五八『女真文字の製字に関する研究』アジヤ・アフリカ言語研究室
山下剛司　二〇一四「百済王氏存続の要因」『佛教大学総合研究所紀要』二一
山田修七郎　一九八五『万葉の鳥』近代文芸社
山中耕作・宮地武彦　一九八七『日本伝説大系』第一三巻、みずうみ書房
山梨県　二〇〇一『山梨県史資料編』三
山梨県教育委員会　一九七五『勝沼バイパス道路建設に伴う　古代甲斐国の考古学調査続編』
山梨県埋蔵文化財センター　一九九五『北中原遺跡』
山本忠尚　一九九八『日本の美術三九一　鬼瓦』至文堂
ヤンフネン、ユーハ　一九九四「中世中国北部における漢字からの派生文字の形成について」『フィン・ウゴル語学会ジャーナル』八五号（英文）
ヤンフネン、ユーハ　一九九六『マンチュリア民族史』フィノ・ウグリアン学会（英文）

【ゆ】

行田裕美　一九九七「鉄鐸について」『西吉田北遺跡、津山市埋蔵文化財発掘調査報告第五八集』津山市教育委員会
湯沢町教育委員会　一九七六『伝・泉福寺遺跡』

弓場紀知 一九八八「沖ノ島祭祀の変遷 祭祀遺物の内容」『古代を考える 沖ノ島と古代祭祀』吉川弘文館

【よ】

楊 虎・劉 国祥・鄧 聰 二〇〇七『玉器起源探索：興隆窪文化玉器研究及図録』中国考古芸術研究中心（中文）
葉 麗萍 二〇一二「唐代渤海的瓦押印文字與文字」『黒龍江史志』二〇一二－九、黒龍江史志雑誌社（中文）
吉川純子 一九九九「芝宮中原遺跡より出土した炭化種実炭化樹種」『上信越道 芝宮遺跡群中原遺跡群』長野県埋蔵文化財センター
吉田東伍 一九〇二『大日本地名辞書第五巻北国・東国』冨山房（一九七一年増補）
吉田東伍 一九〇七『大日本地名辞書・上』冨山房
米子市埋蔵文化財センター 二〇一六『米子市埋蔵文化財センターたより』一一〇号
米山一政 一九五四「善光寺瓦と善光寺の草創」『一志茂樹氏還暦記念 地方研究論叢』
米山一政 一九六六「石造多層塔」『篠ノ井市指定文化財調査報告書』篠ノ井市教育委員会
米山一政 一九七一「信濃の古瓦」『一志茂樹博士喜寿記念論集』一志茂樹博士喜寿記念論集刊行会
米山一政 一九七八ａ「信濃出土の古瓦再論」『中部高地の考古学』長野県考古学会
米山一政 一九七八ｂ「古代」『更級埴科地方誌第二巻原始古代中世編』更級埴科地方誌刊行会

【り】

李 輝 二〇〇四「金代金銀牌制度的再考述」『北方文物』二〇〇四－四、北方文物雑誌社（中文）
李 強 一九八二「論渤海文字」『学習與探索』一九八二－五、黒龍江省社会科学院（中文）
李 強 一九八四「渤海「瓦押印文字」摹誤訂正」『黒龍江文物叢刊』一九八四－三（中文）
李 佚・暁 峰 一九八九『中国北方民族貨幣史』黒龍江人民出版社（中文）
李 元章 一九九二「山東栖霞県発現金代窖蔵銅銭」『考古』一九九二－九、考古雑誌社（中文）
李 健茂 二〇〇二「基調報告 韓国古代のオンドル（温突）状遺構と住文化」『石川県立歴史博物館紀要』一四、石川県立博物館
李 重中ほか 二〇〇二「敦煌莫高石窟與角抵」『体育文化導刊』二〇〇二－一、国家体育総局体育文化発展中心（中文）
李 勝伍 一九八九「石家荘市獲鹿県発現古銭窖蔵」『考古』一九八九－二、考古雑誌社（中文）
劉 暁東 二〇〇四「渤海国語言初探」『北方文物』二〇〇四－四、北方文物雑誌社（中文）
劉 鳳翥 一九八〇「女真字「国誠」銀牌考釈」『文物』一九八〇－一、文物出版社（中文）
遼寧省文物考古研究所 二〇〇四『五女山城』文物出版社（中文）

遼寧省文物考古研究所・朝陽市博物館 二〇〇一「遼寧朝陽市黄河路唐墓的清理」『考古』二〇〇一－八、考古雑誌社（中文）
林 時九・湘西土家苗族自治州博物館 一九八六「湘西吉首発現銅銭」『考古』一九八六－一、考古雑誌社（中文）

【ろ】

盧 建国・銅川市中心文化館 一九七九「銅川市耀州窯遺址発現窖蔵銅銭」『文物』一九七九－五、文物出版社（中文）
路 志峻・張 有 二〇〇八「中国角抵劇的本体発展與歴史演進」『敦煌研究』二〇〇八－四、敦煌研究院（中文）

【わ】

若狭 徹・内田真澄編 一九九九『鳥の考古学』かみつけの里博物館
若狭 徹ほか 二〇〇〇『保渡田八幡塚古墳』群馬県群馬町教育委員会
和歌山県教育委員会 二〇一三『大日山三五号墳発掘調査報告書』
和歌山県立紀伊風土記の丘 二〇〇五『特別公開大日山三五号墳の埴輪』
若松良一 一九八八『はにわ人の世界』埼玉県立さきたま資料館
若松良一 二〇〇八「鎮魂の芸能者―相撲人―」『力士の考古学』（展示解説図録）かみつけの里博物館
和田 萃 一九九五「ヤマトタケル伝承の成立過程」『ヤマトタケル』大巧社
和田 萃 一九九六「日本古代・中世の陵墓」『天皇陵古墳』大巧社
和田 清 一九三五「吾妻鏡に見えたる女真字の性質について」『史学雑誌』四六－七、史学会
渡瀬昌忠 二〇〇四「日本古代の島と水鳥―巣山古墳と記紀の雁産卵―」『萬葉』一八八、萬葉学会
渡辺 昇 一九九三「兵庫県下出土の備蓄銭」『摂河泉文化資料』四二・四三、摂河泉文庫
渡辺 実校注 一九九一『新日本古典文学大系 枕草子』岩波書店
和根崎剛・川上麻子 一九九六『四日市遺跡Ⅱ』真田町教育委員会
和根崎剛 一九九七『四日市遺跡Ⅲ』真田町教育委員会

図版・表出典

図1　広陵町教育委員会蔵、阿南辰秀撮影、小学館写真提供
図2　新開 二〇〇二
図3・4　高槻市立しろあと歴史館 二〇〇四
図5・8・9　森ほか 一九七二
図6　鐘ヶ江ほか 二〇〇四
図7　遼寧省文物考古研究所ほか 二〇〇一
図10　七尾市教育委員会写真提供
図11　木立 二〇〇二
図12　左：世界地図（http://www.sekaichizu.jp/）、右：グーグルマップ（http://maps.google.co.jp/）にそれぞれ筆者が加筆したもの。
図13　七尾市教委 一九八九
図14　鮑・王・伊・都 二〇〇一。黒龍江省五常市出土、金代。
図15　松本市立考古博物館写真提供
図16　平林 一九九六（長野県屋代高等学校蔵）
図17　1：高崎市遺跡調査会 一九九七、2：群馬県教委 一九九五、3：群馬県埋文 一九九五、4：茨城県教育財団 一九九五、茨城県立歴史館 二〇〇四
図18　1：森ほか 一九七二、2：清水 二〇〇八（厚木市教育委員会蔵）、3：伊達ほか 一九九七
図19　1：邵 一九九四、2：張 一九九七、3：王 二〇〇六
図20　筆者作成・撮影
図21　国土地理院五万分の一地形図「長野」、墨書土器：長野県埋文 一九九七e
図22　原田 一九九四をもとに作成した平成一八年度長野県立歴史館春季展「古瓦からみた古代の信濃」のパネル・考古学講座資料に筆者が加筆修正。
図23　筆者撮影。模式図 大川 清 一九六八
図24　a：国土地理院五万分の一長野、b：同松本、c：同上田、d：長野県埋文 一九九〇、e：真田町教委 一九九〇。なおe-6の墨書土器は一部筆者が加筆。
図25　国土地理院五万分の一小諸。なお、国土地理院の地図はそれぞれ七五パーセントに縮小。
図26　大津市教委 一九八九、松室 一九九六、鳩山町教委 一九九一
図27　島田 一九九二、松本市教委 一九九五、長野県埋文 一九九三・一九九七f・二〇〇六・二〇一三、三水村教委 二〇〇四
図28　アルテミエバ 二〇一一、ソンキホ 二〇〇八、遼寧省文物考古研究所 二〇〇四
図29～31　筆者作成
図32　かって塚古墳：児島 一九六七、沖ノ島：第三次沖ノ島学術調査団 一九七九、寺家遺跡：羽咋市教委二〇一三、男体山山頂遺跡：斎藤ほか 一九六三、野木遺跡：青森県教委 一九九八、諏訪大社：藤森 一九八六

図33　国土地理院二万五千分の一地形図「坂城」
図34・35　長野県埋文　二〇一一
図36　国土地理院二万五千分の一地形図「茅野」
図37　長野県埋文　二〇〇九
図38　豊田　一八四九
図39　筆者作成
図40　筆者撮影
図41　信濃史料刊行会編　一九七一
図42　井出ほか　一八八六
図43　藤原ほか　二〇〇九
図44　清瀬　一九九七
図45　国土地理院作成五万分の一地形図「三条」
図46　筆者撮影
図47・50・51　筆者作成
図48　李・暁　一九八九、永井編　一九九四
図49　譚編　一九八二に中国（三宅　二〇〇〇）、北アジア（枡本　一九九五）、蒲与路（三上　一九七二）、開京（森　一九五九）のデータを筆者がいれたもの。
図52　筆者作成
図53　ヴォヴィン　二〇一二、原典はいずれも朱栄憲　一九七一
図54　東亜考古学会　一九三九、吉林省文物考古研究所ほか　二〇〇七
図55　田中　一九九六をもとに、勝山　一九九三の成果を筆者が加筆して作成。
図56　長野県埋文　一九九三
図57　長野県埋文　一九九七ａ・ｄ
図58　瓦塔・塼仏：長野県埋文　一九九七ｃ、墨書土器：長野県埋文　一九九七ｅ
図59　縄文土器：長野県埋文　一九九九ｂ、鐙瓦：長野県埋文　一九九九ｃ、土層：長野県埋文　一九九九ｄ
図60　珠洲系焼物などの分布：鋤柄　一九九六、埋蔵銭出土状況・珠洲系甕：中野市教委　一九九七
図61　金銭多量出土出土遺跡：本書第三章一、金銭：中野市教委　一九九七
表22　早野　二〇〇八に加筆修正
表23　弓場　一九八八、羽咋市教委　二〇一三、斎藤ほか　一九六三、国立全州博物館　一九九四
表24　長野県埋文　二〇〇九に加筆修正
表25　小嶋　二〇〇四に加筆
※その他の表は筆者作成

あとがき

日本の文化は、往々にして列島における独自文化としての面が強調されがちだが、大陸起源の文化要素が見られる。海に囲まれてはいるが、列島の住民は、絶えず大陸と交流している。

筆者は博士論文で、海上交通が現代よりずっと発達していなかった縄文時代に玦状耳飾を中心とした玉製品の起源は、中国東北部にあったことをまとめた。中国の古代文明を彩る「玉」を製作し、装身具や副葬品として用いる文化は、中国東北部から発生し、東アジアに拡散し、日本列島にも到達していた。しかし、グローバルに広がるような文化要素が、古代中国文明の中核、黄河中流域ではなく、中国東北部から広がるようなことがありうるのかと逡巡したことは、何度もあった。こうした中、二人の中国人研究者、童恩生先生と王禹浪先生から直接大きな教えを受けた。

童恩生先生は、中国中原を取り巻くチベット高原からモンゴル高原を経て中国東北部に至る地域は、単に、中国中原の文化を受容するだけの存在ではない。多くの文化要素を共有し、さらに発信することもあったという。王禹浪先生は、中国東北部は、北魏（拓跋）、遼（契丹）、金（女真）、清（満洲）の四大王朝の故地であり、東アジアの文化形成に与えた影響は少なくないと主張する。何も中国中原だけを文化の中心地と先験的に考える必要はなく、実事求是の精神で当たれとおっしゃった。

このことを日本列島に置き換えてみると、古墳時代の多くの大型の前方後円墳や古代律令国家の都城は、現在の近畿地方に作られ、これらの地域に大陸文化の影響が認められる。しかし、それ以外の地域が、列島外と独自に交流する機会があってもおかしくない。東アジアの文明の中心である中国中原地方から発せられた文化が、朝鮮半島や九州を経て、列島の中心部たる近畿地方に受容され、それが列島の各地域に拡散したというモデルだけに拘泥すべきでないことに思い至った。さらに、そもそも文化というものは、世界あるいは日本列島のどこかに中心地があって、そこから絶えず発信拡散し、周辺地域は受容するだけということもない。

本書は、日本と東北アジアの文化の関係、とくに、なぜ日本列島の地域に東北アジア文化の要素が見られるかについて、筆者が取り組んだ諸研究を、一つの著作とさせていただいた。いずれも大幅に加筆したが、本書所収の論文と初出の関係は以下のとおりである。

序　新稿

第一章　国家形成期―古墳時代

一「ハクチョウ形埴輪をめぐる一考察」『日中交流の考古学』（茂木雅博編）、同成社、二〇〇七年

二「埴輪にみられる東北アジア文化の影響―辮髪・鷹・送血涙を中心に―」『古代学研究』一八〇号、古代学研究会、二〇〇八年

三「鷹形須恵器に関する一考察」『古代学研究』一九三号、古代学研究会、二〇一二年

四「シナノに来た北東アジアの狩猟文化」『「シナノ」の王墓の考古学』（川崎保編）、雄山閣、二〇〇六年

五「巨大古墳をなぜミササギと呼ぶか」『古代学研究』一八一号（梶田学と共著）、古代学研究会、二〇〇九年

六「力士形埴輪と北東アジア角抵像の対比と考察」『考古学は何を語れるか同志社大学考古学シリーズⅩ』（松藤和人編）、同志社大学考古学研究室、二〇一〇年

第二章　古代律令国家期―奈良・平安時代

一「長野市篠ノ井方田塔の考古学的研究」『考古学に学ぶ（Ⅱ）　同志社大学考古学シリーズⅧ』（松藤和人編）、同志社大学考古学研究室、二〇〇三年

二　「古代「善光寺」造営の背景」『考古学に学ぶ（Ⅲ）　同志社大学考古学シリーズⅨ』（松藤和人編）、同志社大学考古学研究室、二〇〇七年
三　「信濃の獣面文瓦の意義」『実証の考古学　同志社大学考古学シリーズⅫ』同志社大学考古学研究室編、二〇一八年
四　「「禾」（アワ）墨書土器に関する小考」『信濃』六一巻四号、信濃史学会、二〇〇九年
五　「信濃のオンドル状遺構についての一考察」『信濃』六六巻一一号、信濃史学会、二〇一四年
六　「古代信濃の鉄鐸についての一考察」『信濃』六七巻一〇号、信濃史学会、二〇一五年
七　「善光寺と諏訪信仰」『この国の歴史と形～東海学を視座にすえて～　第19回春日井シンポジウム』二〇一一年
第三章　連綿と続く交流―鎌倉時代以降
一　「『吾妻鏡』異国船寺泊浦漂着記事の考古学的考察」『信濃』五四巻九号、信濃史学会、二〇〇二年
二　「北辺をこえた女真人」『古代・中世の境界意識と文化交流』（竹田和夫編）、勉誠出版、二〇一一年
三　「「渤海」文字資料からみた女真文字の起源に関する一考察―ヴォヴィン論文（二〇一二）を中心として―」『古代学研究』二〇二号、古代学研究会、二〇一四年
四　「遺跡から見た古代・中世の千曲川の水運」『信濃』五七巻一二号、信濃史学会、二〇〇五年
結　「森先生と騎馬民族征服王朝説」『第六回東海学シンポジウム』二〇一八年を大幅に増補改稿。

なお、本書のとくに第一章を執筆するにあたって、鳥類研究者梶田学氏には、ササギ＝ウグイス説をはじめ、鳥類の生態を含む基礎知識や文化にかかる多くの示唆をご教示いただいた。本書の鳥類に関する部分は、氏のご助力による。本書と『「縄文玉製品」の起源の研究』（雄山閣、二〇一八年）とをあわせて日本の地域文化の形成の一側面を読

み取っていただければ幸いである。知的好奇心に基づく研究に終わりはない。さらなる高みを目指していきたい。

本書の発刊にあたって、雄山閣の羽佐田真一氏には、いつもながら大変お世話になりました。また、本書を執筆するにあたって、以下の諸氏、諸機関に学恩を賜った文末ながらお名前を記して謝意を表する。

出河裕典、市川健夫、王　維坤、王　禹浪、大下　武、尾見智志、河西克造、梶田　学、春日真実、唐澤至朗、神戸　肇、魏　国忠、北林雅康、北山昭雄、姜　念思、清瀬義三郎則府、倉澤正幸、小嶋芳孝、櫻井秀雄、佐野　隆、柴田洋孝、真保昌弘、島崎善信、鋤柄俊夫、杉山秀宏、鈴木　信、高野晶文、竹田和夫、辰巳和弘、田中裕子、土田　明、田　広林、徳永哲秀、鳥羽英継、冨沢一明、中山清隆、西脇対名夫、長谷部一弘、林　幸彦、日高　慎、藤川智之、藤沢高広、平田明日美、深澤敦仁、福沢邦夫、藤枝文忠、穂積裕昌、枡本　哲、松藤和人、三松みよ子、武藤ふみ子、茂木雅博、森　浩一、森田克行、八重樫由美子、山口　明、若林邦彦、和根崎剛、アレキサンダー・ヴォヴィン、アレクサンドル・イブリエフ、アレクサンドル・キム、ユーハ・ヤンフネン、レギーネ・マティアス

上田市立信濃国分寺資料館、七尾市教育委員会、能登国分寺展示館、北陸建設弘済会、米子市立米子水鳥公園

■著者紹介

川崎　保（かわさき　たもつ）

1965年　東京都三鷹市生まれ

1982年　同志社大学大学院文学研究科博士課程前期修了

2018年3月　博士（文化史学）

現在　長野県埋蔵文化財センター　調査2課長、長野大学非常勤講師

〈主要編著・論文〉

『縄文「ムラ」の考古学』（2006年）『「赤い土器のクニ」の考古学』（2008年）『「シナノ」の王墓の考古学』（2006年）『信濃国の考古学』（2007年）［以上編著：雄山閣］

『文化としての縄文土器型式』（2009年）『「縄文玉製品」の起源の研究』（2018年）［以上単著：雄山閣］

「縄文土器の形態と用途・機能の関係を探る」『古代探求　森浩一70の疑問』中央公論社　1998年

「古墳時代の埴輪に見られる東北アジア文化の影響」（『沿海州の中世遺跡』2号　2012年）

〈翻訳〉

イブリエフ著「日本の文献史料を通してみたシャイギン城跡のパイザ」（『古代学研究』175号　2006年　共訳）

姜　念思著「朝陽市黄河路唐墓出土靺鞨石俑考」（『博古研究』36号　2008年）

ヴォロビヨフ著『女真と金国の文化』ボロンテ　2018年（共訳）

2018年11月20日　初版発行　《検印省略》

日本《にほん》と古代東北《こだいとうほく》アジアの文化《ぶんか》

―地域社会《ちいきしゃかい》における受容《じゅよう》と変容《へんよう》―

著　者　川崎　保

発行者　宮田哲男

発行所　株式会社 雄山閣

東京都千代田区富士見 2-6-9

TEL　03-3262-3231 / FAX　03-3262-6938

URL　http://www.yuzankaku.co.jp

e-mail　info@yuzankaku.co.jp

振　替：00130-5-1685

印刷・製本　株式会社 ティーケー出版印刷

ISBN978-4-639-02613-6 C1021

N.D.C.210　392p　22cm